"十三五"江苏省高等学校重点教材 （编号：2016-1-114）
江苏高校品牌专业建设工程资助项目
21世纪高等院校财经管理系列实用规划教材

江苏高校品牌专业教材

财务管理理论与实务
（第2版）

成 兵　赵红梅　◎　主编

内 容 简 介

本书系统地对企业财务管理的理论知识进行了阐述。在理论知识的阐述过程中，融合了我国最新出台的财务法规、会计法规和准则，反映了当今新的财务理论知识和有关学者的新观点与新思想。本书共分 8 章，具体内容包括：总论、财务管理的价值观念、财务分析、筹资管理、投资管理、营运资金管理、收益管理和税务管理。

本书可作为高等院校经济、管理类专业教材，也可作为从事管理、财会、金融和证券等工作人员的学习参考书。

图书在版编目(CIP)数据

财务管理理论与实务/成兵，赵红梅主编. —2 版. —北京： 北京大学出版社，2019.4
21 世纪高等院校财经管理系列实用规划教材
ISBN 978-7-301-30406-8

Ⅰ. ①财… Ⅱ. ①成… ②赵… Ⅲ. ①财务管理—高等学校—教材 Ⅳ. ①F275

中国版本图书馆 CIP 数据核字(2019)第 043559 号

书　　　　名	财务管理理论与实务 （第 2 版） CAIWU GUANLI LILUN YU SHIWU (DI-ER BAN)
著作责任者	成　兵　赵红梅　主编
策 划 编 辑	王显超
责 任 编 辑	罗丽丽
标 准 书 号	ISBN 978-7-301-30406-8
出 版 发 行	北京大学出版社
地　　　　址	北京市海淀区成府路 205 号　100871
网　　　　址	http://www.pup.cn　新浪微博：@北京大学出版社
电 子 邮 箱	编辑部 pup6@pup.cn　总编室 zpup@pup.cn
电　　　　话	邮购部 010-62752015　发行部 010-62750672　编辑部 010-62750667
印 刷 者	北京虎彩文化传播有限公司
经 销 者	新华书店
	787 毫米×1092 毫米　16 开本　21 印张　501 千字 2012 年 2 月第 1 版 2019 年 4 月第 2 版　2025 年 6 月第 4 次印刷
定　　　　价	59.00 元

未经许可，不得以任何方式复制或抄袭本书之部分或全部内容。
版权所有，侵权必究
举报电话：010-62752024　电子邮箱：fd@pup.cn
图书如有印装质量问题，请与出版部联系，电话：010-62756370

第 2 版前言

《财务管理理论与实务》于 2012 年 2 月第 1 版发行,现已印刷 3 次。本书较好地适应了普通高等学校财务管理课程的教学需要,取得了良好的社会效果。自本书出版以来,得到了省内外众多高等院校的老师和同学以及其他读者的认可与厚爱,一些读者还对本书内容和体例提出了宝贵的修改建议。我们谨向选用本书和提出修改建议的广大读者朋友,表示衷心感谢。

2014 年以来,我国企业会计准则发生了较大的变化,财政部修订和颁布了新《企业会计准则》,2017 年国务院修订和颁布《中华人民共和国增值税暂行条例》以及 2019 年由财政部、国家税务总局、海关总署等三部门联合发布的《关于深化增值税改革有关政策的公告》,其他相关法律、法规和制度等也发生了变化,对企业财务管理产生了新的影响。为了更好地满足读者的需要,我们又组织全体编写人员对本书作了修订。本次修订除了对一些文字表述和数据资料进行了订正外,主要结合我国财务管理的新情况,进一步协调教材与现行规章制度衔接和吸收国内外财会理论界近年来取得的研究成果。

本书修订的指导思想:

1. 紧密围绕培养高级应用技术型人才这一目标,精炼理论基础和专业知识,扩展理论联系实际的社会热点案例,增加了多种形式的趣味性知识链接,突出可读性、启发性、实践性、实用性。

2. 根据国内外经济社会环境的发展变化、财务管理发展的新方向以及我国相关的财务、税法、会计法规和制度,分析对比最新出版的国内外财务管理方面的教材,收集研究现代财务管理的最新内容,对本书内容进行调整和补充,突出引导性、新颖性。

3. 注重财务管理实践能力培养,修订和增加了练习题和案例,更加突出该教材的生动性、互动性特点。

本书可作为工商管理类学科的教材,也可作为企业管理等在职人员继续教育的培训教材。本次修订由成兵和赵红梅担任主编,共同负责本书的总体设计、修改定稿。各章的修订分工为:第 1 章、前言和附录由成兵执笔;第 2 章由陈艳杰执笔;第 3 章由王海侠执笔;第 4 章由张阿曼和成兵执笔;第 5 章由张广凤和马忠民执笔;第 6 章由张淑云执笔;第 7 章由瞿天易执笔;第 8 章由魏育红执笔。

在本次修订过程中,得到了陈建明教授和北京大学出版社的支持和帮助,在此表示衷心的感谢。由于我们的水平有限,书中有不妥之处,敬请读者不吝赐教。

编　者

2019 年 4 月

目 录

第1章 总论 ... 1
1.1 财务管理的内容 ... 2
1.1.1 企业的组织形式 ... 2
1.1.2 财务管理的对象 ... 3
1.1.3 财务管理的内容 ... 3
1.2 财务管理的目标 ... 5
1.3 财务管理的原则 ... 8
1.3.1 有关竞争经济环境的原则 ... 8
1.3.2 有关价值与经济效率原则 ... 10
1.3.3 有关财务交易的原则 ... 10
1.4 财务管理的方法 ... 12
1.4.1 财务预测 ... 12
1.4.2 财务决策 ... 13
1.4.3 财务预算 ... 13
1.4.4 财务控制 ... 14
1.4.5 财务分析 ... 14
1.5 财务管理的模式 ... 15
1.5.1 集权型财务管理模式 ... 15
1.5.2 分权型财务管理模式 ... 15
1.5.3 集权与分权相结合型财务管理模式 ... 16
1.6 财务管理的基本理论 ... 16
1.6.1 现金流量理论 ... 17
1.6.2 有效市场理论 ... 17
1.6.3 资本结构理论 ... 17
1.6.4 价值评估理论 ... 18
1.6.5 风险评估理论 ... 18
1.6.6 投资组合理论 ... 19
1.7 财务管理的环境 ... 19
1.7.1 宏观理财环境 ... 19
1.7.2 微观理财环境 ... 23
本章小结 ... 23
基本概念 ... 23
练习题 ... 23

第2章 财务管理的价值观念 ... 25
2.1 资金的时间价值 ... 26
2.1.1 资金的时间价值概述 ... 26
2.1.2 终值和现值的计算 ... 26
2.1.3 年金终值和现值的计算 ... 29
2.1.4 时间价值的应用 ... 38
2.2 投资的风险价值 ... 43
2.2.1 风险的含义及特征 ... 43
2.2.2 投资的风险价值的概念 ... 43
2.2.3 投资的风险价值的计量 ... 44
2.2.4 证券组合的风险报酬 ... 48
本章小结 ... 54
基本概念 ... 54
练习题 ... 55

第3章 财务分析 ... 62
3.1 财务分析概述 ... 63
3.1.1 财务分析的基础 ... 63
3.1.2 财务分析的目的 ... 67
3.1.3 财务分析的内容 ... 69
3.1.4 财务分析的方法 ... 70
3.2 财务指标分析 ... 74
3.2.1 偿债能力分析 ... 74
3.2.2 营运能力分析 ... 81
3.2.3 盈利能力分析 ... 85
3.2.4 发展能力分析 ... 91
3.3 财务综合分析 ... 94
3.3.1 财务综合分析概述 ... 94
3.3.2 财务综合分析的方法 ... 94
本章小结 ... 98
基本概念 ... 99
练习题 ... 99

第4章 筹资管理 ... 102
4.1 筹资管理概述 ... 103
4.1.1 企业筹资的动机 ... 103
4.1.2 筹资渠道和筹资方式 ... 104
4.1.3 筹资的分类 ... 105
4.1.4 新时代企业筹资注意问题 ... 107
4.2 股权筹资 ... 107
4.2.1 吸收直接投资 ... 108

4.2.2　发行普通股股票 …………… 109
　　4.2.3　留存收益 …………………… 113
　　4.2.4　股权筹资的优缺点 ………… 114
4.3　债务筹资 ……………………………… 115
　　4.3.1　银行借款 …………………… 115
　　4.3.2　发行公司债券 ……………… 117
　　4.3.3　融资租赁 …………………… 120
　　4.3.4　债务筹资的优缺点 ………… 123
4.4　混合性筹资 …………………………… 124
　　4.4.1　优先股 ……………………… 124
　　4.4.2　可转换债券 ………………… 125
　　4.4.3　认股权证 …………………… 127
4.5　资金的需求数量预测 ………………… 128
　　4.5.1　因素分析法 ………………… 128
　　4.5.2　销售百分比法 ……………… 128
　　4.5.3　资金习性预测法 …………… 130
4.6　资本成本与资本结构 ………………… 133
　　4.6.1　资本成本 …………………… 133
　　4.6.2　杠杆效应 …………………… 140
　　4.6.3　资本结构 …………………… 145
本章小结 ……………………………………… 151
基本概念 ……………………………………… 152
练习题 ………………………………………… 152

第 5 章　投资管理 ………………………… 156

5.1　投资概述 ……………………………… 157
　　5.1.1　投资的含义 ………………… 157
　　5.1.2　投资的分类 ………………… 158
　　5.1.3　投资管理的基本原则 ……… 158
5.2　项目投资管理 ………………………… 159
　　5.2.1　项目投资概述 ……………… 159
　　5.2.2　项目评估 …………………… 161
　　5.2.3　项目投资决策评价指标 …… 163
　　5.2.4　风险性投资决策分析 ……… 170
　　5.2.5　无形资产投资管理 ………… 174
5.3　证券投资管理 ………………………… 177
　　5.3.1　证券投资管理概述 ………… 177
　　5.3.2　债券投资管理 ……………… 178
　　5.3.3　股票投资管理 ……………… 183
　　5.3.4　证券投资组合 ……………… 190
本章小结 ……………………………………… 193
基本概念 ……………………………………… 193
练习题 ………………………………………… 194

第 6 章　营运资金管理 …………………… 197

6.1　营运资金管理概述 …………………… 197
　　6.1.1　营运资金的概念 …………… 197
　　6.1.2　营运资金的特点 …………… 198
　　6.1.3　营运资金管理的原则 ……… 199
　　6.1.4　营运资金管理的内容 ……… 200
6.2　现金管理 ……………………………… 205
　　6.2.1　现金管理的动机和成本 …… 205
　　6.2.2　现金管理的目标和内容 …… 207
　　6.2.3　现金收支预算管理 ………… 208
　　6.2.4　最佳现金持有量 …………… 210
6.3　应收账款管理 ………………………… 218
　　6.3.1　应收账款的成本 …………… 218
　　6.3.2　应收账款的管理目标 ……… 219
　　6.3.3　应收账款信用政策 ………… 220
　　6.3.4　应收账款融资 ……………… 226
6.4　存货 …………………………………… 229
　　6.4.1　存货的管理目标与成本 …… 229
　　6.4.2　存货经济批量 ……………… 230
　　6.4.3　存货经济批量的基本模型 … 232
　　6.4.4　有数量折扣的经济批量模型 … 233
　　6.4.5　存货陆续供应和使用的
　　　　　　经济批量 ………………… 235
　　6.4.6　再订货点和保险储备 ……… 235
6.5　商业信用和短期借款 ………………… 242
　　6.5.1　商业信用 …………………… 242
　　6.5.2　短期借款 …………………… 244
本章小结 ……………………………………… 249
基本概念 ……………………………………… 250
练习题 ………………………………………… 250

第 7 章　收益管理 ………………………… 253

7.1　营业收入管理 ………………………… 253
　　7.1.1　营业收入管理概述 ………… 253
　　7.1.2　营业收入的预测 …………… 255
　　7.1.3　营业收入计划的编制 ……… 262
　　7.1.4　营业收入的控制 …………… 263
7.2　成本费用管理 ………………………… 263
　　7.2.1　成本费用管理概述 ………… 263
　　7.2.2　成本费用预测 ……………… 265
　　7.2.3　成本费用决策和计划 ……… 269
　　7.2.4　成本费用分析、控制与考核 … 274
7.3　利润的预测与计划 …………………… 276

	7.3.1	利润的含义和内容	276	8.4	企业营运活动的税务管理 306

7.3.1 利润的含义和内容 …………… 276
7.3.2 销售利润预测 …………………… 276
7.3.3 投资收益预测 …………………… 282
7.3.4 营业外收支净额预测 …………… 284
7.3.5 利润计划 ………………………… 284
7.3.6 利润分配 ………………………… 285
本章小结 ………………………………… 291
基本概念 ………………………………… 292
练习题 …………………………………… 292

第8章 税务管理 …………………… 297
8.1 税务管理概述 ……………………… 298
    8.1.1 税务管理的含义与意义 …… 298
    8.1.2 税务管理的原则 ……………… 298
    8.1.3 税务管理的内容 ……………… 299
8.2 企业筹资活动的税务管理 ………… 300
    8.2.1 企业筹资活动税务管理的
          主要内容 ……………………… 300
    8.2.2 企业筹资活动的税务筹划
          举例 …………………………… 302
8.3 企业投资活动的税务管理 ………… 303
    8.3.1 企业投资活动税务管理的
          主要内容 ……………………… 303
    8.3.2 企业投资活动的税务筹划
          举例 …………………………… 304

8.4 企业营运活动的税务管理 ………… 306
    8.4.1 企业营运活动税务管理的
          主要内容 ……………………… 306
    8.4.2 企业营运过程的税务筹划
          举例 …………………………… 309
8.5 企业收益分配的税务管理 ………… 312
    8.5.1 企业收益分配税务管理的
          主要内容 ……………………… 312
    8.5.2 企业收益分配的税务筹划 … 313
8.6 企业税务风险管理 ………………… 315
    8.6.1 税务风险管理概述 …………… 315
    8.6.2 税务风险管理的主要内容 … 316
    8.6.3 税务风险管理案例分析 …… 318
本章小结 ………………………………… 319
基本概念 ………………………………… 319
练习题 …………………………………… 319

附录 …………………………………… 322
附录1 复利终值系数表（FVIF 表）…… 322
附录2 复利现值系数表（PVIF 表）…… 323
附录3 年金终值系数表（FVIFA 表）… 324
附录4 年金现值系数表（PVIFA 表）… 325
附录5 AI 伴学内容及提示词 …………… 326

参考文献 ……………………………… 329

第1章 总　　论

学习目标

通过本章的学习，掌握财务活动、财务关系、财务管理等重要概念，掌握不同财务管理目标的含义和优缺点，熟悉财务管理的方法以及环境对企业财务管理的影响，理解财务管理的原则，了解财务管理的基本理论。

学习指导

本章的学习重点是各种财务管理目标对企业理财的指导意义和优缺点，以及财务活动、财务关系和财务管理的内容。

阿里巴巴的资本运作

阿里巴巴的成立初期，公司资金紧缺，时任阿里巴巴财务总监的蔡崇信熟悉华尔街资本运作规则并具有风险投资经验，于1999年10月，为阿里巴巴私募到由高盛公司牵头，联合美国、亚洲、欧洲一流的基金公司的第一笔天使投资500万美元，蔡崇信也作为投资者进入了公司董事会。阿里巴巴的第二轮融资中，被素有"亚洲的巴菲特"之称的日本软银集团公司（简称软银）创始人、总裁孙正义看好。2000年，阿里巴巴成功引进了2 500万美元的第二笔资金，包括软银、富达、汇亚资金等六家风险投资机构，其中软银投资2 000万美元。此后，日本软银公司不断地支持阿里巴巴。阿里巴巴的第三轮融资是2004年2月，再次从软银等四家风险投资机构手中募集到了8 200万美元，其中软银出资6 000万美元，此外还包括富达创业投资部等3家风险投资公司。这三轮融资合计1.12亿美元。此后阿里巴巴的持股结构改变为：马云及其团队占47%、软银占20%、富达占18%、其他几家股东占15%，并没有改变阿里巴巴大股东的地位。

阿里巴巴最初的投资主要是通过创立与经营电子商务交易平台，于1999年创立了"企业对企业"（B2B）的网上贸易市场平台。2003年5月，阿里巴巴花1亿元人民币投资建立了"个人网上贸易市场平台"（C2C）淘宝网；2005年，雅虎入股阿里巴巴；2006年，阿里巴巴收购了口碑网；2007年，阿里巴巴集团旗舰公司——阿里巴巴网络有限公司在香港联合交易所主板挂牌上市。为了确保马云及创业团队的控制权，阿里巴巴与雅虎经过了多次协商，2012年5月双方达成股权回购协议。阿里巴巴的发展壮大及多元化经营，后期绝大部分都是通过投资或者收购相关企业来完成的。阿里巴巴公司将客户第一，注重团队精神、拥抱变化，激情、诚信和敬业融入了公司管理系统中，并支配公司的一切行为。

资料来源：http://www.ourlunwen.com/show-123-67948-1.html，2018-1-1.

资本运作是一把"双刃剑",收益与风险并存。企业融资应为投资所需,且都要服务于优化的财务目标。阿里巴巴不仅有好的财务管理目标,而且其所有的投资与并购,都紧密结合阿里巴巴长远财务目标,阿里巴巴目前的成功与其成功的财务管理是分不开的。企业如何进行科学与有效的财务管理?本章将与你一起学习最基础的财务管理理论和方法。

1.1 财务管理的内容

财务管理活动是商品经济条件下的一项最基本、最重要的管理活动,它是随商品生产与交换的产生而产生,并随其发展而发展。企业财务管理的基本活动是从资本市场上筹集资金,投资于生产性经营资产,并运用这些资产进行生产经营活动,取得利润后用于补充权益资本或者分配给股东。随着信息技术的不断创新、金融工具的不断发展和完善,企业的融资和投资渠道日益多样化,企业面临着更大融资和投资的风险。企业经营成败与否,不仅取决于企业的生产技术和营销策略,还更依赖于企业的财务管理是否科学与有效。随着生产力发展,财务管理顺应实践,不断拓展认识的广度和深度,以新的理论指导新的实践,经历了一个由简单到复杂、由低级到高级的发展过程。这体现了党的二十大报告中"必须坚持守正创新"思想。

1.1.1 企业的组织形式

典型的企业组织形式有三种:个人独资企业、合伙企业以及公司制企业。

1. 个人独资企业

个人独资企业是由一个自然人投资,全部资产为投资人个人所有,全部债务由投资者个人承担的经营实体。个人独资企业具有创立容易、经营管理灵活自由、不需要缴纳企业所得税等优点。但对于个人独资企业业主而言:①需要业主对企业债务承担无限责任,当企业的损失超过业主最初对企业的投资时,需要用业主个人的其他财产偿债。②难以从外部获得大量资金用于经营。③个人独资企业所有权的转移比较困难。④企业的生命有限,将随着业主的死亡而自动消亡。

2. 合伙企业

合伙企业是由两个或两个以上的自然人合伙经营的企业,通常由各合伙人订立合伙协议,共同出资,合伙经营,共享收益,共担风险,并对合伙债务承担无限连带责任的营利性组织。合伙企业法规定每个合伙人对企业债务须承担无限连带责任。如果一个合伙人没有能力偿还其应分担的债务,其他合伙人须承担连带责任,即有责任替其偿还债务。法律还规定合伙人转让其所有权时需要取得其他合伙人的同意,有时甚至还需要修改合伙协议。

3. 公司制企业

公司制企业(称公司)是指由投资人(自然人或法人)依法出资组建,有独立法人财产,自主经营,自负盈亏的法人企业。出资者按出资额对公司承担有限责任。

公司是经政府注册的营利性法人组织,并且独立于所有者和经营者。根据中国现行的公司法,其主要形式分为有限责任公司和股份有限公司两种。

有限责任公司与股份有限公司的区别:①公司设立时对股东人数要求不同。设立有限责任公司的股东人数可以为1人或50人以下；设立股份有限公司，应当有2人以上200人以下为发起人。②股东的股权表现形式不同。有限责任公司的权益总额不做等额划分，股东的股权是通过投资人所拥有的比例来表示的；股份有限公司的权益总额均划分为相等的股份，股东的股权是用持有多少股份来表示的。③股份转让限制不同。有限责任公司不发行股票，对股东只发放一张出资证明书，股东转让出资需要由股东会或董事会讨论通过；股份有限公司可以发行股票，股票可以自由转让和交易。

公司制企业的优点：①容易转让所有权。公司的所有者权益被划分为若干股权份额，每个份额可以单独转让。②有限债务责任。公司债务是法人的债务，不是所有者的债务，所有者对公司承担的责任以其出资额为限。当公司资产不足以偿还其所欠债务时，股东无须承担带连清偿责任。③公司制企业可以无限存续，一个公司在最初的所有者和经营者退出后仍然可以继续存在。④公司制企业融资渠道较多，更容易筹集所需资金。

公司制企业的缺点：①组建公司的成本高。公司法对于设立公司的要求比设立独资或合伙企业复杂，并且需要提交一系列法律文件，花费的时间较长。公司成立后，政府对其监管比较严格，需要定期提交各种报告。②存在代理问题。所有者和经营者分开以后，所有者成为委托人，经营者成为代理人，代理人可能为了自身利益而伤害委托人利益。③双重课税。公司作为独立的法人，其利润需缴纳企业所得税，企业利润分配给股东后，股东还需缴纳个人所得税。

本书讨论的财务管理均指公司财务管理。

1.1.2 财务管理的对象

财务管理的对象是资金（或现金）的循环和周转，资金的循环、周转体现着资金运动的形态变化。在企业价值创造过程中，存在着两种类型的资金运动，即实物商品资金运动和金融商品资金运动。实物商品资金运动过程是企业资金从货币资金形态开始，顺次通过购买、生产、销售三个阶段，分别表现为固定资金、生产储备资金、未完工产品资金、成品资金等各种不同形态，然后又回到货币资金形态的过程。随着企业再生产过程的不断进行，企业资金总是处于不断的运动之中。金融商品资金运动过程是企业资金从货币资金形态开始，通过在金融市场上买卖有价证券，又回到货币资金形态的过程。这种从货币资金开始，经过若干阶段，又回到货币资金形态的运动过程叫作资金的循环。企业资金周而复始不断重复的循环叫作资金的周转。

1.1.3 财务管理的内容

财务管理是企业组织财务活动、处理与各方面财务关系的一项综合性管理工作。企业的财务管理内容有筹资管理、投资管理、营运资金管理、收益管理和税务管理五个方面。企业在进行财务管理过程中与有关各方形成的经济利益关系称为财务关系，其中主要的财务关系有企业与投资者之间的财务关系、企业与债权人之间的财务关系、企业与受资者之间的财务关系、企业与债务人之间的财务关系、企业与政府之间的财务关系、企业内部各单位之间的财务关系和企业与职工之间的财务关系。

1. 筹资管理

筹资是指企业为了满足投资和资金运营的需要，筹集所需资金的行为。筹资管理是现代企业财务管理的首要环节。在企业发展过程中，筹资及筹资管理是贯穿始终的。无论在企业创立之时，还是在企业成长过程中追求规模扩张，甚至日常经营周转过程之中，都可能需要筹措资金。在筹资活动中，企业需要根据企业战略发展的需要和投资规划确定不同时期的筹资规模，并通过不同筹资渠道和筹资方式的选择，合理确定筹资结构，降低筹资成本和风险，以保持和提升企业价值。企业筹资可以形成两种不同性质的资金来源：一是企业权益资金，它是通过吸收直接投资、发行股票、企业内部留存收益等方式取得的；二是企业债务资金，它是企业通过向银行借款、发行债券、应付款项等方式取得的。

2. 投资管理

投资是指企业根据项目资金需要，将所筹集的资金投放到所需要的项目中的行为。投资是实现投资者财产价值增值的手段。投资决策的成败，对企业未来经营成败具有根本性的影响。广义的投资包括企业对内投资和对外投资。对内投资就是将所筹集的资金购置固定资产、无形资产和投放到流动资产等项目中的行为。对外投资就是购买其他公司的股票、债券，或与其他企业联营，或投资于外部项目等行为。狭义的投资仅指对外投资。企业在投资决策过程中，必须考虑投资规模，正确地选择投资方向和投资方式，确定合适的投资结构，在提高投资效益的同时降低投资风险。

3. 营运资金管理

企业在正常的经营过程中会发生一系列的现金收付。企业因经营需要对材料物资进行采购、对工资和相关费用进行支付，这些支出构成了日常财务支出；企业因产品销售和其他业务等所获得的相关收入，构成了日常财务收入。企业为满足日常营业活动的需要而垫支的资金，称为营运资金。营运资金周转通常与经营周期具有一致性。为了保证日常财务收支在时间上的平衡，企业需要利用所筹集的资金垫付支出大于收入的缺口资金。在一定时期内营运资金周转越快，资金的利用效率就越高，说明企业可以利用相同数量的资金，生产出更多的产品，取得更多的收入，获得更多的报酬。因此，如何加速资金周转，提高资金利用效果，是日常财务管理的主要内容。

4. 收益管理

企业收益管理是对成本费用、收入与利润分配的管理。成本管理则贯穿于投资、筹资和营运活动的全过程，渗透在财务管理的每个环节之中。收入与利润分配影响着筹资、投资、营运资金和成本管理的各个方面，收入与利润分配是企业上述各方面共同作用的结果，同时又会对上述各方面产生反作用。

5. 税务管理

企业税务管理的内容主要有两个方面：一是企业涉税活动管理，二是企业纳税实务管理。从企业生产经营活动与税务的联系来看，其内容有税务信息管理、税务计划管理、涉税业务的税务管理、纳税实务管理、税务行政管理。

上述财务管理的五个方面是相互联系、相互依存的，它们互相之间既有联系又有一定区别。投资管理、筹资管理、营运资金管理、收益管理和税务管理都是企业价值创造的必要环节，是保障企业健康发展、实现可持续增长的重要内容。

> **小思考**
>
> 1. 企业的组织形式有哪些？它们之间主要有哪些不同点？
> 2. 什么是财务管理？其内容有哪些？
> 3. 什么是财务关系？企业在进行财务管理中需要处理哪些财务关系？

1.2　财务管理的目标

财务管理的目标取决于企业的目标，所以财务管理的目标和企业的目标是一致的。创立企业的目的是盈利。已经创立起来的企业，虽然有改善职工待遇、改善劳动条件、扩大市场份额、提高产品质量、减少环境污染等多种目标，但是，盈利是其最基本、最一般、最重要的目标。盈利不但体现了企业的出发点和归宿，而且可以概括其他目标的实现程度，并有助于其他目标的实现。关于企业财务管理的目标表达，主要有以下几种观点。

1. 利润最大化

企业在追求利润最大化，必定将其资源进行更为合理的有效配置，以利于提高经济效益。利润越大，说明企业的盈利能力越强，越接近企业的目标。

（1）以利润最大化作为财务管理目标有以下优点。

① 利润额是企业在一定期间经营收入和经营费用的差额，是按照收入费用配比原则加以计算的，它在一定程度上体现了企业经济效益的高低。

② 利润是增加投资者投资收益、提高职工劳动报酬的来源，也是企业补充资本积累、扩大经营规模的源泉。

③ 提倡企业最大限度地谋求利润，对于改变人们对利润的偏见，扬弃"产值最大化"的理财目标具有积极意义。

（2）以利润最大化作为财务管理目标存在如下缺点。

① 没有考虑利润发生的时间，没有考虑货币的时间价值。例如，今年获利 100 万元与 10 年后获利 100 万元，哪一个更符合企业的目标？若不考虑货币的时间价值，就难以做出正确判断。

② 没有考虑获取利润和所承担风险的大小。例如，同样投入 500 万元，本年获利 100 万元，一个项目获利已全部转化为现金，另一个项目则全部是应收账款，可能发生坏账损失，哪一个项目更符合企业的目标？若不考虑风险大小，就难以做出正确判断。

③ 没有考虑所获利润和投入资本额的关系。例如，同样获得 100 万元利润，一个企业投入资本 500 万元，另一个企业投入 600 万元，哪一个更符合企业的目标？若不与投入的资本额联系起来，就难以做出正确判断。因而不利于不同资本规模的企业或同一企业不同期间之间的比较。

④ 片面追求利润最大化，可能导致企业短期行为，而不顾企业的长远发展。例如，忽视产品开发、人才开发、生产安全、技术装备水平、生活福利设施和履行社会责任等。

如果假设投入资本相同、利润取得的时间相同、相关的风险也相同，利润最大化是一个可以接受的观念。由于利润指标通常按年计算,因此,企业决策也往往会服务于年度指标的完成或实现。许多经理人员都把提高利润作为公司的短期目标。

2. 每股收益最大化或资本利润率最大化

每股收益是指归属于普通股东的净利润与发行在外的普通股股数的比值,它的大小反映了投资者投入资本获得回报的能力。资本利润率是净利润与资本额的比率。这种观点认为:应当把企业的利润和股东投入的资本联系起来考察,用每股收益(或权益资本净利润率)来概括企业的财务目标,以避免"利润最大化"目标的缺点。以每股收益最大化作为财务管理目标的优点是:把企业实现的利润额同投入的资本或股本数进行对比,能够说明企业的盈利水平,可以在不同资本规模的企业或同一企业不同期间之间进行比较,揭示其盈利水平的差异。但是,以每股收益最大或资本利润最大化作为财务管理目标仍存在如下缺点。

(1) 仍然没有考虑每股盈余取得的时间性,即没有考虑货币的时间价值。

(2) 仍然没有考虑每股盈余的风险性,也不能避免企业的短期行为,可能会导致与企业的战略目标相背离。

如果假设风险相同、时间相同,每股收益最大化也是一个可以接受的观念。事实上,许多投资人都把每股收益作为评价公司业绩的最重要指标。

3. 股东财富最大化

股东创办企业的目的是增加财富。如果企业不能为股东创造价值,他们就不会为企业提供资金。没有了权益资金,企业也就不存在了。因此,企业要为股东创造价值,增加股东财富是财务管理的最基本目标。财富最大化是通过企业的合理经营,采取最优的财务政策,在考虑货币的时间价值和风险报酬的情况下不断增加股东财富。股东财富的增加可以用股东权益的市场价值与股东投资资本的差额来衡量,权益的市场增加值是反映企业为股东创造的价值。股东的财富由其所拥有的股票数量和股票市场价格两方面来决定,当股票价格达到最高时,股东财富也达到最大。股价的升降,代表了投资大众对公司股权价值的客观评价。采用股东财富最大化作为财务管理目标有以下优点。

(1) 股东财富最大化目标考虑了风险因素,因为风险的高低,会对股票价格产生重要影响。

(2) 股东财富最大化在一定程度上能够克服企业在追求利润上的短期行为,因为不仅目前的利润会影响股票价格,预期未来的利润对企业股票价格也会产生重要影响。

(3) 对上市公司而言,股东财富最大化目标比较容易量化,便于考核和奖惩。

但是,以股东财富最大化作为财务管理目标也存在一些缺点。

(1) 它只适用于上市公司,对非上市公司则很难适用。

(2) 股票价格受多种因素影响,特别是公司外部的因素,这些因素并非都是公司所能控制的,股价不能完全准确反映公司财务管理状况。

4. 企业价值最大化

企业价值最大化是指企业财务管理行为以实现企业的价值最大为目标。企业价值可以理解为企业所有者权益和债权人权益的市场价值,或企业所能创造的预计未来现金流量的现值。未来现金流量这一概念,包含了货币的时间价值和风险价值两个方面的因素。因为未来现金流量的预测包含了不确定性和风险因素,而现金流量的现值是以货币的时间价值为基础对现金流量进行折现计算得出的。

企业价值最大化目标要求企业通过采用最优的财务政策,充分考虑货币的时间价值和风险与报酬的关系,在保证企业长期稳定发展的基础上使企业总价值达到最大。

以企业价值最大化作为财务管理目标,具有以下优点。

(1) 考虑了取得报酬的时间,并用货币的时间价值的原理进行了计量。

(2) 考虑了风险与报酬的关系。

(3) 将企业长期、稳定的发展和持续的获利能力放在首位,能克服企业在追求利润上的短期行为,因为不仅当前的利润会影响企业的价值,预期未来的利润对企业价值增加也会产生重大影响。如今越来越多的企业将党的二十大报告中"绿水青山就是金山银山"作为发展的重要理念,良好生态本身蕴含着无穷的经济价值,能够源源不断创造综合效益,保护生态环境就是保护企业发展的潜力和后劲,实现企业可持续发展。

(4) 用价值代替价格,避免了过多外界市场因素的干扰,有效地规避了企业的短期行为。

但是,以企业价值最大化作为财务管理目标过于理论化,不易操作,并且对非上市公司而言,只有对企业进行专门的评估才能确定其价值,而在评估企业的资产时,由于受评估标准和评估方式的影响,很难做到客观和准确。

宏伟公司财务管理目标选择的启示

宏伟公司是一家从事IT产品开发的企业,由三位志同道合的朋友共同出资100万元,三人平分股权比例共同创立。企业发展初期,创始股东都以企业的长远发展为目标,关注企业的持续增长能力,所以,他们注重加大研发投入,不断开发新产品,这些措施有力地提高了企业的竞争力,使企业实现了营业收入的高速增长。在开始的几年间,销售业绩以年60%的递增速度提升。然而,随着利润的不断快速增长,三位创始股东开始在收益分配上产生了分歧。股东王力、张伟倾向于分红,而股东赵勇则认为应将企业取得的利益用于扩大再生产,以提高企业的持续发展能力,实现长远利益的最大化。由此产生的矛盾不断升级,最终导致坚持企业长期发展的赵勇被迫出让持有的1/3股份而离开企业。但是,此结果引起了与企业有密切联系的广大供应商和分销商的不满,因为他们许多人的业务发展壮大都与宏伟公司密切相关,他们深信宏伟公司的持续增长将为他们带来更多的机会。于是,他们表示,如果赵勇离开企业,他们将断绝与企业的业务往来。面对这一情况,其他两位股东提出他们可以离开,条件是赵勇必须收购他们的股份。赵勇的长期发展战略需要较多投资,这样做将导致企业陷入没有资金维持生产的境地。这时,众多供应商和分销商伸出了援助之手,他们或者主动延长应收账款的期限,或者预付货款,最终赵勇又重新回到了企业,成为公司的掌门人。经历了股权变更的风波后,宏伟公司在赵勇的领导下,不断加大投入,实现了企业规模化发展,在同行业中处于领先地位,企业的竞争力和价值得到不断提升。

资料来源:https://wenku.baidu.com/view/61cae794770bf78a6429545b.html,2018-3-5.

小思考

1. 赵勇坚持企业长远发展，而其他股东要求更多的分红，你认为赵勇的目标是否与股东财富最大化的目标相矛盾？
2. 拥有控制权的大股东与供应商和客户等利益相关者之间的利益是否矛盾？如何协调？
3. 像宏伟这样的公司，其所有权与经营权是合二为一的，这对企业的发展有什么利弊？
4. 重要利益相关者能否对企业的控制权产生影响？

1.3 财务管理的原则

财务管理的原则，也称理财原则，是指人们对财务活动共同的、理性的认识。它是用来指导财务活动、处理财务关系的行为准则。财务管理的原则具有以下特征：①财务管理原则是财务管理假设、概念和原理的推论，它们是经过论证的、合乎逻辑的结论，具有理性认识的特征。②财务管理原则是在财务管理实践中，经过大量观察和事实证明，为多数人所接受，具有共同认识的特征。③财务管理原则为解决财务管理问题提供指引，是财务交易和财务决策的基础。④财务管理原则的正确性与应用环境有关，在一般情况下它是正确的，而在特殊情况下不一定正确。

对于如何概括理财原则，人们的认识不完全相同。美国教授 Douglas R. Emery 和 Jone D. Finnerty 的观点具有代表性，他们将财务管理的原则概括为三类十二条。

1.3.1 有关竞争经济环境的原则

有关竞争经济环境的原则是对资本市场中人的行为规律的基本认识。

1. 自利行为原则

自利行为原则是指人们在进行决策时按照自己的财务利益行事。在其他条件相同的情况下人们会选择对自己经济利益最大的行动。自利行为原则的依据是理性经济人假设。该假设认为，人对每一项交易都会衡量其代价和利益，并且会选择对自己最有利的方案来行动。自利行为原则假设企业决策人对企业目标具有合理的认识程度，并且对如何达到目标具有合理的理解。在这种假设情况下，企业会采取对自己最有利的行动。

自利行为原则的一个重要应用是委托——代理理论。根据该理论，应当把企业看成是各种自利人的集合。现代企业的委托代理关系一般包括顾客与公司、债权人与股东、股东与经理以及经理与雇员等多种关系。企业和这些关系人之间的关系，大部分属于委托代理关系。这种既相互依赖又相互冲突的利益关系，需要通过"合约"来协调。

自利行为原则的另一个应用是机会成本的概念。当一个人采取某个行动时，就等于取消了其他可能的行动。采用一个方案而放弃另一个方案时，被放弃方案的收益是被采用方案的机会成本，也称择机代价。

2. 双方交易原则

双方交易原则是指每一项交易都至少存在两方，在一方根据自己的经济利益决策时，另一方也会按照自己的经济利益决策行动，并且对方一样聪明、勤奋和富有创造力。因此，在决策时要正确预见对方的反应。

双方交易原则的建立依据是商业交易至少有两方、交易是"零和博弈"，以及各方都是自利的。"零和博弈"的含义是指在买卖双方交易中，一方收益多少而另一方就损失多少，从总体上看双方收益之和等于零。既然自利的买卖双方都想获利，那交易是如何成交的？这与买卖的双方的信息不对称有关。例如，在证券市场上卖出一股就一定有一股买入，这正是因买卖双方信息不对称，对金融证券产生不同的预期，而不同的预期导致了证券买卖。

双方交易原则要求在理解财务交易时不能"以我为中心"，在谋求自身利益的同时要注意对方的存在，以及对方也在遵循自利行为原则行事。这条原则要求我们不要总是"自以为是"，错误地认为自己优于对手。因此，在决策时不仅要考虑自利行为原则，还要使对方有利，否则交易就无法实现。

双方交易原则还要求在理解财务交易时要注意税收的影响。政府是不请自来的交易第三方，凡是交易政府都要从中收取税金。进行合理避税，减少政府的税收，交易双方都可以受益。合理避税就是寻求减少政府税收的合法交易形式。

3. 信号传递原则

信号传递原则是指行动可以传递信息，并且比公司的声明更有说服力。信号传递原则是自利行为原则的延伸。由于人们或公司是遵循自利行为原则的，所以一项资产的买进能暗示出该资产"物有所值"，买进的行为提供了有关决策者对未来的预期或计划的信息。

信号传递原则要求根据公司的行为判断它未来的收益状况。信号传递原则还要求公司在决策时不仅要考虑行动方案本身，还要考虑该项行动可能给人们传达的信息。在资本市场上，每个人都在利用他人交易的信息，同时，自己交易的信息也会被别人所利用。因此，在进行财务决策时，不仅要考虑决策本身的收益和成本，还要考虑信息效应的收益和成本。

4. 引导原则

引导原则是指当所有办法都失败时，寻找一个可以信赖的榜样作为自己的引导。它是指当我们的理解力存在局限性，认识能力有限，找不到最优的解决办法，或者寻找最准确答案的成本过高，以至于不值得把问题完全搞清楚时，可以直接模仿成功榜样或者大多数人的做法。引导原则不一定会帮决策者找到最好的方案，却常常可以使决策者避免采取最差的行动。它是一个次优化准则。引导原则是行动传递信号原则的一种运用。

引导原则的一个重要应用，是行业标准概念。例如，面对资本结构的选择问题，理论不能提供公司最优资本结构的实用化模型时，通过观察本行业成功企业的资本结构，或者多数企业的资本结构进行决策，就成了资本结构决策的一种简便、有效的方法。引导原则的另一个重要应用就是"免费跟庄（搭便车）"概念。一个"领头人"花费资源得出一个最佳的行动方案，其他"追随者"通过模仿节约了信息处理成本。

1.3.2 有关价值与经济效率原则

有关价值与经济效率原则是人们对增加企业财富基本规律的认识。

1. 有价值的创意原则

有价值的创意原则是指新创意能获得额外报酬。竞争理论认为，企业的竞争优势主要来源于产品（或服务）差异化和成本领先两方面。产品的差异化和成本领先源于新的创意，它们可以使企业获得超额的利润。

有价值的创意原则主要应用于直接投资项目，一个有创意的投资项目可以获得高于平均水平的利润，该项原则还应用于经营和销售活动。

2. 比较优势原则

比较优势原则是指专长能创造价值。在市场上要想获利，必须发挥你的专长，依靠你的强项来获利。没有比较优势的企业，很难取得超出平均水平的收入，很难增加股东财富。比较优势原则的依据是分工理论。让每一个人去做最适合他做的工作，让每一个企业生产最适合它生产的产品，社会的经济效率才会提高。

比较优势原则的一个应用是"人尽其才、物尽其用"。在有效的市场中，你不必要求自己什么都能做得最好，如果有人做得比你好，你可以付费让他代你去做，同时，你去做比别人做得更好的事情。比较优势原则的另一个应用是优势互补。合资、合并、收购等，都是出于优势互补原则。比较优势原则要求企业把主要精力放在自己的比较优势上，建立和维持自己的比较优势，以确保企业长期获利。

3. 期权原则

期权是指不附带义务的权利，它是有经济价值的。期权原则是指在估价时要考虑期权的价值。在财务上，一个明确的期权合约经常是指按照预先约定的价格买卖一项资产的权利。广义的期权不限于财务合约，任何不附带义务的权利都属于期权。例如，一个企业可以决定某个资产在价格令人满意时就出售，如果价格不令人满意时不出售的选择权，就是一种期权。有时一项资产附带的期权比该资产本身更有价值。

4. 净增效益原则

净增效益原则是指财务决策建立在净增效益的基础上，一项决策的价值取决于它和替代方案相比所增加的净收益。如果一个方案的净收益大于替代方案，我们就认为它是一个比替代方案好的决策，其价值是增加的净收益。在财务决策中净收益通常用现金流量计量，一个方案的净收益是指该方案现金流入减去现金流出的差额，也称为现金流量净额。

净增效益原则的应用领域之一是差额分析法，也就是在分析投资方案时只分析它们有区别的部分，而省略其相同的部分。净增效益原则的另一个应用是沉没成本概念。沉没成本是指已经发生、不会被以后的决策改变的费用。沉没成本与将要采纳的决策无关。因此，在分析决策方案时应将其排除。

1.3.3 有关财务交易的原则

有关财务交易的原则是人们对于财务交易基本规律的认识。

1. 风险—报酬权衡原则

风险—报酬权衡原则是指风险和报酬之间存在一个对等关系，即高收益同时高风险，低收益同时低风险的关系。

每个企业都想进行高报酬同时低风险的投资，但现实的市场中只有高风险同时高报酬和低风险同时低报酬的投资机会。如果企业为了获得较多的收益，往往不得不冒较大的风险；相反，不想冒风险，则收益必然较小。每个经营主体对待风险和报酬的偏好是不同的，但都是要求风险与报酬对等，不会去冒没有价值的风险。

2. 投资分散化原则

投资分散化原则是指不要把全部财富投资于一个公司，而要分散投资。

投资分散化原则的理论依据是投资组合理论。马克维茨的投资组合理论认为，若干种股票组成的投资组合，其收益是这些股票收益的加权平均数，但其风险要小于这些股票的加权平均风险，所以投资组合能降低风险。

分散化原则具有普遍意义，不仅仅适用于证券投资，公司各项决策都应注意分散化原则。不应当把公司的全部投资集中于个别项目、个别产品和个别行业；不应当把销售集中于少数客户；不应当使资源供应集中于个别供应商；重要的事情不要依赖一个人完成；重要的决策不要由一个人做出。凡是有风险的事项，都要贯彻分散化原则，以降低风险。

3. 资本市场有效原则

资本市场是指证券买卖的市场。资本市场有效原则是指在资本市场上频繁交易的金融资产的市场价格反映了所有可获得的信息，而且面对新信息完全能迅速地做出调整。

资本市场有效原则要求理财时重视市场对企业的估价。有效的资本市场其价格是合理的且市场是灵敏的。股价可以综合反映公司的业绩，弄虚作假、人为地改变会计方法对于企业价值的提高毫无用处。

市场有效性原则要求理财时慎重使用金融工具。公司作为从资本市场上取得资金的一方，很难通过筹资来获取正的净现值。有效的资本市场使大家的竞争机会均等，财务交易成本基本上是公平交易。在资本市场上，只获得与投资风险相等的报酬，也就是与资本成本相同的报酬，很难增加股东财富。

4. 货币时间价值原则

货币时间价值原则是指在进行财务计量时要考虑货币时间价值因素，货币在经过一定时间的投资和再投资后所增加的价值。

货币时间价值原则的首要应用是现值概念。在进行价值比较时，应把不同时间的货币价值折算到"现在"时点，然后进行运算或比较，折现后的价值称为"现值"。财务估价中，广泛使用现值计量资产的价值。货币时间价值的另一个重要应用是"早收晚付"观念。对于不附带利息的货币收支，与其晚收不如早收，与其早付不如晚付。早收、晚付在经济上是有利的。

小思考

1. 什么是财务管理原则？其作用是什么？
2. 你能否对财务管理原则的主要观点进行综述？

知识链接

关于财务管理原则还有以下主要观点。

1. 王化成、荆新、刘俊彦等教授认为，财务管理应遵循："系统原则、平衡原则、弹性原则、比例原则、优化原则。"

2. 张鸣、周忠惠、陈文浩、徐逸星等教授认为，财务管理的原则一般包括以下几项："价值最大化原则、风险与所得均衡原则、资源配置原则、利益关系协调原则、成本效益原则。"

3. 余绪缨教授认为，企业理财应遵循的基本指导原则包括："环境适应原则、整体优化原则、盈利与风险对等原则。"

4. 何进日、刘贵生等教授认为，财务管理原则"是一个完整的体系，这一体系一般由基本原则、具体原则（具体准则）、财务制度三个相互关联、相互制约又相对独立的方面所构成"。财务管理的基本原则包括："财力资源合理配置的原则、成本—风险—收益有机统一的原则，财务收支积极平衡原则、按劳分配和按资分配有机统一的原则。"

5. 章卫东、邱敬波、张阳华等教授认为，财务管理应遵循："资金合理配置原则、收支积极平衡原则、风险与报酬均衡原则、利益关系协调原则、成本效益原则、分级分权管理原则。"

6. 秦永和教授认为，财务管理一般有以下原则："资源合理配置原则、收支平衡原则、成本效益原则、收益风险均衡原则、利益关系协调原则。"

1.4 财务管理的方法

财务管理的方法是为了实现财务管理目标，完成财务管理任务，在进行财务活动时所采用的各种技术和手段。根据财务管理的基本环节，财务管理的方法可分为：财务预测方法、财务决策方法、财务预算方法、财务控制方法、财务分析方法。

1.4.1 财务预测

财务预测是根据财务活动的历史资料，考虑现实的要求和条件，对企业未来的财务活动和财务成果做出科学的预计和测算。财务预测就是在认识财务活动过去和现状的基础上，发现财务活动的客观规律，并据此推断财务活动的未来状况和发展趋势。财务活动是企业各项具体活动的综合反映，财务预测是一项综合性预测工作，涉及面广，因此财务预测不能脱离企业的各项业务预测。然而，正如财务活动不是各项业务活动的简单组合而是它们的综合，财务预测也绝非各项业务预测结果的简单拼凑，而是根据业务活动对资金活动的作用与反作用关系，将业务预测结果进行合乎逻辑的综合。财务预测的工作内容通常包括：明确预测对象和目的；收集和整理资料；确定预测方法，利用预测模型进行预测。

财务预测首先要有全局观念，根据企业整体战略目标和规划，结合对未来宏观、微观形势的预测，来建立企业财务的战略目标和规划。企业战略目标的实现需要确定与之相匹配的企业财务战略目标，因此财务战略目标是企业战略目标的具体体现。财务战略规划也就是企业整体战略规划的具体化。

在财务战略的指导下，企业财务人员要根据企业财务活动的历史资料，考虑现实的要求和条件，对企业未来的财务活动做出较为具体的预测。预测的任务在于：①测算各项生产经营方案的经济效益，为决策提供可靠的依据。②预计财务收支的发展变化情况，以确定经营目标。③测定各项定额和标准，为编制计划、分解计划指标服务。

1.4.2 财务决策

财务决策是根据企业经营战略要求和国家宏观经济政策要求，从提高企业经济效益的理财目标出发，在若干个可以选择的财务活动方案中选择一个最优方案的过程。财务管理效果的优劣很大程度上取决于财务决策的成败。根据财务预测的结果和一定的决策方法，就可以在若干备选方案中选取一个最优财务活动方案，这就是财务决策。做好财务决策工作，发挥财务管理的决策职能，除了有赖于财务管理的预测职能，需要以财务预测资料为基本依据外，还应该妥善处理以下几个问题。

1. 财务决策的组织问题

现代企业财务决策往往涉及多个方面且具有较大的不确定性，所以财务决策除了根据各种可以确切掌握的客观资料做出客观判断外，还需要决策者做出主观判断。主观判断则会受决策者个人的价值取向及知识、经验等个人素质差异的影响。因此，只有较低层次、比较简单的财务决策问题，才可以由个人决策；较高层次的财务决策问题，应尽可能由集体进行决策。

2. 财务决策的程序问题

财务决策不同于一般业务决策，具有很强的综合性。所以，财务决策不能仅仅由专职的财务管理人员一次完成，而应该更多地深入基层，了解企业生产经营的各种具体情况，并尽可能吸收业务部门的有关人员参与财务决策。同时，财务决策应与各项业务决策取得协调，故需要对决策结果进行调整。

3. 财务决策的方法问题

财务决策既需要定量权衡，也需要定性分析。财务决策具体方法的选择，应以财务决策内容为前提，同时还要考虑掌握资料的性质及数量等具体情况。

财务决策是指财务人员根据财务战略目标的总体要求，利用专门方法对各种备选方案进行比较分析，并从中选出最佳方案的过程。在市场经济环境下，财务管理的核心是财务决策，财务预测是为财务决策服务的，决策成功与否直接关系到企业的兴衰成败。财务决策环节主要包括确定决策目标、提出备选方案、选择最优方案等步骤。财务决策的方法主要有两类：一类是经验判断法，是根据决策者的经验来判断选择，常用的方法有淘汰法、排队法、归类法等；另一类方法是定量分析法，是应用决策论的定量方法进行方案的确定、评价和选择，常用的方法有数学分析法、数学规划法、概率决策法、效用决策法、优选对比法等。

1.4.3 财务预算

财务预算是运用科学的技术手段和数学方法，对目标进行综合平衡，制定主要预算指标，拟定增产节约措施，协调各项预算指标。企业财务预算主要包括：资金筹集预算、固定资产投资和折旧预算、流动资产占用和周转预算、对外投资预算、利润和利润分配预算。财务决策的正确与否对于财务目标的实现固然十分关键，但是它还不是保证财务目标实现的全部条件。为了保证实现既定的财务目标，企业的财务活动应该按照一定的财务预算组织实施。如果完成了财务预算，也就是实现了财务目标。因此，当通过财务决策选定了财务活动方案之后，就应该编制财务预算。正确的财务预算，可以提高财务管理的预见性，也可以为企业及各部门、各层次提出具体的财务目标。

财务预算是指企业运用科学的技术手段和数量方法，对未来财务活动的内容及指标所进行的具体计划，它是企业全面预算体系的重要组成部分。财务预算是以财务决策确立的方案和财务预测提供的信息为基础编制的，是企业财务战略规划的具体计划，是控制财务活动的依据。财务预算的编制一般包括以下几个步骤：①分析财务环境，确定预算指标；②协调财务能力，组织综合平衡；③选择预算方法，编制财务预算。

1.4.4　财务控制

财务控制就是在实施财务计划、组织财务活动的过程中，根据反馈信息（主要是会计信息和金融市场信息），及时判断财务活动的进展情况，并与财务计划要求相对照，发现差异，并根据具体原因及时采取措施，保证财务活动按计划进行。显然，建立科学、灵敏的财务信息反馈系统和严格的财务控制制度，具有特别重要的意义。

财务控制是对预算和计划的执行进行追踪监督、对执行过程中出现的问题进行调整和修正，以保证预算的实现。

财务控制的重要内容是对财务活动的各个环节进行风险控制和管理，以保证目标和预算的执行。风险控制和管理就是要预测风险发生的可能性，尽可能地提出预警方案，确定和识别风险，并采取有效措施规避、化解风险或减少风险所带来的危害等。

财务控制一般要经过以下步骤：①制定控制标准，分解落实责任；②实施追踪控制，及时调整误差；③分析执行情况，搞好考核奖惩。

1.4.5　财务分析

财务分析是根据财务报表等有关资料，运用特定方法，对企业财务活动的过程和结果进行评价和剖析的一项工作。财务分析的基本目的是为了说明财务活动实际结果与财务计划或历史实绩等数据之间差异的比较及其产生的原因，掌握各项财务计划的完成情况，评价财务状况，研究和掌握企业财务活动的规律性，改善财务预测、决策、预算和控制，改善企业的管理水平，提高企业经济效益，并为编制下期财务计划和以后的财务管理提供一定的参考依据。

财务分析的程序通常包括：收集资料，掌握信息；进行对比，做出评价，分析原因，明确责任；提出措施，改进工作。财务分析的步骤是：①收集资料，掌握信息；②指标对比，揭露矛盾；③分析原因，明确责任；④提出措施，改进工作。

在财务分析的基础上，建立经营业绩评价体系是企业建立激励机制和发挥激励作用的依据和前提，而激励机制的有效性又是企业目标实现的动力和保证。一般来说，经营业绩评价体系应该是以财务指标为基础，包括非财务指标的完整的体系。非财务指标主要包括企业的战略驱动因素，如客户关系、学习与成长能力、内部经营过程等方面。一个完整的业绩评价体系应该力求达到内部与外部的平衡和长期与短期的平衡。

 小思考

什么是财务管理的方法？它包括哪些内容？

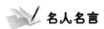 **名人名言**

一生能够积累多少财富，不取决于你能够赚多少钱，而取决于你如何投资理财，钱找人胜过人找钱，要懂得让钱为你工作，而不是你为钱工作。

——沃伦·巴菲特

1.5　财务管理的模式

财务管理模式即企业集团公司的财务管理体制，是指存在于企业集团公司整体管理框架内，为实现企业集团公司总体财务目标而设计的财务管理模式、管理机构及组织分工等各项要素的有机结合，主要涉及母子公司之间重大财务决策权限的划分，包括融资决策权、投资决策权、资金管理权、资产处置权和收益分配权等。根据企业财权配置的不同方式，理论上将财务管理模式分为"集权型财务管理模式""分权型财务管理模式"和"集权与分权相结合型财务管理模式"。

1.5.1　集权型财务管理模式

集权型财务管理模式是指企业对各所属单位的所有财务管理决策都进行集中统一，各所属单位没有财务决策权，企业总部财务部门不但参与决策和执行决策，在特定情况下还直接参与各所属单位的执行过程。

集权型财务管理模式下企业内部的主要管理权限集中于企业总部，各所属单位执行企业总部的各项指令。它的优点在于：企业内部的各项决策均由企业总部制定和部署，企业内部可充分展现其一体化管理的优势，利用企业的人才、智力、信息资源，努力降低资金成本和风险损失，使决策的统一化、制度化得到有力的保障。采用集权型财务管理模式，有利于在整个企业内部优化配置资源，有利于实行内部调拨价格，有利于内部采取避税措施及防范汇率风险等。它的缺点是：集权过度会使各所属单位缺乏主动性、积极性，丧失活力，也可能因为决策程序相对复杂而失去适应市场的弹性，丧失市场机会。

1.5.2　分权型财务管理模式

分权型财务管理模式是指企业将财务决策权与管理权完全下放到各所属单位，各所属单位只需对一些决策结果报请企业总部备案即可。

分权型财务管理模式下企业内部的管理权限分散于各所属单位，各所属单位在人、财、物、供、产、销等方面有决定权。它的优点是：由于各所属单位负责人有权对影响经营成果的因素进行控制，加之身在基层，了解情况，有利于针对本单位存在的问题及时做出有效决策，因地制宜地搞好各项业务，也有利于分散经营风险，促进所属单位管理人员及财务人员的成长。它的缺点是：各所属单位大多从本位利益出发安排财务活动，缺乏全局观念和整体意识，从而可能导致资金管理分散、资金成本增大、费用失控、利润分配无序。

1.5.3　集权与分权相结合型财务管理模式

集权与分权相结合型财务管理模式，其实质就是集权下的分权，企业对各所属单位在所有重大问题的决策与处理上实行高度集权，各所属单位则对日常经营活动具有较大的自主权。

集权与分权相结合型财务管理模式旨在以企业发展战略和经营目标为核心，将企业内重大决策权集中于企业总部，而赋予各所属单位自主经营权。其主要特点如下。

（1）在制度上，应制定统一的内部管理制度，明确财务权限及收益分配方法，各所属单位应遵照执行，并根据自身的特点加以补充。

（2）在管理上，利用企业的各项优势，对部分权限集中管理。

（3）在经营上，充分调动各所属单位的生产经营积极性。各所属单位围绕企业发展战略和经营目标，在遵守企业统一制度的前提下，可自主制定生产经营的各项决策。为避免配合失误，明确责任，凡需要由企业总部决定的事项，在规定时间内，企业总部应明确答复，否则，各所属单位有权自行处置。

公司对财务管理模式的集权和分权的选择需要考虑企业与各所属单位之间的资本关系和业务关系的具体特征，以及集权与分权的"成本"和"利益"。各所属单位之间业务联系越密切，就越有必要采用相对集中的财务管理体制。反之，则相反。

名人名言

眼睛仅盯着自己小口袋的是小商人，眼光放在世界大市场的是大商人。同样是商人，眼光不同，境界不同，结果也不同。

——李嘉诚

1.6　财务管理的基本理论

财务管理理论是人类在长期财务管理实践的基础上，根据财务管理假设所进行的科学推理或对财务管理实践进行科学总结而建立的概念体系，其目的是用来解释、评价、指导、完善和开拓财务管理实践。现简要介绍现金流量理论、有效市场理论、资本结构理论、价值评估理论、风险评估理论、投资组合理论。

1.6.1 现金流量理论

现金流量理论是关于现金、现金流量和自由现金流量的理论，是财务管理最为基础性的理论。现金是计量现金流量和自由现金流量的基本要素。现金流量包括现金流入量、现金流出量和现金净流量。

现金是公司流动性最强的资产，公司持有现金的多寡体现着公司的流动性、支付能力、偿债能力的强弱，进而在一定程度上影响到公司的风险和价值。在财务管理实践中，公司对其整体及其经营活动、投资活动和筹资活动都需计量现金流量，进行现金流量分析、现金预算和现金控制。

所谓自由现金流量（Free Cash Flows）是指真正剩余的、可自由支配的现金流量。自由现金流量是由美国西北大学拉巴波特、哈佛大学詹森等学者于1986年提出的，在以美国安然、世通等为代表的之前在财务报告中利润指标完美无瑕的所谓绩优公司纷纷破产后，自由现金流量为基础的现金流量折现模型，已成为价值评估领域理论最健全、使用最广泛的评估模式。需要指出，财务学意义上的现金流量与会计学现金流量表的现金流量并不完全等同，主要差别在于是否包含现金等价物，会计学现金流量表包含现金等价物，而财务学现金流量则不含现金等价物。

1.6.2 有效市场理论

有效市场理论说明的是金融市场上信息的有效性，即证券价格能否有效地反映全部的相关信息。有效市场理论给财务管理活动带来了很多启示，如既然价格过去的变动对价格将来的变动趋势没有影响，就不应该根据股票价格的历史变化决定投资或融资；既然市场价格能够反映企业的状况，市场上的证券价格一般也就是合理的，所以凡是对证券的高估或低估，都应当谨慎；既然资本市场上的证券都是等价的，每种证券的净现值都等于零，因此各种证券可以相互替代，也就可以通过购买各种证券进行投资组合。

1.6.3 资本结构理论

资本结构有广义和狭义之分。广义的资本结构是指全部资金（包括长期资金、短期资金）的构成及其比例，一般而言，广义资本结构包括：债务资本和股权资本的结构、长期资本与短期资本的结构，以及债务资本的内部结构、长期资本的内部结构和股权资本的内部结构等。狭义的资本结构是指各种长期资本构成及其比例，尤其是指长期债务资本与（长期）股权资本之间的构成及其比例关系。本章所指的资本结构是狭义的资本结构。

资本结构理论（Capital Structure）是关于资本结构与财务风险、资本成本以及公司价值之间关系的理论。资本结构理论主要有MM理论、代理理论和等级筹资理论等。

1. MM理论

MM理论是莫迪利安尼和米勒提出的，经过研究他们认为，在没有企业和个人所得税的情况下，任何企业的价值，不论其有无负债，都等于经营利润除以适用于其风险等级的收益率。风险相同的企业，其价值不受有无负债及负债程度的影响；但在考虑所得税的情况下，由于存在税额庇护利益，企业价值会随负债程度的提高而增加，股东也可获得更多好处。于是，负债越多，企业价值也会越大。

2. 代理理论

代理理论认为，企业资本结构会影响经理人员的工作水平和其他行为选择，从而影响企业未来现金收入和企业市场价值。债权筹资有很强的激励作用，并将债务视为一种担保机制。这种机制能够促使经理努力工作，并且做出更好的投资决策，从而降低由于两权分离而产生的代理成本；但是，负债筹资可能导致另一种代理成本，即企业接受债权人监督而产生的成本。均衡的企业所有权结构是由股权代理成本和债权代理成本之间的平衡关系决定的。

3. 等级筹资理论

等级筹资理论认为：①外部筹资的成本不仅包括管理和证券承销成本，还包括由不对称信息所产生的"投资不足效应"而引起的成本。②债务筹资优于股权筹资。由于企业所得税的节税利益，负债筹资可以增加企业的价值，即负债越多，企业价值增加越多，这是负债的第一种效应；但是，财务危机成本期望值的现值和代理成本的现值会导致企业价值的下降，即负债越多，企业价值减少额越大，这是负债的第二种效应。由于上述两种效应可相互抵消，企业应适度负债。③由于非对称信息的存在，企业需要保留一定的负债容量以便有利可图的投资机会来临时可发行债券，避免以太高的成本发行新股。

从成熟的证券市场来看，企业的筹资优序模式首先是内部筹资，其次是借款、发行债券或可转换债券，最后是发行新股筹资。但是，20世纪80年代新兴证券市场却具有明显的股权融资偏好。

1.6.4　价值评估理论

价值评估理论是关于内在价值、净增加值和价值评估模型的理论，是财务管理的一个核心理论。从财务学的角度，价值主要是指内在价值、净增价值。譬如，股票的价值实质上是指股票的内在价值即现值，项目的价值实质上是指项目的净增现值即净现值。内在价值、净增现值是以现金流量为基础的折现估计值，而非精确值。

资本资产定价模型就是用于估计折现率的一种模型。资本资产定价模型由财务学家威廉·夏普在20世纪60年代创建。按照该模型，金融资产投资的风险分为两类：一种是可以通过分散投资来化解的可分散风险（非系统风险），另一种是不可以通过分散投资化解的不可分散风险（系统风险）。在有效市场中，可分散风险得不到市场的补偿，只有不可分散风险能够得到补偿。个别证券的不可分散风险可用β系数来表示，β系数是计量该证券与市场组合回报率的敏感程度的参数。市场组合是指包含市场上全部证券的投资组合。据此，形成了资本资产定价模型。资本资产定价模型解决了股权资本成本的估计问题，为确定加权平均资本成本扫清了障碍，进而使得计算现值和净现值成为可能。

1.6.5　风险评估理论

风险评估理论从财务学的角度讲风险导致财务收益的不确定性。在理论上，风险与收益成正比，因此，激进的投资者偏向于高风险是为了获得更高的利润，而稳健的投资者则着重于安全性的考虑。常用的风险评估理论有：模糊理论、层次分析法、灰色理论。

在实务中，风险无时不在，无处不在。投资、筹资和经营活动都存在风险，都需要进行风险评估。项目投资决策过程中采用的敏感性分析，以及资本结构决策中对经营风险和财务风险的衡量均属于风险评估范畴。

1.6.6 投资组合理论

投资组合是投资于若干种证券构成的组合投资，其收益等于这些证券收益的加权平均收益，但其风险并不等于这些证券风险的加权平均数。投资组合能降低非系统性风险。

投资组合理论的奠基人是美国经济学家马科维茨（Markowitz），他在1952年首次提出投资组合理论（Portfolio Theory），并进行了系统、深入和卓有成效的研究。该理论包含两个重要内容：均值——方差分析方法和投资组合有效边界模型。

从资本市场的历史中认识到风险和报酬存在某种关系：一是承担风险会得到回报，这种回报称为风险溢价；二是风险性越高，风险溢价越大。但是，人们长期没有找到两者之间的函数关系。马科维茨把投资组合的价格变化视为随机变量，以它的均值来衡量收益，以它的方差来衡量风险，揭示了投资组合风险和报酬的函数关系。因此，马科维茨的理论又称为均值——方差分析。他是首位对"投资分散化"理念进行定量分析的经济学家，他认为通过投资的分散化可以在不改变投资组合预期收益的情况下降低风险，也可以在不改变投资组合风险的情况下增加收益。

名人名言

善治财者，养其所自来，而收其所有余，故用之不竭，而上下交足也。

——司马光（宋）

1.7 财务管理的环境

企业财务管理环境，又称理财环境，是指对企业财务活动产生影响作用的企业内外部条件和因素。企业财务管理环境一般可以分为宏观理财环境与微观理财环境。企业在进行财务管理过程中受到财务管理环境制约，并无法对其进行改变。因此，企业在进行财务管理过程中必须研究财务管理环境，适应它们的要求和变化，正确地制定出财务管理策略。

1.7.1 宏观理财环境

宏观理财环境是指对企业理财有直接和间接影响的企业外部各种条件和因素。主要有法律环境、金融环境和经济环境。

1. 法律环境

法律环境是指影响企业财务管理的各种法律因素，这些法律因素就是指企业在与外部发生经济关系时所应遵守的各种法律、法规和规章。企业在其经营活动中，要和国家、其他企业或社会组织、企业职工或其他公民,以及国外的经济组织或个人发生经济关系,在处理这些经济关系时,应当遵守有关的法律规范。

(1) 企业组织形式的法律规范。

企业组织必须依法成立。组建不同性质的企业,都要依照不同的法律规范。企业组织形式的法律包括《中华人民共和国公司法》(以下简称《公司法》)、《中华人民共和国全民所有制工业企业法》、《中华人民共和国个人独资企业法》、《中华人民共和国合伙企业法》、《中华人民共和国外资企业法》、《中华人民共和国中外合资经营企业法》和《中华人民共和国中外合作经营企业法》等。例如,《公司法》对公司企业的设立条件、设立程序、组织机构、组织变更和终止的条件和程序等都做了规定,包括股东人数、法定资本的最低限额、资本的筹集方式等。《公司法》还对公司生产经营的主要方面做出了规定,包括股票的发行和交易、债券的发行和转让、利润的分配等。公司一旦成立,其主要的活动,包括财务管理活动,都要按照《公司法》的规定来进行。因此,《公司法》是公司企业财务管理最重要的强制性规范,公司的财务管理活动不能违反该法律,它受到该法律的约束。同样,其他企业也要按照相应的企业法来进行其财务管理活动。

(2) 企业税收法律规范。

任何企业都必须依据相关的税收法律进行依法纳税。税收的立法分为三类:所得税的法规、流转税的法规、其他地方税的法规。例如,《中华人民共和国企业所得税法》要求企业有收益时必须缴纳所得税,《中华人民共和国消费税法》要求企业在发生其应税货物时,必须依法纳税。这些税负构成企业的费用,增加企业的现金流出,对企业理财有重要影响。企业只能在不违反税法的前提下减少税务负担,对企业的筹资、投资和利润分配进行筹划,做出财务决策。

(3) 企业财务法律规范。

财务法律规范主要包括《企业财务通则》和行业财务制度。《企业财务通则》是各类企业进行财务活动、实施财务管理的基本规范,对企业的财务管理体制、资金筹集、资产运营、成本控制、收益分配和重组清算等方面问题做出了规定。《企业财务通则》在财务法规制度体系中起着主导作用,它是制定行业财务制度和企业内部财务制度的依据。各行业财务制度和企业内部财务制度都是在财务通则确定的共同原则与规范的基础上,结合行业与企业特点而制定的,从而保证了财务制度的科学性和系统性。

除上述法律规范外,与企业财务管理有关的其他经济法律规范还有许多,包括各种证券法律规范、结算法律规范、合同法律规范等。财务人员要熟悉这些法律规范,在守法的前提下完成财务管理的职能,实现企业的财务管理目标。

 知识链接

我国企业财务法规制度体系分为三个层次:企业财务通则、企业行业财务制度和企业内部财务制度。

企业财务通则是企业财务活动必须遵循的基本原则和规范,是制定行业财务制度和企业内部财务制度的依据。我国现行《企业财务通则》是由财政部制定,于1993年7月1日起实施,2016年进行修订。其主要包括了企业财务管理体制、资金筹集、资产营运、成本控制、信息管理等企业财务要素的内容,对企业财务管理主体应当履行的职责、享有的权利、承担的义务及其财务行为进行规范。

企业行业财务制度是根据财务通则的基本要求，结合各行业的特色和管理需要而制定的财务制度，是各行业企业进行财务活动应遵循的具体规定。

企业内部财务制度是企业管理当局根据企业财务通则和行业财务制度制定的，用来规范企业内部财务行为，处理企业内部财务关系的具体规则。

2. 金融环境

金融市场环境主要包括了金融市场、金融工具和金融机构。

(1) 金融市场。

金融市场是指资金筹集的场所。它是由主体、客体和参加人组成。主体是指银行和非银行金融机构，它们是金融市场的中介机构，是连接筹资人和投资人的桥梁。客体是指金融市场上的买卖对象，即金融资产。如商业票据、政府债券、公司股票等各种信用工具。金融市场的参加人是指客体的供给者和需求者，如企业、事业单位、政府部门、城乡居民等。广义的金融市场，是指一切资本流动的场所，包括实物资本和货币资本的流动。广义金融市场的交易对象包括货币借贷、票据承兑和贴现、有价证券的买卖、黄金和外汇买卖、办理国内外保险、生产资料的产权交换等。狭义的金融市场一般是指有价证券市场，即股票和债券的发行和买卖市场。

金融市场可以按照不同的标准进行分类，如按照交易的期限可分为短期资金市场和长期资金市场；按照交易的性质可分为发行市场和流通市场。

① 短期资金市场和长期资金市场。

短期资金市场是指期限不超过一年的资金交易市场，它包括银行短期信贷市场、短期证券市场、贴现市场和同业拆借市场。因为短期有价证券易于变成货币或作为货币使用，所以也叫货币市场。

长期资金市场是指期限在一年以上的股票和债券交易市场，它包括银行长期信贷市场和长期有价证券市场。因为发行股票和债券主要用于固定资产等资本货物的购置，所以也叫资本市场。

② 发行市场和流通市场。

发行市场是指从事新证券和票据等金融工具买卖的转让市场，也叫初级市场或一级市场。流通市场是指从事已上市的旧证券或票据等金融工具买卖的转让市场，也叫次级市场或二级市场。

(2) 金融工具。

金融工具是指融通资金双方在金融市场上进行资金交易、转让的工具，借助金融工具，资金从供给方转移到需求方。金融工具分为基本金融工具和衍生金融工具两大类。常见的基本金融工具有货币、票据、债券、股票等；衍生金融工具又称派生金融工具，是在基本金融工具的基础上通过特定技术设计形成的新的融资工具，如各种远期合约、互换、掉期、资产支持证券等，种类非常复杂、繁多，具有高风险、高杠杆效应的特点。

一般认为，金融工具具有流动性、风险性和收益性。

① 流动性。流动性是指金融工具在必要时迅速转变为现金而不致遭受损失的能力。

② 风险性。风险性是购买金融工具的本金和预定收益遭受损失的可能性。一般包括信用风险和市场风险。

③ 收益性。收益性是指金融工具能定期或不定期给持有人带来收益。

(3) 金融机构。

金融机构主要是指银行和非银行金融机构。银行是指经营存款、放款、汇兑、储蓄等金融业务，承担信用中介的金融机构，包括各种商业银行和政策性银行，如中国工商银行、中国农业银行、中国银行、中国建设银行、国家开发银行、中国农业发展银行。非银行金融机构主要包括保险公司、信托投资公司、证券公司、财务公司、金融资产管理公司、金融租赁公司等机构。

3. 经济环境

财务管理的经济环境是指影响财务管理系统的各种经济因素，主要包括经济发展水平、经济周期和经济政策等。

(1) 经济发展水平。

企业财务管理的发展水平与经济发展水平是密切相关的。如果经济发展处于落后状态，企业的财务活动和财务关系就比较简单，财务管理就得不到重视，则财务管理水平就较低；反之，如果经济发展水平较高，企业的财务活动和财务关系就会较为复杂，使得财务管理的内容需要不断创新，财务管理职能得以充分发挥，则财务管理水平就会较高。

(2) 经济周期。

经济周期主要是指社会经济发展与运行出现的波动性，包括复苏、繁荣、衰退和萧条四个阶段的循环。在不同阶段有不同的经济发展速度，企业在不同阶段应采取不同的财务管理策略，归纳见表1-1。

表1-1 经济周期中的财务管理策略

复　苏	繁　荣	衰　退	萧　条
① 增加厂房设备 ② 实行长期租赁 ③ 建立存货 ④ 开发新产品 ⑤ 增加劳动力	① 扩充厂房设备 ② 继续建立存货 ③ 提高价格 ④ 开展营销规划 ⑤ 继续增加劳动力	① 停止扩张 ② 处置闲置设备 ③ 停产不利产品 ④ 停止长期采购 ⑤ 减少库存存货 ⑥ 停止雇员	① 建立投资标准 ② 保持市场份额 ③ 缩减管理费用 ④ 放弃次要利益 ⑤ 继续减少库存存货 ⑥ 裁减雇员

(3) 经济政策。

经济政策包括产业政策、金融政策、价格政策和财税政策等。它们对企业财务管理工作有着重大的影响。例如，国家的产业鼓励与限制政策直接影响着企业的投资行为；金融政策中货币的发行量、信贷规模都能影响企业投资的资金来源和投资的预期收益；财税政策会影响企业的资金结构和投资项目的选择；价格政策能影响决定资金的投资方向和投资的回收期及预期收益等。

1.7.2 微观理财环境

微观理财环境是指对企业理财有直接和间接影响的企业内部各种条件和因素。主要有企业组织形式、企业管理体制、财务管理技术手段与技术条件、生产经营状况、内部管理水平、管理层与员工素质等。

1. 什么是财务管理环境？它包括哪些内容？
2. 财务活动主要受到哪些内外部环境因素的影响？这些环境因素是如何影响财务活动的？

本章主要介绍了财务管理的内容、目标、原则、方法、模式、基本理论和理财环境。财务管理是企业组织财务活动、处理财务关系的一项综合性管理工作。企业的财务管理内容有筹资管理、投资管理、营运资金管理、收益管理、税务管理5个方面。企业在组织财务活动过程中与有关各方形成的经济利益关系称为财务关系。财务管理的研究对象是资金（或现金）的循环和周转。企业的财务管理的目标主要有利润最大化、每股收益最大化、股东财富最大化和企业价值最大化。企业为有效组织财务活动、正确处理各种财务关系，财务管理应遵循竞争经济环境的原则、价值与经济效率原则和财务交易原则。财务管理方法有财务预测方法、财务决策方法、财务预算方法、财务控制方法和财务分析方法。集团公司财务管理模式有集权型、分权型、集权与分权组合型。财务管理基本理论有：现金流量理论、有效市场理论、资本结构理论、价值评估理论、风险评估理论、投资组合理论。企业的财务管理会受到各种理财环境因素影响，主要是经济环境、法律环境和金融环境等因素影响。

财务管理　财务活动　财务关系　财务管理原则　法律环境　金融市场　金融工具　金融机构　金融性资产　财务管理模式　经济环境　财务预测　财务决策　财务预算　财务控制　财务分析　利润最大化　每股收益最大化　股东财富最大化　企业价值最大化

一、单项选择题

1. 财务管理的对象是（　　）。
   A. 财务关系　　　　　　　　　　B. 货币资金
   C. 实物财产　　　　　　　　　　D. 资金运动
2. 下列（　　）属于企业购买商品或接受劳务形成的财务关系。

A. 企业与供应商之间的财务关系　　B. 企业与债务人之间的财务关系
C. 企业与客户之间的财务关系　　　D. 企业与受资者之间的财务关系

3. 在下列各项中，不属于企业财务活动的内容是（　　）。
A. 筹资活动　　　　　　　　　　B. 投资活动
C. 收益分配活动　　　　　　　　D. 销售活动

4. 根据财务报表等有关资料，运用特定的方法，对企业财务活动过程及其结果进行分析和评价的工作是指（　　）。
A. 财务控制　　　　　　　　　　B. 财务决策
C. 财务规划　　　　　　　　　　D. 财务分析

5. 在下列各种观点中，既能够考虑资金的时间价值和投资风险，又便于量化财务管理的目标是（　　）。
A. 企业价值最大化　　　　　　　B. 股东财富最大化
C. 利润最大化　　　　　　　　　D. 每股收益最大化

6. 在下列各项中，不属于企业财务管理的金融环境内容的有（　　）。
A. 利息率和金融市场　　　　　　B. 税收法规
C. 金融工具　　　　　　　　　　D. 金融机构

7. 自利行为原则的理论依据是（　　）。
A. 市场有效假设　　　　　　　　B. 持续经营假设
C. 理性经济人假设　　　　　　　D. 时间价值假设

8. 企业终极产权的所有者和风险承担者是（　　）。
A. 股东　　　B. 债权人　　　C. 经理人　　　D. 经纪人

二、判断题

1. 企业与投资者之间的财务关系，主要指企业以购买股票或直接投资的形式向其他企业投资所形成的经济关系。（　　）
2. 在财务控制的基础上建立的经营业绩评价体系是企业建立激励机制和发挥激励作用的依据和前提，而激励机制的有效性又是企业目标实现的动力和保证。（　　）
3. 财务管理就是对企业财务活动的管理。（　　）
4. 利润最大化考虑了投入与产出的关系。（　　）

三、论述题

依据代理理论，谈一谈如何整合各利益主体间的矛盾与分歧。

四、案例分析题

运用本章的理论知识，对阿里巴巴的资本运作案例进行分析，你认为该公司的财务管理目标是什么？应该如何处理好企业与其经济利益相关者之间的关系？

第2章 财务管理的价值观念

学习目标

本章主要阐述财务管理的两个价值观念——资金的时间价值和投资的风险价值。让读者熟悉和理解货币时间价值的含义；掌握复利现值和终值的计算；掌握普通年金、先付年金、递延年金终值和现值的计算；掌握永续年金现值的计算；了解风险的概念及种类；掌握风险价值的衡量；学会运用内插法在时间价值中的应用，掌握一年内复利多次情况下实际利率的计算技巧；基本学会Excel财务函数在计算资金时间价值中的应用。

学习指导

本章的学习重点是资金时间价值的计算、投资的风险价值的衡量，以及在实际生活中对以上两种价值观念简单的应用。

复利的魔力

假设你现在24岁，刚刚从大学毕业，你决定投资于债券市场，以便为退休后的生活做准备。你的目标是当你到60岁时，拥有1 000 000元。假设你在债券投资所获得的年收益率为10%，那么你在未来每一年的年末要投入多少元钱才能实现你的目标？

答案是3 343.06元。这一金额取决于你的实际收益率。如果你的实际收益率降低到8%，那么你就需要每年投入5 344.67元。如果你的实际收益率上升到12%，那么你就需要每年投入2 064.14元。

如果你像大多数人一样，以后再考虑退休的问题，情况会是怎么样呢？如果你一直到40岁才考虑这一问题，要使60岁时拥有1 000 000元，你就需要每年节省17 459.62元，当然，这是在10%的收益率的情况下。如果你的投资收益率每年只达到8%，你就需要每年节省21 852.21元。如果你的投资收益率每年能达到12%，你就需要每年节省13 878.78元。

如果你一直到50岁，要达到60岁时拥有1 000 000元，你就需要每年节省62 745.39元，当然，这是在10%的收益率的情况下。如果你的投资收益率每年只达到8%，你就需要每年节省69 029.49元。如果你的投资收益率每年能达到12%，你就需要每年节省56 984.16元。

因此，在毕业典礼和庆祝得到新工作之后，你就开始攒钱吧！

这个案例涉及许多金额的计算，在这里我们暂时先不要计算。从这个案例我们只需要看到这些金额的变化。在相同的期限下，为了获得1 000 000元，在不同的预期报酬率下，每年投入的资金量是不同的。而在相同的预期报酬率下，不同的期限下，为了获得1 000 000元，每年投入的资金量也是不同的。为何投入的资金量有如此大的差异？这就引导我们学习第二章的主要内容——财务管理中资金的时间价值观念。

2.1 资金的时间价值

时间价值是客观存在的经济范畴，任何企业的财务活动，都是在特定的时空中进行的。离开了时间价值因素，就无法正确计算不同时期的财务收支，也无法正确评价企业盈亏。时间价值原理揭示了不同时点上资金之间的换算关系，是企业财务决策的基本依据，因此财务人员必须掌握时间价值的概念和计算方法。

2.1.1 资金的时间价值概述

资金的时间价值通常称为货币的时间价值，是指货币经历一定时间的投资和再投资所增加的价值。资金的价值会受到使用时间的影响，今天的一元钱可用来投资，并预期会获得收入，其价值因此而增加；明天的一元钱由于推迟投资及预期产生收入的时间，其价值就会低于今天的一元钱。时间价值的本质是资金投入使用所产生的价值，并不是天上掉馅饼，不劳而获，体现了党的二十大报告中"坚持把发展经济的着力点放在实体经济上"，实体经济的高质量发展是经济高质量发展的根本。

通俗地讲，资金在借贷关系中产生了利息，这个特殊的经济范畴的存在，意味着今天的钱和明天等额的钱价值不相等。今天的钱存在银行，便会产生利息，利息随着时间的推移不断增多，今天的本金等于明天的本金加上利息，也就是说，今天的货币比明天的等额货币价值高。

时间价值可以有两种表现形式：其相对数即时间价值率是指扣除风险报酬和通货膨胀贴水后的平均资金利润率或平均报酬率；其绝对数即时间价值额是资金在生产经营过程中带来的真实增值额，即一定数额的资金与时间价值率的乘积。

银行存款利率、贷款利率、各种债券利率、股票的股利率都可以看作是投资报酬率，它们与时间价值率都是有区别的，只有在没有通货膨胀和没有风险的情况下，时间价值率才与上述各报酬率相等。

为了便于说清问题，分层次地、由简到难地研究问题，通常在讲述资金时间价值的计算时都采用抽象分析法，即假设没有风险和通货膨胀，以利率代表时间价值率，本章也是以此假设为基础的。

知识链接

英国哲学家培根说："时间是经营尺度，正如金钱是商品的尺度一样。"那么时间加金钱等于什么呢？财务学家说，它等于货币的时间价值。这就是货币时间价值的观念。

2.1.2 终值和现值的计算

在计算资金的时间价值之前，我们要先掌握现值和终值两个基本概念。终值，是指现在一定数量资金在未来若干期后的价值,也称为本利和。现值,是指未来某一时点上的一定量资金折合到现在的价值,也称为本金。在计算时间价值时主要涉及终值、现值、单位时间价值率和时间期限,具体用符号表示如下。

FV——终值;

PV——现值;

i——单位时间价值率,即利率;

n——时间期限,即计算期数,一般以年为单位。

由于资金的时间价值计算涉及利息计算方式的选择,因此,我们要详细介绍两种利息计算方式:单利计息和复利计息。

1. 单利的计算

单利计息方式下,每期都按初始本金计算利息,当期利息即使不取出也不计入下一期的计息基础,每期的计息基础不变。即只对本金计提利息,计息基础是本金,每期利息相同。

(1) 单利终值的计算。

单利终值指一定量资金按单利计算的未来价值,或者说一定量资金按单利计算的本利和。其计算公式为:

$$FV = PV + I = PV + PV \times i \times n = PV(1 + i \times n) \quad (2-1)$$

【例 2-1】 李某 2018 年 6 月 1 日存入银行一笔 10 000 元现金,定期为 3 年,年利率为 10%,单利计息。3 年期满后他可以从银行取出的资金数额是多少元?

$$FV = PV(1 + i \times n) = 10\,000 \times (1 + 10\% \times 3) = 13\,000(元)$$

(2) 单利现值的计算。

单利现值是指未来一定量资金按单利计算的现在的价值。单利现值的计算与单利终值的计算是互逆的,其计算公式为:

$$PV = FV/(1 + i \times n) \quad (2-2)$$

【例 2-2】 李某拟存入一笔资金以备 3 年后使用。假定银行 3 年期存款年利率为 5%,李某 3 年后需用的资金总额为 34 500 元,则在单利计算情况下,则目前需存入的资金数额为多少元?

$$PV = FV/(1 + i \times n) = 34\,500/(1 + 5\% \times 3) = 30\,000(元)$$

2. 复利的计算

复利计息方式下,每期都按上期期末的本利和作为当期的计息基础,即通常所说的"利滚利",不仅要对初始的本金计息,还要对上期产生的利息再计息,每期的计息基础是变化的,每期的利息不相等。不特指的情况下,通常是以复利方式计息的。

(1) 复利终值。

复利终值,是指按复利计息,若干期以后包括本金和利息在内的未来价值,又称本利和。现在将一笔资金 PV 存入银行,存款的年利率为 i,每年计息一次,n 年后的本利和参照图 2.1 计息如下:

第一年末的终值 $FV_1 = PV + PV \times i = PV \cdot (1 + i)$

第二年末的终值 $FV_2 = FV_1 + FV_1 \times i = FV_1 \cdot (1 + i) = PV \cdot (1 + i)^2$

图 2.1 复利终值计息示意图

第三年末的终值 $FV_3 = FV_2 + FV_2 \times i = FV_2 \cdot (1+i) = PV \cdot (1+i)^3$

以此类推，第 n 年末的复利终值为：

$$FV_n = PV \cdot (1+i)^n \qquad (2-3)$$

【例 2 - 3】 将 100 元现金存入银行，利率为 10%，5 年后的终值应为多少元？

$$FV_5 = PV \cdot (1+i)^5 = 100 \times (1+10\%)^5 \approx 161(元)$$

在上述公式中，$(1+i)^n$ 叫复利终值系数，$(1+i)^n$ 可写成 $FVIF_{i,n}$ 或 $(F/P, i, n)$，复利终值的计算公式可写成：

$$FV_n = PV \cdot (1+i)^n = PV \cdot FVIF_{i,n} \qquad (2-4)$$

为了简化和加速计算，可编制复利终值系数表，该表见书后附录 1。表中 i 和 n 的范围及详细程度可视情况而定，教学用表中的系数，一般只取 3 到 4 位小数，实际工作中，位数要多一些。

如前例可查表计算如下：

$$FV_5 = 100 \times FVIF_{10\%,5} = 100 \times 1.611 = 161.1(元)$$

也可用 Excel 提供的终值函数 FV() 计算，如图 2.2 所示。

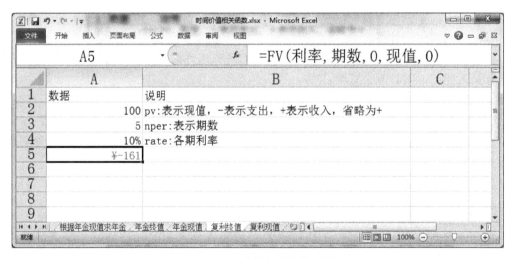

图 2.2 Excel 计算复利终值示意图

 知识链接

在处理资金的时间价值的问题前，先画一条时间轴，并标出有关的现金流量，对于计算来说非常有帮助。时间轴能使问题更加一目了然，有利于减少错误。顾名思义，时间轴就是能够表示各个时间点的数轴。因为不同时间点上发生的现金流量不能够直接进行比较，所以在比较现金数量的时候，就必须同时强调现金流发生的时点。时间轴上的各个数字代表的就是各个不同的时点，0 表示现在，其余的表示该期的期末或者是下期的期初。时间轴上方的箭头表示现金流入流出量的大小，向下的箭头表示现金流入，向上的箭头表示现金流出。

（2）复利现值。

复利现值是指按复利计息，未来一定量的资金的现在价值，可用倒推求本金的方法计算。由终值求现值，叫作贴现。在贴现时使用的利率叫贴现率。

现值的计算可由终值的计算公式导出：

$$PV = \frac{FV_n}{(1+i)^n} = FV_n \times \frac{1}{(1+i)^n} \qquad (2-5)$$

在上述公式中，$\frac{1}{(1+i)^n}$ 称为复利现值系数或贴现系数，$\frac{1}{(1+i)^n}$ 可以写为 $PVIF_{i,n}$ 或 $(P/F, i, n)$，复利现值的计算公式可改写为：

$$PV = FV_n \times PVIF_{i,n} \qquad (2-6)$$

为了简化计算，也可编制复利现值系数表。该表见书后附录 2。

【例 2-4】 某人拟在 3 年以后得到 4 000 元，利息率为 7%，现在应存金额应为多少元？

$$PV = FV_n \frac{1}{(1+i)^n} = 4\,000 \times \frac{1}{(1+7\%)^3} \approx 3\,265(元)$$

或查复利现值系数表计算如下：

$$PV = FV_3 \times PVIF_{7\%,3} = 4\,000 \times 0.816 = 3\,264(元)$$

也可用 Excel 提供的现值函数 PV() 计算，如图 2.3 所示。

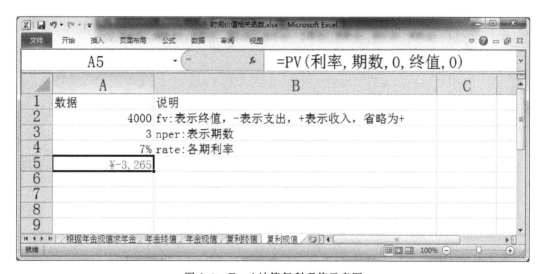

图 2.3　Excel 计算复利现值示意图

2.1.3　年金终值和现值的计算

年金是指一定时期内每期相等金额的收付款项。凡属于分期支付的金额，只要支付时间间隔的顺次相同、金额相等都可以称为年金，通常记作 A，如每年定期支付一次、每半年定期支付一次、每季定期支付一次、每月定期支付一次相等的金额都可以称为年金。折旧、利息、租金、保险费等通常表现为年金的形式。年金按付款方式可分为普通年金、先付年金、递延年金和永续年金。

1. 普通年金

普通年金是指每期期末发生的等额的收付款项，又称为后付年金。

（1）普通年金终值的计算。

普通年金终值犹如零存整取的本利和，它是一定时期内每期期末等额收付款项的复利终值之和，这里用 FVA_n 表示。

设：A——年金；

i——利率；

n——计息期数；

FVA_n——n 期年金终值。则普通年金终值的计算可用图 2.4 来说明。

由图 2.4 可知，普通年金终值的计算公式为：

$$FVA_n = A(1+i)^0 + A(1+i)^1 + A(1+i)^2 + \cdots\cdots A(1+i)^{n-2} + A(1+i)^{n-1}$$

$$= A \cdot \sum_{t=1}^{n} (1+i)^{t-1} \tag{2-7}$$

上式中 $\sum_{t=1}^{n}(1+i)^{t-1}$，叫年金终值系数，可写成 $FVIFA_{i,n}$ 或 $(F/A, i, n)$，则普通年金终值的计算公式可写成：

$$FVA_n = A \cdot FVIFA_{i,n} \tag{2-8}$$

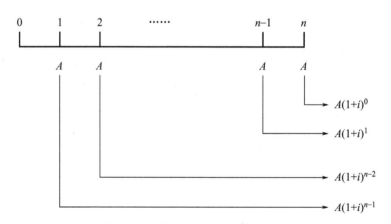

图 2.4 后付年金终值的计算示意图

为了简化工作，也可事先编制年金终值系数表，简称 FVIFA 系数表，表中各期年金终值系数可按下式计算：

$$FVIFA_{i,n} = \frac{(1+i)^n - 1}{i} \tag{2-9}$$

上面公式推导过程如下：

$$FVIFA_{i,n} = (1+i)^0 + (1+i)^1 + (1+i)^2 + \cdots + (1+i)^{n-2} + (1+i)^{n-1} \quad ①$$

将①式两边同乘以 $(1+i)$，得：

$$\text{FVIFA}_{i,n}(1+i) = (1+i)^1 + (1+i)^2 + \cdots + (1+i)^{n-1} + (1+i)^n \quad ②$$

将②-①得：

$$\text{FVIFA}_{i,n}(1+i) - \text{FVIFA}_{i,n} = (1+i)^n - 1$$

$$\text{FVIFA}_{i,n} \cdot i = (1+i)^n - 1$$

$$\text{FVIFA}_{i,n} = \frac{(1+i)^n - 1}{i}$$

年金终值系数表见书后附录3。

【例2-5】 3年中每年年底存入银行100 000元，存款利率为8%。求第3年末年金终值。

$$\text{FVA}_3 = A \cdot \text{FVIFA}_{8\%,3} = 100\ 000 \times 3.246 = 324\ 600(元)$$

也可用Excel提供的终值函数FV()计算，如图2.5所示。

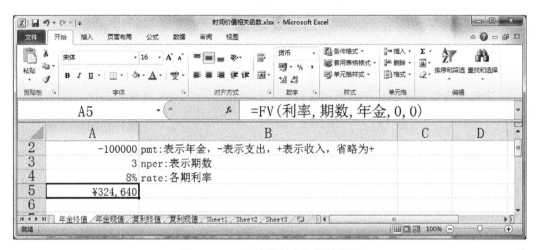

图2.5 Excel计算年金终值示意图

【例2-6】 某人拟在5年以后还清一笔10 000元的债务，存款利率为10%，每年年底存入银行多少资金？

由 $\text{FVA}_5 = A\dfrac{(1+i)^n-1}{i} = A \cdot \text{FVIFA}_{10\%,5}$ 得：

$$A = \text{FVA}_5 \frac{i}{(1+i)^n - 1}$$

$$= \frac{\text{FVA}_5}{\text{FVIFA}_{10\%,5}}$$

$$= 10\ 000/6.105 \approx 1\ 638(元)$$

请注意，此题是已知年金终值求年金，式中的$\dfrac{i}{(1+i)^n-1}$是年金终值系数的倒数，称偿债基金系数，记作(A/F, i, n)。偿债基金是指为了在约定的未来某一时点清偿某笔债务而分次提取的存款准备金。计算偿债基金年金的方法实际上是将年金终值折算成年金，即是年金终值的逆运算，其中要清偿的债务相当于年金终值，每年提取的债务基金就相当于年金。

也可用Excel提供的年金函数PMT()计算，如图2.6所示。

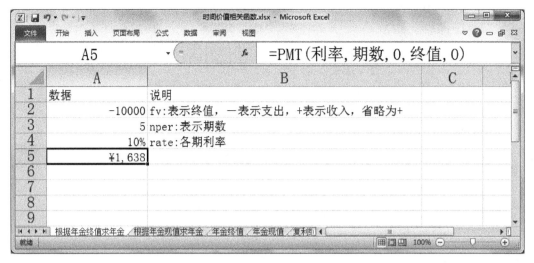

图 2.6　Excel 根据终值计算年金示意图

（2）普通年金现值的计算。

一定期间内每期期末等额的系列收付款项的现值之和，叫普通年金现值。年金现值的符号为 PVA，普通年金现值的计算情况可用图 2.7 来说明。

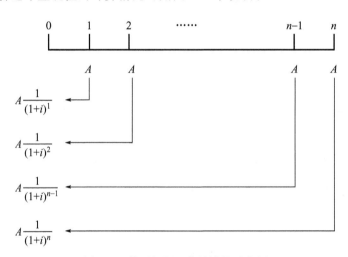

图 2.7　普通年金现值的计算示意图

由图 2.7 得年金现值的计算公式为：

$$PVA = A\frac{1}{(1+i)^1} + A\frac{1}{(1+i)^2} + \cdots + A\frac{1}{(1+i)^{n-1}} + A\frac{1}{(1+i)^n}$$

$$= A\sum_{t=1}^{n}\frac{1}{(1+i)^t} \tag{2-10}$$

式中：$\sum_{t=1}^{n}\frac{1}{(1+i)^t}$ 叫年金现值系数，可简写为 $PVIFA_{i,n}$ 或 $(P/A, i, n)$，则普通年金现值的计算公式可写为：

$$PVA = A \cdot PVIFA_{i,n} \tag{2-11}$$

为了简化计算，可以事先编制年金现值系数表（简称 PVIFA 表），见书后附录 4。在编表时，现值系数可按下式计算：

$$\text{PVIFA}_{i,n} = \frac{1-(1+i)^{-n}}{i} \quad (2-12)$$

此公式的推导过程为：

$$\text{PVIFA}_{i,n} = \frac{1}{(1+i)^1} + \frac{1}{(1+i)^2} + \frac{1}{(1+i)^3} + \cdots + \frac{1}{(1+i)^{n-1}} + \frac{1}{(1+i)^n} \quad ①$$

① 式两边同乘以 $(1+i)$ 得：

$$\text{PVIFA}_{i,n} \cdot (1+i) = 1 + \frac{1}{(1+i)^1} + \frac{1}{(1+i)^2} + \cdots + \frac{1}{(1+i)^{n-2}} + \frac{1}{(1+i)^{n-1}} \quad ②$$

②－① 得：

$$\text{PVIFA}_{i,n} \cdot (1+i) - \text{PVIFA}_{i,n} = 1 - \frac{1}{(1+i)^n}$$

$$\text{PVIFA}_{i,n} = \frac{1-(1+i)^{-n}}{i}$$

【例 2 - 7】 现在存入一笔钱，准备在以后 5 年中每年末得到 10 000 元，如果利率为 10%，现在应存入多少资金？

$$\text{PVA} = A \cdot \text{PVIFA}_{10\%,5} = 10\,000 \times 3.791 = 37\,910(元)$$

也可用 Excel 提供的现值函数 PV() 计算，如图 2.8 所示。

图 2.8　Excel 计算年金现值示意图

【例 2 - 8】 某公司预计以 6% 的利率从银行借入 100 000 元投资一个为期 8 年的项目，那么每期至少要产生多少现金收益，该公司才会投资于该项目？

由 $\text{PVA} = A \dfrac{1-(1+i)^{-n}}{i} = A \cdot \text{PVIFA}_{i,n}$ 得

$$A = \text{PVA} \cdot \frac{i}{1-(1+i)^{-n}} = \frac{\text{PVA}}{\text{PVIFA}_{6\%,8}} = \frac{100\,000}{6.210} \approx 16\,103(元)$$

注意，此题中 $\dfrac{i}{1-(1+i)^{-n}}$ 是普通年金现值系数的倒数，可称为资本回收系数，用符号 $(A/P, i, n)$ 表示。在企业的财务管理工作中，可利用这种关系进行长期投资决策，

可以将企业现在的项目投资额看作是企业在项目投产后的寿命期内至少要收回的投资成本总额，运用年金现值计算公式计算出年金 A，以年金 A 作为企业在该投资项目的营业期内每年至少应该收回的投资成本，将其作为企业投资管理的一个控制目标。

也可用 Excel 提供的年金函数 PMT（）计算，如图 2.9 所示。

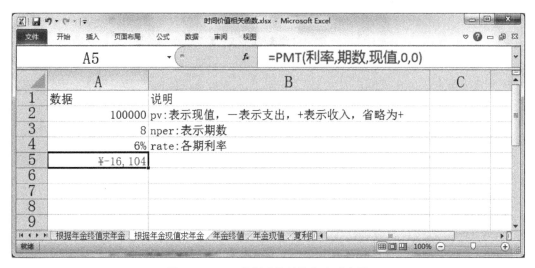

图 2.9　Excel 根据现值计算年金示意图

知识链接

Excel 提供了关于计算现值、终值和年金的函数，现值函数为 PV（rate，nper，pmt，FV，type），终值函数为 FV（rate，nper，pmt，PV，type），年金函数为 PMT（rate，nper，PV，FV，type），其中 rate 代表利率，nper 代表期限，pmt 代表各期收支金额，FV 代表终值，PV 代表现值。每个函数中有五个参数，使用函数时可给对应的参数赋值，没有的参数赋零或为空，其中，type 赋值为 0 时表示后付年金，赋值为 1 时表示先付年金，能求出终值、现值或年金。因为系数表中查找的系数仅保留了三位小数，所以用 Excel 计算的结果更准确。

2. 先付年金

先付年金是指在一定时期内，每期期初等额的系列收付款项。先付年金与后付年金的区别仅在于付款时点的不同。由于年金终值和现值系数表是按后付年金编制的，利用后付年金系数表计算先付年金的终值和现值时，可以在后付年金的基础上用终值和现值的计算公式进行调整。

（1）先付年金终值的计算。

n 期先付年金终值和 n 期后付年金终值之间的关系可用图 2.10 加以说明。

从图 2.10 可以看出，n 期先付年金与 n 期后付年金的付款次数相同，但由于付款时间不同，n 期先付年金比 n 期后付年金终值多计算一期利息。所以，可以先求出 n 期后付年金终值，然后再乘以 $(1+i)$ 便可求出 n 期先付年金的终值。其计算公式为：

$$V_n = A \cdot \text{FVIFA}_{i,n} \cdot (1+i) \qquad (2-13)$$

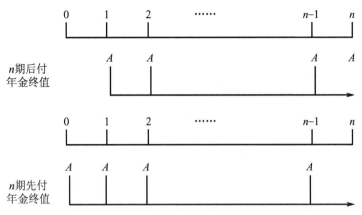

图2.10 先付年金与后付年金终值的关系示意图

此外,若在0时点之前虚设一期,在n年年末再虚设一期年金A,这样就可以把这一系列收付款项看作是起点为0′,可根据n期先付年金与n+1期后付年金的关系推导出另一公式,具体可参照图2.11。

从图2.11所示,n期先付年金与n+1期后付年金的计息数相同,但比n+1期后付年金少付一次款,因此,只要将n+1期后付年金减去一期付款额A,便可求出n期先付年金终值。其计算公式为:

$$V_n = A \cdot \text{FVIFA}_{i,n+1} - A = A \cdot (\text{FVIFA}_{i,n+1} - 1) \tag{2-14}$$

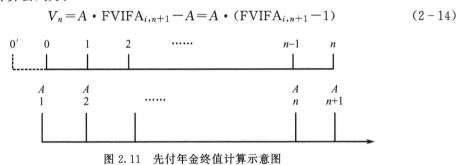

图2.11 先付年金终值计算示意图

【例2-9】 某人每年年初存入银行1 000元,银行存款年利率为4%,问第10年末的本利和为多少?

$$V_{10} = 1\,000 \times \text{FVIFA}_{4\%,10} \times (1+4\%)$$
$$= 1\,000 \times 12.006 \times 1.04 \approx 12\,486.2(元)$$

或

$$V_{10} = 1\,000 \times (\text{FVIFA}_{4\%,11} - 1)$$
$$= 1\,000 \times (13.486 - 1) = 12\,486(元)$$

也可用Excel提供的终值函数FV()计算,如图2.12所示。

(2) 先付年金现值的计算。

n期先付年金现值与n期后付年金现值之间的关系,可以用图2.13加以说明。

从图2.13可以看出,n期后付年金现值与n期先付年金现值的付款次数相同,但由于n期后付年金是期末付款,n期先付年金是期初付款,在计算现值时n期后付年金现值比n期先付年金现值多贴现一期。所以,可先求出n期后付年金现值,然后再乘以(1+i),便可求出n期先付年金的现值。其计算公式为:

$$V_0 = A \cdot \text{PVIFA}_{i,n} \cdot (1+i) \tag{2-15}$$

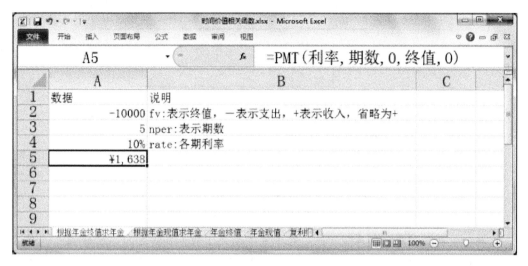

图 2.12　Excel 计算先付年金终值示意图

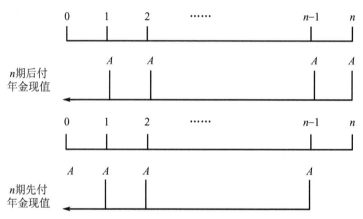

图 2.13　先付年金与后付年金现值的关系示意图

如果先把图 2.13 中的第一期年金扣除，就可以将其看成是 $n-1$ 期的普通年金，计算后再加上第一年的年金，就可以得到 n 期先付年金的现值，其计算公式为：

$$V_0 = A \cdot \text{PVIFA}_{i,n-1} + A = A \cdot (\text{PVIFA}_{i,n-1} + 1) \qquad (2-16)$$

【例 2-10】　某企业租用一设备，在 5 年中每年年初要支付租金 10 000 元，年利率为 8%，问这些租金的现值是多少？

$$V_0 = 10\,000 \cdot \text{PVIFA}_{8\%,5} \cdot (1+8\%)$$
$$= 10\,000 \times 3.993 \times 1.08 = 43\,124.4(元)$$

或　$V_0 = 10\,000 \cdot (\text{PVIFA}_{8\%,4} + 1)$
$$= 10\,000 \times (3.312+1) = 43\,120(元)$$

也可用 Excel 提供的现值函数 PV() 计算，如图 2.14 所示。

3. 递延年金

递延年金是指在最初若干期没有收付款项的情况下，后面若干期等额的系列收付款

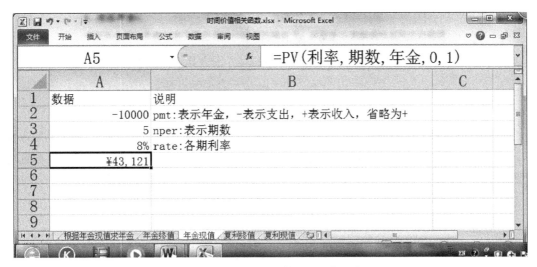

图 2.14　Excel 计算先付年金现值示意图

项,是普通年金的特殊形式,假设最初有 m 期(递延期)没有收付款项,后面 n 期(收支期)有等额的收付款项,则递延年金终值大小与递延期 m 无关,在计算终值时只需将 m 时点当作 0 时点,实际发生的期数为 n 期,所以其计算公式与普通年金终值计算公式相同,即:

$$FVA_n = A \cdot FVIFA_{i,n}$$

递延年金的现值即为后 n 期年金贴现至 $m+n$ 期期初的现值。这可以用图 2.15 说明:

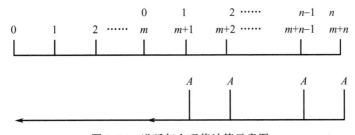

图 2.15　递延年金现值计算示意图

方法 1:

先求出递延年金在 n 期后付年金期初(m 期期末)的现值,再将它作为终值贴现至 m 期的第一期期初,便可求出递延年金的现值。其计算公式为:

$$V_0 = A \cdot PVIFA_{i,n} \cdot PVIF_{i,m} \tag{2-17}$$

方法 2:

先求出 $m+n$ 期后付年金现值,减去没有付款的前 m 期后付年金现值,二者之差便是递延 m 期、收支期 n 期的递延年金现值。其计算公式为:

$$V_0 = A \cdot PVIFA_{i,m+n} - A \cdot PVIFA_{i,m} = A \cdot (PVIFA_{i,m+n} - PVIFA_{i,m}) \tag{2-18}$$

【例 2-11】　某企业向银行借入一笔款项,银行贷款的年利息率为 10%,银行规定前 3 年不用还本付息,但从第 4 年至第 7 年每年年末偿还本息 1 000 元,问这笔款项的现值应为多少?

$$V_0 = 1\,000 \times \text{PVIFA}_{10\%,4} \times \text{PVIF}_{10\%,3}$$
$$= 1\,000 \times 3.17 \times 0.751 \approx 2\,381(元)$$

或
$$V_0 = 1\,000 \times (\text{PVIFA}_{10\%,7} - \text{PVIFA}_{10\%,3})$$
$$= 1\,000 \times (4.868 - 2.487) = 2\,381(元)$$

4. 永续年金

永续年金是指无限期收付的年金,所以永续年金没有终值。西方有些债券为无期限债券,这些债券的利息可视为永续年金。优先股因为有固定的股利而又无到期日,因而优先股股利有时可以看作永续年金。而永续年金的计算公式可以根据普通年金的计算公式推导出来。

普通年金现值系数的计算公式为:

$$\text{PVIFA}_{i,n} = \frac{1-(1+i)^{-n}}{i}$$

当 $n \to \infty$ 时,$\frac{1}{(1+i)^n} \to 0$

故 $\text{PVIFA}_{i,\infty} = \frac{1}{i}$

因此,永续年金现值的计算公式为:

$$V_0 = A \cdot \frac{1}{i} \tag{2-19}$$

【例 2-12】 某永续年金每年年底的收入为 1 000 元,利率为 10%,求该项永续年金的现值。

$$V_0 = 1\,000 \times \frac{1}{10\%} = 10\,000(元)$$

2.1.4 时间价值的应用

1. 不等额现金流量现值的计算

前面讲的年金是指每次收入或付出的款项都是相等的,但在经济管理中,更多的情况是每次收入或付出的款项并不相等。财务管理中,也经常需要计算这些不等额现金流入量或流出量的现值之和。

不等额现金流量的现值计算公式可写成:

$$\text{PV}_0 = A_0 \cdot \frac{1}{(1+i)^0} + A_1 \cdot \frac{1}{(1+i)^1} + A_2 \cdot \frac{1}{(1+i)^2} + \cdots +$$
$$A_{n-1} \cdot \frac{1}{(1+i)^{n-1}} + A_n \cdot \frac{1}{(1+i)^n}$$
$$= \sum_{t=0}^{n} A_t \cdot \frac{1}{(1+i)^t} \tag{2-20}$$

假设:A_n 为第 n 期期末的收付款项,则其现值计算过程可用图 2.16 表示。

【例 2-13】 有一笔现金流量见表 2-1,贴现率为 5%,求这笔不等额现金流量的现值。

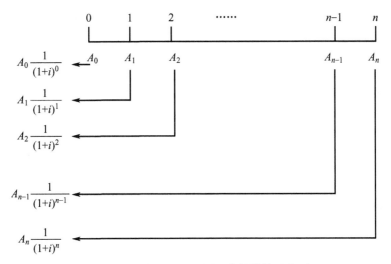

图 2.16 不等额现金流量现值的计算示意图

表 2-1 某系列现金流量表

单位：元

年 (t)	0	1	2	3	4
现金流量	2 000	500	100	3 000	4 000

$$PV_0 = A_0 \cdot \frac{1}{(1+i)^0} + A_1 \cdot \frac{1}{(1+i)^1} + A_2 \cdot \frac{1}{(1+i)^2} + A_3 \cdot \frac{1}{(1+i)^3} + A_4 \cdot \frac{1}{(1+i)^4}$$

$$= 2\,000 \times PVIF_{5\%,0} + 500 \times PVIF_{5\%,1} + 100 \times PVIF_{5\%,2} +$$
$$3\,000 \times PVIF_{5\%,3} + 4\,000 \times PVIF_{5\%,4}$$
$$= 2\,000 \times 1.000 + 500 \times 0.952 + 100 \times 0.907 + 3\,000 \times 0.864 + 4\,000 \times 0.823$$
$$= 8\,450.7(元)$$

2. 年金和不等额现金流量混合情况下的现值

在年金和不等额现金流量混合的情况下，能用年金公式计算现值便用年金公式计算，不能用年金公式计算的部分便用复利公式计算，然后把它们加总，便得出年金和不等额现金流量混合情况下的现值。

【**例 2-14**】某系列现金流量见表 2-2。贴现率为 8%，求这一系列现金流量的现值。

表 2-2 某系列现金流量表

单位：元

年	现金流量	年	现金流量
1	1 000	6	2 000
2	1 000	7	2 000
3	1 000	8	2 000
4	1 000	9	2 000
5	2 000	10	2 500

在这一实例中,第1年到第4年的现金流量相等,可以看作是求4期的年金,第5年到第9年的现金流量也相等,可以看作前面有4期递延期的递延年金,第10年可以看作是复利。

这样,这笔现金流量的现值可按下式求得:

$$PV = 1\,000 \times PVIFA_{8\%,4} + 2\,000 \times PVIFA_{8\%,5} \times PVIF_{8\%,4} + 2\,500 \times PVIF_{8\%,10}$$
$$= 1\,000 \times 3.312 + 2\,000 \times 3.993 \times 0.735 + 2\,500 \times 0.463$$
$$\approx 10\,339.2(元)$$

3. 计息期短于一年的时间价值的计算

终值和现值通常是按年来计算的,但在有些时候,也会遇到计息期短于1年的情况。例如,债券利息一般每半年支付一次,股利有时每季度支付一次,这就出现了以半年、1季度、1个月甚至以天数为期间的计息期。

当利息在一年内要复利几次时,给出的年利率叫作名义利率。实际利率高于名义利率,二者之间的换算关系如下:

$$实际利率\ i = \frac{实际利息}{本金} = \frac{本金\left(1+\frac{r}{m}\right)^m - 本金}{本金} = \left(1+\frac{r}{m}\right)^m - 1 \qquad (2-21)$$

其中:i 为实际利率;r 为名义利率;m 为每年复利次数。

【例 2-15】 本金1 000元,投资5年,年利率8%,每季度复利一次,则实际年利率为多少?

$$实际利率\ i = \left(1+\frac{r}{m}\right)^m - 1 = \left(1+\frac{8\%}{4}\right)^4 - 1 \approx 8.24\%$$

可见,当计息期短于1年,实际利率往往大于名义利率,在计算计息期小于一年的现值时,计息期和计息利率均应按下式进行换算:

$$r = \frac{i}{m}$$
$$t = m \cdot n$$

式中:r 为期利率;i 为年利率;m 为每年的计息次数;n 为年数;t 为换算后的计息期数。

【例 2-16】 某人准备在第5年年底获得1 000元收入,年利率为8%。试计算:(1) 每年计息一次,问现在应存入多少钱?(2) 每半年计息一次,现在应存入多少钱?

(1) 如果是每年计息一次,则 $n = 5$,$i = 8\%$,$FV_5 = 1\,000$,那么

$$PV = FV_5 \cdot PVIF_{8\%,5}$$
$$= 1\,000 \times 0.681 = 681(元)$$

(2) 如果每半年计息一次,则 $m = 2$

$$r = \frac{i}{m} = \frac{8\%}{2} = 4\%$$
$$t = m \cdot n = 5 \times 2 = 10$$

则 $PV = FV_{10} \cdot PVIF_{4\%,10} = 1\,000 \times 0.676 = 676(元)$

或：

$$实际利率(i) = \left(1+\frac{r}{m}\right)^m - 1 = \left(1+\frac{8\%}{2}\right)^2 - 1 = 8.16\%$$

$$PV = FV_5/(1+8.16\%)^5 \approx 676(元)$$

4. 贴现率的计算

在前面计算现值和终值时，都假定利率是给定的，但在财务管理中，经常会遇到已知计息期数、终值和现值，求贴现率的问题。一般来说，求贴现率可分为两步：第一步求出换算系数；第二步根据换算系数和有关系数表求贴现率。根据前述有关计算公式，复利终值、复利现值、年金终值和年金现值的换算系数分别用下列公式计算：

$$FVIF_{i,n} = \frac{FV_n}{PV}$$

$$PVIF_{i,n} = \frac{PV}{FV_n}$$

$$FVIFA_{i,n} = \frac{FVA_n}{A}$$

$$PVIFA_{i,n} = \frac{PVA}{A}$$

【例 2-17】 把 1 000 元存入银行，按复利计息，10 年后可获得本利和 2 594 元，问银行存款的利率是多少？

$$PVIF_{i,10} = \frac{1\,000}{2\,594} \approx 0.386$$

查复利现值系数表，与 $n=10$ 相对应的贴现率中，10%的系数为 0.386。因此，利息率应为 $i=10\%$。

【例 2-18】 现在向银行存入 1 000 元，按复利计息，在利率为多少时，才能保证在以后 6 年中每年年末得到 220 元？

$$PVIFA_{i,6} = \frac{1\,000}{220} \approx 4.545$$

查年金现值系数表得，当利率为 8%时，系数是 4.623，当利率为 9%时，系数是 4.486。所以利率应在 8%～9%之间，假设 x 为超过 8%的利率，则可用内插法计算 x 的值，计算过程如下：

利率			年金现值系数		
8%	} $x\%$	} 1%	4.623	} 0.078	} 0.137
?			4.545		
9%			4.486		

$$\frac{x}{1} = \frac{0.078}{0.137}$$

$$x \approx 0.569$$

则 $i = 8\% + 0.569\% = 8.569\%$。

也可用 Excel 提供的函数 IRR() 计算，如图 2.17 所示。

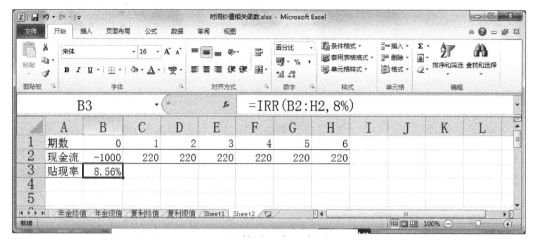

图 2.17　Excel 计算贴现率示意图

知识链接

Excel 也提供了关于计算贴现率的函数 IRR（values，guess），其中 values 代表一系列的现金流，guess 代表估计的贴现率。

小思考

1. 如何理解资金的时间价值？
2. 引例中的投资债券资金的金额是如何计算出来的？
3. 作为一名大学生，即将走向工作岗位，你将面临购房的决策，按揭贷款的方式你会选择等额本金还是等额本息？
4. 如果已知的是年金终值或复利终值，如何使用 Excel 来计算贴现率呢？

田纳西镇巨额账单案例

如果你突然收到一张事先不知道的 1 260 亿美元的账单，你一定会大吃一惊。而这样的事件却发生在田纳西镇的居民身上。纽约布鲁克林法院判决田纳西镇应向美国投资者支付这笔钱。最初，田纳西镇的居民以为这是一件小事，但当他们收到账单时，他们被这张巨额账单惊呆了。他们的律师指出，若高级法院支持这一判决，为偿还债务，所有田纳西镇的居民在其余生中不得不靠吃麦当劳等廉价快餐度日。

田纳西镇的问题源于 1966 年的一笔存款。斯兰黑不动产公司在内部交换银行（田纳西镇的一个银行）存入一笔 6 亿美元的存款。存款协议要求银行按每周 1% 的利率（复利）付息（难怪该银行第二年破产！）。1994 年，纽约布鲁克林法院做出判决：从存款日到田纳西镇对该银行进行清算的 7 年中，这笔存款应按每周 1% 的复利计息，而在银行清算后的 21 年中，每年按 8.54% 的复利计息。

案例思考：
1. 请用你学的知识说明 1 260 亿美元是如何计算出来的？
2. 如利率为每周 1%，按复利计算，6 亿美元增加到 12 亿美元需多长时间？增加到 1 000 亿美元需多长时间？
3. 本案例对你有何启示？

资料来源：荆新，王化成，刘俊彦．2015．财务管理学［M］．7 版．北京：中国人民大学出版社．

2.2 投资的风险价值

在市场经济条件下，财务风险是客观存在的，要完全消除风险及其影响是不现实的。企业财务活动一般是在有风险的情况下进行的。投资者冒着风险进行投资而获得的超过资金时间价值的额外收益，称为投资的风险价值，或风险收益、风险报酬。企业财务管理必须研究风险、计量风险，并设法控制风险，以求最大限度地扩大企业财富。

2.2.1 风险的含义及特征

风险是指在一定条件下和一定时期内可能发生的各种结果的变动程度，从财务的角度来说，风险主要指无法达到预期报酬的可能性。风险不仅包括负面效应的不确定性，而且包括正面效应的不确定性。根据党的二十大报告精神，面对风险，既要树立机遇意识，发现机遇、抓住机遇、科学应变、赢得先机。又要增强忧患意识，坚持底线思维，准备经受惊涛骇浪的考验，坚定斗争意志、增强斗争本领，坚决有效防范化解各类风险。

风险是指事前可以知道所有可能的结果以及每种结果的概率。不确定性是指事前不知道所有可能的结果，或者虽然知道可能的结果但不知道它们出现的概率。但是，在面对实际问题时，两者很难区分，风险问题的概率往往不能准确知道，不确定性问题也可以估计一个概率，因此在实务领域对风险和不确定性不做严格区分，都视为"风险"问题对待，把风险理解为可测定概率的不确定性。

从以上分析可知，风险是对未来事项而言的，是可以计量的。一般来说，未来事件的持续时间越长，涉及的未知因素越多，或人们对其把握越小，则风险程度就越大。投资者冒着风险进行投资，需要有相应的超过资金时间价值的报酬作为补偿。风险越大，额外报酬也就越高。

2.2.2 投资的风险价值的概念

一般而言，投资者都厌恶风险，并力求回避风险。那么，为什么还有不少人进行风险性投资呢？这是因为风险投资可获得更多的额外报酬——投资的风险价值。我们通过举例来说明。假定有 A 和 B 两个公司，A 公司提供产品，销售和利润相对稳定，且可预测，因此 A 公司的风险相对较小；B 公司为科技型风险企业，受技术和经济周期影响较大，假定这两家公司的股票价格均为每股 100 元，期望报酬率为 15%，由于投资者不愿冒险，希望得到较稳定的收益，争相购买 A 公司的股票和卖掉 B 公司的股票，购买的压力使 A 公司的股票价格上升，出售的压力降低了 B 公司的股票价格。假定 A 公司的股价从 100 元提高到 150 元,而 B 公司的股价从 100 元降低到 75 元,结果使 A 公司的期望报酬率下降到 10%,而 B 公司的期望报酬率上升到 20%,这两种股票的报酬率之差 10%(20%－10%)为投资的风险价值之差。故投资的风险价值是投资者因承担风险而要求得到的额外报酬。投资的风险价值就是指投资者由于冒着风险进行投资而获得的超过资金的时间价值的额外收益,又称投资的风险收益、投资的风险报酬。

风险报酬有两种表示方式:风险报酬额和风险报酬率。风险报酬额是指投资者因冒着风险进行投资而获得的超过时间价值的额外报酬。风险报酬率是风险报酬额与原投资额的比率。通常用风险报酬率来表示风险报酬。前述的资金时间价值是投资者在无风险条件下进行投资所要求的报酬(这里先暂不考虑通货膨胀因素)。如果不考虑通货膨胀,投资者进行风险投资所要求期望的投资报酬率便是资金时间价值(无风险报酬率)与风险报酬率之和,即:

$$期望投资报酬率＝资金时间价值(或无风险报酬率)＋风险报酬率$$

因此,资金时间价值和风险报酬便成为财务管理中两项基本因素。

2.2.3 投资的风险价值的计量

为了有效地做好财务管理工作,就必须弄清不同风险条件下的风险报酬率之间的关系,掌握风险报酬的计算方法。

风险报酬的计算是一个比较复杂的问题,下面结合实例分步加以说明。

1. 确定概率分布

一个事件的概率是指这一事件可能发生的机会。例如,一个企业的利润有 30% 的机会增加,40% 的机会与去年持平,30% 的机会减少。如果把所有可能的事件或结果都列示出来,且每一事件都给予一个概率,把它们列示在一起,便构成了概率的分布。上例的概率分布可用表 2-3 来表示。

表 2-3 概率分布表

可能出现的结果 (i)	概率 (P_i)
利润增加	0.30＝30%
利润持平	0.40＝40%
利润减少	0.30＝30%
合计	1.00＝100%

概率分布必须符合以下两个要求:

(1) 所有的概率即 P_i 都在 0 和 1 之间,即 $0 \leq P_i \leq 1$。

(2) 所有结果的概率之和应等于 1,即 $\sum_{i=1}^{n} P_i = 1$,这里,n 为可能出现的结果的个数。

2. 计算期望报酬率

期望报酬率是各种可能发生的事件按其各自的概率进行加权平均得到的报酬率,它是反映集中趋势的一种量度。期望报酬率可按下列公式计算:

$$\overline{K} = \sum_{i=1}^{n} K_i P_i \tag{2-22}$$

式中：$\overline{K}$——期望报酬率；

K_i——第 i 种可能结果的报酬率；

P_i——第 i 种可能结果的概率；

n——可能结果的个数。

【例 2-19】 A 公司和 B 公司股票的报酬率及其概率分布见表 2-4，试计算两个公司的期望报酬率。

表 2-4 A 公司和 B 公司股票的报酬率的概率分布

经济情况	该种经济情况发生的概率（P_i）	报酬率（K_i）	
		A 公司	B 公司
繁荣	0.30	25%	85%
一般	0.40	15%	15%
衰退	0.30	5%	-55%

以下为根据上述期望报酬率公式分别计算的 A 公司和 B 公司股票的期望报酬率。

A 公司：$\overline{K} = \sum_{i=1}^{n} K_i P_i$
$= 0.3 \times 25\% + 0.4 \times 15\% + 0.3 \times 5\%$
$= 15\%$

B 公司：$\overline{K} = \sum_{i=1}^{n} K_i P_i$
$= 0.3 \times 85\% + 0.4 \times 15\% + 0.3 \times (-55\%)$
$= 15\%$

两个公司股票的期望报酬率都是 15%，但这两个公司的投资报酬率的变动幅度相差很大，若将 A、B 两公司的报酬率绘成图，便得到一个可能事件结果的概率图，如图 2.18 所示，每个长条的高度表示特定事件结果可能发生的概率，可以看出，A 公司的变动范围为 5%～25%，而 B 公司的变动范围很大在-55%～85%，分布范围要比 A 公司的宽得多，因此，可以看出，B 公司的风险要比 A 公司的风险大得多。

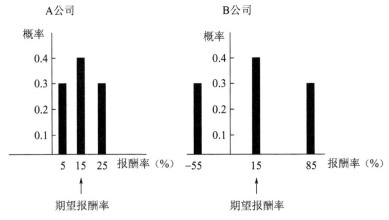

图 2.18 A、B 两公司报酬率的概率分布图

以上只是假定存在繁荣、一般和衰退三种情况。实践中，经济状况可以在极度衰退和极度繁荣之间发生无数种可能的结果。如果对每种情况都给予一个报酬率，把它们绘制在直角坐标系中，便可得到连续的概率分布图，如图 2.19 所示。概率分布越集中，实际可能的结果越接近期望报酬率，而实际报酬率低于预期报酬率的可能性越小。因此，概率越集中，股票的风险越低。由于 A 公司相当集中的概率分布，因而其风险要比 B 公司低。

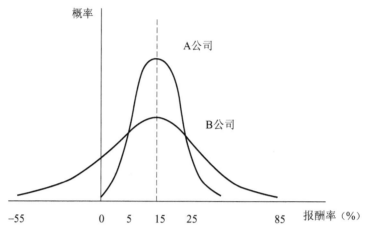

图 2.19　A 公司和 B 公司报酬率的连续概率分布图

3. 计算标准离差

标准离差是各种可能的报酬率偏离期望报酬率的综合差异，是反映离散程度的一种量度。标准离差可按下列公式计算：

$$\sigma = \sqrt{\sum_{i=1}^{n}(K_i - \overline{K})^2 \cdot P_i} \tag{2-23}$$

式中：σ——期望报酬率的标准离差；

　　　$\overline{K}$——期望报酬率；

　　　K_i——第 i 种可能结果的报酬率；

　　　P_i——第 i 种可能结果的概率；

　　　n——可能结果的个数。

具体来讲，计算标准离差的程序如下。

（1）计算期望报酬率。

$$\overline{K} = \sum_{i=1}^{n} K_i P_i$$

（2）把期望报酬率与每一结果相减，得到每一种可能结果与期望报酬率的差异。

$$D_i = K_i - \overline{K}$$

（3）计算每一差异的平方，再乘以与其有关的结果发生的概率，并把这些乘积汇总，得到概率分布的方差。也就是说，方差是各种可能结果值与期望报酬率之差的平方，以各种可能结果的概率为权数计算的加权平均数。公式如下：

$$\sigma^2 = \sum_{i=1}^{n}(K_i - \overline{K})^2 \times P_i$$

对方差开方,得到标准离差:

$$\sigma = \sqrt{\sum_{i=1}^{n}(K_i - \overline{K})^2 \times P_i}$$

将上例中 A 公司和 B 公司的资料代入上述公式得两个公司的标准离差。

A 公司:$\sigma = \sqrt{\sum_{i=1}^{n}(K_i - \overline{K})^2 \times P_i}$
$= \sqrt{(25\% - 15\%)^2 \times 0.3 + (15\% - 15\%)^2 \times 0.4 + (5\% - 15\%)^2 \times 0.3}$
$= 7.75\%$

B 公司:$\sigma = \sqrt{\sum_{i=1}^{n}(K_i - \overline{K})^2 \times P_i}$
$= \sqrt{(85\% - 15\%)^2 \times 0.3 + (15\% - 15\%)^2 \times 0.4 + (-55\% - 15\%)^2 \times 0.3}$
$= 54.22\%$

标准离差越小,说明离散程度越小,风险也就越小。根据这种测量方法,B 公司的风险要大于 A 公司。

4. 计算标准离差率

标准离差是反映随机变量离散程度的一个指标。但它是一个绝对值,而不是一个相对量,只能用于比较期望报酬率相同的各项投资的风险程度,而不能用来比较期望报酬率不同的各项投资的风险程度。要对比期望报酬率不同的各项投资的风险程度,应该用标准离差同期望报酬率的比值,即标准离差率。标准离差率的计算公式为:

$$V = \frac{\sigma}{\overline{K}} \times 100\% \tag{2-24}$$

式中:V——标准离差率;
σ——标准离差;
$\overline{K}$——期望报酬率。

在上例中,A 公司的标准离差率为:

$$V = \frac{7.75\%}{15\%} \times 100\% = 51.7\%$$

B 公司的标准离差率为:

$$V = \frac{54.22\%}{15\%} \times 100\% = 361.5\%$$

当然,在上例中,如果两个公司的期望报酬率相等,可直接根据标准离差来比较风险程度,但如果期望报酬率不等,则必须计算标准离差率才能对比风险程度。

5. 计算风险报酬率

标准离差率虽然能正确评价投资风险程度的大小,但这还不是风险报酬率。要计算风险报酬率,还必须借助一个系数——风险报酬系数。风险报酬率、风险报酬系数和标准离差率之间的关系可用以下公式表示:

$$R_r = bV \tag{2-25}$$

式中:R_r——风险报酬率;

b——风险报酬系数；

V——标准离差率。

那么，投资的总报酬率可表示为：

$$K=R_f+R_r=R_f+bV \qquad (2-26)$$

式中：K——投资报酬率；

R_f——无风险报酬率。

无风险报酬率就是加上通货膨胀贴水以后的货币时间价值，西方一般把投资于国库券的报酬率视为无风险报酬率。

风险报酬系数是将标准离差率转化为风险报酬的一种系数或倍数，假设 A 公司的风险报酬系数为 5％，B 公司的风险报酬系数为 8％，则两个公司股票的风险报酬率分别为：

A 公司

$$R_f=bV=5\%\times51.7\%=2.59\%$$

B 公司

$$R_f=bV=8\%\times361.5\%=28.92\%$$

如果无风险报酬为 10％，则两家公司股票的投资报酬率分别为：

A 公司

$$K=R_f+bV=10\%+5\%\times51.7\%=12.59\%$$

B 公司

$$K=R_f+bV=10\%+8\%\times361.5\%=38.92\%$$

至于风险报酬系数的确定，有如下几种方法。

(1) 根据以往的同类项目加以确定。

风险报酬系数 b，可以参照以往同类投资项目的历史资料，运用前述有关公式来确定。例如，某企业准备进行一项投资，此类项目含风险报酬率的投资报酬率一般为 20％左右，其报酬率的标准离差率为 100％，无风险报酬率为 10％，则由公式 $K=R_f+bV$ 得：

$$b=\frac{K-R_f}{V}=\frac{20\%-10\%}{100\%}=10\%$$

(2) 由企业领导或企业组织有关专家确定。

第一种方法必须在历史资料比较充分的情况下才能采用，如果缺乏历史资料，则可由企业领导，如总经理、财务副总经理、总会计师、财务主任等根据经验加以确定，也可由企业组织有关专家确定。实际上，风险报酬系数的确定，在很大程度上取决于各公司对风险的态度。比较敢于承担风险的公司，往往把 b 值定得低些，反之，比较稳健的公司，则常常把 b 值定得高些。

(3) 由国家有关部门组织专家确定。

国家有关部门如财政部、国家银行等组织专家，根据各行业的条件和有关因素，确定各行业的风险报酬系数，由国家定期公布，作为国家参数供投资者参考。

2.2.4 证券组合的风险报酬

投资者在进行投资时，一般并不把所有资金都投资于一种证券，而是同时持有多种证券。这种同时投资多种证券的形式叫证券的投资组合，简称为证券组合或投资组合。银行、共同基金、保险公司和其他金融机构一般都持有多种有价证券，即使是个人投资者，一般也持有证券组合，而不是投资于一个公司的股票或债券。所以，必须了解证券组合的风险报酬。

1. 证券组合的风险

证券组合的风险可以分为两种性质完全不同的风险，即可分散风险和不可分散风险，现分述如下。

（1）可分散风险。

可分散风险又叫非系统性风险或公司特别风险，是指某些因素对单个证券造成经济损失的可能性。如个别公司工人的罢工，公司新产品开发的失败等。这种风险，可通过证券持有的多样化来抵消。即多买几家公司的股票，其中某些公司的股票报酬上升，另一些公司的股票的报酬下降，从而将风险抵消。至于风险能被抵消掉多少，则取决于投资组合中不同资产报酬之间的相关程度。

假设 W 和 M 股票构成一证券组合，每种股票在证券组合中各占一半，它们的报酬率和风险的详细情况见表 2-5。

表 2-5 完全负相关（$\rho=-1.0$）的两种股票以及由它们构成的证券组合的报酬情况

年（t）	W 股票 $\overline{K}_W$	M 股票 $\overline{K}_M$	WM 的组合 $\overline{K}_P$
2019	50%	−10%	20%
2020	−10%	50%	20%
2021	45%	−5%	20%
2022	−5%	45%	20%
2023	20%	20%	20%
平均报酬率 $\overline{K}$	20%	20%	20%
标准离差 σ	27.6%	27.6%	0

根据表 2-5 的资料，可以绘制出两种股票以及由它们构成的证券组合的报酬率的图示，如图 2.20 所示。

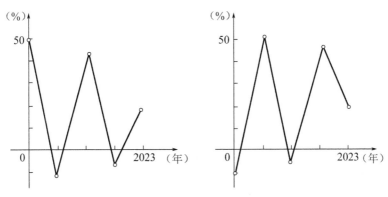

图 2.20 两种完全负相关股票的报酬图

可以看出，如果分别持有两种股票，都有很大的风险，但如果把它们组合成一个证券组合，则没有风险。

W 股票和 M 股票之所以能结合起来组成一个无风险的证券组合，是因为它们报酬的变化正好是相反的循环——当 W 股票的报酬下降时，M 股票的报酬正好以相同幅度上升，反之亦然。我们把股票 W 和 M 叫作完全负相关，这里相关系数 $\rho=-1.0$。

与完全负相关相反的是完全正相关（$\rho=1.0$），两个完全正相关的股票的报酬将一起以相同幅度上升或下降，这样的两种股票组成的证券组合，不能抵消任何风险。

从以上分析我们知道，当两种股票完全负相关（$\rho=-1.0$）时，所有的风险都可以分散掉，当两种股票完全正相关（$\rho=1.0$）时，从抵减风险的角度来看，分散持有股票没有好处。实际上，大部分股票都是正相关，但不是完全正相关，一般来说，随机取两种股票相关系数为 +0.6 左右的最多，而对绝大多数两种股票而言，ρ 将位于 +0.5 到 +0.7 之间。在这种情况下，把两种股票组合成证券组合能抵消风险，但不能完全抵消。如果选取的股票种类较多，就会减少大部分的风险，而当选取的股票种类足够多时，就可能把所有的可分散风险分散掉。

（2）不可分散风险。

不可分散风险又称为系统性风险或市场风险，指的是由于某些因素给市场上所有的证券都带来经济损失的可能性，如战争、宏观经济状况的变化、国家税法的变化、国家财政政策和货币政策的变化、世界能源状况的改变都会使股票报酬发生变动。这些风险影响到所有的证券，因此，不能通过证券组合分散掉。换句话说，即使投资者持有的是经过适当分散的证券组合，也将遭受到这种风险。因此，对投资者来说，这种风险是无法消除的，故称不可分散风险。为了防范系统性风险产生的巨大危害，党的二十大报告中提出，深化金融体制改革，强化金融稳定保障体系，依法将各类金融活动全部纳入监管，守住不发生系统性风险底线。系统性风险的有效防范，对于经济与企业的高质量发展具有重要的战略意义。证券组合程度与风险的关系如图 2.21 所示。

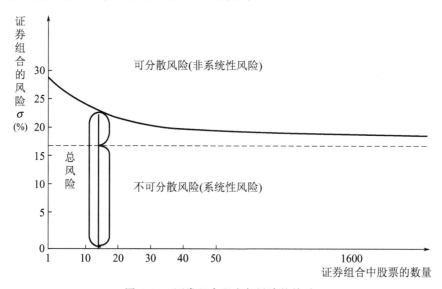

图 2.21　证券组合程度与风险的关系

图 2.21 中，给出了纽约股票交易所 1 600 多种普通股票的证券组合风险与证券组合规模的关系。该图说明，证券组合风险将随着证券组合规模增大而减少，并趋于一个极限值，即为水平的虚线。在虚线之上为可分散风险，在虚线之下为不可分散风险，常常利用 β 系数来度量股票的不可分散风险。

2. β 系数

不可分散风险的程度，通常用 β 系数来计量。β 系数反映的是个别证券相对于市场上全部证券的平均收益的变动程度。市场收益是指所有证券组成的市场投资组合的收益，从理论上讲，市场投资组合是由所有风险性证券组成的，它的收益率无法确定，但在证券实务上，通常是以一些具有代表性的证券指数作为市场投资组合，然后根据证券指数中个别证券的收益率来估计市场投资组合的收益率，再采用一定的方法来估算 β 系数。

β 系数的计算过程需要大量的数据支持，在实际工作中，一般不由投资者自己计算，而由一些机构定期计算并公布。

作为整体的股票市场的 β 系数为 1。如果某种股票的风险情况与整个股票市场的情况一致，则这种股票的 β 系数也等于 1，如果这种股票的 β 系数大于 1，说明其风险大于整个市场的风险，如果某种股票的 β 系数小于 1，说明其风险程度小于整个市场的风险。

以上说明了单个股票 β 系数的计算方法。证券组合 β 系数怎样计算呢？证券组合的 β 系数是单个证券 β 系数的加权平均，权数为各种股票在证券组合中所占的比重。其计算公式是：

$$\beta_p = \sum_{i=1}^{n} x_i \beta_i \tag{2-27}$$

式中：β_p——证券组合的 β 系数；

x_i——证券组合的第 i 种股票所占的比重；

β_i——第 i 种股票的 β 系数；

n——证券组合中股票的数量。

3. 资本资产定价模型（CAPM）

在西方金融学和财务管理学中，有许多模型论述风险和报酬率的关系，其中一个最重要的模型为资本资产定价模型（Capital-Asset Pricing Model，简写为 CAPM），这一模型为：

$$K_i = R_f + \beta_i (K_m - R_f) \tag{2-28}$$

式中：K_i——第 i 种股票或第 i 种证券组合的必要报酬率；

R_f——无风险报酬率；

β_i——第 i 种股票或第 i 种证券组合的 β 系数；

K_m——所有股票的平均报酬率。

 知识链接

资本资产定价模型是由美国学者夏普（William Sharpe）、林特尔（John Lintner）、特里诺（Jack Treynor）和莫辛（Jan Mossin）等人于 1964 年在资产组合理论的基础上发展起来的，是现代金融市场价格理论的支柱，广泛应用于投资决策和公司理财领域。

【例 2-20】 A 公司股票的 β 系数为 0.5，无风险利率为 8%，市场上所有股票的平均报酬率为 12%，那么 A 公司股票的报酬率应为：

$$K_i = R_f + \beta_i(K_m - R_f)$$
$$= 8\% + 0.5 \times (12\% - 8\%)$$
$$= 10\%$$

也就是说，如果 A 公司股票的报酬率达到或超过 10% 时，投资者方肯进行投资，如果低于 10%，则投资者不会购买 A 公司的股票。

资本资产定价模型通常可用图形加以表示（如图 2.22 所示），叫证券市场线 SML，它说明必要报酬率 K 与不可分散风险 β 系数之间的关系。

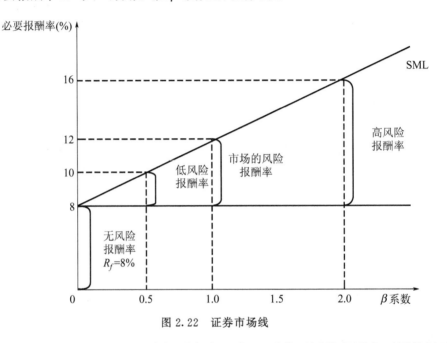

图 2.22 证券市场线

从图 2.22 中可以看到，无风险报酬率为 8%，β 系数不同的股票有不同的风险报酬率，当 $\beta=0.5$ 时，风险报酬率为 2%；当 $\beta=1.0$ 时，风险报酬率为 4%；当 $\beta=2.0$ 时，风险报酬率为 8%。也就是说，β 值越高，要求的风险报酬率也就越高，在无风险报酬率不变的情况下，必要报酬率也就越高。

证券市场线和公司股票在线上的位置将随着一些因素的变化而变化，现叙述如下。

(1) 通货膨胀的影响。

无风险报酬率从投资者的角度来看，是其投资的报酬率，但从筹资者的角度看，是其支出的无风险成本，或称无风险利息率。现在市场上的无风险利息率由两方面构成：①无通货膨胀的报酬率又叫纯利率或真实报酬率 K_0，这是真正的时间价值部分。②通货膨胀贴水 IP，它等于预期的通货膨胀率。这样，无风险报酬率 $R_f = K_0 + IP$。如果预期通货膨胀率上升，这将使无风险报酬率上升，使原来的证券市场线 SML_1 移至 SML_2，如图 2.23 所示。增长部分只反映通货膨胀溢价。

(2) 风险回避程度的变化。

证券市场线 SML 反映了投资者回避风险的程度——直线的倾斜越陡，投资者越回避

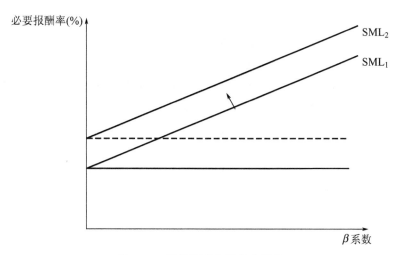

图 2.23 通货膨胀与证券市场线

风险。如果投资者不回避风险,当 R_f 为 8% 时,各种证券的报酬率也为 8%。这样,证券市场线将是水平的,当风险回避增加时,风险报酬率也增加,SML 的斜率也增加。使原来的证券市场线 SML_1 移至 SML_2,与此同时市场风险报酬率也相应的增加,由 R_1 增加到 R_2,如图 2.24 所示。

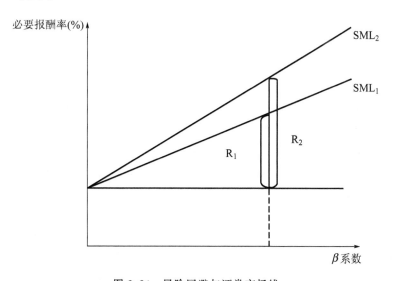

图 2.24 风险回避与证券市场线

(3) 股票 β 系数的变化。

随着时间的推移,不仅证券市场线在变化,β 系数也在不断变化,β 系数可能会因一个企业的资产组合、负债结构等因素的变化而变化。当然,β 系数的变化也会因为市场竞争的加剧、专利权的期满等情况而改变。β 系数的变化会使公司股票的报酬率发生变化。假设 A 公司的股票从 $\beta=0.5$ 变为 1.0,那么其必要报酬率为:

$$\begin{aligned} K &= R_f + \beta(K_m - R_f) \\ &= 8\% + 1.0 \times (12\% - 8\%) \\ &= 12\% \end{aligned}$$

至此，可把证券组合的相关内容总结如下。

① 一种股票的风险由两部分组成，它们是可分散风险和不可分散风险。

② 可分散风险可通过证券组合来消减，而大部分投资者正是这样做的。从图2.21中可以看到，可分散风险随证券组合中股票数量的增加而逐渐减少，根据最近几年的资料，一种股票组成的证券组合的标准离差大约为28%，由所有股票组成的证券组合叫市场证券组合，其标准离差为15.1%。这样，如果一个包含有40种股票而又比较合理的证券组合，大部分可分散风险都能消除。

③ 股票的不可分散风险由市场变动而产生，它对所有股票都有影响，不能通过证券组合而消除。不可分散风险是通过β系数来测量的，一些标准的β值如下。

$\beta=0.5$ 说明该股票的风险只有整个市场股票风险的一半。

$\beta=1.0$ 说明该股票的风险等于整个市场股票风险。

$\beta=2.0$ 说明该股票的风险是整个市场股票风险的2倍。

 小思考

1. 什么是不可分散风险？什么是可分散风险？两者有何区别？

2. 什么是资本资产定价模型？试分析模型中主要参数的变化对投资者所要求的报酬率的影响。

 本章小结

本章主要讲授了财务管理的两种价值观念：资金的时间价值和投资的风险价值观念。相同资金在不同的时间点上价值是不同的，资金的时间价值有复利、年金等不同的表现形式，可以通过不同的方法对其价值进行分析和描述。

风险是与资金的时间价值相联系的另一个重要概念，由于风险的存在，在资金时间价值之外，投资者所要求的对其承担的风险进行必要的补偿，这就是投资的风险价值。如何确定资金的时间价值和投资的风险价值，是企业财务管理的重要内容。

企业投资会面临系统风险和非系统风险两大类投资风险，风险程度越大，投资者所要求的投资报酬率也越高。单项资产投资风险报酬率可通过标准离差等指标进行计量和分析，而投资组合多样化则可分散部分投资风险，其分散的效果与投资资产的相关系数及投资组合的数量具有密切的关系。资本资产定价模型简单明了地分析了投资风险与投资报酬之间的关系，从而能度量风险资产的定价问题。

基本概念

资金的时间价值　终值　现值　复利　年金　年金终值系数　年金现值系数　普通年金　先付年金　永续年金　风险　投资风险价值　证券组合　可分散风险　不可分散风险

练习题

一、单项选择题

1. 下列年金中，只有现值没有终值的年金是（　　）。
   A. 普通年金　　　　　　　　B. 先付年金
   C. 永续年金　　　　　　　　D. 递延年金

2. 表示资金时间价值的利息率是（　　）。
   A. 银行同期贷款利率
   B. 银行同期存款利率
   C. 没有风险和没有通货膨胀条件下的社会平均资金利润率
   D. 加权平均资本成本率

3. 投资者因冒着风险进行投资而获得的超过时间价值的额外收益，称为投资的（　　）。
   A. 时间价值率　　　　　　　B. 风险报酬率
   C. 期望报酬率　　　　　　　D. 必要报酬率

4. 期望报酬率不同的项目，投资风险的程度要用（　　）度量。
   A. 标准离差　　　　　　　　B. 标准离差率
   C. 风险报酬率　　　　　　　D. 风险系数

5. 在贴现率相同的情况下，n 期先付年金终值系数是（　　）。
   A. $n+1$ 期普通年金终值系数 $+1$　　　B. $n+1$ 期普通年金终值系数 -1
   C. $n-1$ 期普通年金终值系数 $+1$　　　D. $n-1$ 期普通年金终值系数 -1

6. 无风险利率为 8%，市场上所有股票的平均报酬率为 14%，某种股票的 β 系数为 2，则该股票的风险补偿为（　　）。
   A. 10.8%　　　B. 16%　　　C. 12%　　　D. 20%

7. 有一项年金，前 3 年年初无流入，后 5 年每年年初流入 500 万元，假设年利率为 10%，其现值为（　　）。
   A. 1 994.59　　B. 1 565.68　　C. 1 813.48　　D. 1 423.21

8. 甲某拟存入一笔资金以备 3 年后使用。假定银行 3 年期存款年利率为 5%，甲某 3 年后需用的资金总额为 34 500 元，则在单利计息情况下，目前需存入的资金为（　　）元。
   A. 30 000　　B. 29 803.04　　C. 32 857.14　　D. 31 500

9. 投资者甘愿冒着风险进行投资的诱因是（　　）。
   A. 可获得报酬
   B. 可获得风险报酬率
   C. 可获得等同于时间价值的报酬率
   D. 可获得利润

10. 某企业年初借得 50 000 元贷款，10 年期，年利率 12%，每年年末等额偿还。已知年金现值系数 $(P/A,12\%,10)=5.650\ 2$，则每年应付金额为（　　）元。
    A. 8 849　　B. 5 000　　C. 6 000　　D. 28 251

11. 在下列公式中，（　　）是计算年金终值系数的正确公式。
    A. $\dfrac{(1+i)^n}{i(1+i)^n}$　　B. $\dfrac{(1+i)^n-1}{i}$　　C. $\dfrac{(1+i)^n+1}{(1+i)^n}$　　D. $\dfrac{(1+i)^{-n}}{i}$

12. 在利率和现值相同的情况下，若计息期为一期，则复利终值和单利终值（　　）。
    A. 前者大于后者　　B. 不相等　　C. 后者大于前者　　D. 相等
13. 在利息不断资本化的条件下，资金时间价值的计算应采用（　　）。
    A. 单利　　B. 复利　　C. 年金　　D. 现值
14. 学校准备设立科研基金，现在存入一笔现金，预计以后无期限地在每年年末支取利息40 000元。在存款年利率为8%的条件下，现在应存款（　　）元。
    A. 500 000　　B. 40 000　　C. 432 000　　D. 450 000
15. 企业采用融资租赁方式租入一台设备，价值100万元，租期5年，折现率为10%，则每年年初支付的等额租金是（　　）万元。
    A. 20　　B. 26.98　　C. 23.98　　D. 16.38
16. 一项500元的借款，借款期5年，年利率为8%，若每半年复利一次，年实际利率会高出名义利率（　　）。
    A. 4%　　B. 0.24%　　C. 0.16%　　D. 0.8%
17. 与普通年金终值系数互为倒数的是（　　）。
    A. 年金现值系数　　B. 投资回收系数
    C. 复利现值系数　　D. 偿债基金系数
18. 关于递延年金，下列说法中不正确的是（　　）。
    A. 递延年金无终值，只有现值
    B. 递延年金的第一次支付是发生在 n 期以后的（$n\geq 2$）
    C. 递延年金终值计算方法与普通年金终值计算方法相同
    D. 递延年金终值大小与递延期无关
19. 资金时间价值的实质是（　　）。
    A. 资金存入银行的利息　　B. 资金推迟使用的报酬
    C. 资金周转使用产生的增值额　　D. 资金使用的报酬
20. 某公司向银行借款10万元，借款期限2年，借款利率为6%，每半年计息一次，则该笔借款的实际利率为（　　）。
    A. 6.09%　　B. 6%　　C. 6.21%　　D. 7%
21. 某人年初存入银行1 000元，假设银行按每年10%的复利计息，每年年末提出200元，则最后一次能足额200元提款的时间是（　　）。
    A. 5年年末　　B. 8年年末　　C. 7年年末　　D. 9年年末
22. 甲方案的标准离差是1.42，乙方案的标准离差是1.06，如甲、乙两方案的期望值相同，则甲方案的风险（　　）乙方案的风险。
    A. 大于　　B. 小于　　C. 等于　　D. 无法确定
23. 为在第三年末获本利和1 000元，求每年年末存款为多少，应用（　　）计算。
    A. 年金现值系数　　B. 年金终值系数
    C. 复利终值系数　　D. 复利现值系数
24. 比较不同时点上两笔资金价值的大小，通常采用的方法是（　　）。
    A. 直接比较其数额，数额大者价值大　　B. 比较其流向，流入大于流出
    C. 比较其发生时点，离0点近者价值大　　D. 等值折算到同一时点，数额大者价值大

25. 某企业投资一个新项目，经测算其标准离差率为48%，如果该企业以前投资相似项目的投资报酬率为16%，标准离差率为50%，无风险报酬率为6%并一直保持不变，则该企业投资这一新项目的预计投资报酬率为（   ）。

　　A. 15.6%　　　　B. 15.9%　　　　C. 16.5%　　　　D. 22.0%

26. 甲乙两投资方案的预计投资报酬率均为25%，甲方案的标准离差率小于乙方案的标准离差率，则下列表述正确的是（   ）。

　　A. 甲方案风险小于乙方案风险
　　B. 甲乙两方案风险相同
　　C. 甲方案风险大于乙方案风险
　　D. 甲乙两方案风险大小依各自的风险报酬系数大小而定

二、多项选择题

1. 年金按其每次收付款发生时间的不同，可分为（   ）。

　　A. 普通年金　　　　　　　　　　B. 先付年金
　　C. 递延年金　　　　　　　　　　D. 永续年金

2. 对资金时间价值概念的理解，下面表述正确的有（   ）。

　　A. 货币只有经过投资和再投资才会增值
　　B. 一般情况下，资金的时间价值应按复利方式来计算
　　C. 资金时间价值不是时间的产物，而是劳动的产物
　　D. 不同时期的收支不宜直接比较

3. 下列说法中不正确的有（   ）。

　　A. 风险越大投资人获得的投资收益就越高
　　B. 风险越大，意味着损失就越大
　　C. 风险是客观存在的，投资人是无法选择的，只能承受风险
　　D. 由于通货膨胀导致市场利息率变动，企业筹资成本就会加大，所以由通货膨胀给企业带来的风险就是财务风险，即筹资风险

4. 年金是指一定时期内每期等额收付的系列款项，下列各项中属于年金形式的是（   ）。

　　A. 按照直线法计提的折旧　　　　B. 等额分期付款
　　C. 融资租赁的租金　　　　　　　D. 养老金

5. 某人决定在未来5年内每年年初存入银行1 000元（共存5次），年利率为2%，则在第5年年末能一次性取出的款项金额计算正确的是（   ）。

　　A. $1\,000 \times (F/A, 2\%, 5)$
　　B. $1\,000 \times (F/A, 2\%, 5) \times (1+2\%)$
　　C. $1\,000 \times (F/A, 2\%, 5) \times (F/P, 2\%, 1)$
　　D. $1\,000 \times [(F/A, 2\%, 6) - 1]$

6. 某项年金前三年没有流入，从第四年开始每年年末流入1 000元，共计4次，假设年利率为8%，则该递延年金现值的计算公式正确的是（   ）。

　　A. $1\,000 \times (P/A, 8\%, 4) \times (P/F, 8\%, 3)$
　　B. $1\,000 \times [(P/A, 8\%, 8) - (P/A, 8\%, 4)]$

C. $1\,000\times[(P/A,8\%,7)-(P/A,8\%,3)]$

D. $1\,000\times(F/A,8\%,4)\times(F/P,8\%,7)$

7. 下列说法正确的是（　　）。

A. 普通年金终值系数和偿债基金系数互为倒数

B. 普通年金终值系数和普通年金现值系数互为倒数

C. 复利终值系数和复利现值系数互为倒数

D. 普通年金现值系数和资本回收系数互为倒数

8. 下列公式正确的是（　　）。

A. 风险报酬率＝风险价值系数×标准离差率

B. 风险报酬率＝风险价值系数×标准离差

C. 投资报酬率＝无风险报酬率＋风险报酬率

D. 投资报酬率＝无风险报酬率＋风险价值系数×标准离差率

9. 年金终值系数表的用途有（　　）。

A. 已知年金求终值　　　　　　　　B. 已知终值求年金

C. 已知现值求终值　　　　　　　　D. 已知终值和年金求利率

10. 在利率一定的条件下，随着期限的增加，则下述表达不正确的是（　　）。

A. 复利现值系数变大　　　　　　　B. 复利终值系数变大

C. 普通年金现值系数变小　　　　　D. 普通年金终值系数变大

三、判断题

1. 在利率和计息期数相同的条件下，年金现值系数与年金终值系数互为倒数。（　　）

2. 在本金和利率相同的情况下，若只有一个计息期，单利终值与复利终值是相同的。（　　）

3. 从资金的借贷关系看，利率是一定时期运用资金的交易价格。（　　）

4. 凡是一定时期内，每期均有付款的现金流量都属于年金。（　　）

5. 在现值和利率一定的情况下，计息期数越多，则复利终值越小。（　　）

6. 现在1 000元与将来1 000元数值相等，其内在经济价值也相等。（　　）

7. 永续年金无终值。（　　）

8. 递延年金的终值大小与递延期无关。（　　）

9. 不同时间点上的货币收支可直接进行比较。（　　）

10. 单利和复利是两种不同的计息方法，因此单利终值和复利终值在任何情况下都不可能相同。（　　）

11. 经济活动中，风险表现为一种实际的经济损失，而风险报酬则是对这种损失的补偿。（　　）

12. 风险与收益是对等的。风险越大，期望的收益率也就越高。（　　）

13. 在利率和计息期相同的条件下，复利现值系数与复利终值系数互为倒数。（　　）

14. 风险既可能带来超出预期的损失，也可能带来超出预期的收益。（　　）

15. 在通货膨胀率很低的情况下，公司债券的利率可以视为资金时间价值。（　　）

四、计算题

1. 某公司 2007 年初对甲生产线投资 100 万元，该生产线于 2009 年初完工投产；2009、2010、2011 年年末现金流入量分别为 40 万元、50 万元、60 万元，设年利率为 6%。

要求：①分别按单利和复利计算 2009 年初投资额的终值。

②分别按单利和复利计算现金流入量在 2009 年年初的现值。

2. 某公司对某项目进行资本预算，经过预算，第 1 年到第 10 年年初的现金流量分别为 3 000 元、3 000 元、3 000 元、3 000 元、4 000 元、4 000 元、4 000 元、4 000 元、4 000 元、8 000 元，假设贴现率为 10%。

要求：计算系列现金流量的现值是多少？若改为每年年末流入，则每年年末流入的现金流的现值是多少？

3. 某公司拟租赁一间厂房，期限是 10 年，假设年利率是 10%，出租方提出以下几种付款方案：

(1) 立即付全部款项共计 20 万元。

(2) 从第 4 年开始每年年初付款 4 万元，至第 10 年年初结束。

(3) 第 1 到 8 年每年年末支付 3 万元，第 9 年年末支付 4 万元，第 10 年年末支付 5 万元。

要求：通过计算回答，该公司应选择哪一种付款方案比较合算？

4. 某企业准备开发一个新项目，根据市场预测，预计可能获得的年报酬及其概率资料如下（假设行业的风险价值系数为 6%）。

市场情况	预计年报酬率（%）	概 率
繁荣	40	0.3
一般	20	0.5
衰退	−10	0.2

要求：计算该投资方案的期望报酬率、标准离差、标准离差率及要求的风险收益。

5. 某公司准备对外投资，现有三家公司可供选择，分别为甲公司、乙公司和丙公司，这三家公司的年预期收益及概率如下表：

市场情况	概 率	预计年报酬率（%）		
		甲公司	乙公司	丙公司
繁荣	0.3	40	50	80
一般	0.5	20	20	10
衰退	0.2	5	−5	−25

要求：假定你是该公司的稳健型决策者，请依据风险与收益原理做出选择。

6. 国库券的利息率为 4%，市场证券组合的报酬率为 12%。要求：

(1) 计算市场风险报酬率。

(2) 当 β 值为 1.5 时，必要报酬率应为多少？

(3) 如果一投资计划的 β 值为 0.8，期望报酬率为 9.8%，是否应当进行投资？

(4) 如果某股票的必要报酬率为 11.2%，其 β 值应为多少？

7. 某企业投资一个项目，该项目的风险报酬系数为 0.5，标准差为 1.2%，期望报酬率为 15%，无风险报酬率为 8%。要求：

(1) 该项目的风险报酬率是多少？

(2) 若投资额为 200 万元，则风险报酬额是多少万元？

(3) 若投资报酬总额为 150 万元，则风险报酬额是多少万元？

五、案例分析题

个人购房按揭贷款理财

房贷是目前大多数购房家庭开销最大的一项，很多朋友都是房奴一族，房贷政策的变化牵动着大家的神经。对于如何办理房贷其实是大有讲究的，如果你掌握了房贷技巧，通过选取不同的还款方式便可以达到理财的目的。本案例首先介绍关于按揭贷款的相关知识，然后再介绍案例资料。

(一) 还款方式种类

1. 贷款期限在 1 年（含）以内的，实行按期付息一次还本的还款方式。

2. 贷款期限在 1 年以上的，实行分期按月等额本息还款和等额本金还款两种还款方式，其中：

等额本金还款法，是指在整个贷款的还款期内，每期还款金额中的贷款本金都相同，偿还的利息逐月减少；贷款本息合计逐月递减，这种还款方式前期还款压力较大，适合收入较高或想提前还款人群。

等额本息还款法，是指在整个贷款的还款期内，每期还款额中的贷款本金都不相同，前期还款本金金额较少，贷款利息较多，如果贷款利率不变，每月偿还贷款本息合计相等。这种还款方式由于贷款本金归还速度相对较慢，贷款时间较长，还款总利息较相同期限的等额本金还款法高。

(二) 还款方式选择的影响因素

1. 还款能力的强弱。预期还款能力较强，可选择按期付息一次还本的还款方式；若还款能力相对较弱，可选择等额本息还款、等额本金还款两种还款方式。

2. 央行的升息的变化。如果央行持续升息，那么显然先还本金的等额本金法就会承担较低的利息压力；反之，等额本息法承担的利息压力更大。

3. 通货膨胀率的高低。通货膨胀率越高，未来的钱就越不值钱，那么手中的钱就珍贵，就应该用现金购买黄金等保值资产。

4. 资金的机会成本的高低。如果自己有好的投资项目，且收益远超过贷款利率，那么应利用较低的贷款利率去发展净现值更大的项目，节约资金的机会成本。

(三) 具体的建议

1. 若借款人贷款期间生活负担较重或预计将来收入基本稳定但还款能力相对较弱，可选择等额本息还款方式，以减轻还款压力和付出最少资金成本（利息），避免影响正常生活，同时，贷款期限可选择长点，待有结余资金时可向银行申请提前部分或者全部还款。但需注意等额本息还款方式，还款前期还的大部分都是利息，提前还款其实并不合算。

2. 若借款人贷款期间生活负担较轻或预计将来收入基本稳定且还款能力相对较强，可选择等额本金还款或按期付息一次还本（一年期贷款）两种还款方式，但应坚持付出最少利息的原则。有计划提前还款的，一定要选择等额本金还款方式。

(四) 案例资料

甲欲购一房屋，总价为 100 万元，首付 40 万元，其余的资金使用贷款。而甲目前的情况是：35 岁，夫妻两人工作较稳定，收入一般，小孩正处于上学阶段，还要照顾双方父母，生活负担相对较重，他选择了等额本息偿还方式，贷款期限为 15 年，年利率为 4.5%。

乙欲购一房屋，总价为 100 万元，首付 40 万元，其余的资金使用贷款。而乙目前的情况是：45 岁，夫妻的收入较高，生活负担不重，预计可能提前还款，他选择了等额本金偿还方式，贷款期限为 15 年，年利率为 4.5%。

(五) 案例要求

1. 计算甲每月偿还金额，前 5 个月偿还的金额中本金和利息分别是多少？
2. 计算乙第 1 个月和第 121 个月的偿还金额，其中本金和利息分别是多少？
3. 如果按年偿还，请分别计算甲乙每年偿还的金额，其中本金和利息分别是多少？
4. 如果按年偿还，甲乙都在第 10 年年末提前偿还借款，分别偿还多少？哪种偿还方式支付的利息较少？

第3章 财务分析

学习目标

在企业财务管理中,对企业的财务报表进行分析是重要的环节。通过本章的学习,了解财务分析的含义、基础、目的及内容;掌握财务分析的基本方法;掌握企业偿债能力、营运能力、盈利能力和发展能力常用的各项财务指标;熟悉企业财务状况的综合分析方法。

学习指导

本章的学习重点是偿债能力、营运能力、盈利能力、发展能力的基本指标计算和评价,以及杜邦分析法的运用。

名人名言

财务报表有如名贵香水,只能细细地品鉴,而不能生吞活剥。

——亚伯拉罕·比尔拉夫

沃伦·巴菲特的成功

沃伦·巴菲特是一个具有传奇色彩的人物,1930 年 8 月 30 日出生于美国内布拉斯加州的奥马哈市。他从小就极具投资意识,1941 年,11 岁的巴菲特购买了平生第一只股票。1947 年,巴菲特进入宾夕法尼亚大学攻读财务和商业管理。两年后,巴菲特考入哥伦比亚大学金融系,拜师于著名投资理论学家本杰明·格雷厄姆,在格雷厄姆门下巴菲特如鱼得水。1956 年,他回到家乡创办"巴菲特有限公司",他将 100 美元投入股市,40 年间创造了超过 2 000 亿美元的财富。巴菲特在投资领域是无人能比的美国首富,是美国股市权威的领袖。如果将巴菲特旗下的伯克尔·哈撒韦公司 32 年来的逐年投资绩效与美国标准普尔 500 种股票价格指数绩效相比,可以发现巴菲特有 29 年击败指数,而只有 3 年落后指数。更难能可贵的是,其中 5 年当美国股市陷入空头走势回落之际,巴菲特却创下逐年"永不亏损"的记录。因此,巴菲特被美国著名的基金经理人彼得·林奇誉为"历史上最优秀的投资者",全球各地的众多股票投资者都热衷于巴菲特的投资方法和理念。巴菲特投资成功的最重要经验是注重对公司的分析研究,阅读大量的年报、季报和各类期刊,了解公司的发展前景及策略,仔细评估公司的投资价值,把握好入市时机。

资料来源:池国华.2008.财务报表分析[M].北京:北京交通大学出版社.

巴菲特投资成功的经验,引导我们进入本章所要讨论的问题:对公司财务进行分析的目的、方法、内容及主要财务比率指标。

3.1 财务分析概述

3.1.1 财务分析的基础

财务分析是以企业的会计核算资料为基础,通过对会计所提供的核算资料进行加工整理,得出一系列科学的、系统的财务指标,以便进行比较、分析和评价。这些会计核算资料包括日常核算资料和财务报告,但财务分析主要以财务报告为基础,日常核算资料只作为财务分析的一种补充资料。财务报告是指企业对外提供的反映企业某一特定日期财务状况和某一会计期间经营成果、现金流量的文件。企业的财务报告主要包括资产负债表、利润表、现金流量表、所有者权益(或股东权益)变动表、财务报表附注以及其他反映企业重要事项的文字说明。

根据我国《企业会计准则》,财务报表的格式按照一般企业、商业银行、保险公司、证券公司等企业类型分别做出不同的规定。下面主要介绍一般企业的三张基本财务报表:资产负债表、利润表和现金流量表。

1. 资产负债表

资产负债表是反映企业某一时日(月末、季末、年末)财务状况的一种静态报表。它是根据"资产=负债+所有者权益"这一平衡公式,依照一定的分类标准和一定的次序,将某一特定日期的资产、负债、所有者权益的具体项目予以适当的排列编制而成。表3-1为M公司2018年12月31日的资产负债表。

表 3-1 资产负债表

编制单位:M公司　　　　　　2018年12月31日　　　　　　　　　　单位:万元

资　　产	期末余额	年初余额	负债和股东权益	期末余额	年初余额
流动资产:			流动负债:		
货币资金	1 177	1 108	短期借款	323	321
交易性金融资产	11	18	交易性金融负债	1	0
衍生金融资产	0	0	衍生金融负债	0	0
应收票据及应收账款	1 579	1 306	应付票据及应付账款	1 660	1 878
预付款项	82	197	预收款项	248	476
其他应收款	40	61	应付职工薪酬	86	71
存货	992	1236	应交税费	58	−115
持有待售资产	0	0	其他应付款	64	60
一年内到期的非流动资产	0	0	持有待售负债	0	0
其他流动资产	180	72	一年内到期的非流动负债	44	0
流动资产合计	4 061	3 998	其他流动负债	705	602
非流动资产:			流动负债合计	3 189	3 293

续表

资　　产	期末余额	年初余额	负债和股东权益	期末余额	年初余额
债权投资	0	0	非流动负债：		
其他债权投资	0	0	长期借款	148	138
长期应收款	108	105	应付债券	0	0
长期股权投资	36	47	其中：优先股	0	0
投资性房地产	659	559	永续债	0	0
固定资产	776	821	长期应付款	2	0
在建工程	87	81	预计负债	3	2
生产性生物资产	0	0	递延收益	0	0
油气资产	0	0	递延所得税负债	3	3
无形资产	251	237	其他非流动负债	6	3
开发支出	0	0	非流动负债合计	162	146
商誉	0	0	负债合计	3 351	3 439
长期待摊费用	41	44	股东权益：		
递延所得税资产	71	63	股本	338	338
其他非流动资产	0	0	其他权益工具	0	0
非流动资产合计	2 029	1 957	其中：优先股	0	0
			永续债	0	0
			资本公积	635	612
			减：库存股	0	0
			其他综合收益	523	519
			盈余公积	105	84
			未分配利润	1 138	963
			股东权益合计	2 739	2 516
资产总计	6 090	5 955	负债和股东权益总计	6 090	5 955

资产负债表是进行财务分析的一张重要财务报表，它提供了企业的资产结构、资产流动性、资金来源状况、负债水平以及负债结构等财务信息。分析者通过对资产负债表的分析，可以了解企业偿债能力、营运能力等财务能力，为债权人、投资者以及企业管理者提供决策依据。

知识链接

当你读不懂某一公司财务情况时，不要投资。股市的最大的亏损源于投资在资产负债方面很糟糕的公司。因此，在投资时，应先看资产负债表，搞清该公司是否有偿债能力，然后再投资冒险。

2. 利润表

利润表是反映企业一定会计期间（如月度、季度、半年度或年度）经营成果的一种动态财务报表。它是根据"利润＝收入－费用"的基本关系而编制的，其具体内容取决于收入、费用、利润等会计要素及其内容。表3－2是M公司2018年度的利润表。

表 3-2 利润表

编制单位：M公司　　　　2018年度　　　　　　　　　　　　　　单位：万元

项目	本年金额	上年金额
一、营业收入	6 807	9 311
减：营业成本	5 254	7 562
税金及附加	32	35
销售费用	674	859
管理费用	362	319
研发费用	0	0
财务费用	32	105
其中：利息费用	32	105
利息收入	0	0
资产减值损失	6	4
加：其他收益	0	0
投资收益	35	72
其中：对联营企业和合营企业的投资收益	7	5
公允价值变动收益	-8	3
资产处置收益	0	0
二、营业利润	474	502
加：营业外收入	43	68
减：营业外支出	10	14
三、利润总额	507	556
减：所得税费用	94	102
四、净利润	413	454
五、其他综合收益的税后净额	0	0
（一）不能重分类进损益的其他综合收益	0	0
1. 重新计量设定受益计划变动额	0	0
2. 权益法下不能转损益的其他综合收益	0	0
（二）将重分类进损益的其他综合收益	0	0
1. 权益法下可转损益的其他综合收益	0	0
2. 可供出售金融资产公允价值变动损益	0	0
3. 持有至到期投资重分类为可供出售金融资产损益	0	0
4. 现金流量套期损益的有效部分	0	0
5. 外币财务报表折算差额	0	0
六、综合收益总额	0	0
七、每股收益		
（一）基本每股收益（元）	0.40	0.12
（二）稀释每股收益		

利润表全面揭示了企业在某一特定时期实现的各种收入、发生的各种费用、成本或支出,以及企业实现的利润或发生的亏损情况。利润表可以解释、评价和预测企业的经营成果和获利能力,可以评价和考核管理人员的绩效,为投资者及企业管理者等在各方面提供有关企业经营成果的财务信息。

3. 现金流量表

现金流量表是反映一定时期内(如月度、季度或年度)企业经营活动、投资活动和筹资活动对其现金及现金等价物所产生影响的财务报表。现金流量表提供了企业资金来源与运用的信息,便于分析企业资金来源与运用的合理性,判断企业的营运效果,评价企业的经营业绩;提供了企业现金增减变动及其原因的信息,可以分析企业现金变动的具体原因,明确企业当期现金增减的合理性。同时,现金流量表将资产负债表与利润表衔接起来,可分析企业创造现金的能力、盈利质量、偿债能力及支付能力,对于分析研究企业总体经营与财务状况有重要意义。表3-3是M公司2018年度的现金流量表。

表3-3 现金流量表

编制单位:M公司　　　　　　　2018年度　　　　　　　　　　　单位:万元

项　目	本年发生额	上年发生额
一、经营活动产生的现金流量		
销售商品、提供劳务收到的现金	10 470	—
收到的其他与经营活动有关的现金	750	—
经营活动现金流入小计	11 220	—
购买商品、接受劳务支付的现金	6 630	—
支付给职工以及为职工支付的现金	258	—
支付的各项税费	2 542	—
支付的其他与经营活动有关的现金	470	—
经营活动现金流出小计	9 900	—
经营活动产生的现金流量净额	1 320	—
二、投资活动产生的现金流量		
收回投资所收到的现金	105	—
取得投资收益所收到的现金	65	—
处置固定资产、无形资产和其他长期资产所收回的现金净额	15	—
投资活动现金流入小计	185	—
购建固定资产、无形资产和其他长期资产所支付的现金	855	—
投资所支付的现金	76	—
取得子公司及其他营业单位支付的现金净额	10	—
支付的其他与投资活动有关的现金	4	—
投资活动现金流出小计	945	—
投资活动产生的现金流量净额	-760	—

续表

项　　目	本年发生额	上年发生额
三、筹资活动产生的现金流量		
吸收投资收到的现金	600	—
其中：子公司吸收少数股东投资收到的现金	600	—
取得借款收到的现金	350	—
发行债券收到的现金	—	—
筹资活动现金流入小计	950	—
偿还债务支付的现金	330	—
分配股利、利润或偿付利息所支付的现金	353	—
支付其他与筹资活动有关的现金	27	—
筹资活动现金流出小计	710	—
筹资活动产生的现金流量净额	240	—
四、汇率变动对现金及现金等价物的影响		
五、现金及现金等价物净增加额	200	—
加：期初现金及现金等价物余额	370	—
六、期末现金及现金等价物余额	570	—

 知识链接

从现金流量表看企业的"日子"

管理者管好企业的前提是真正了解企业。资产负债表是企业的"底子"，利润表是企业的"面子"，现金流量表是企业的"日子"。对管理者管理企业来说，三张报表一张都不能少。遗憾的是很多企业要么没有现金流量表，要么只在银行或有关部门需要时才编制，这说明很多管理者还没有充分运用现金流量信息来管理企业。在企业的投资、融资及经营决策中多关注现金流量信息，是防止企业陷入资金链问题的关键。有利润的企业不一定"日子"很好过，利润只是纸上财富，管理者不应被企业的纸上繁荣所误导。经营现金流下降是企业经营竞争能力与管理存在问题的早期信号，此时即使利润还没有下降，调整策略与管理也已是当务之急。若管理者在企业利润下降时才意识到企业的问题，可能已经为时已晚了。

3.1.2　财务分析的目的

财务分析的目的取决于人们使用会计信息的目的。虽然财务分析所依据的资料是客观的，但是不同的人所关心的问题不同，因此他们进行财务分析的目的也各不相同。会计信息的使用者主要包括：债权人、股权投资者、企业管理层、审计师、政府部门等。下面分别介绍不同的会计信息使用者进行财务分析的目的。

1. 债权人的目的

债权人按照借款给企业的方式不同可以分为贸易债权人和非贸易债权人。贸易债权人向企业出售商品或者提供服务的同时也为企业提供了商业信用。按照商业惯例，这种商业信用都是短期的，通常在30～60天之间，在信用期限内企业应当向债权人付款。有时为了鼓励客户尽早付款，贸易债权人也会提供一定的现金折扣，如果客户在折扣期限内付款，可以享有现金折扣。大多数的商业信用都不需要支付利息，因此，对于企业来说，这是一种成本极低的融资方式。非贸易债权人是向企业提供融资服务，可以是直接与企业签订借款合同将资金贷给企业，也可以是通过购买企业发行的债券将资金借给企业。非贸易债权人与企业之间有正式的债务契约，明确约定还本付息的方式与时间，这种融资方式可以是短期的，也可以是长期的。

债权人为企业提供信用融资所能够获得的收益是固定的，贸易债权人的收益直接来自商业销售的毛利，非贸易债权人的收益来自债务合同约定的利息。无论企业的业绩如何，债权人的收益只能限定为固定的利息或者商业销售的毛利。但是，如果企业发生亏损或者经营困难，没有足够的偿付能力，债权人就可能无法收回全部或部分本金。债权人风险与收益的这种不对称性特征，决定了他们非常关注其贷款的安全性，这也是债权人进行财务分析的主要目的。

债权人为了保证其债权的安全，非常关注债务人的现有资源以及未来现金流量的可靠性、及时性和稳定性。在财务分析时，债权人对债务企业未来的预期更为稳健，他们要求债务企业的管理层对未来的预期应与企业现有资源具有确切的联系，同时具有足够能力实现预期。债权人的分析集中于评价企业控制现金流量的能力和在多变的经济环境下保持稳定的财务基础的能力。

由于债务的期限长短不同，债权人进行财务分析所关注的重点也有所不同。对于短期信用而言，债权人主要关心企业当前的财务状况、短期资产的流动性以及资金周转情况。而长期信用的债权人侧重于分析企业未来的现金流量和评价企业未来的盈利能力。从持续经营的角度看，企业未来的盈利能力是确保企业在各种情况下有能力履行债务合同的基本保障。因此，盈利能力分析对于长期债权人来说非常重要。此外，无论是短期信用还是长期信用，债权人都重视对企业资本结构的分析。资本结构决定了企业的财务风险，从而也影响到债权人的债权安全性。

2. 股权投资者的目的

股权投资者将资金投入企业后，成为企业的所有者，对于股份公司来说就是普通股股东。股权投资者拥有对企业的剩余权益。剩余权益意味着只有在企业的债权人和优先股股东等优先享有者的求偿权得到满足之后，股权投资者才享有剩余的分配权。在企业持续经营情况下，企业只有支付完债务利息和优先股股利后，才能给股权投资者分配利润。在企业清算时，企业在偿付债权人和优先股股东后，才能将剩余财产偿付给股权投资者。在企业繁荣时期，股权投资者可以比优先权享有者获得更多的收益；而在企业衰败时期，股权投资者要首先承担损失。因此，股权投资者要承担更大的风险。这种风险特征决定了他们对会计信息的要求更多，对企业的财务分析也更全面。

股权投资者进行财务分析的主要目的是分析企业的盈利能力和风险状况，以便据此评估企业价值或股票价值，进行有效的投资决策。企业价值是企业未来的预期收益以适当的折现率进行折现的现值。企业未来的预期收益取决于盈利能力，而折现率受风险大小的影响，风险越高折现率应当越大。由此可见，股权投资者的财务分析内容更加全面，包括对企业的盈利能力、资产管理水平、财务风险、竞争能力、发展前景等方面的分析与评价。

3. 管理层的目的

企业管理层主要是指企业的经理，他们受托于企业所有者，对企业进行有效的经营管理。管理层对企业现时的财务状况、盈利能力和未来持续发展能力非常关注，其财务分析的主要目的在于通过财务分析所提供的信息来监控企业的运营活动和财务状况的变化，以便尽早发现问题，采取改进措施。由于他们能够经常地、不受限制地获取会计信息，因此能够更加全面和系统地进行财务分析。管理层往往不是孤立地看待某一事件，而是系统地分析产生这一事件的原因和结果之间的联系，通过财务分析提供有价值的线索，提醒他们企业的经济环境、经营状况和财务状况可能发生的重大变化，以便提前采取应对措施。

4. 审计师的目的

审计师对企业的财务报表进行审计，其目的是在某种程度上确保财务报表的编制符合公认会计准则，没有重大错误和不规范的会计处理。审计师需要依据其审计结果对财务报表的公允性发表审计意见。审计意见可以分为四种类型：无保留意见的审计报告、保留意见的审计报告、否定意见的审计报告和拒绝出具意见的审计报告。财务分析是审计程序的一部分，对企业进行财务分析可以尽快地发现会计核算中存在的最薄弱环节，以便在审计时重点关注。因为错误和不规范的会计处理会对许多财务、经营和投资关系产生重大影响，对这些关系的分析有时能够揭示其潜在内涵。因此，审计师进行财务分析的主要目的是提高审计工作的效率和质量，以便正确地发表审计意见，降低审计风险。

5. 政府部门的目的

许多政府部门都需要使用企业的会计信息，如财政部门、税务部门、统计部门以及监管机构等。政府部门进行财务分析的主要目的是更好地了解宏观经济的运行情况和企业的经营活动是否遵守法律法规，以便为其制定相关政策提供决策依据。如通过财务分析可以了解一个行业是否存在超额利润，为制定税法提供合理的依据。

3.1.3 财务分析的内容

财务分析的内容主要包括以下五个方面。

1. 偿债能力分析

偿债能力是指企业如期偿付债务的能力，它包括短期偿债能力和长期偿债能力。由于短期债务是企业日常经营活动中弥补营运资金不足的一个重要来源，通过分析有助于判断企业短期资金的营运能力以及营运资金的周转状况。通过对长期偿债能力的分析，不仅可以判断企业的经营状况，还可以促使企业提高融通资金的能力，因为长期负债是企业资本化资金的重要组成部分，也是企业的重要融资途径。而从债权人的角度看，通过偿债能力分析，有助于了解其贷款的安全性，以保证其债务本息能够及时、足额地得以偿还。

2. 营运能力分析

营运能力分析主要是指企业资产运用、循环的效率高低。如果企业资产运用效率高、循环快，则企业可以较少的投入获取比较多的收益，减少资金的占用和积压。营运能力分析不仅关系企业的盈利能力水平，还反映企业生产经营、市场营销等方面的情况；通过营运能力分析，可以发现企业资产利用效率的不足，挖掘资产潜力，提高资产的使用效果。一般而言，营运能力分析包括流动资产营运能力分析、固定资产营运能力分析和总资产营运能力分析。

3. 盈利能力分析

盈利能力分析主要通过将资产、负债、所有者权益与经营成果相结合来分析企业的各项报酬率指标，从而从不同角度判断企业的获利能力。利润的大小直接关系企业所有相关利益人的利益，企业存在的目的就是最大限度地获取利润，所以盈利能力分析是财务分析中最重要的一个部分。企业所有者作为投资人，关心其资本的保值和增值状况，因此较为重视企业盈利能力指标，主要进行企业盈利能力分析。

4. 发展能力分析

企业发展的内涵是企业价值的增长，是通过自身的生产经营，不断扩大积累而形成的发展潜能。企业发展不仅仅是规模的扩大，更重要的是企业收益能力的上升，一般认为是净收益的增长。同时企业发展能力受到企业的经营能力、制度环境、人力资源、分配制度等诸多因素的影响，所以在分析企业发展能力时，还需要测度这些因素对企业发展的影响程度。

5. 财务综合分析

在以上对企业各个方面进行深入分析的基础上，最后应当给企业相关利益人提供一个总体的评价结果，否则仅仅凭借某个单方面的优劣难以评价一个企业的总体状况。财务综合分析就是将企业营运能力、偿债能力和盈利能力等方面的分析纳入一个有机的分析系统之中，全面地对企业财务状况，经营状况进行解剖和分析，从而对企业经济效益做出较为准确的评价与判断。

以上五个方面的财务分析指标中，偿债能力是财务目标实现的稳健保证，营运能力是财务目标实现的物质基础，盈利能力是二者共同作用的结果，同时也对二者的增强起着推动作用，财务综合分析是对企业整体财务状况及效果的评价，五者相辅相成，共同构成企业财务分析的基本内容。

3.1.4 财务分析的方法

财务分析可以结合企业的经营环境，从不同的角度、根据不同的目的进行分析，虽然财务报表分析的形式多种多样，但其中都贯穿着比较分析的原理。基本的财务分析方法主要有比较分析法、比率分析法、因素分析法、趋势分析法等。

1. 比较分析法

比较分析法是将同一企业不同时期的财务状况或不同企业之间的财务状况进行比较，从而揭示企业财务状况存在差异的分析方法。比较分析法是财务分析中最常用的一种方法，通过比较分析，可以发现所分析数据或指标的问题所在，揭示企业经营活动中的优势和劣势。比较分析法可分为纵向比较分析法和横向比较分析法两种。

（1）纵向比较分析法是将同一企业连续若干期的财务状况进行比较，确定其增减变动的方向、数量和幅度，以此来揭示企业财务状况的发展变化趋势的分析方法。

（2）横向比较分析法是将本企业的财务状况与其他企业的同期财务状况进行比较，确定其存在的差异及其程度，以此来揭示企业财务状况中所存在问题的分析方法。

比较分析法只适用于同质指标的数量对比，因此应用此法时应注意指标之间的可比性。指标间的可比性是指所对比的同类指标之间在指标内容、计算方法、计价标准、时间长度等方面完全一致。如果在不同企业之间进行对比的指标，还必须注意行业归类，财务规模的一致性。

2. 比率分析法

比率分析法是财务分析中使用最普遍的分析方法。比率分析法是指利用指标的某种关联关系，通过计算比率来考察、计量和评价财务活动状况的分析方法。通过比率的分析，基本上能揭示企业的财务状况，比率指标的类型主要有构成比率、效率比率和相关比率三大类。

（1）构成比率，又称结构比率，是反映某项经济指标的各组成部分与总体之间关系的比率。比如，企业资产中流动资产、固定资产和无形资产占资产总额的百分比（资产构成比率），企业负债中流动负债和非流动负债占负债总额的百分比（负债构成比率）等。利用构成比率，可以考虑总体中某个部分的形成和安排是否合理，以便协调各项财务活动。

（2）效率比率，是反映某项经济活动中投入与产出之间关系的比率。利用效率比率指标，可以进行得失比较，考察经营成果，评价经营效益。如果将利润项目与销售成本、销售收入、资本等项目加以对比，可计算出成本利润率、销售利润率以及资本利润率等利润率指标，可以从不同角度比较企业盈利能力的高低及其增减变化情况。

（3）相关比率，是以某个项目和与其有关但又不同的项目加以对比所得的比率，反映有关经济活动的相互关系。利用相关比率指标，可以考察企业相互关联的业务安排得是否合理，以保障经营活动顺畅进行。如将流动资产与流动负债进行对比，可判断企业的短期偿债能力；将负债总额与资产总额进行对比，可以判断企业长期偿债能力。

比率分析法的计算简便，计算结果也比较容易判断，而且可以使某些指标在不同规模的企业之间进行比较。

采用比率分析法时应注意以下几点。

① 对比项目的相关性。计算比率的分子和分母必须具有相关性。在构成比率指标中部分指标必须是总体指标这个大系统的一个小系统；在效率比率指标中，投入与产出必须有因果关系；在相关比率指标中，两个对比指标也要有内在联系，才能评价有关经济活动之间是否协调，安排是否合理。

② 对比口径的一致性。计算比率的分子和分母必须在计算时间、范围等方面保持口径一致。

3. 因素分析法

因素分析法是依据分析指标与其影响因素的关系，从数量上确定各因素对分析指标影响方向和影响程度的一种方法。因素分析法既可以全面分析各因素对某一经济指标的影响,又可以单独分析某个因素对经济指标的影响,在财务分析中应用颇为广泛。因素分析法具体有两种:连环替代法和差额分析法。

(1) 连环替代法。

连环替代法是将分析指标分解为各个可以计量的因素,并根据各个因素之间的依存关系,顺次用各因素的比较值(通常即实际值)替代基准值(通常为标准值或计划值),将替换后的指标值减去替换前的指标值,其差即为该因素对指标值的影响。采用连环替代法的程序简述如下。

设某项经济指标 E 是由 A、B、C 3 个因素组成的。在分析时,若是用实际指标与计划指标进行对比,则计划指标与实际指标的计算公式如下。

计划指标 $E_0 = A_0 \times B_0 \times C_0$
实际指标 $E_1 = A_1 \times B_1 \times C_1$
分析对象为 $E_1 - E_0$ 的差额。

采用连环替代法测定各因素变动对指标 E 的影响程度时,各项计划指标、实际指标及替代指标的计算公式如下。

计划指标 $E_0 = A_0 \times B_0 \times C_0$ (1)
第一次替代 A $E_2 = A_1 \times B_0 \times C_0$ (2)
第二次替代 B $E_3 = A_1 \times B_1 \times C_0$ (3)
第三次替代(实际指标)C $E_1 = A_1 \times B_1 \times C_1$ (4)

各因素变动对指标 E 的影响数额按下式计算。

     由于 A 因素变动的影响 $=(2)-(1)=E_2-E_0$
     由于 B 因素变动的影响 $=(3)-(2)=E_3-E_2$
     由于 C 因素变动的影响 $=(4)-(3)=E_1-E_3$

将上述 3 个因素的影响结果相加,即为各因素变动对指标 E 的影响程度,它与分析对象应相等。

【例 3-1】 M 公司 2017 年和 2018 年某材料消耗的有关资料见表 3-4,设该公司只有一种产品耗用该材料。

表 3-4   M 公司某材料消耗资料

项　目	产品产量 (件)	材料单耗 (吨/件)	材料单价 (元/吨)
2017 年	200	20	8
2018 年	250	18	10

要求:用连环替代法定量分析说明 M 公司该项材料成本总额变动的原因。

2017 年材料成本 $= 200 \times 20 \times 8 = 32\,000$(元)
2018 年材料成本 $= 250 \times 18 \times 10 = 45\,000$(元)
材料成本差异 $= 45\,000 - 32\,000 = 13\,000$(元)
产量影响 $=(250 \times 20 \times 8)-(200 \times 20 \times 8)= 8\,000$(元)
单耗影响 $=(250 \times 18 \times 8)-(250 \times 20 \times 8)= -4\,000$(元)

单价影响＝(250×18×10)－(250×18×8)＝9 000(元)

合计　　　　　　　　　　　　　　　　13 000（元）

由上述计算结果可见，M公司2018年该项材料成本总额提高13 000元，是由耗用该材料的产品产量提高和材料单价提高共同引起的。

(2) 差额分析法。

差额分析法是连环替代法的简化形式，是直接利用各因素比较值（或实际值）与基准值之间的差额，计算各因素对指标的影响。即某因素差异对指标值的影响，是用该因素比较值（或实际值）与基准值的差，乘以该因素之前各因素的比较值（或实际值），再乘以该因素之后各因素的基准值。

【例3－2】　仍然用例3－1的资料。要求：用差额分析法定量分析说明M公司该项材料成本总额变动的原因。

2017年材料成本＝200×20×8＝32 000（元）

2018年材料成本＝250×18×10＝45 000（元）

材料成本差异＝45 000－32 000＝13 000（元）

产量影响＝(250－200)×20×8＝8 000（元）

单耗影响＝250×(18－20)×8＝－4 000（元）

单价影响＝250×18×(10－8)＝9 000（元）

合计　　　　　　　　　　　　　　　　13 000（元）

由上述计算结果同样可以看出，M公司2018年该项材料成本总额提高13 000元，是由产品产量提高和材料单价提高共同引起的。

采用因素分析法时，必须注意以下问题。

① 因素分解的关联性。构成经济指标的因素，必须客观上存在着因果关系，并能够反映形成该指标差异的内在构成原因，否则并无应用价值。

② 因素替代的顺序性。确定替代因素时，必须根据各因素的依存关系，遵循一定的顺序并依次替代，不可随意颠倒，否则就会得出错误的分析结果。

③ 顺序替代的连环性。因素分析法在计算每一因素变动的影响时，都是在前一次替换计算的基础上进行，并采用连环比较的方法，确定因素变化的影响结果。

④ 计算结果的假定性。因素分析法计算的各因素的影响数，会因替代顺序不同而产生差异，其计算结果难免带有假定性，即不可能使每个因素的分析结果都绝对的准确。所以，分析时应力求使这种假定符合逻辑，具有实际经济意义。计算分析某一因素变化对指标值的影响时，通常假定该因素之前的各因素保持其实际值不变，该因素之后的各因素保持其基准值不变。

4. 趋势分析法

趋势分析法是根据企业连续数期财务报告中相同指标进行对比，确定其增减变动的方向、数额和幅度，以说明企业财务状况及经营成果变动趋势的一种方法。它可以有以下两种方法来进行分析。

(1) 定基动态比率。即用某一时期的数值作为固定的基期指标数值，将其他的各期数值与其对比来分析。

(2) 环比动态比率。它是以每一分析期的前期数值为基期数值而计算出来的动态比率。

 小思考

1. 简述财务分析的主要内容。
2. 财务分析的目的是什么？
3. 应用因素分析法应注意哪些问题？

知识链接

最早的财务报表分析出现在 19 世纪末的欧洲，主要是为了满足当时银行业所开展的信用分析的需要。由于借贷资本在企业资金总量中所占比重的增长，银行家出于自我利益的考虑，需要对贷款人进行信用调查和分析，从而形成了以企业偿债能力为核心内容的财务报表分析。

进入 20 世纪之后，由于资本市场的出现和高速发展，财务报表分析的主体发生了明显的变化，企业的投资者、债权人、管理当局都表现出对企业财务报表的极大关注，财务报表分析的内容也从偿债能力分析扩展为有关偿债能力、获利能力、营运能力的财务状况全方位分析中来。企业经理人为了提高经营管理水平，也将财务报表分析延伸到内部管理和风险控制的领域中来。

随着财务报表内容的不断充实和专业化技术水平的提高，市场上的普通投资者自己阅读和分析财务报表越发困难，为了避免盲目投资所造成的投资损失，他们开始求助于专业人士。受市场上对财务分析人才需求的拉动，从事财务分析的专业人士队伍不断扩张，最终在社会上形成了财务分析师的专门职业，并吸引一大批财经院校的毕业生投入到这个专职工作中来。当一些个人投资者没有能力聘请财务分析师为自己的证券投资提供专业性指导时，他们中的一部分人就将他们的证券投资委托给专职的机构投资者（投资基金），从而使基金经理人也迅速成为收入颇丰的专门职业者。

由此可见，在证券市场上所能提供的财产性收入越来越引起人们高度重视的时候，财务报表分析的技能就有了用武之地。

3.2 财务指标分析

财务指标分析主要包括四个方面：偿债能力分析、营运能力分析、盈利能力分析和发展能力分析。为了便于说明，本节各项财务指标的计算主要以 M 公司为例，该公司的资产负债表、利润表和现金流量表见表 3-1、表 3-2 和表 3-3。

3.2.1 偿债能力分析

偿债能力是指企业对到期债务清偿的能力和现金的保证程度。企业偿债能力是反映企业财务状况和经营能力的重要标志。企业偿债能力低不仅说明企业资金紧张，难以支付日常经营支出，而且说明企业资金周转不灵，难以偿还到期债务，甚至面临破产危险。企业偿债能力分析包括短期偿债能力分析和长期偿债能力分析。

1. 短期偿债能力分析

企业短期债务一般要用流动资产来偿付，短期偿债能力是指企业在一定期间内（一年或一个营业周期）以流动资产支付流动负债的现金保障程度，是衡量流动资产变现能力的重要标志。短期偿债能力分析是企业财务报表分析的一项重要内容，其分析目的是维护企业的信用，保护债权人的利益，以利于企业的健康发展。企业流动资产的流动性强，相应的短期偿债能力也强。因此，通常使用营运资金、流动比率、速动比率、现金比率、现金流量比率衡量短期偿债能力。

(1) 营运资金。

营运资金是指企业流动资产总额减去流动负债总额后的差额，也称净营运资金，表示企业的流动资产在偿还全部流动负债后还有多少剩余。其计算公式为：

$$营运资金 = 流动资产 - 流动负债$$

根据表 3-1 中资料，M 公司 2018 年年末营运资金计算如下：

$$营运资金 = 4\,061 - 3\,189 = 872(万元)$$

从财务观点看，如果流动资产高于流动负债，表明企业有一定的短期偿付能力。该指标越高，表示企业可用于偿还流动负债的资金越充足，企业的短期偿付能力越强，债权人安全程度越高。因此，可将营运资金作为衡量企业短期偿债能力的绝对数指标。

(2) 流动比率。

流动比率是企业流动资产与流动负债的比值，表明企业每 1 元流动负债有多少流动资产作为偿还保证。其计算公式为：

$$流动比率 = \frac{流动资产}{流动负债}$$

根据表 3-1 中资料，M 公司 2018 年年末流动比率计算如下：

$$流动比率 = \frac{4\,061}{3\,189} \approx 1.27$$

这表明 M 公司 2018 年年末每 1 元的流动负债有 1.27 元的流动资产做保障。流动比率是衡量企业短期偿债能力的一个重要财务指标，一般而言，这个比率越高，说明企业偿还流动负债的能力越强，流动负债得到偿还的保障越大。但是，过高的流动比率也并非好现象，因为流动比率越高，可能是企业滞留在流动资产上的资金过多，未能有效加以利用，可能会影响企业的盈利能力。经验表明，流动比率在 2:1 左右比较合适。

运用流动比率进行分析时，要注意以下几个问题。

① 流动比率高，一般认为偿债保证程度较强，但并不一定有足够的现金或银行存款偿债，因为流动资产除了货币资金以外，还有存货、应收账款等项目，有可能出现流动比率高，但真正用来偿债的现金和存款却严重短缺的现象，所以分析流动比率时，还需进一步分析流动资产的构成项目。

② 计算出来的流动比率，只有和同行业平均流动比率、本企业历史流动比率进行比较，才能知道这个比率是高还是低。这种比较通常并不能说明流动比率为什么这么高或低，要找出过高或过低的原因还必须分析流动资产和流动负债所包括的内容以及经营上的因素。一般情况下，营业周期、流动资产中的应收账款和存货的周转速度是影响流动比率

的主要因素。

③ 流动比率反映的是企业在某一时点的偿债能力,而企业的经营活动是不断进行的,当企业以流动资产偿还流动负债或通过增加流动负债来购买流动资产时,都会引起流动比率的变化。这一特点,使得企业管理者有可能在流动比率不理想时,通过年末突击偿还债务,下年初再举借新债的方法来粉饰其流动比率的状况。

 知识链接

流动比率并非越高越好

格雷厄姆在《聪明的投资者》(第 4 版)中提出的防御型投资者选股标准是:对于工业企业而言,流动资产应该至少是流动负债的两倍,即流动比率不低于 2。

但这是一个长期以来形成的经验性标准,并不能从理论上证明,也无法在实践中形成统一标准。尤其需要说明的是,流动比率不低于 2,适用于一般性的企业,但并不完全适用于巴菲特最喜欢选择的具有强大持续性竞争优势的超级明星公司。

巴菲特持股的很多具有持续性竞争优势的超级明星公司,流动比率都低于 2,甚至低于 1。比如 IBM 为 1.26、可口可乐为 1.1、沃尔玛为 0.88、卡夫为 0.85、宝洁为 0.83。一般的企业流动比率低于 2,意味着可能面临偿还短期债务的困难。但这些超级明星公司具有强大的销售渠道,销售回款速度很快,能够产生充足的现金流量,保证按期偿还流动负债。而且公司盈利能力非常强,能够快速产生较多的利润,足以保证还债能力。同时公司信用评级很高,短期融资能力巨大,公司可以利用短期商业票据或信用贷款等手段迅速融资还债。越是赚钱的公司,流动资产周转速度越快,流动资产占用资金量越小,流动比率反而越低,低于 2 甚至低于 1。当然,这只限于少数非常优秀的公司。

(3) 速动比率。

速动比率又称酸性测验比率,是指企业速动资产与流动负债的比率。速动资产是流动资产减去变现能力较差且不稳定的存货、预付账款、一年内到期的非流动资产和其他流动资产等之后的余额。由于剔除了存货等变现能力较差的资产,速动比率比流动比率能更准确、可靠地评价企业资产的流动性及偿还短期债务的能力。其计算公式为:

$$速动比率 = \frac{速动资产}{流动负债}$$

因为预付账款、一年内到期的非流动资产和其他流动资产等非速动资产项目的金额往往较小,所以实际工作中计算速动比率时经常不扣除,粗略地直接用流动资产减去存货计算速动资产。但应注意,同一次分析比较中计算口径必须一致。

根据表 3-1 中资料,M 公司 2018 年年末速动比率计算如下:

$$速动比率 = \frac{4\,061 - 992 - 82 - 180}{3\,189} \approx 0.88$$

一般情况下,速动比率越高,说明企业的短期偿债能力越强,国际上通常认为,速动比率为 1∶1 比较合适。速动比率过低,企业面临偿债风险;但速动比率过高,会因占用现金及应收账款过多而增加企业的机会成本,因此分析时还要结合其他因素进行评价。

速动比率存在以下局限性。第一,速动比率只是揭示了速动资产与流动负债的关系,是一个静态指标。第二，速动资产中包含了流动性较差的应收账款，使速动比率所反映的偿债能力受到怀疑。特别是当速动资产中含有大量不良应收账款时，必然会减弱企业的短期偿债能力。第三，各种预付款项及预付费用的变现能力也很差。

(4) 现金比率。

现金比率是企业现金类资产与流动负债的比率。现金类资产包括企业的库存现金、随时可以用于支付的存款和现金等价物，即现金流量表中所反映的现金及现金等价物。它是速动资产扣除应收账款后的余额，最能反映企业直接偿付流动负债的能力。现金比率计算公式为：

$$现金比率 = \frac{现金 + 现金等价物}{流动负债}$$

根据表 3-1 资料，M 公司 2018 年年末的现金比率计算如下：

$$现金比率 = \frac{1\,177 + 11}{3\,189} \approx 0.37$$

现金比率可以反映企业的直接支付能力，因为现金是企业偿还债务的最终手段，如果企业现金缺乏，就可能发生支付困难，将面临财务危机，因而现金比率高，说明企业有较好的支付能力，对偿付债务是有保障的。但是，如果这个比率过高，可能意味着企业拥有过多的获利能力较低的现金类资产，企业的资产未能得到有效运用。一般认为现金比率 20% 以上为好。M 公司现金比率高于 20%，说明该公司现金类资产对短期债务的保障能力较强，当然也有可能是 M 公司未能充分利用货币资金，安排了过多的现金类资产。

(5) 现金流量比率。

现金流量比率是企业一定时期经营活动现金净流量与流动负债的比值，它可以从现金流量角度来反映企业当期偿付短期负债的能力。其计算公式为：

$$现金流量比率 = \frac{经营活动现金流量净额}{流动负债}$$

上式中经营活动的现金净流量是指分析期的经营流动现金净流量，流动负债是指分析期平均（或期末）的流动负债额。

根据表 3-1、表 3-3 资料，M 公司 2018 年现金流量比率计算如下：

$$现金流量比率 = \frac{1\,320}{(3\,189 + 3\,293) \div 2} \approx 0.41$$

这个指标能够反映企业实际的短期偿债能力。因为债务最终是以现金偿还，所以，该比率越高，说明企业偿还短期债务的能力越强；反之，现金流量比率越低，说明企业短期偿债能力越差。它比传统的衡量偿债能力的指标——流动比率和速动比率更真实，因为在计算流动比率和速动比率这两个指标的过程中，所涉及的应收账款及存货中存在着变现价值、变现能力和变现时间的问题，并且，这两个指标受人为因素的影响大，有很强的粉饰作用，因而容易使反映的结果失真。而现金流量却是一个没有任何弹性的数据，所以，使用现金流量比率评价企业的偿债能力更为恰当。

2. 长期偿债能力分析

长期偿债能力是指企业偿还长期负债的能力，长期负债主要包括长期借款、长期应付款等。长期偿债能力不同于短期偿债能力，企业的长期负债一般金额较大，利息负担较重，对其分析不仅要利用资产负债表，而且还要利用利润表，借助于利息保障倍数来判断债务利息的偿还能力。反映企业长期偿债能力的财务比率主要有：资产负债率、股东权益比率、产权比率和利息保障倍数等。

（1）资产负债率与有形资产债务比率。

资产负债率也称为负债比率，是企业负债总额与资产总额之比，是综合反映企业偿债能力的重要指标。其计算公式为：

$$资产负债率 = \frac{负债总额}{资产总额} \times 100\%$$

根据表3-1资料，M公司2018年年末的资产负债率计算如下：

$$资产负债率 = \frac{3\,351}{6\,090} \times 100\% \approx 55.02\%$$

资产负债率反映债权人所提供的资金占全部资金的比重，以及企业资产对债权人权益的保障程度。该指标越大，说明企业的债务负担越重；反之，说明企业债务负担轻。一般认为，该指标比率在40%~60%时，有利于风险与收益的平衡。M公司2018年年末资产负债率为55.02%，基本在合理的范围内，说明M公司有一定的偿债能力和负债经营能力。

事实上，对这一比率的分析，还要看站在谁的立场上。对于资产负债率，企业的债权人、股东和企业经营者往往从不同的角度来评价。

① 企业的债权人最关心的是其贷给企业资金的安全性。如果这个比率过高，说明在企业的全部资产中，股东提供的资本所占比重太低，这样，企业的财务风险就主要由债权人承担，其贷款的安全也缺乏可靠的保障，所以债权人总是希望企业的负债比率低一些。

② 企业股东最关心的是投资收益的高低，企业借入的资金与股东投入的资金在生产经营中可以发挥同样的作用，如果企业负债所支付的利率低于总资产报酬率，股东就可以利用举债经营取得更多的投资收益。因此，股东所关心的往往是总资产报酬率是否超过了负债利息率。若总资产报酬率超过负债利息率，股东一般希望资产负债率高一些，这样有利于提高股东权益报酬率；反之，若总资产报酬率低于负债利息率，股东一般希望资产负债率低一些，这样有利于降低财务风险。

③ 企业经营者既要考虑企业的盈利，又要顾及企业所承担的财务风险。资产负债率作为财务杠杆不仅反映了企业的长期财务状况，也反映了企业管理当局的进取精神。如果企业不利用举债经营或者负债比率很小，则说明企业经营者比较保守，对企业前途信心不足，利用债权人资本进行经营活动的能力较差。但是，负债也必须有一定的限度，负债比率过高，企业的财务风险将增大，一旦资产负债率超过1，则说明企业资不抵债，有濒临倒闭的危险。

但是，并非企业所有的资产都可以作为偿债的物质保证。待摊费用、递延资产等不仅在清算状态下难以作为偿债的保证，即便在持续经营期间，上述资产的摊销价值也需要依靠存货等资产的价值才能得以补偿和收回，其本身并无直接的变现能力，相反，还会削弱其他资产的变现能力，无形资产能否用于偿债，也存在极大的不确定性。有形资产债务比率相对于资产负债率而言更稳健，其计算公式为：

$$有形资产债务比率 = \frac{负债总额}{有形资产总额} \times 100\% = \frac{负债总额}{(资产总额 - 无形资产)} \times 100\%$$

相对于资产负债率来说，有形资产债务比率指标将企业偿债安全性的分析建立在更加切实可靠的物质保障基础之上。

(2) 股东权益比率与权益乘数。

资产负债率是企业资产总额对负债总额的保障程度，由于"资产总额＝负债总额＋所有者权益总额"这一会计恒等式的存在，可以对资产负债率进行相应的变形，从不同角度分析对债务的保障程度，分别可以得到股权比率、权益乘数等财务指标。

股东权益比率是股东权益与资产总额的比率，该比率反映了在企业全部资金中，有多少是所有者提供的，因此股东权益比率越高，说明所有者投入的资金在全部资金中所占的比例越大。其计算公式为：

$$股东权益比率 = \frac{股东权益总额}{资产总额} \times 100\%$$

根据表 3-1 的有关数据，M 公司 2018 年年末的股东权益比率计算如下：

$$股东权益比率 = \frac{2\,739}{6\,090} \times 100\% \approx 44.98\%$$

从上述公式可知，股东权益比率与负债比率之和等于 1，这两个比率是从不同的侧面来反映企业长期财务状况的，股东权益比率越大，负债比率就越小，企业的财务风险也越小，偿还长期债务的能力就越强。

股东权益比率的倒数，称为权益乘数，即资产总额是股东权益的多少倍。该乘数越大，说明股东投入的资本在资产中所占比重越小。其计算公式为：

$$权益乘数 = \frac{资产总额}{股东权益总额} = \frac{1}{股东权益率}$$

根据表 3-1 的有关数据，M 公司 2018 年年末的权益乘数计算如下：

$$权益乘数 = \frac{6\,090}{2\,739} \approx 2.22$$

权益乘数表明企业资产总额中所有者权益的倍数，该比率越大，表明所有者投入的资本在资产总额中所占比重越小，对负债经营利用得越充分，但反映企业的长期偿债能力越弱；反之，该比率越小，反映所有者投入的资本在资产总额中所占比重越大，企业的长期偿债能力越强。权益乘数也可以用来衡量企业的财务风险，这个乘数或倍数越高，企业的财务风险就越大。公式中的资产总额与股东权益数，也可以采用平均总额计算。

(3) 产权比率与有形净值债务率。

产权比率又称负债股权率，是负债总额与股东权益总额之间的比率，它是企业财务结构稳健与否的重要标志。其计算公式为：

$$产权比率 = \frac{负债总额}{股东权益总额}$$

产权比率不仅反映了由债务人提供的资本与所有者提供的资本的相对关系，而且反映了企业自有资金偿还全部债务的能力，因此它又是衡量企业负债经营是否安全有利的重要指标。一般来说，这一比率越低，表明企业长期偿债能力越强，债权人权益保障程度越高，承担的风险越小，一般认为这一比率为 1∶1 比较合适，但还应该结合企业的具体情况加以分析。

根据表 3-1 资料，M 公司 2018 年年末的产权比率计算如下：

$$产权比率 = \frac{3\ 351}{2\ 739} \approx 1.22$$

产权比率与资产负债率对评价偿债能力的作用基本一致，只是资产负债率侧重于分析债务偿付安全性的物质保障程度，产权比率则侧重于揭示财务结构的稳健程度以及自有资金对偿债风险的承受能力。

与设置有形资产债务比率指标的原因相同，对产权比率也可适当调整为有形净值债务率，其计算公式为：

$$有形净值债务率 = \frac{负债总额}{股东权益总额 - 无形资产}$$

有形净值债务率指标实质上是产权比率指标的延伸，能更为谨慎、保守地反映在企业清算时债权人投入的资本对所有者权益的保障程度。从长期偿债能力来讲，该指标越大偿债能力越弱，表明风险越大；反之，该指标越小，表明企业长期偿债能力越强。

根据表3-1资料，M公司2018年年末的有形净值债务率计算如下：

$$有形净值债务率 = \frac{3\ 351}{2\ 739 - 251} \approx 1.35$$

（4）利息保障倍数。

利息保障倍数又称已获利息倍数，是指公司息税前利润与债务利息的比率。它反映公司获利能力对负债利息偿付的保证程度。其计算公式为：

$$利息保障倍数 = \frac{息税前利润总额}{利息费用} = \frac{利润总额 + 利息费用}{利息费用}$$

公式中的分母"利息费用"是指本期发生的全部应付利息，不仅包括财务费用中的利息费用，还应包括计入固定资产成本的资本化利息。资本化利息虽然不在利润表中扣除，但仍然是要偿还的。利息保障倍数的重点是衡量企业支付利息的能力，没有足够大的息税前利润，利息的支付就会发生困难。

根据表3-2资料，由于无法获取M公司资本化利息金额的数据，假定表中财务费用全部为利息费用，资本化利息为0，M公司2018年利息保障倍数计算如下：

$$利息保障倍数 = \frac{507 + 32}{32} \approx 16.84$$

利息保障倍数不仅反映了企业获利能力的大小，而且反映了获利能力对偿还到期债务的保证程度，它既是企业举债经营的前提依据，也是衡量企业长期偿债能力大小的重要标志。国际上通常认为该指标等于3比较适当。一般情况下，利息保障倍数越高，表明企业长期偿债能力越强。从长期来看，若要维持正常偿债能力，利息保障倍数至少应大于1。如果利息保障倍数过低，企业将面临亏损、偿债的安全性与稳定性下降的风险。

从以上计算结果看，M公司的利息保障倍数处于较高的水平，说明有较强的偿债能力，但还需要与其他企业特别是本行业平均水平进行比较来分析评价。从稳健角度看，还要通过比较本企业连续几年的该项指标进行分析评价。

但是，在利用利息保障倍数这一指标时，必须注意，因为会计采用权责发生制来核算费用，所以本期的利息费用不一定就是本期的实际利息支出，而本期发生的实际利息支出也并非全部是本期的利息费用；同时，本期的息税前利润也并非本期的经营活动所获得的现金。

3.2.2 营运能力分析

企业的经营活动离不开各项资产的运用,对企业营运能力的分析,实质上就是对各项资产的周转使用情况进行分析。一般而言,资金周转速度越快,说明企业的资金管理水平越高,资金利用效率越高。企业营运能力分析常用的指标主要有资产周转率和资产周转天数等。

资产周转率(次数)是一定时期资产周转额与该项资产平均占用额的比值。资产周转额是指一定量的资产在一定时期所完成的工作量的大小,不同的资产,其周转额的具体含义不完全一样。资产平均占用额一般可用其期初余额加期末余额除以 2 进行粗略计算。占用额随生产的季节性变化影响较大的资产,其平均占用额可先按月平均,然后再按季、按年平均。

资产周转天数是某项资产周转一次所需要的天数,可用计算期天数除以资产周转率来计算。资产周转率越大,周转天数越小,反映企业资产营运能力越强,资产利用效率越高。下面分别介绍企业流动资产、固定资产、总资产周转率和周转天数的计算分析。

1. 流动资产营运能力分析

企业经营成果的取得,主要依靠流动资产的形态转换。流动资产是企业全部资产中流动性最强的资产。流动资产周转速度指标包括周转率和周转天数,这两项指标分别是指在一定时期内(季度或年度)流动资产的周转次数和周转一次所需要的时间。反映流动资产营运能力的指标主要有应收账款周转率、存货周转率和流动资产周转率。

(1) 应收账款周转率。

应收账款周转率又叫应收账款周转次数,是指一定时期赊销收入净额与应收账款平均余额的比值,是反映应收账款周转情况的一个重要比率。用时间表示的周转速度是应收账款周转天数,也叫平均应收账款回收期。它表示企业从取得应收账款的权利到收回款项转换为现金所需要的时间。其计算公式为:

$$应收账款周转率 = \frac{赊销收入净额}{应收账款平均余额}$$

$$应收账款平均余额 = \frac{期初应收账款 + 期末应收账款}{2}$$

$$应收账款周转天数 = \frac{360}{应收账款周转率}$$

公式中的应收账款包括财务报表中"应收账款"和"应收票据"等全部赊销账款在内,且其金额应为扣除坏账准备后的金额。

根据表 3-1、3-2 资料,M 公司 2018 年应收账款周转率和周转天数指标计算如下:

$$应收账款周转率 = \frac{6\,807}{(1\,579 + 1\,306) \div 2} \approx 4.72(次)$$

$$应收账款周转天数 = \frac{360}{4.72} \approx 76.27(天)$$

在评价企业应收账款周转率指标时,应将计算出的指标与该企业前期、与行业平均水平或其他类似企业相比较来判断该指标的高低。

应收账款周转率反映了企业应收账款周转速度的快慢及企业对应收账款管理效率的高低。一般来说,应收账款周转率越高,平均收现期越短,应收账款收回的速度越快;否则,企业的营运资金会过多地呆滞在应收账款上,影响企业资金的正常周转。

对应收账款周转率的进一步分析,还需要注意以下问题。

① 影响应收账款周转率下降的原因主要是企业的信用政策、客户故意拖延和客户财务困难。

② 应收账款是时点指标,易于受季节性、偶然性和人为因素的影响。为了使该指标尽可能接近实际值,计算平均数时应采用尽可能详细的资料。

③ 过快的应收账款周转率可能是由紧缩的信用政策引起的,其结果可能会危及企业的销售增长,损害企业的市场占有率。

(2) 存货周转率。

在流动资产中,存货所占的比重较大,存货的流动性将直接影响企业的流动比率,因此,必须特别重视对存货的分析。存货的流动性,一般用存货的周转速度指标来反映,即存货周转率或存货周转天数。

存货周转率是衡量和评价企业购入存货、投入生产、销售收回等各环节管理状况的综合性指标。它是销售成本除平均存货所得到的比率,或叫存货的周转次数,用时间表示的存货周转率就是存货周转天数。计算公式分别为:

$$存货周转率 = \frac{销售成本}{存货平均余额}$$

$$存货平均余额 = \frac{期初存货 + 期末存货}{2}$$

$$存货周转天数 = \frac{360}{存货周转率}$$

根据表 3-1、3-2 资料,M 公司 2018 年度销售成本为 5 254 万元,期初存货 1 236 万元,期末存货 992 万元,则该公司 2018 年存货周转指标计算如下:

$$存货周转率 = \frac{5\ 254}{(1\ 236 + 992) \div 2} \approx 4.72(次)$$

$$存货周转天数 = \frac{360}{4.72} \approx 76.27(天)$$

存货周转率说明了一定时期内企业存货周转的次数,可以用来测定企业存货的变现速度,衡量企业的销售能力及存货是否过量。在正常情况下,如果企业经营顺利,存货周转率越高,说明存货周转得越快,存货占用水平越低,流动性越强,存货转化为现金的速度就越快,这样会增强企业的短期偿债能力及获利能力。但是,存货周转率过高,也可能说明企业管理方面存在一些问题,如存货水平太低,甚至经常缺货,或者采购次数过于频繁,批量太小等。存货周转率过低,常常是库存管理不力,销售状况不好,造成存货积压,说明企业在产品销售方面存在一定的问题,应当采取积极的销售策略。但也可能是企业调整了经营方针,因某种原因增大库存的结果。所以,对存货周转率的分析,要深入调查企业库存的构成,结合实际情况做出判断。

 知识链接

运营天才库克:苹果存货周期仅五天

北京时间2012年6月1日消息,据科技博客网站Apple Insider报道,市场调研机构Gartner发布的最新报告显示,苹果的存货周转率为73次,也就是说每隔5天全部存货周转一次。对于一家消费电子产品的企业来说,这绝对是一个令人惊讶的数字。

苹果的存货周转期仅有5天,如果按照一年365天计算的话,存货周转率为73,是全行业的龙头老大。麦当劳是唯一一家存货周转率(142.4)高于苹果的公司,也就是说,存货周转期仅有2.6天。

在电子产品行业,戴尔和三星分别以10天和21天的存货周转期位列苹果之后。亚马逊的总排名仅次于苹果,三年营收增长率为37.7%,但存货周转期为37天。

苹果在这份榜单中的排名并不令人感到吃惊,因为苹果现任CEO蒂姆·库克(Tim Cook)被认为是一个"运营天才",自1998年接管公司的供应链以来,他通过削减成本等措施简化运营流程。例如,库克将公司仓库从原来的19个减少至9个,用以限制存货过多的现象,此举让苹果存货周转期从原来的一个月骤降至6天。

(3)流动资产周转率。

流动资产周转率是反映企业流动资产总体周转速度的指标,是指一定时期营业收入与企业流动资产平均占用额之间的比率。其计算公式为:

$$流动资产周转率 = \frac{营业收入}{流动资产平均余额}$$

$$流动资产平均余额 = \frac{期初流动资产+期末流动资产}{2}$$

$$流动资产周转天数 = \frac{360}{流动资产周转率}$$

流动资产周转率表明在一个会计年度内企业流动资产周转的次数,在一定时期内,企业流动资产周转次数越多,表明企业以相同的流动资产完成的周转额越多,流动资产利用效果越好。

根据表3-1、表3-2资料,M公司2018年营业收入6 807万元,2018年流动资产期初数为3 998万元,期末数为4 061万元,则该公司流动资产周转指标计算如下:

$$流动资产周转率 = \frac{6\ 807}{(3\ 998+4\ 061) \div 2} \approx 1.69(次)$$

$$流动资产周转天数 = \frac{360}{1.69} \approx 213.02(天)$$

流动资产周转率是分析流动资产周转情况的一个综合指标,流动资产周转快,可以节约流动资金,提高资金的利用效率。延缓周转速度,需要补充流动资产参加周转,形成资金浪费,降低企业盈利能力。但是,究竟流动资产周转率为多少才算好,并没有一个确定的标准。通常分析流动资产周转率应比较企业历年的数据并结合行业特点。

2. 固定资产营运能力分析

固定资产营运能力分析主要是判断企业管理固定资产的能力，其通常运用的指标是固定资产周转率（次数）和固定资产周转天数。

固定资产周转率是指一定时期企业实现销售收入净额与固定资产平均余额的比率。它是反映企业固定资产周转情况，衡量固定资产利用效率的一项指标。其计算公式为：

$$固定资产周转率 = \frac{营业收入}{固定资产平均余额}$$

$$固定资产平均余额 = \frac{期初固定资产净值 + 期末固定资产净值}{2}$$

$$固定资产周转天数 = \frac{360}{固定资产周转率}$$

根据表 3-1、表 3-2 资料，M 公司 2018 年营业收入 6 807 万元，2018 年期初固定资产净值为 821 万元，2018 年期末固定资产净值为 776 万元。则固定资产周转率计算如下：

$$固定资产周转率 = \frac{6\ 807}{(821 + 776) \div 2} \approx 8.52（次）$$

$$固定资产周转天数 = \frac{360}{8.52} \approx 42.25（天）$$

固定资产周转率是衡量企业利用现有的厂房、建筑物和机器设备等固定资产来形成销售收入的重要指标。固定资产周转率越高，表明企业固定资产利用充分，也能表明企业固定资产投资得当，固定资产结构合理，能够充分发挥效率；反之，则表明固定资产利用效率不高，提供的生产成果不多，企业的营运能力不强。用固定资产周转率这个指标时，应注意通货膨胀的因素。通货膨胀使以前购买的固定资产的价值严重低估，资产的时价大大超过其账面价值，所以分析时要考虑到这一点。

3. 总资产营运能力分析

为了综合分析总资产的营运能力，运用的指标主要有总资产周转率（次数）和总资产周转天数。总资产周转率是企业营业收入与企业资产平均总额的比率。计算公式为：

$$总资产周转率 = \frac{营业收入}{总资产平均余额}$$

$$总资产平均余额 = \frac{期初总资产余额 + 期末总资产余额}{2}$$

$$总资产周转天数 = \frac{360}{总资产周转率}$$

根据表 3-1、表 3-2 资料，M 公司 2018 年营业收入 6 807 万元，2018 年期初总资产为 5 955 万元，2018 年期末总资产为 6 090 万元。则总资产周转率计算如下：

$$总资产周转率 = \frac{6\ 807}{(5\ 955 + 6\ 090) \div 2} \approx 1.13（次）$$

$$总资产周转天数 = \frac{360}{1.13} \approx 318.58（天）$$

该指标用来分析企业全部资产的使用效率，一般与企业以前年度比较或同行业平均水平或先进水平比较，一般来说，总资产周转率越高，总资产周转天数越短，说明企业所有资产周转得越快,同样的资产取得的收入越多,因而资产的管理水平高;如果偏低,说明企业利用全部资产进行经营的效率较低,最终会影响企业的盈利能力。

 知识链接

资产周转的重要性

对一个企业来说,销售净利率高不是坏事,但别忘了另外一个变量——资产周转率。大家都会想销售利润率,而看不到资产周转率。销售利润率高不一定能赚大钱,资产周转率同样重要。沃尔玛是经销商,一元的成本投进去,周转一次2%的毛利并不高,但是它一元资产一年周转24次。一元资本一年就能挣四角八分钱。这是沃尔玛挣钱的原因。

3.2.3 盈利能力分析

盈利能力是指企业在一定时期赚取利润的能力。利润是企业生存和发展的物质基础,它不仅关系到所有者的利益,也是企业偿还债务的一个重要来源。无论是投资者还是债权人,都十分重视企业的盈利能力,因为健全的财务状况必须由较高的获利能力来支持。企业管理当局,当然也十分重视盈利能力,因为盈利的多少,是评价管理成效的最主要标准。

盈利能力分析是通过一定的分析方法,剖析、鉴别、判断企业能够获取利润的能力。盈利能力分析是财务分析的核心内容。

评价企业盈利能力的财务比率主要有销售毛利率、销售净利率、成本费用净利率、总资产收益率与总资产净利率、净资产收益率等,对于股份有限公司,还应分析每股收益、每股股利、股利支付率、市盈率、每股净资产。

1. 销售毛利率

销售毛利率,也称毛利率,是企业的销售毛利与销售收入的比率。它能够排除管理费用、财务费用和销售费用对主营业务利润的影响,直接反映销售收入与支出的关系。其计算公式为:

$$销售毛利率 = \frac{销售毛利}{销售收入} \times 100\%$$

销售毛利是企业销售收入与销售成本的差额。销售毛利率反映了企业的销售成本与销售收入净额的比例关系,毛利率越大,说明在销售收入净额中销售成本所占比重越小,企业通过销售获取利润的能力越强。

根据表3-2资料,可计算M公司2018年的销售毛利率如下:

$$销售毛利率 = \frac{6\,807 - 5\,254}{6\,807} \times 100\% \approx 22.81\%$$

从计算可知,M公司2018年产品的销售毛利率为22.81%,说明每100元的销售收入可以为公司提供22.81元的毛利。毛利是净利润的基础,没有较高的毛利率,就不可能使销售净利润提高。一个企业能否实现利润,首先要看其销售毛利的实际情况。销售毛利率越大,说明销售收入中销售制造成本所占的比重越小,毛利额越大,盈利水平越高。

2. 销售净利率

销售净利率是指企业实现的净利润与销售收入之间的比率。其计算公式为：

$$销售净利率 = \frac{净利润}{销售收入} \times 100\%$$

该比率表示每1元销售收入可实现的净利润是多少。销售净利率是反映企业获利能力的最终指标，该指标越高，说明企业通过扩大销售获取收益的能力越强。

根据表3-2资料，可计算M公司2018年的销售净利率如下：

$$销售净利率 = \frac{413}{6\ 807} \times 100\% \approx 6.07\%$$

从计算结果可知，M公司的销售净利率为6.07%，说明每100元的销售收入可为公司提供约6元的净利润。评价企业的销售净利率时，应比较企业历年的指标，从而判断企业销售净利率的变化趋势。但是，销售净利率受行业特点影响较大，因此，还应该结合不同行业的具体情况进行分析。

3. 成本费用净利率

成本费用净利率是企业净利润与成本费用总额的比率，它反映了企业生产经营过程中发生的耗费与获得的收益之间的关系。其计算公式为：

$$成本费用净利率 = \frac{净利润}{成本费用总额} \times 100\%$$

其中：成本费用总额 = 营业成本 + 税金及附加 + 期间费用（管理费用、销售费用、研发费用和财务费用）+ 所得税

根据表3-2的有关数据，M公司2018年的成本费用总额为6 448万元，则M公司成本费用净利率为：

$$成本费用净利率 = \frac{413}{6\ 448} \times 100\% \approx 6.41\%$$

M公司的成本费用净利率为6.41%，说明该公司每耗费100元成本费用，可以获取6.41元的净利润。这一比率越高，说明企业为获取收益而付出的代价越小，企业的获利能力越强。因此，通过这个比率不仅可以评价企业获利能力的高低，也可以评价企业对成本费用的控制能力和经营管理水平。对于企业的管理者来讲，成本费用净利率是非常有益的指标，它可以告诉管理者生产经营在哪些方面存在问题，哪些环节需要改进。

4. 总资产收益率与总资产净利率

总资产收益率也称总资产报酬率，是企业息税前利润与企业总资产平均额的比率。由于资产总额等于债权人权益和所有者权益的总额，所以该比率既可以衡量企业资产综合利用的效果，又可以反映企业利用债权人及所有者提供资本的盈利能力和增值能力。其计算公式为：

$$总资产收益率 = \frac{息税前利润}{总资产平均额} \times 100\%$$

$$总资产平均额 = \frac{（期初资产总额 + 期末资产总额）}{2}$$

式中的息税前利润通常指企业支付利息和所得税之前的利润,可以用利润表中的利润总额加上财务费用中的利息费用进行计算。

据表 3-1、表 3-2 资料,M 公司 2018 年净利润为 413 万元,所得税 94 万元,财务费用 32 万元,年末资产总额 6 090 万元,年初资产总额 5 955 万元,则 M 公司 2018 年总资产收益率计算如下:

$$总资产收益率 = \frac{(413+94+32)}{(5\ 955+6\ 090) \div 2} \times 100\% \approx 8.95\%$$

计算结果表明,2018 年 M 公司每百元资产占用额可以产生 8.95 元的息税前利润。

总资产净利率是指企业一定时期实现的净利润占资产平均占用额的百分比。其计算公式为:

$$总资产净利率 = \frac{净利润}{总资产平均额} \times 100\%$$

式中的净利润通常指利润表中的净利润,资产平均占用额一般用期初资产总额与期末资产总额的平均值来表示。

总资产净利率可以分解为资产周转率与销售净利率的乘积。其计算公式为:

$$总资产净利率 = 销售净利率 \times 总资产周转率$$

由此可见,总资产净利率主要取决于总资产周转率与销售净利率这两个因素。企业的销售净利率越大,资产周转速度越快,则资产净利率越高。因此,提高资产净利率可以从两个方面入手,一方面加强资产管理,提高资产利用率;另一方面加强销售管理,增加销售收入,节约成本费用,提高利润水平。

根据表 3-1 和表 3-2 的有关数据,M 公司 2018 年的总资产净利率为:

$$总资产净利率 = \frac{413}{(5\ 955+6\ 090) \div 2} \times 100\% \approx 6.86\%$$

计算结果表明,2018 年 M 公司每百元资产占用额可以产生 6.86 元的净利润。

总资产净利率主要用来衡量企业利用资产获取净利润的能力,它反映了企业总资产的利用效率。该指标越高,表明资产利用效率越高,说明企业在增加收入、节约资金使用等方面取得了良好的效果;该指标越低,说明企业资产利用效率低,应分析差异原因,提高销售利润率,加速资金周转,提高企业经营管理水平。

在日益激烈的市场竞争环境下,资本通过市场竞争会流向利润率较高的行业,这样会使各行业的资产净利率趋于平均化。但这并不否定个别企业因其先进的技术、良好的商业信誉而获得高于同行业平均水平的资产净利率。在分析企业的资产净利率时,通常要与该企业前期、与同行业平均水平和先进水平进行比较,这样才能科学判断企业资产利用效率,及时发现企业经营管理中存在的问题,调整企业的经营方针,加强经营管理,挖掘潜力,增收节支,提高资产的利用效率。

5. 净资产收益率

净资产收益率又叫股东权益报酬率,是净利润与净资产(或股东权益)平均总额的比率。它是反映股东权益资金投资收益水平的指标。其计算公式为:

$$净资产收益率 = \frac{净利润}{净资产平均总额} \times 100\%$$

$$净资产平均总额=\frac{(期初净资产总额+期末净资产总额)}{2}$$

据表 3-1、表 3-2 资料，M 公司 2018 年净利润为 413 万元，2018 年初股东权益为 2 516 万元，年末股东权益为 2 739 万元，则 M 公司净资产收益率为：

$$净资产收益率=\frac{413}{(2\ 516+2\ 739)\div 2}\times 100\%\approx 15.72\%$$

该指标是企业盈利能力指标的核心，也是杜邦财务指标体系的核心，更是投资者关注的重点。该指标通用性强，适应范围广，不受行业局限，在国际上的企业综合评价中使用率非常高。通过对该指标的综合对比分析，可以看出企业获利能力在同行业中所处的地位，以及与同类企业的差异水平。一般认为，净资产收益率越高，企业股东权益资本获取收益的能力越强，运营效益越好，对企业投资人和债权人权益的保证程度越高。

净资产收益率可以进行如下分解：

$$净资产收益率=总资产净利率\times 平均权益乘数$$

由上式可知，净资产收益率取决于企业的总资产净利率和权益乘数两个因素。因此，提高净资产收益率可以有两种途径：一是在财务杠杆不变的情况下，通过增收节支，提高资产利用效率来提高总资产净利率，从而提高净资产收益率；二是可以通过增大权益乘数，即提高财务杠杆，来提高净资产收益率。但两种途径带来的财务风险不同。

6. 每股收益

每股收益也称每股利润或每股盈余，是指企业净利润与发行在外普通股股数之间的比率，它是反映上市公司盈利能力的一项重要指标。每股收益的计算公式为：

$$每股收益=\frac{净利润-优先股股利}{发行在外的普通股平均股数}$$

发行在外的普通股平均股数可按股份公司实际发行在外的普通股股数及其实际发行在外的时间（月数或天数）加权平均计算。

$$\begin{aligned}发行在外的\\普通股平均股数\end{aligned}=\begin{aligned}期初发行在外的\\普通股股数\end{aligned}+\left(\begin{aligned}当期新发行\\普通股股数\end{aligned}\times\frac{已发行时间}{报告期时间}\right)-\left(\begin{aligned}当期回购\\普通股股数\end{aligned}\times\frac{已回购时间}{报告期时间}\right)$$

每股收益反映股份制企业普通股股东持有每一股普通股所能享有的企业利润或需要承担的企业亏损额，是衡量股份制企业盈利能力时最常用的财务分析指标。每股收益越高，一般说明股东能够分享的收益越多。

根据表 3-2 的资料，假定 M 公司发行在外的普通股平均股数为 1 032.5 万股，并且没有优先股，公司 2018 年实现净利润 413 万元，则 2018 年的普通股每股收益为：

$$每股收益=\frac{413}{1\ 032.5}=0.40(元/股)$$

虽然每股收益可以很直观地反映股份公司的获利能力以及股东的报酬，但是，它是一个绝对指标，在分析每股收益时，还应结合流通在外的股数。如果某一股份公司采用股本扩张的政策，大量配股或以股票股利的形式分配股利，这样必然摊薄每股利润，使每股利润减少。同时，分析者还应注意到每股股价的高低，如两个公司的每股收益都是 1.5 元，但是一个公司股价为 25 元，而另一公司的股价为 16 元，则投资于两个公司的风险和报酬很显然是不同的。因此，投资者不能只片面地分析每股收益，最好结合股东权益报酬率来分析公司的获利能力。每股收益这一财务指标在不同行业、不同规模的上市公司之间具有相当大的可比性，因而在各上市公司之间的业绩比较中被广泛地加以引用。

7. 每股股利

每股股利是股份公司每年发放的普通股现金股利总额与其年末发行在外的普通股股数之比，它反映了普通股获得的现金股利的多少。其计算公式为：

$$每股股利 = \frac{普通股现金股利}{年末发行在外的普通股股数}$$

由于股利通常只派发给年末的股东，因此计算每股股利时分母采用年末发行的普通股股数，而不是全年发行在外的平均股数。

假设 M 公司根据 2018 年的收益情况，准备发放的现金股利总额为 123.9 万元，2018 年年末发行在外的普通股股数为 1 032.5 万股。则公司 2018 年的每股股利为：

$$每股股利 = \frac{123.9}{1\ 032.5} = 0.12(元/股)$$

每股股利反映的是上市公司每一普通股获取股利的大小。每股股利越大，则企业股本获利能力就越强；每股股利越小，则企业股本获利能力就越弱。但须注意，上市公司每股股利发放多少，除了受上市公司获利能力大小影响以外，还取决于公司的股利政策和现金是否充裕。如果企业为了增强企业发展后劲儿增加企业的公积金，则当前的每股股利必然会减少；反之，则当前的每股股利会增加。倾向于分配现金股利的投资者，应当比较分析历年的每股股利，从而了解公司的股利政策。

8. 股利支付率

股利支付率也称股利发放率，是普通股每股股利占每股收益的百分比。它表明股份公司的净收益中有多少用于股利的分派。其计算分式为：

$$股利支付率 = \frac{每股股利}{每股收益} \times 100\%$$

根据前述 M 公司 2018 年度每股收益和每股股利的资料，则该公司的股利支付率为：

$$股利支付率 = \frac{0.12}{0.40} \times 100\% = 30\%$$

M 公司的股利发放率为 30%，说明 M 公司将每股收益的 30% 用于支付普通股股利。股利支付率主要取决于公司的股利政策，没有一个具体的标准来判断股利发放率是大好还是小好。一般而言，如果一家公司的现金比较充裕，并且目前没有更好的投资项目，则可能会倾向于发放现金股利，股利支付率往往较高；反之，如果公司有较好的投资项目，或现金比较紧缺，则可能会少发现金股利，而将资金用于投资，股利支付率通常较低。

9. 市盈率

市盈率也称价格盈余比率或价格与收益比率，是指普通股每股市价与每股收益的比率。其计算公式为：

$$市盈率=\frac{每股市价}{每股收益}$$

市盈率是反映股份公司盈利能力的一个重要财务比率，投资者对这个比率十分重视，是投资者作出投资决策的重要参考因素之一。一般来说，市盈率高，说明投资者对该公司的发展前景看好，愿意出较高的价格购买该公司的股票，所以一些成长性较好的高科技公司股票的市盈率通常要高一些。但是，也应注意，如果某一种股票的市盈率过高，则也意味着这种股票具有较高的投资风险。

假定 M 公司 2018 年年末股票的价格为每股 8 元，则其市盈率为：

$$市盈率=8÷0.4=20$$

 知识链接

影响企业股票市盈率的因素有：第一，上市公司盈利能力的成长性。如果上市公司预期盈利能力不断提高，说明企业具有较好的成长性，虽然目前市盈率较高，也值得投资者进行投资。第二，投资者所获取报酬率的稳定性。如果上市公司经营效益良好且相对稳定，则投资者获取的收益也较高且稳定，投资者就愿意持有该企业的股票，则该企业的股票市盈率会由于众多投资者的普遍看好而相应提高。第三，市盈率也受到利率水平变动的影响。当市场利率水平变化时，市盈率也应作相应的调整。在股票市场的实务操作中，利率与市盈率之间的关系常用如下公式表示：市场平均市盈率＝1/市场利率。所以，上市公司的市盈率一直是广大股票投资者进行中长期投资的重要决策指标。

10. 每股净资产

每股净资产也称每股账面价值，是年末股东权益总额除以年末发行在外的普通股股数。其计算公式为：

$$每股净资产=\frac{年末股东权益}{年末普通股股数}$$

根据表 3-1 的有关数据，M 公司 2018 年年末股东权益为 2 739 万元，全部为普通股，年末普通股股数为 1 032.5 万股。则每股净资产计算如下：

$$每股净资产=\frac{2\ 739}{1\ 032.5}≈2.65(元)$$

每股净资产显示了发行在外的每一普通股股份所能分配的企业账面净资产的价值。这里所说的账面净资产是指企业账面上的总资产减去负债后的余额，即股东权益总额。每股净资产指标反映了在会计期末每一股份在企业账面上到底值多少钱，它与股票面值、发行价值、市场价值乃至清算价值等往往有较大差距。

利用该指标进行横向和纵向对比，可以衡量上市公司股票的投资价值。如在企业性质相同、股票市价相近的条件下，某一企业股票的每股净资产越高，则企业发展潜力与其股票的投资价值越大，投资者所承担的投资风险越小。但是也不能一概而论，在市场投机气氛较浓的情况下，每股净资产指标往往不太受重视。投资者，特别是短线投资者注重股票市价的变动，有的企业的股票市价低于其账面价值，投资者会认为这个企业没有前景，从而失去对该企业股票的兴趣；如果市价高于其账面价值，而且差距较大，投资者会认为企业前景良好，有潜力，因而甘愿承担较大的风险购进该企业股票。

3.2.4 发展能力分析

企业的发展过程必然通过不同时期的财务状况体现出来，因此可以通过财务状况来分析企业的发展能力。具体来说，可将企业发展能力分为企业营业发展能力和企业财务发展能力两个方面。

1. 企业营业发展能力分析

营业发展能力是企业在正常经营活动中所具有的发展能力，评价企业正常经营活动的成长性。分析企业的发展能力首先要分析企业的销售增长能力。任何一家企业要实现价值的增长必须要拥有一定的资源。这些资源是企业开展经营活动的基础，也是企业取得收入和偿还债务的基础。此外，企业的发展也会体现在拥有资源的总量不断增长。分析营业发展能力主要考察销售收入增长率、销售收入三年平均增长率、总资产增长率和固定资产成新率等指标。

（1）销售收入增长率。

销售收入增长率是指企业本年销售收入增长额同上年销售收入总额的比率，是评价企业发展状况和发展能力的重要指标。其计算公式为：

$$销售收入增长率 = \frac{本年销售收入增长额}{上年销售收入总额} \times 100\%$$

式中，本年销售收入增长额＝本年销售收入总额－上年销售收入总额

一般来说，该指标若大于零，则指标越高，说明增长速度越快，市场前景越好；指标若小于零，说明企业产品不适销对路、质次价高，或售后服务存在问题，市场份额萎缩。

使用销售增长指标应注意以下几点。

第一，该指标是衡量企业经营状况和市场占有能力、预测企业经营业务拓展趋势的重要指标，也是衡量企业增长增量和存量资本的重要前提。不断增加的销售收入，是企业生存的基础和发展的条件。第二，该指标大于零表示企业本年的销售收入有所增长，指标值越高，表明增长速度越快。第三，在实际分析时应结合企业历年的销售水平、企业市场占有情况、行业未来发展及其他影响企业发展的潜在因素进行潜在性预测；或结合企业前三年的销售收入增长率作出趋势性分析判断。第四，分析中可以其他类似企业、企业历史水平及行业平均水平作为比较标准。

根据表3-2有关数据，M公司2018年度的销售增长率为：

$$(6\,807 - 9\,311) \div 9\,311 \times 100\% \approx -26.90\%$$

（2）销售收入三年平均增长率。

销售收入三年平均增长率表明企业销售收入连续三年的增长情况，体现企业持续发展态势和市场扩张能力。其计算公式为：

$$销售收入三年平均增长率 = \left(\sqrt[3]{\frac{本年销售收入总额}{三年前销售收入总额}} - 1\right) \times 100\%$$

式中，三年前销售收入总额指企业三年前的销售收入总额数，比如在评价企业2015年的绩效状况时，三年前销售收入总额是指2012年的销售收入总额。

销售收入是企业积累和发展的基础，该指标越高，表明企业积累的基础越牢，可持续发展能力越强，发展的潜力越大。利用销售收入三年平均增长率指标，能够反映企业的经营业务增长趋势和稳定程度，体现企业的连续发展状况和发展能力，避免因少数年份业务波动而对企业发展潜力的错误判断。一般认为，该指标越高，表明企业经营业务持续增长势头越好，市场扩张能力越强。

(3) 总资产增长率。

资产的增长是企业发展的一个重要方面，也是实现企业价值增长的重要手段。对资产增长情况进行分析的方法可以分为对增长量分析和增长率分析两种，较为常用的是计算总资产增长率。

总资产增长率是指本年总资产增长额同年初资产总额的比率，该指标是从企业资产总量扩张方面衡量企业的发展能力，表明企业规模增长水平对企业发展后劲的影响。其计算公式为：

$$总资产增长率 = \frac{本年总资产增长额}{年初资产总额} \times 100\%$$

式中，本年总资产增长额＝资产总额年末数－资产总额年初数

该指标越高，表明企业一定时期内资产经营规模扩张的速度越快。但在实际分析时，应考虑资产规模扩张的质和量的关系，以及企业的后续发展能力，避免资产盲目扩张。

根据表 3-1 有关数据，M 公司 2018 年度的总资产增长率为：

$$(6\,090 - 5\,955) \div 5\,955 \times 100\% \approx 2.27\%$$

不过对资产增长率进行企业间比较要注意企业间的可比性问题：第一，不同企业的资产使用效率不同，为保持净收益的同幅度增长，资产使用效率低的企业需要更大幅度的资产增长。第二，不同企业采取的发展策略会体现在资产增长率的不同。

另外，资产增长率作为反映企业发展能力的一个重要指标，还存在一个缺陷，即计算指标时所使用的变量的数值为账面价值。从而产生两个问题：一是受历史成本原则的影响，资产总额反映的只是资产的取得成本而非现时价值；二是由于一些重要资产无法体现在资产总额中（如人力资产、某些非专利技术），使得该指标无法反映企业真正的资产增长情况。

(4) 固定资产成新率。

固定资产成新率是企业当期平均固定资产净值同平均固定资产原值的比率。该指标反映所拥有的固定资产的新旧程度，体现了企业固定资产更新的快慢和持续发展的能力。其计算公式为：

$$固定资产成新率 = \frac{平均固定资产净值}{平均固定资产原值} \times 100\%$$

使用该指标应注意以下问题：一是应剔除企业应提未提折旧对固定资产真实情况的影响；二是进行企业间比较时，注意不同折旧方法对指标的影响；三是该指标受周期影响大，评价时应注意企业所处周期阶段这一因素。

2. 企业财务发展能力分析

分析企业财务发展能力主要考察资本积累率、资本三年平均增长率和资本保值增值率等指标。

(1) 资本积累率。

资本积累率是指企业本年所有者权益增长额与年初所有者权益的比率。该指标展示了企业的发展潜力，是评价企业发展潜力的重要指标。其计算公式为：

$$资本积累率 = \frac{本年所有者权益增长额}{年初所有者权益总额} \times 100\%$$

式中，本年所有者权益增长额＝所有者权益年末数－所有者权益年初数

资本积累率是企业当年所有者权益总的增长率，反映了企业所有者权益在当年的变动水平，体现了企业资本的积累情况，是企业发展强盛的标志，也是企业扩大再生产的源泉，展示了企业的发展潜力。资本积累率还反映了投资者投入企业资本的保全性和增长性。该指标若大于零，则指标值越高，表明企业的资本积累越多，应对风险、持续发展的能力越大；该指标若为负值，表明企业资本受到侵蚀，所有者利益受到损害，应予以充分重视。

根据表3-1有关数据，M公司2018年度的资本积累率为：

$$(2\,739 - 2\,516) \div 2\,516 \times 100\% \approx 8.86\%$$

资本积累率反映了投资者投入企业资本的保全性和增长性，该指标越高，表明企业资本积累越多，企业资本保全性越强，应对风险、持续发展的能力越大。

(2) 资本三年平均增长率。

资本三年平均增长率表示企业资本连续三年的积累情况，在一定程度上体现了企业的持续发展水平和发展趋势。其计算公式为：

$$资本三年平均增长率 = \left(\sqrt[3]{\frac{年末所有者权益总额}{三年前年末所有者权益总额}} - 1\right) \times 100\%$$

式中，三年前年末所有者权益总额指企业三年前的所有者权益年末数，比如在评价2015年企业绩效状况时，三年前所有者权益年末数是指2012年年末数。

由于一般增长率指标在分析时具有"滞后"性，仅反映当期情况，而利用该指标，能够反映企业资本积累或资本扩张的历史发展状况，以及企业稳步发展的趋势。一般认为，该指标越高，表明企业所有者权益得到保障程度越大，企业可以长期使用的资金越充足，抗风险和持续发展的能力越强。

利用该指标分析时应注意所有者权益各类别的增长情况。实收资本的增长一般源于外部资金的进入，表明企业具备了进一步发展的基础，但并不表明企业过去具有很强的发展和积累能力；留存收益的增长反映企业通过自身经营积累了发展后备资金，既反映企业在过去经营中的发展能力，也反映了企业进一步发展的后劲儿。

(3) 资本保值增值率。

资本保值增值率是企业扣除客观因素后的本年末所有者权益总额与年初所有者权益总额的比率，反映企业当年资本在企业自身努力下的实际增减变动情况。其计算公式为：

$$资本保值增值率 = \frac{扣除客观因素后年末所有者权益总额}{年初所有者权益总额} \times 100\%$$

一般认为，资本保值增值率越高，表明企业的资本保全状况越好，所有者权益增长越快，债权人的债务越有保障。该指标通常应当大于100%。

根据表3-1有关数据，同时假定不存在客观因素，M公司2018年度的资本保值增值率为：

$$2\,739 \div 2\,516 \times 100\% = 108.86\%$$

企业发展能力分析是企业财务分析的一个重要方面。在与财务分析其他内容的关系

上，企业发展能力分析既是相对独立的一项内容，又与其他分析密切相关，在分析过程中要结合进行。

> **？小思考**
>
> 1. 反映企业偿债能力的指标有哪些？如何进行计算？
> 2. 反映企业营运能力的指标有哪些？如何进行计算？
> 3. 反映企业盈利能力的指标有哪些？如何进行计算？
> 4. 党的二十大报告中指出，要坚持以推动高质量发展为主题，把实施扩大内需战略同深化供给侧结构性改革有机结合起来。供给侧结构性改革的主要内容有"去产能、去库存、去杠杆、降成本、补短板"，如何从财务指标视角理解"三去一降一补"政策？

3.3 财务综合分析

3.3.1 财务综合分析概述

1. 财务综合分析的概念

我们已经介绍了企业偿债能力、营运能力和盈利能力以及现金流量等各种财务分析指标，但单独分析任何一项财务指标，都不足以全面评价企业的财务状况和经营成果。党的二十大报告指出，必须坚持系统观念。万事万物是相互联系、相互依存的。只有用普遍联系的、全面系统的、发展变化的观点观察事物，才能把握事物发展规律。因此，只有对各种财务指标进行系统的、综合的分析，才能对企业财务状况做出全面、合理的评价。所谓财务综合分析就是将企业营运能力、偿债能力和盈利能力等方面的分析纳入一个有机的分析系统之中，全面地对企业财务状况、经营状况进行解剖和分析，从而对企业经济效益做出较为准确的评价与判断。

2. 财务综合分析的特点

一个健全有效的财务综合指标体系必须具有以下特点。

（1）评价指标要全面。

设置的评价指标要尽可能涵盖偿债能力、营运能力和盈利能力等各方面的考核要求。

（2）主辅指标功能要匹配。

在分析中要做到：①要明确企业分析指标的主辅地位；②要能从不同侧面、不同层次反映企业财务状况，揭示企业经营业绩。

（3）满足各方面经济需求。

设置的指标评价体系既要能满足企业内部管理者决策的需要，也要能满足外部投资者和政府管理机构决策及实施宏观调控的要求。

3.3.2 财务综合分析的方法

1. 沃尔评分法

沃尔评分法又叫综合评分法，它通过对选定的多项财务比率进行评分，然后计算综合得分,并据此评价企业综合的财务状况。由于创造这种方法的先驱者之一是亚历山大·沃尔,因此被称作沃尔评分法。亚历山大·沃尔在 20 世纪初出版的《信用晴雨表研究》和《财务报表比率分析》中提出了信用能力指数的概念,以此来评价企业的信用水平。他选择 7 个财务比率即流动比率、产权比率、固定资产比率、存货周转率、应收账款周转率、固定资产周转率和自有资本周转率,根据其重要程度分别给定了它们在总体评价中占的比重,总和为 100 分,然后确定标准比率,并与实际比率相比较,确定各项指标的得分及总体指标的累积分数,从而对企业的总体水平做出评价。沃尔评分法相关财务比率及其权重和评分见表 3-5。

表 3-5　M 公司沃尔评分法综合评价表

财务比率	权重 (1)	标准值 (2)	实际值 (3)	相对值 (4)=(3)/(2)	评分 (5)=(1)×(4)
流动比率	25	2.0	2.33	1.17	29.13
产权比率	25	1.5	0.88	0.59	14.67
固定资产比率	15	2.5	3.33	1.33	19.98
存货周转率	10	8	12	1.50	15.00
应收账款周转率	10	6	10	1.67	16.67
固定资产周转率	10	4	2.66	0.67	6.65
自有资本周转率	5	3	1.63	0.54	2.72
合计	100				104.82

采用沃尔评分法对企业财务状况进行综合分析,一般要遵循如下程序。

(1) 选定评价企业财务状况的比率指标。在每一类指标中,通常应选择有代表性、能说明问题的重要指标,如偿债能力、营运能力和盈利能力三类比率指标。选择指标时,尽量选择正指标,不要选择逆指标。

(2) 根据各项比率的重要程度,确立其重要性系数,各项比率指标的重要性系数之和应等于 1 或 100%。对其重要性程度的判断,可根据企业的经营状况、管理要求、发展趋势及分析的目的等具体情况来确定。

(3) 确定各项财务比率的标准值和实际值。财务比率标准值是指特定的国家、特定的行业、特定的时期的财务比率指标体系及其标准值,可以用来作为标准财务比率的通常是行业平均水平的比率。它是根据同一行业中部分有代表性的企业的财务与经营资料,经过综合成为整体后,再据以求得的各项比率,如流动比率标准值,它可以作为评价企业财务比率优劣的参照物。

(4) 计算相对比率。相对比率即各项指标实际值与标准值的比率,有时也称为关系比率或单项指数。其计算公式为:

$$相对比率 = 实际值/标准值$$

需要注意的是评价指标体系中一般为正指标(如总资产利润率、存货周转率),但是,如果评价指标为资产负债率、流动比率等,既不是正指标,也不是逆指标,而是适度指标，即具有标准值。

（5）根据企业财务报表，分别计算所选定指标的实际值，再计算所选定指标的加权平均分数。其计算公式为：

$$综合实际分 = \sum (重要性系数 \times 相对比率)$$

一般来说，综合系数合计数如为 1(100%) 或接近 1(100%)，则表明该企业财务状况基本符合要求，若过低，则表明企业财务活动与结果不佳。

首先，选定若干财务比率，按其重要程度给定一个分值，即重要性权数，其总和为 100；其次，计算出各指标的实际值，并与所确定的标准值进行比较，计算一个相对比率；再次，将各项指标的相对比率与其重要性权数相乘，得出各项比率指标的指数；最后，将各项比率指标的指数相加，最后得出企业的综合指数，即可以判明企业财务状况的优劣。综合评分越高越好，如果综合评分达到 100，说明企业总体财务水平达到标准要求。

根据表 3-5，M 公司综合得分为 104.82，超过了 100 分，说明该企业的财务状况是优良的。

2. 杜邦分析法

杜邦财务分析法（简称杜邦分析法）是利用各财务指标间的内在关系，对企业综合经营理财及经济效益进行系统分析评价的方法。因其最初由美国杜邦公司创立并成功运用而得名。该体系以净资产收益率（股东权益报酬率）为核心，将其分解为若干财务指标，通过分析各分解指标的变动对净资产收益率的影响来揭示企业获利能力及其变动原因。

杜邦体系各主要指标之间的关系如下：

股东权益报酬率＝资产净利率×权益乘数＝销售净利率×总资产周转率×权益乘数

这一等式被称为杜邦等式。其中：

$$销售净利率 = \frac{净利润}{销售收入}$$

$$总资产周转率 = \frac{销售收入}{平均资产总额}$$

$$权益乘数 = \frac{资产总额}{股东权益总额} = \frac{1}{1-资产负债率}$$

利用前面介绍的财务比率综合评分法，虽然可以比较全面地分析企业的综合财务状况，但是不能反映企业各方面财务状况之间的关系，也无法揭示企业各种财务比率之间的相互关系。实际上，企业的财务状况是一个完整的系统，内部各种因素都是相互依存、相互作用的，任何一个因素的变动都会引起企业整体财务状况的改变，必须深入了解企业财务状况内部的各项因素及其相互之间的关系，这样才能比较全面地揭示企业财务状况的全貌。杜邦分析法正是这样的一种分析方法，一般用杜邦系统图来表示。图 3.1 是 M 公司 201×年杜邦分析系统图。

需要说明的是，由于股东权益报酬率、资产净利率、销售净利率和总资产周转率都是时期指标，而权益乘数和资产负债率是时点指标，为了使这些指标具有可比性，图 3.1 中的权益乘数和资产负债率均采用 201×年度期初和期末的平均值。

上述指标之间的关系如下。

（1）股东权益报酬率是一个综合性最强的财务比率，是杜邦体系的核心。其他各项指

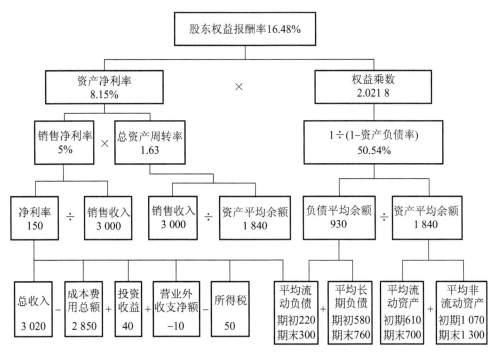

图 3.1 M 公司 201×年杜邦分析系统图

标都是围绕这一核心,通过研究彼此间的依存制约关系,揭示企业的获利能力及其前因后果。财务管理的目标是使股东财富最大化,股东权益报酬率反映股东投入资金的获利能力,反映企业筹资、投资、资产运营等活动的效率,提高股东权益报酬率是实现财务管理目标的基本保证。该指标的高低取决于销售净利率、总资产周转率与权益乘数。

(2) 销售净利率反映了企业净利润与销售收入的关系。提高销售净利率是提高企业盈利的关键,主要有两个途径:一是扩大销售收入,二是降低成本费用。

(3) 总资产周转率揭示企业资产总额实现销售收入的综合能力。企业应当联系销售收入分析企业资产的使用是否合理,资产总额中流动资产和非流动资产的结构安排是否适当。此外,还必须对资产的内部结构以及影响资产周转率的各具体因素进行分析。

(4) 权益乘数反映了股东权益与总资产的关系。权益乘数越大,说明企业负债程度较高,能给企业带来较大的财务杠杆利益,但同时也带来了较大的偿债风险。因此,企业既要合理使用全部资产,又要妥善安排资本结构。

通过杜邦体系自上而下地分析,不仅可以揭示出企业各项财务指标间的结构关系,查明各项主要指标变动的影响因素,而且为决策者优化经营理财状况,提高企业经营效益提供了思路。

杜邦分析方法的指标设计也具有一定的局限性,它更偏重于企业股东的利益。从杜邦指标体系来看,在其他因素不变的情况下,资产负债率越高,净资产收益率就越高。这是因为利用较多负债,从而利用财务杠杆作用的结果,但是没有考虑财务风险的因素,负债越多,财务风险越大,偿债压力越大。因此,还要结合其他指标进行综合分析。

总之,从杜邦分析系统可以看出,企业的获利能力涉及生产经营活动的方方面面。股东权益报酬率与企业的筹资结构、销售规模、成本水平、资产管理等因素密切相关,这些因素构成一个完整的系统，系统内部各因素之间相互作用。只有协调好系统内部各个因素之间的关系，才能使股东权益报酬率得到提高，从而实现股东财富最大化的理财目标。

 知识链接

做企业必须苦干加巧干

不断提高净资产收益率是企业的理财目标。由于净资产收益率＝销售净利率×资产周转率×权益系数，所以提高净资产收益率的途径有三个，一是降低成本费用以提高销售净利率，二是加快资产周转速度，三是提高权益系数，即提高负债率。前两个途径可以理解为传统的经营管理上的功夫，简称"苦干"，第三个途径则可以理解为合理的现代理财观念，简称"巧干"。两个企业即使前两个"苦干"的综合作用相同，只要有关"巧干"的因素即对负债的利用程度不一样，也会导致净资产收益率的很大差异。通过大量的例子说明了负债对放大股东财富的作用，并强调用负债放大股东财富的前提是对销售净利率与资产周转率有较强的驾控能力。所以负债对于企业管理者来说，应该真正做到"该出手时就出手"，否则只会放大风险。

 小思考

选择一家上市公司，根据该公司上年度财务报告及相关资料，试对公司的财务状况分析并进行评价。

 本章小结

财务分析是评价财务状况及经营业绩的重要依据，是实现理财目标的重要手段，也是实施正确投资决策的重要步骤。本章主要讲述了财务分析的基本理论和方法，包括偿债能力分析、营运能力分析、盈利能力分析和综合财务分析等有关内容。

（1）财务分析是以企业财务报告等会计资料为基础，对企业的财务状况和经营成果进行分析和评价的一种方法。主要目的是评价企业的偿债能力、营运能力、盈利能力和发展趋势。

（2）企业偿债能力分析主要包括短期偿债能力分析和长期偿债能力分析。反映短期偿债能力的财务比率指标有流动比率、速动比率、现金比率、现金流动负债比率；反映企业长期偿债能力的财务比率指标主要有资产负债率、股东权益比率、权益乘数、产权比率、已获利息倍数。

（3）企业营运能力反映了企业资金周转状况，通过对营运能力进行分析，可以了解企业的营运状况和经营管理水平。反映企业营运能力的财务比率指标主要有存货周转率、应收账款周转率、流动资产周转率、固定资产周转率和总资产周转率。

（4）企业盈利能力是企业获取利润的能力。反映企业盈利能力的财务比率指标有总资产收益率、资产净利率、净资产收益率、销售毛利率、销售净利率、成本费用净利率、每股收益、每股股利、股利发放率、每股净资产、市盈率等。

（5）发展能力是企业在生存的基础上，扩大规模、增强实力的潜在能力。反映企业发展能力的指标有销售收入增长率、总资产增长率、资本积累率、资本保值增值率、销售收入三年平均增长率和资本三年平均增长率等指标。

（6）通过企业财务状况的综合分析可以全面分析和评价企业各方面的财务状况和经营能力。财务状况综合分析的方法主要有财务比率综合评分法和杜邦分析法。

基本概念

财务分析　偿债能力　营运能力　盈利能力　流动比率　速动比率　资产负债率　权益乘数　利息保障倍数　存货周转率　应收账款周转率　总资产周转率　总资产收益率　净资产收益率　销售净利率　每股收益　市盈率　杜邦分析法

练习题

一、单项选择题

1. （　　）主要应用于寻找问题的成因，寻找财务管理中出现问题的根源。
   A. 因素分析法　　　　　　　　B. 比较分析法
   C. 趋势分析法　　　　　　　　D. 结构分析法

2. 在财务报表分析中，投资人是指（　　）。
   A. 社会公众　　　　　　　　　B. 金融机构
   C. 优先股东　　　　　　　　　D. 普通股东

3. 流动比率小于1时，赊购原材料若干，将会（　　）。
   A. 增大流动比率　　　　　　　B. 降低流动比率
   C. 降低营运资金　　　　　　　D. 增大营运资金

4. 以下（　　）指标是评价上市公司盈利能力的基本核心指标。
   A. 每股收益　　　　　　　　　B. 净资产收益率
   C. 每股市价　　　　　　　　　D. 每股净资产

5. 如果企业速动比率很小，下列结论成立的是（　　）。
   A. 企业流动资产占用过多　　　B. 企业短期偿债能力很强
   C. 企业短期偿债风险很大　　　D. 企业资产流动性很强

6. 在财务分析中，最关心企业资本保值增值状况和盈利能力的利益主体是（　　）。
   A. 股东　　　　　　　　　　　B. 企业经营者
   C. 企业债权人　　　　　　　　D. 政府经济管理机构

7. 企业发展的核心是（　　）的增长。
   A. 企业营业收入　　　　　　　B. 企业价值
   C. 企业资产　　　　　　　　　D. 企业资本

8. 某企业年末决定发放股利总额为600万元，优先股股数为1 000万股，普通股股数为4 000万股，则每股股利是（　　）。

A. 0.6元　　　B. 0.15元　　　C. 0.12元　　　D. 0.2元

9. 反映企业发展能力的指标是（　　）。

A. 总资产周转率　　　　　　　　B. 总资产报酬率

C. 资本积累率　　　　　　　　　D. 净资产收益率

10. 某公司2012—2015年各年的销售收入如下，则该公司三年销售收入增长率为（　　）。

年度	2012年	2013年	2014年	2015年
销售收入/万元	1 500	1 500	2 000	2 500

A. 25%　　　　B. 100%　　　　C. 33%　　　　D. 18.6%

二、多项选择题

1. 通过财务分析，可以了解企业的（　　）。

A. 盈利能力　　　　　　　　　　B. 偿债能力

C. 发展能力　　　　　　　　　　D. 营运能力

2. 财务分析的基本方法有（　　）。

A. 比较分析法　　　　　　　　　B. 比率分析法

C. 趋势分析法　　　　　　　　　D. 因素分析法

3. 速动资产是流动资产中扣除（　　）后的数额。

A. 交易性金融资产　　　　　　　B. 存货

C. 待摊费用　　　　　　　　　　D. 应收账款

4. 评价企业短期偿债能力的指标有（　　）。

A. 流动比率　　　　　　　　　　B. 速动比率

C. 资产负债率　　　　　　　　　D. 已获利息保障倍数

5. 在分析总资产周转率指标时，为真正了解企业资产周转快慢的原因，应结合（　　）分析。

A. 固定资产周转率　　　　　　　B. 存货周转率

C. 应收账款周转率　　　　　　　D. 资产负债率

6. 下列各项中属于企业发展能力分析指标的是（　　）。

A. 总资产报酬率　　　　　　　　B. 资本保值增值率

C. 总资产增长率　　　　　　　　D. 资本积累率

7. 财务报表分析的主体是（　　）。

A. 职工和工会　　　　　　　　　B. 投资人

C. 债权人　　　　　　　　　　　D. 经理人员

8. 权益乘数可以表述为以下计算公式（　　）。

A. 权益乘数＝所有者权益/资产　　B. 权益乘数＝1/(1－资产负债率)

C. 权益乘数＝资产/所有者权益　　D. 权益乘数＝1＋产权比率

9. 下列各项中，可能直接影响企业净资产收益率指标的措施有（　　）。

A. 提高销售净利率　　　　　　　B. 提高资产负债率

C. 提高总资产周转率　　　　　　D. 提高流动比率

10. 关于每股收益的下列说法中，正确的有（　　）。
A. 它反映普通股的获利水平
B. 它不反映股票所含有的风险
C. 它是衡量上市公司盈利能力的重要指标
D. 每股收益越多，股东分红越多

三、判断题

1. 总资产报酬率是所有财务指标中综合性最强的最具有代表性的一个指标，它也是杜邦财务分析体系的核心。（　　）
2. 计算已获利息倍数指标，其中的"利息费用"既包括当期计入财务费用中的利息费用，也包括计入固定资产成本的资本化利息。（　　）
3. 每股收益越高，意味着股东可以从公司分得越高的股利。（　　）
4. 尽管流动比率可以反映企业的短期偿债能力，但有的企业流动比率较高，却没有能力支付到期的应付账款。（　　）
5. 杜邦分析方法是一种分解财务比率的方法，而不是另外建立的财务指标，它可以用于各种财务比率的分解。（　　）
6. 企业资产增长率越高，反映的资产规模增长势头越好。（　　）
7. 沃尔评分法中，如果综合评分达到100，说明企业总体财务水平达到标准要求。（　　）
8. 财务分析是实现理财目标的重要手段。（　　）
9. 采用因素分析法时，应注意因素替代的顺序性。（　　）
10. 存货周转次数越少，表明企业的经营状况越好。（　　）

四、简述题

1. 试述财务分析的意义。
2. 简述财务分析的基本方法。

五、案例分析题

通过调查和收集某企业的财务资料，运用本章学习的财务分析理论和方法，对该企业的财务状况进行综合分析和评价。

第 4 章 筹资管理

学习目标

本章主要阐述筹资管理基本概念，股权筹资含义、种类及优缺点，债务筹资含义、种类及优缺点，混合筹资含义、种类及优缺点，资金需求数量的基本预测方法，杠杆利益与风险和资本结构决策方法。通过本章学习，了解企业筹资的动机和类型、筹资原则、各种筹资方式的含义和种类、影响资本结构的因素；理解资本成本的构成、种类和作用，经营杠杆、财务杠杆和总杠杆的作用原理，资本结构的含义和种类；掌握资金的需求数量预测的基本依据和方法，股权筹资、债务筹资和混合性筹资的特点，个别和综合资本成本率的计算方法，经营杠杆系数、财务杠杆系数和总杠杆系数的计算方法和应用，资本结构的决策方法及其应用。

学习指导

本章学习重点是掌握各种筹资方式的特点、资金需求数量预测方法、资本成本率计算和杠杆效应理论及方法，运用资本结构的决策理论和方法确定最佳资本结构。

永盛公司的筹资决策

永盛公司原本是一家小型集体企业，期初的生意规模比较小，随着我国经济的快速发展，市场的开放，该企业经过十多年的良好经营，企业规模扩大了，成为某省重点扶持的企业之一。截至 2016 年年末，永盛公司的总资产为 59 840 万元，资产负债率为 50%，净利润为 1 199 万元。

永盛公司预测每年的销售收入将以 50% 以上的增长率增长。公司为了进一步扩大经营规模，2017 年年初，经调查研究决定再上一条生产线。经测算，生产线投资项目需要筹措资金人民币 1.2 亿元。公司总经理召开总经理办公会议，研究筹资方案，其备选的筹资方案有：①增资发行股票筹资；②发行长期债券筹资；③以上两种形式的混合筹资。如果是按照面值发行债券，期限为 5 年，票面的年利率为 10%，每年结息一次，发行费用为发行价格的 5%。如果是发行普通股股票，每股发行价格为 8 元，发行费用是发行价格的 4%，预计每年分派现金股利每股 0.8 元。该公司的所得税税率为 25%。

假设三种筹资方式都可行，永盛公司应该如何进行筹资决策？引导出本章所要讨论的问题：各种筹资方式的特点、成本、风险，杠杆效应，资本结构及决策方法。

4.1 筹资管理概述

资金是企业的血液，是企业设立、生存和发展的物质基础，是企业开展生产经营业务活动的基本前提。所谓筹资是指企业为了满足其经营活动、投资活动、资本结构调整等需要，运用一定的筹资方式，通过筹资渠道和资金市场，筹措和获取所需资金的一种财务行为。筹集资金是企业资金周转运动的起点，决定着企业资金运动的规模和生产经营发展的程度。企业创建时，要依据其生产经营规模购建厂房、设备和材料等生产要素，筹集资金；在日常生产经营活动运行期间，需要筹集资金进行维持；在进行投资、扩大生产规模时，需要筹集资金进行追加投资。组织资金的供应，保证企业生产经营活动的需要，是企业财务管理的一项重要内容。

4.1.1 企业筹资的动机

企业筹资的基本目的是为了自身的生存和发展。企业在持续的生存和发展中，因其具体的经营目标不同，会产生不同筹资的动机。如为购置新设备筹资、为引进新技术和开发新产品筹资、为偿还债务和调整资本结构筹资、为对外投资筹资、为并购其他企业筹资等。有时筹资动机是单一的，有时是复合的，归纳起来有以下四种。

1. 设立性筹资动机

设立性筹资动机是企业为了满足设立企业的需要产生的筹资动机。企业在设立时要按照国家的法令法规设立资本金，它是投资者用以进行企业生产经营、承担民事责任而投入的资金，是原始启动资金。

2. 扩张性筹资动机

扩张性筹资动机是企业为了满足扩大生产经营或追加对外投资的需要产生的筹资动机。当企业处在成长期，有着良好的发展前景，随着市场规模的扩大，企业会扩大生产经营规模或追加对外投资规模而产生扩张性筹资。筹集资金是扩张筹资动机所产生的直接结果，是企业资产总额和资本总额的增加。

3. 调整性动机

调整性动机是企业为了调整现有资本结构的需要而产生的筹资动机。企业在不同的发展时期会形成不同的资本结构，但随着企业经营情况的变化，需要相应地调整债务和股权之间的比例结构，使资本结构适应客观情况的变化而趋于合理。

4. 混合性筹资动机

混合性筹资动机是企业为了谋求企业发展壮大的需要而产生的筹资动机。混合性筹资动机中兼容了扩张性筹资和调整性筹资。企业在生产经营过程中，一方面可能因扩大生产经营规模需要筹集资金；另一方面因经营情况发生变化需要调整资本结构而筹集资金。因此，在混合性筹资动机的驱使下，企业通过筹资，既扩大了资产和筹资的规模，又调整了资本结构。

4.1.2 筹资渠道和筹资方式

筹资渠道指企业筹集资本来源的方向与通道，体现资本的源泉和流量。筹资方式是指可供企业在筹措资金时选用的具体筹资形式。企业筹资活动需要通过一定的筹资渠道，并运用一定的筹资方式来进行。筹资渠道与筹资方式既有联系，又有区别。同一渠道的资金往往可以采用不同的方式取得，而同一筹资方式又往往可适用于不同的资金渠道。

1. 筹资渠道

我国企业目前的筹资渠道主要有以下几种。

（1）国家财政资金。

国家财政资金是国家对国有企业直接投资的资金。它是国有企业最主要的资金来源，是企业权益资本筹资的重要渠道。国家财政资金属于国家投入的资金，产权归国家所有。

（2）银行借贷资金。

银行信贷资金是各类企业筹资的最重要来源。我国为各类企业提供银行信贷资金的是商业银行和政策性银行。商业银行是以营利为目的、从事信贷资金投放的金融机构，可以为各类企业提供各种商业性贷款。政策性银行主要为特定企业提供一定的政策性贷款。

（3）非银行金融机构资金。

非银行金融机构是指除了银行以外的各种金融机构及金融中介机构。在我国非银行金融机构主要有信托投资公司、保险公司、租赁公司、证券公司和财务公司等。它们所提供的各种金融服务，既包括信贷资金投放，也包括物资的融通，还包括为企业承销证券等金融服务。

（4）其他法人资金。

其他法人是指企业单位、事业单位和团体法人。这些单位和团体法人在日常的资金运营周转中，有时也可能形成部分暂时闲置的资金，为了让其发挥一定的效益，将资金有偿地提供给筹资企业，从而形成筹资企业的一个重要的资金来源。

（5）民间资金。

居民个人持有的结余货币，作为"游离"于银行及非银行金融机构等之外的个人资金，可以对企业进行直接投资，为企业筹资提供资金来源，形成民间资金来源渠道。

（6）企业自留资金。

企业自留资金主要是指企业通过提留盈余公积和保留未分配利润而形成的资金。它是企业内部形成的资金来源。这种资金企业无须通过一定的方式去筹集，而是直接由企业内部自动生成或转移。

（7）外商资金。

外商资金是由外国投资者以及我国香港、澳门特别行政区和台湾地区投资者投入到企业的资金。

2. 筹资方式

筹资方式是指企业筹集资本所采取的具体形式和工具，体现着资本的属性和期限。我国企业目前的筹资方式主要有：①吸收直接投资；②发行股票；③发行公司债券；④向银行借款；⑤利用商业信用；⑥利用留存收益；⑦融资租赁。

3. 筹资渠道与筹资方式的对应关系

企业的筹资渠道与筹资方式有着密切联系。一定的筹资方式可能只适用于某一特定的筹资渠道，但同一筹资渠道往往可采用不同的方式去取得。筹资渠道与筹资方式的对应关系可以见表 4-1。

表 4-1 企业筹资渠道和筹资方式的配合

筹资渠道＼筹资方式	投入资本筹资	发行股票筹资	发行债券筹资	留存收益筹资	银行借款筹资	商业信用筹资	租赁筹资
国家财政资金	√	√					
银行信贷资金					√		
非银行金融机构资金	√	√	√		√	√	√
其他法人资金	√	√	√			√	√
民间资金	√	√	√				
企业自留资金	√	√		√			
外商资金	√	√	√	√	√	√	√

4.1.3 筹资的分类

企业从不同筹资渠道和采用不同筹资方式筹集的资金，可以按不同标志将其划分为各种不同的类型。这些不同类型的资金构成企业不同的筹资组合，认识和了解筹资种类有利于掌握不同种类筹资对企业筹资成本与筹资风险的影响，有利于选择合理的筹资方式。

1. 按所筹资金的权益性质分为股权性筹资、债务性筹资和混合性筹资

（1）股权性筹资。

股权性筹资形成股权资本，是企业依法长期拥有、能够自主调配运用的资本。股权资本在企业持续经营期间内，投资者不得抽回，因而也称之为企业的自有资本、主权资本或股东权益资本。股权资本内容包括实收资本（股本）、资本公积、盈余公积和未分配利润等。其中，实收资本（股本）和实收资本溢价部分形成的资本公积金是投资者的原始投入部分；盈余公积、未分配利润和部分资本公积是原始投入资本在企业持续经营中形成的经营积累。企业的股权资本通过吸收直接投资、发行股票、内部积累等方式取得。股权资本由于一般不用还本，形成了企业的永久性资本，因而财务风险小，但付出的资本成本相对较高。

（2）债务性筹资。

债务性筹资形成债务资本，是企业通过借款、发行债券、融资租赁以及赊购商品或服务等方式取得的资金，形成在规定期限内需要清偿的债务。债务资本体现企业与债权人的债务与债权关系。企业的债权人有权按期索取债权本息，但无权参与企业的经营管理和利润分配，对企业的经营状况不承担责任；企业对持有的债务资本在约定的期限内享有经营权，并承担到期要归还本金和支付利息的义务。

(3) 混合性筹资。

混合性筹资是指兼有股权和债务筹资双重属性的筹资，是企业通过发行优先股、可转换债券和认股权证等方式取得的资金筹集活动。目前我国上市公司最常见的混合融资是可转换债券融资。

2. 按所筹资金的使用期限的长短分为长期筹资和短期筹资

(1) 长期筹资。

长期筹资是指企业筹集使用期限在1年以上的资金筹集活动。筹集的资金既可以是股权资金，也可以是债务资金。长期筹资主要有吸收直接投资、发行股票、发行债券、取得长期借款、融资租赁等。长期筹资的目的主要在于形成和更新企业的生产和经营能力、扩大企业的生产经营规模，或为对外投资筹集资金。所形成的长期资金主要用于购建固定资产、形成无形资产、进行对外长期投资、垫支流动资金、产品和技术研发等。

(2) 短期筹资。

短期筹资是指企业筹集使用期限在1年以内的资金筹集活动。短期筹资经常利用商业信用、短期借款、保理业务等方式来筹集。短期资金主要用于企业的流动资产和日常资金周转，一般在短期内需要偿还。

3. 按所筹资金的取得方式分为内源筹资和外源筹资

(1) 内源筹资。

内源筹资是指企业内部通过折旧和留存收益而形成的资金筹集活动。留存收益包括盈余公积和未分配利润。其中，折旧主要用于重置固定资产，留存收益主要用于再投资或弥补亏损。内源筹资是在企业内部形成的，属于企业的权益资金，并具有成本低和风险小的特点。

(2) 外源筹资。

外源筹资是企业从外部筹集资金的活动，主要采用发行股票、发行债券、银行借款、租赁和商业信用等方式来筹集。外源筹资具有高效性、灵活性、大量性和集中性等特点。一般都需要花费筹资费用。

4. 按所筹资金是否以金融机构为媒介分为直接筹资和间接筹资

(1) 直接筹资。

直接筹资是指企业不经过金融机构直接与资金供应者协商融通资本的一种筹资活动。直接筹资主要有吸收直接投资、发行股票、发行债券和商业信用等。通过直接筹资既可以筹集股权资金，也可以筹集债务资金。按法律规定，公司股票、公司债券等有价证券的发行需要通过证券公司等中介机构进行，但证券公司所起到的只是承销的作用，资金拥有者并未向证券公司让渡资金使用权，因此发行股票、债券属于直接向社会筹资。直接筹资具有筹资范围广、筹资方式多、可最大限度地筹集社会资本、提高企业的知名度和资信度、改善企业的资本结构等优势，但存在筹资费用高、筹资效率较低等不足。

(2) 间接筹资。

间接筹资是企业借助银行等金融机构融通资本的筹资活动。在间接筹资方式下，银行等金融机构发挥了中介的作用，预先集聚资金，资金拥有者首先向银行等金融机构让渡资金的使用权,然后由银行等金融机构将资金提供给企业。间接筹资的主要形式有银行借款、非银行金融机构借款、融资租赁等。间接筹资形成的主要是债务资金。它具有筹资效率高、筹资费用低、筹资期限较为灵活、能够适应企业资本周转的需要等优势,但存在范围相对较窄,筹资渠道和筹资方式比较少等不足。

> **小思考**
>
> 1. 企业筹资的目的与动机是什么?
> 2. 企业筹资的筹资渠道和筹资方式有哪些?试分析企业筹资渠道与筹资方式的匹配关系。

4.1.4 新时代企业筹资注意问题

1. 坚持党的领导

在筹资的各个环节中,始终坚持党的领导,确保筹资活动符合党的路线、方针和政策。

2. 强化党性教育

对筹资管理人员进行党性教育,提高其政治觉悟和思想认识,确保其在筹资过程中始终坚守党的原则和立场。

3. 完善制度建设

在筹资过程中,完善相关制度建设,确保筹资活动规范、有序。制定筹资计划、审批流程、资金使用规定等,确保筹资活动有章可循。

4. 加强监督检查

在筹资过程中,加强监督检查,防止违纪违法行为的发生。设立内部审计部门或聘请第三方机构进行监督检查,确保筹资活动合法合规。

5. 注重社会责任

在筹资过程中,注重社会责任,积极回馈社会。通过筹资活动筹集资金支持公益事业,提高企业的社会形象和声誉。

6. 创新筹资方式

在传统筹资方式的基础上,积极探索新的筹资方式,如众筹、P2P等。这些新型筹资方式可以提高筹资效率和降低筹资成本,同时也可以为企业提供更多的融资渠道。

7. 加强风险管理

在筹资过程中,加强风险管理,预防可能出现的风险。对不同类型的风险进行分类管理、建立风险预警机制等,确保企业稳定发展。

4.2 股权筹资

股权筹资形成企业的股权资本,也称之为权益资本,是企业最基本的筹资方式。股权筹资包含吸收直接投资、发行普通股股票和留存收益三种主要形式。企业所能采用的筹资方式，一方面受法律环境和融资市场的制约，另一方面也受企业性质的制约。中小企业和非公司制企业的筹资方式比较受限，股份有限公司和有限责任公司的筹资方式相对多样。

4.2.1 吸收直接投资

吸收直接投资，是指企业按照"共同投资、共同经营、共担风险、共享收益"的原则，直接吸收国家、法人、个人和外商投入资金的一种筹资方式。吸收直接投资的出资额形成企业的注册资本，超过注册资本的部分属于资本溢价，形成资本公积。它是非股份制企业筹集权益资本的基本筹资方式。出资者按其出资的比例分享利润，并承担损失。

1. 吸收直接投资的种类

（1）吸收国家投资。

国家投资是指有权代表国家投资的政府部门或机构，以国有资产投入企业，形成的资本称为国家资本金。吸收国家投资具有产权归属国家、资金的运作和处置受国家约束较大和在国有公司中采用比较广泛的特点。

（2）吸收法人投资。

法人投资是指吸收企业、事业等法人单位投资，形成的资本称为法人资本金。吸收法人投资具有发生在法人单位之间、以参与公司利润分配或控制为目的和出资方式灵活多样的特点。

（3）吸收社会公众投资。

社会公众投资是指吸收城乡居民和企业内部职工投资，形成的资本称为个人资本金。吸收社会公众投资具有参加投资的人员较多、每人投资的数额相对较少和以参与公司利润分配为基本目的的特点。

（4）吸收外商直接投资。

外商直接投资是指企业通过合资经营或合作经营的方式吸收外国投资者以及我国港澳台地区投资者的投资，形成外商资本金。投资各方共同经营、共担风险、共负盈亏、共享利益。

2. 吸收直接投资的出资方式

（1）以货币资产出资。

货币资金投资是直接投资中一种最重要的出资方式。企业有了货币资产，便可以获取其他物资资源，支付各种费用，满足企业创建时的开支和随后的日常周转需要。我国《公司法》规定，有限责任公司全体股东或者发起人的货币出资金额不得低于公司注册资本的30%。因此，企业应尽量要求投资者以现金方式出资。

（2）以实物资产出资。

实物出资是指投资者以房屋、建筑物、设备等固定资产和材料、燃料、商品产品等流动资产所进行的投资。实物投资应符合以下条件：适合企业生产、经营、研发等活动的需要；技术性能良好；作价公平合理。实物资产价格要按照国家有关规定确定。

（3）以土地使用权出资。

土地使用权是指土地经营者对依法取得的土地在一定期限内有进行建筑、生产经营或其他活动的权利。企业吸收土地使用权投资应符合以下条件：适合企业科研、生产、经营、研发等活动的需要；地理、交通条件适宜；作价公平合理。

(4) 以工业产权出资。

工业产权通常是指专有技术、商标权、专利权、非专利技术等无形资产。投资者以工业产权出资应符合以下条件：有助于企业研究、开发和生产出新的高科技产品；有助于企业提高生产效率，改进产品质量；有助于企业降低生产消耗、能源消耗等各种消耗；作价公平合理。在《中华人民共和国外资企业法实施细则》中规定，以工业产权作价出资金额不得超过注册资本的 20%。

3. 吸收直接投资的程序

企业吸收其他单位的直接投资，一般要遵循如下的程序。

(1) 确定筹资数量。企业在新建或扩大经营规模时，要先确定资金的需要量。企业应依据企业实际对资金的需求量的要求来筹集资金，确保筹资数量与资金需要量相适应。

(2) 选择和联系投资者。企业能向哪些单位吸收投资，这要由企业和有关投资者进行双向选择。企业既要广泛了解有关投资者的资信、财力和投资意向，又要通过信息交流和宣传，使出资方了解企业的经营能力、财务状况以及未来预期，以便于公司从中寻找最合适的合作伙伴。

(3) 协商和签署投资协议。找到合适的投资伙伴后，投资双方进行具体协商，确定出资数额、出资方式和出资时间，双方签署投资的协议或合同，以明确双方的权利和责任。

(4) 取得所筹集的资金。签署投资协议后，企业应按规定或计划取得资金。

4. 吸收直接投资的筹资优缺点

吸收直接投资是我国各种性质企业筹资中普遍采用的一种筹资方式。它既有优点，也存在不足。吸收直接投资的主要优点有以下方面。

(1) 能够尽快形成生产能力。吸收投资可以直接获取投资者的先进设备和先进技术，有利于尽快形成生产能力，尽快开拓市场。

(2) 吸收投资的手续相对比较简便，筹资费用较低。

(3) 降低财务风险。吸收投资可以降低企业的资产负债率，从而降低财务风险。

(4) 提高企业的资信和借款能力。通过吸收直接投资形成的企业的资金属于股权资金，能增强企业的资信和借款能力。

吸收直接投资的主要缺点有以下方面。

(1) 资本成本较高。当企业经营较好，盈利较多时，投资者往往要求将大部分盈余作为红利分配。

(2) 不利于产权交易。吸收投入资本由于没有证券为媒介，不利于产权交易，难以进行产权转让。

(3) 企业控制权集中，不利于企业治理。如果某个投资者的投资额比例较大，则该投资者对企业的经营管理就会有相当大的控制权，容易损害其他投资者的利益。

4.2.2 发行普通股股票

股票是股份有限公司为筹集股权资本而发行的有价证券，是公司签发的证明股东持有公司股份的凭证。股票只能由股份有限公司发行。股票持有者为公司的股东。股票代表了股东对股份公司的所有权。股东凭借股票参加股东大会行使自己的权利,同时也承担相应的责任与风险。

1. 股票的分类

根据不同的标准,可以对股票进行不同的分类,常见的类别有以下几种。

(1) 按股东权利和义务划分为普通股股票和优先股股票。

普通股股票简称普通股,是公司发行的代表股东享有平等的权利、义务的股票,它是公司最基本的股票,股份有限公司通常情况只发行普通股。普通股股东具有的权利和义务有:①参与管理权和投票权;②股利分配在优先股之后,且股利不确定,视公司的盈利情况而定;③优先认股权;④股份转让权;⑤对公司剩余财产分配权位于优先股之后。

优先股股票简称优先股,是公司发行的相对于普通股具有一定优先权的股票。其优先权利主要表现在股利分配优先权和分取剩余财产优先权上。优先股的股利是预先确定的。优先股股东在股东大会上无表决权,在参与公司经营管理上受到一定限制,仅对涉及优先股权利的问题有表决权。

(2) 按票面有无记名划分为记名股票和无记名股票。

记名股票是在股票票面上记载股东姓名或将名称记入公司股东名册的股票,无记名股票不登记股东名称,公司只记载股票数量、编号及发行日期。我国《公司法》规定,公司向发起人、国家授权投资机构、法人发行的股票,为记名股票;向社会公众发行的股票,可以为记名股票,也可以为无记名股票。

(3) 按发行对象和上市地点划分为A股、B股、H股、N股和S股等。

A股即人民币普通股票,由我国境内公司发行,境内上市交易,它以人民币标明面值,以人民币认购和交易。B股即人民币特种股票,由我国境内公司发行,境内上市交易,它以人民币标明面值,以外币认购和交易。H股是注册地在内地、上市在香港的股票。在纽约和新加坡上市的股票,分别称为N股和S股。

2. 股票发行的基本要求

股份公司的股票发行分为设立发行和增资发行。我国的《公司法》和《证券法》对股票发行做出了有关规定和要求。股份有限公司发行股票时,应符合以下规定与条件。

(1) 同次发行的股票,每股的发行条件和价格应当相同。

(2) 股票的发行实行公开、公平、公正的原则,同股同权,同股同利。

(3) 股票发行价格可以按票面金额,也可以超过票面金额,但不得低于票面金额。

(4) 股票应当载明公司名称、公司登记日期、股票种类、票面金额及代表的股份数、股票编号等主要事项。

增发新股,公司必须具备健全且运行良好的组织结构;具有持续盈利能力,财务状态良好;最近三年财务会计文件无虚假记载,无其他重大违法行为和证券监督管理机构规定的其他条件。

3. 股票的发行程序

股份有限公司在设立时发行股票与增资发行新股,程序上有所不同。

(1) 设立时发行股票的程序。

① 发起人认足股份、缴付股资。股份有限公司设立的方式有两种，发起方式设立和募集方式设立。发起方式设立的公司，发起人认购公司的全部股份；募集方式设立的公司，发起人认购的股份不得少于公司股份总数的35%，其余部分向社会公开募集。发起人可以用货币出资，也可以用非货币资产作价出资。

② 提出公开募集股份的申请。以募集方式设立的公司，发起人向社会公开募集股份时，必须向国务院证券监督管理部门递交募股申请，并报送批准设立公司的相关文件，包括公司章程、招股说明书、发起人姓名或者名称、出资种类及验资证明、发起人认购的股数、代收股款银行的名称及地址等。

③ 公告招股说明书，签订承销协议。

④ 招认股份，缴纳股款。发行股票的公司或其承销机构一般用广告或书面通知的办法招募股份。认股者一旦填写了认股书，就要承担认股书中约定的缴纳股款义务。认股者应在规定的期限内向代收股款的银行缴纳股款，同时交付认股书。股款收足后，发起人应委托法定的机构验资，出具验资证明。

⑤ 召开创立大会，选举董事会、监事会。发行股份的股款募足后，发起人应在规定期限内（法定30天）主持召开创立大会。创立大会由发起人、认股人组成，应有代表股份总数半数以上的认股人出席方可举行。创立大会通过公司章程，选举董事会和监事会成员，并有权对公司的设立费用进行审核，对发起人用于抵作股款的财产作价进行审核。

⑥ 办理公司设立登记，交割股票。经创立大会选举的董事会，应在创立大会结束后30天内，办理申请公司设立的登记事项。登记成立后，即向股东正式交付股票。

（2）增资发行新股的程序。

① 做出发行新股的决议。公司发行新股须由股东大会做出决议，包括新股种类及数额、新股发行价格、新股发行的起止日期、向原有股东发行新股的种类及数额等事项。

② 提出发行新股的申请。董事会向国务院授权的部门或者省级人民政府申请批准。

③ 公告新股招股说明书和财务会计报表及附属明细表。发行新股获得批准后，公司必须向社会公告新股招股说明书和财务会计报表及附表。

④ 招认股份，缴纳股款。

⑤ 改组董事会、监事会，办理变更登记并向社会公告。公司发行新股募足股款后，立即召开股东大会，改选董事、监事。然后，公司向登记机关办理变更登记并向社会公告。

4．股票的发行方法和销售方式

公司发行股票筹资时，应当根据具体情况，选择适宜的股票发行方式和销售方式，恰当地制定发行价格，以便及时募足资本。

（1）股票发行方式。

股票发行方式，指的是公司通过何种途径发行。股票发行方法主要包括有偿增资、无偿配股、有偿无偿并行增资三种形式。

① 有偿增资。

有偿增资是指投资人须按股票面额或市价，用现金或实物购买股票。有偿增资又可分为公募发行、股东优先认购、第三者分摊等具体做法。

公募发行即向社会公众公开招募认股人认购股票。它又分为直接公募和间接公募两种。直接公募发行是指发行公司通过证券商等中介机构，向社会公众发售股票，发行公司承担发行责任与风险，证券商不负担风险而只收取一定手续费。间接公募发行是指发行公司通过投资银行发行、包销，由投资银行先将股票购入再售予社会公众，投资银行承担发行风险。

优先认购新股。凡发行新股时在股东名册上记载的股东，均有优先认购新股的权利。股东可以优先认购的新股股数的比例与现持旧股股数的比例相同。

所谓第三者分摊，是指股份公司在发行新股时，给予本公司有特殊关系的第三者（如其他公司或银行）以新股摊认权。

② 无偿配股。

无偿配股是指公司不向股东收取现金或实物资产，而无代价地将公司发行的股票配予股东。按照国际惯例，无偿配股通常有 3 种具体做法，即无偿交付、股票派息、股票分割。无偿交付是指股份公司用资本公积金转增股本，按照股东现有比例无偿地交付新股票。股票派息是股份公司以当年利润分派新股代替对股东支付现金股利。股票分割是指将大面额股票分割为若干股小面额股票。实行股票分割的目的在于降低股票票面金额，便于个人投资者购买，以促进股票的发行和流通。

③ 有偿无偿并行增资。

有偿无偿并行增资是指股份公司发行新股交付股东时，股东只需交付一部分股款，其余部分由公司公积金抵充，即可获取一定量的新股。这种做法兼有增加资本和调整资本结构的作用。

（2）股票的销售方式。

股票的销售方式，指的是股份有限公司向社会公开发行股票时所采取的股票销售方法。股票销售方式有自销和委托承销两种。

股票发行的自销方式是指股份公司自行直接将股票出售给认购者，而不经过证券经营机构承销。自销方式可节约股票发行费用，但往往筹资时间长，发行风险完全由发行公司自行承担。这种推销方式一般仅适用于发行公司有较高的知名度、信誉和实力、发行风险较小、手续较为简单、数额不多的股票发行。

委托承销方式是指发行公司将股票销售业务委托给证券承销机构代理。我国《公司法》规定，公司向社会公开发行股票，不论是募集设立时首次发行股票还是设立后再次发行新股，必须与依法设立的证券经营机构签订承销协议，由证券经营机构承销。

证券承销机构是指专门从事证券买卖业务的金融中介机构，在我国主要为证券公司、信托投资公司等。委托承销方式包括包销和代销两种具体办法。

股票发行的包销，是指由发行公司与证券经营机构签订承销协议，全权委托证券承销机构代理股票的发售业务。采用这种办法，一般由证券承销机构买进股份公司公开发行的全部股票，然后将所购股票转销给社会投资者。在规定的募股期限内，若实际招募股份数达不到预定发行股份数，剩余部分由证券承销机构全部承购下来。

股票发行的代销，是指由证券经营机构代理股票发售业务，若实际募集股份数达不到发行股数，承销机构不负担承购剩余股份的责任，而是将未售出的股份归还给发行公司，发行风险由发行公司自己承担。

5. 股票发行价格

股票发行价格是指股份公司将股票出售给投资者所使用的价格，也就是投资者认购股票时所支付的价格。股票发行价格通常是由发行公司根据股票面额、股市行情和其他有关因素决定的。在以募集设立方式设立公司首次发行股票时，由发起人决定；在公司成立以后再次增资发行新股时，由股东大会或董事会决定。

股票的发行价格有三种。①等价。等价就是以股票面值为发行价格发行股票，即股票的发行价格与其面值相等，也称平价发行。②时价。时价是以公司原发行同种股票的现行市场价格为基准来选择增发新股的发行价格，也称市价发行。③中间价。中间价是以股票市场价格与面额的中间值作为股票的发行价格。

按时价或中间价发行股票，股票发行价格会高于或低于其面额。前者称溢价发行，后者称折价发行。如属溢价发行，发行公司所获的溢价款列入资本公积。我国《公司法》规定，股票发行价格可以等价，也可以溢价发行，但不得折价发行。

4.2.3 留存收益

1. 留存收益的内容

留存收益是企业留存的净利润，包括盈余公积金和未分配利润。企业将利润留存下来的目的主要是：①法律法规从保护债权人利益和要求企业可持续发展等角度出发，限制企业将利润全部分配出去。我国《企业财务通则》规定，企业每年的税后利润，必须提取10%的法定盈余公积。②企业基于自身扩大再生产和筹资的需求，也会将一部分利润留存下来。

（1）盈余公积。

盈余公积是指有指定用途的留存净利润。盈余公积是从当期企业净利润中提取的积累资金，其提取基数是本年度的净利润。盈余公积主要用于企业未来的经营发展，经投资者审议后也可以用于转增股本（实收资本）和弥补以前年度经营亏损，但不得用于以后年度的对外利润分配。

（2）未分配利润。

未分配利润是指未限定用途的留存净利润。未分配利润有两层含义：第一，这部分净利润本年没有分配给公司的股东（投资者）；第二，这部分净利润未指定用途，可以用于企业未来的经营发展、转增股本（实收资本）、弥补以前年度的经营亏损及以后年度的利润分配。

2. 留存收益的筹资特点

（1）不用发生筹资费用。留存收益筹资不需要发生筹资费用，资本成本较低。

（2）保持普通股股东的控制权。利用留存收益筹资，不用对外发行新股或吸收新投资者，由此增加的权益资本不会改变公司的股权结构，不会稀释原有股东的控制权。

（3）筹资数额有限。留存收益的最大数额是企业到期的净利润和以前年度未分配利润之和，不像外部筹资，一次性可以筹集大量资金。如果企业发生亏损，那么当年就没有利润留存。留存收益的比例常常受到某些股东的限制。他们可能从消费需求、风险偏好等因素出发，希望保持一定的利润分配比例。

（4）资金使用受到一定制约。留存收益中的法定盈余公积的使用受国家有关规定的制约。

4.2.4 股权筹资的优缺点

1. 股权筹资的优点

（1）企业稳定的资本基础。股权资本没有固定的到期日，无须偿还，是企业的永久性资本，除非企业清算时才有可能予以偿还。这对于保障企业对资本的最低需求，促进企业长期持续稳定经营具有重要意义。

（2）企业良好的信誉基础。股权资本作为企业最基本的资本，代表了公司的资本实力，是企业与其他单位组织开展经营业务，进行业务活动的信誉基础。同时，股权资本也是其他方式筹资的基础，尤其可为债务筹资，包括银行借款、发行公司债券等提供信用保障。

（3）企业财务风险较小。股权资本不用在企业正常营运期内偿还，不存在还本付息的财务风险。相对于债务资本而言，股权资本筹资限制少，资本使用上也无特别限制。另外，企业可以根据其经营状况和业绩的好坏，决定向投资者支付报酬的多少，资本成本负担比较灵活。

2. 股权筹资的缺点

（1）资本成本负担较重。尽管股权资本的资本成本负担比较灵活，但一般而言，股权筹资的资本成本要高于债务筹资。这主要是由于投资者投资于股权特别是投资于股票的风险较高，投资者或股东相应要求得到较高的报酬率。企业长期不派发利润和股利，将会影响企业的市场价值。从企业成本开支的角度来看，股利、红利从税后利润中支付，而使用债务资本的资本成本允许税前扣除。此外，普通股的发行、上市等方面的费用也十分庞大。

（2）容易分散企业的控制权。利用股权筹资，由于引进了新的投资者或出售了新的股票，必然会导致企业控制权结构的改变，分散了企业的控制权。控制权的频繁迭变，势必要影响企业管理层的人事变动和决策效率，影响企业的正常经营。

（3）信息沟通与披露成本较大。投资者或股东作为企业的所有者，有了解企业经营业务、财务状况、经营成果等的权利。企业需要通过各种渠道和方式加强与投资者的关系管理，保障投资者的权益。特别是上市公司，其股东众多而分散，只能通过公司的公开信息披露了解公司状况，这就需要公司花更多的精力，有些还需要设置专门的部分，用于公司的信息披露和投资者关系管理。

 小思考

1. 什么是股权筹资？有哪些筹资形式？
2. 公司申请发行股票、增资发行股票应当符合哪些条件？
3. 股权筹资的优缺点有哪些？

4.3 债务筹资

债务筹资主要是企业通过向银行借款、向社会发行公司债券、融资租赁等方式筹集和取得的资金。通过债务筹资形成的资本反映了债权人的权益，又称债务资本。向银行借款、发行债券、融资租赁和商业信用，是债务筹资的基本形式。

4.3.1 银行借款

银行借款是指企业向银行或其他非银行金融机构借入的、需要还本付息的款项，包括偿还期限超过1年的长期借款和不足1年的短期借款，主要用于企业购建固定资产和满足流动资金周转的需要。

1. 银行借款的种类

(1) 按提供贷款的机构划分为政策性银行贷款、商业银行贷款和其他金融机构贷款。

政策性银行贷款是指执行国家政策性贷款业务的银行向企业发放的贷款，通常为长期贷款。如国家开发银行贷款，主要满足企业承建国家重点建设项目的资金需要；中国进出口银行贷款，主要为大型设备的进出口提供的买方信贷或卖方信贷；中国农业发展银行贷款，主要用于确保国家对粮、棉、油等政策性收购资金的供应。

商业银行贷款是指由各商业银行，如中国工商银行、中国建设银行、中国农业银行、中国银行等，向工商企业提供的贷款，用以满足企业生产经营的资金需要，包括短期贷款和长期贷款。

其他金融机构贷款，如从信托投资公司取得实物或货币形式的信托投资贷款，从财务公司取得的各种中长期贷款，从保险公司取得的贷款等。其他金融机构的贷款一般较商业银行贷款的期限要长，要求的利率较高，对借款企业的信用要求和担保的选择比较严格。

(2) 按机构对贷款有无担保要求划分为信用贷款和担保贷款。

信用贷款是指以借款人的信誉或保证人的信用为依据而获得的贷款。企业取得这种贷款，无须以财产作抵押。对于这种贷款，由于风险较高，银行通常要收取较高的利息，往往还附加一定的限制条件。

担保贷款是指由借款人或第三方依法提供担保而获得的贷款。担保包括保证责任、财产抵押、财产质押，由此，担保贷款包括保证贷款、抵押贷款和质押贷款。

保证贷款是指按《中华人民共和国担保法》（以下简称《担保法》）规定的保证方式，以第三人作为保证人，承诺在借款人不能偿还借款时，按约定承担一定保证责任或连带责任而取得的贷款。

抵押贷款是指按《担保法》规定的抵押方式，以借款人或第三人的财产作为抵押物而取得的贷款。抵押是指债务人或第三人不转移财产的占有，将该财产作为债权的担保，债务人不履行债务时，债权人有权将该财产折价或者以拍卖、变卖的价款优先受偿。作为贷款担保的抵押品，可以是不动产、机器设备、交通运输工具等实物资产，可以是依法有权处分的土地使用权，也可以是股票、债券等有价证券等，它们必须是能够变现的资产。如果贷款到期,借款企业不能或不愿偿还贷款,银行可取消企业对抵押品的赎回权。抵押贷款有利于降低银行贷款的风险,提高贷款的安全性。

质押贷款是指按《担保法》规定的质押方式,以借款人或第三人的动产或财产权利作为质押物而取得的贷款。质押是指债务人或第三人将其动产或财产权利移交债权人占有,将该动产或财产权利作为债权的担保,债务人不履行债务时,债权人有权以该动产或财产权利折价或者以拍卖、变卖的价款优先受偿。作为贷款担保的质押品,可以是汇票、支票、债券、存款单、提单等信用凭证,可以是依法可以转让的股份、股票等有价证券,也可以是依法可以转让的商标专用权、专利权、著作权中的财产权等。

(3) 按企业取得贷款的用途划分为基本建设贷款、专项贷款和流动资金贷款。

基本建设贷款是指企业因从事新建、改建、扩建等基本建设项目需要资金而向银行申请借入的款项。

专项贷款是指企业因为专门用途而向银行申请借入的款项。包括更新改造技改贷款、大修理贷款、研发和新产品研制贷款、小型技术措施贷款、出口专项贷款、引进技术转让费周转金贷款、进口设备外汇贷款、进口设备人民币贷款及国内配套设备贷款等。

流动资金贷款是指企业为满足流动资金的需求而向银行申请借入的款项,包括流动基金借款、生产周转借款、临时借款、结算借款和卖方信贷。

2. 银行借款的程序与长期借款的保护性条款

(1) 银行借款的程序。

① 企业提出申请。企业根据筹资需求向银行提出书面申请,按银行要求的条件和内容填报《借款申请书》。

② 银行审查借款申请。银行按照有关政策和贷款条件,对借款企业进行信用审查,依据审批权限,核准公司借款金额和用款计划。银行审查的主要内容是:公司的财务状况、信用情况、借款的合法性和安全性、盈利的稳定性、借款投资项目的可行性、核实抵押物和担保情况等。

③ 银企签订借款合同。借款申请获批准后,银行与企业进一步协商贷款的具体条件,签订正式的借款合同。借款合同主要包括:a. 基本条款。主要规定双方的权利和义务。b. 保证条款。包括借款按规定的用途使用、有关的物资保证、抵押财产、担保人及其责任等内容。c. 违约条款。主要载明对企业逾期不还或挪用贷款等如何处理和银行不按期发放贷款的处理等内容。d. 其他附属条款。

④ 企业取得借款。借款合同签订后,企业在核定的贷款指标范围内,根据用款计划和实际需要,一次或分次将贷款转入公司的存款结算户,以便使用。

(2) 长期借款的保护性条款。

由于银行等金融机构提供的长期贷款金额高、期限长、风险大,因此,除借款合同的基本条款之外,债权人通常还在借款合同中附加各种保护性条款,以确保企业按要求使用借款和按时足额偿还借款。保护性条款一般有以下三类。

① 例行性保护条款。例行性保护条款作为例行常规,在大多数借款合同中都会出现。主要包括:a. 借款企业定期向银行提交财务报表。其目的在于及时掌握企业的财务情况。b. 不准在正常情况下出售较多的非产成品存货,以保持企业正常生产经营能力。c. 如期

清偿应缴纳税金和其他到期债务，以防被罚款而造成不必要的现金流失。d. 不准以资产做其他承诺的担保或抵押。e. 不准贴现应收票据或出售应收账款，以避免或有负债等。

② 一般性保护条款。一般性保护条款是对企业资产的流动性及偿债能力等方面的要求条款，这类条款应用于大多数借款合同，主要包括：a. 对借款企业流动资金保持量的规定。要求企业需持有一定最低额度的货币资金及其他流动资产，以保持企业资产的流动性和偿债能力，一般规定了企业必须保持的最低营运资金数额和最低流动比率数值。b. 限制企业非经营性支出。如限制支付现金股利、购入股票和职工加薪的数额规模，以减少企业资金的过度外流。c. 限制企业资本支出的规模。控制企业资产结构中的长期性资产的比例，以减少公司日后不得不变卖固定资产以偿还贷款的可能性。d. 限制其他长期债务。其目的在于防止其他贷款人取得对企业资产的优先求偿权。e. 限制公司的长期投资。如规定公司不准投资于短期内不能收回资金的项目，不能未经银行等债权人同意而与其他公司合并等。

③ 特殊性保护条款。特殊性保护条款是针对某些特殊情况而出现在部分借款合同中的条款，只有在特殊情况下才能生效。主要包括：要求公司的主要领导人购买人身保险；要求企业主要领导人在合同有效期间担任领导职务；限制企业高级职员的薪金和奖金总额；借款的用途不得改变；违约惩罚条款等。

3. 银行借款的筹资特点

（1）筹资速度快。

银行借款与发行债券、融资租赁等债务筹资方式相比，银行借款的程序相对简单，所需时间较短，公司可以迅速获取资金。

（2）资本成本较低。

利用银行借款筹资，比发行债券和融资租赁的利息负担要低。而且，无须支付大量的证券发行费用、租赁手续费用等筹资费用。

（3）借款弹性较大。

在借款之前，企业与银行可以通过直接商谈，来确定借款的时间、数量和利息。在借款期间，若公司的财务状况发生某些变化，也可与债权人再协商，变更借款数量、时间和条件，提前偿还本息或延期归还。

（4）限制条款多。

企业与银行签订的借款合同中，一般都有一些限制条款。如银行借款合同对借款用途有明确规定，并通过借款的保护性条款，对公司资本支出额度、再筹资、股利支付等行为有严格的约束。

（5）筹资数额有限。

银行借款的数额往往受到贷款机构资本实力的制约。利用银行借款筹资都有一定的限额，因此，无法满足公司大规模筹资的需要。

4.3.2 发行公司债券

企业债券又称公司债券，是企业依照法定程序发行的、约定在一定期限内还本付息的有价证券。债券是持券人拥有公司债权的书面证书，它代表持券人同发债公司之间的债权债务关系。

1. 发行债券的条件与种类

（1）发行债券的条件。

我国《公司法》规定：股份有限公司、国有独资公司和两个以上的国有公司或者两个以上的国有投资主体投资设立的有限责任公司，具有发行债券的资格。我国《证券法》规定，公开发行公司债券，应当符合下列条件：①股份有限公司的净资产不低于人民币三千万元，有限责任公司的净资产不低于人民币六千万元；②累计债券余额不超过公司净资产的百分之四十；③最近三年平均可分配利润足以支付公司债券一年的利息；④筹集的资金投向符合国家产业政策；⑤债券的利率不超过国务院限定的利率水平；⑥国务院规定的其他条件。

公开发行公司债券筹集的资金，必须用于审批机关批准的用途，不得用于弥补亏损和非生产性支出，否则会损害债权人的利益。根据《证券法》规定，公司申请公司债券上市交易，应当符合下列条件：①公司债券的期限为一年以上；②公司债券实际发行额不少于人民币五千万元；③公司申请债券上市时仍符合法定的公司债券发行条件。

（2）公司债券的种类。

债券的种类很多，可按不同的标准进行分类。

① 按有无特定财产担保划分为担保债券和信用债券。

担保债券又称抵押债券，是指以抵押方式担保发行人按期还本付息的债券。抵押债券按其抵押品的不同，又分为不动产抵押债券、动产抵押债券和证券信托抵押债券。

信用债券又称无抵押债券，是无担保债券，是仅凭公司自身的信用发行的、没有抵押品作抵押担保的债券。在公司清算时，信用债券的持有人因无特定的资产作担保品，只能作为一般债权人参与剩余财产的分配。

② 按是否记名划分为记名债券和无记名债券。

记名债券是指在公司债券存根簿上载明债券持有人的姓名及住所、债券持有人取得债券的日期及债券的编号等债券持有人信息的债券。转让记名债券时，由债券持有人以背书方式或者法律、行政法规规定的其他方式转让；转让后由公司将受让人的姓名或名称及住所记载于公司债券存根簿。

无记名债券是指在公司债券存根簿上未载明债券持有人的姓名或名称，也不用在发行公司的债权人名册上进行登记的债券。无记名债券转让时，无须背书，由债券持有人将该债券交付给受让人后即发生转让的效力。

③ 按是否能够转换成公司股权划分为可转换债券与不可转换债券。

可转换债券是指债券持有者可以在规定的时间内按规定的价格转换为发债公司股票。这种债券在发行时，对债券转换为股票的价格和比率等都做了详细规定。《公司法》规定，可转换债券的发行主体是股份有限公司中的上市公司。

不可转换债券是指不能转换为发债公司股票的债券。大多数公司债券属于这种类型。

2. 发行债券的程序

（1）做出债券发行的决议。公司发行债券要由董事会制订方案，股东大会做出决议。

（2）提出发行债券的申请。向国务院证券管理部门申报。证券管理部门按照国务院确定的公司债券发行规模，审批公司债券的发行。公司申请应提交公司登记证明、公司章程、公司债券募集办法、资产评估报告和验资报告。

（3）公告债券的募集办法。企业发行债券的申请经批准后，向社会公告债券募集办法。公司债券分私募发行和公募发行，私募发行是以特定的少数投资者为对象发行债券。而公募发行则是在证券市场上以非特定的广大投资者为对象公开发行债券。

（4）委托证券经营机构发售。我国《证券法》规定，证券的发行只能采用公募间接发行方式。在这种发行方式下，发行公司与承销团签订承销协议。承销团由数家证券公司或投资银行组成，承销方式有代销和包销两种。代销是指承销机构代为推销债券，在约定期限内未售出的余额可退还发行公司，承销机构不承担发行风险。包销是由承销团先购入发行公司拟发行的全部债券，然后再售给社会上的投资者，如果约定期限内未能全部售出，余额要由承销团负责认购。

（5）交付债券，收缴债券款，登记债券存根簿。债券购买人直接向承销机构付款购买，承销机构收取债券款，并交付债券。然后，发行公司向承销机构收缴债券款并结算代理费及预付款项。

3. 债券的发行价格

债券的发行价格是投资者购买新上市债券时必须支付的价格。由于资金市场上的利息率是经常变化的，而公司债券一经发行，其票面利息率就不能调整。但是从债券的开印到正式发行，都需要经过一段时间，如果在这段时间内，资金市场上的利率发生变化，就只有通过调整债券发行价格的方法，使债券顺利发行。因此，债券的发行价格有三种：一是等于债券票面金额的发行价格，即平价发行，也叫等价发行；二是低于债券票面金额的发行价格，即折价发行；三是高于债券票面金额的发行价格，即溢价发行。

按期付息到期一次还本，且不考虑发行费用的情况下，债券发行价格的计算公式为：

$$债券的发行价格 = \frac{票面金额}{(1+市场利率)^n} + \sum_{t=1}^{n} \frac{票面金额 \times 票面利率}{(1+市场利率)^t} \quad (4-1)$$

或者：

$$债券的发行价格 = 票面金额 \times (P/F, i_1, n) + 票面金额 \times i_2 \times (P/A, i_1, n) \quad (4-2)$$

式中：n 为债券期限；i_1 为市场利率；i_2 为票面利率。

【例4-1】 利民公司拟发行面值为1 000元，票面年利率为6%，期限为10年，每年年末付息一次的债券，市场同期的年利率为8%。该债券的发行价格为：

$$\begin{aligned}债券的发行价格 &= 1\,000 \times (P/F, 8\%, 10) + 1\,000 \times 6\% \times (P/A, 8\%, 10) \\ &= 1\,000 \times 0.463\,2 + 60 \times 6.710\,1 \\ &\approx 865.81(元)\end{aligned}$$

4. 公司债券的筹资特点

（1）能够一次筹资数额大。

筹资对象广，市场大，能够筹集大额的资金，满足公司大规模筹资的需要。这是在银行借款、融资租赁等债权筹资方式中，企业选择发行公司债券筹资的主要原因，也能够适应大型公司经营规模的需要。

(2) 能够锁定资本成本的负担。

公司债券与银行借款相比，公司债券的期限长、利率相对固定。在预计市场利率持续上升的金融市场环境下，发行公司债券筹资，能够锁定资本成本。

(3) 募集资金的使用限制条件少。

公司债券与银行借款相比，债券筹资募集资金的使用具有相对的灵活性和自主性。银行借款一般期限短、额度小，主要用于企业经营周转资金、购置小型设备等。对于期限较长、额度较大，用于公司扩展、增加大型固定资产和基本建设投资的需求多采用发行债券方式。

(4) 发行资格要求高且手续复杂。

公司债券的发行主体有严格的资格限制。国家为了保护投资者利益，维护社会经济秩序，对发债公司的资格有严格的限制。从申报、审批、承销到取得资金，需要经过众多环节和较长时间。

(5) 资本成本较高。

公司债券与银行借款筹资相比，发行债券的利息负担和筹资费用都比较高。而且债券不能像银行借款一样进行债务展期，加上大额的本金和较高的利息，在固定的到期日，将会对公司现金流量产生巨大的财务压力。

4.3.3 融资租赁

租赁是出租人以收取租金为条件，在契约或合同规定的期限内，将资产租借给承租人使用的一种经济行为。在这项交易中，承租方通过得到所需资产的使用权，完成了筹集资金的行为。

1. 租赁的分类

租赁按照与租赁资产所有权有关的全部风险和报酬是否转移可分为经营租赁和融资租赁。

(1) 经营租赁。

经营租赁是由租赁公司向承租单位在短期内提供设备，并提供维修、保养、人员培训等的一种服务性业务，又称服务性租赁。承租人采用经营租赁的主要目的不是融通资金，而是为了获得资产的短期使用权及出租人提供的专门技术服务。经营租赁的特点主要是：①租赁资产由出租人选定，一般是具有通用性、容易找到接替用户的资产；②租赁期较短，短于资产的有效使用期，在合理的限制条件内承租企业可以中途解约；③租赁设备的维修、保养由租赁公司负责；④租赁期满时，租赁资产应退还给出租人。

(2) 融资租赁。

融资租赁也称资本租赁、财务租赁，是由租赁公司按承租单位要求出资购买设备，在契约或合同规定的较长时期内提供给承租企业使用的融资信用业务，承租企业采用融资租赁的主要目的是为了融通资金。

融资租赁的主要特点是：①出租的设备由承租企业提出要求购买，或者由承租企业直接从制造商或销售商那里选定；②租赁期较长，接近于资产的有效使用期，在租赁期间双方无权取消合同；③由承租企业负责设备的维修、保养；④在规定的租赁期内非经双方同意，任何一方不得中途解约；⑤租赁期满，按事先约定的方法处理设备，包括退还租赁公司，或继续租赁，或企业留购。通常采用企业留购办法，即以很少的"名义价格"（相当于设备残值）买下设备。

我国《企业会计准则第21号——租赁》第六条指出，符合下列一项或数项标准的，应当认定为融资租赁：承租人在租赁开始日的最低租赁付款额现值，几乎相当于租赁开始日租赁资产公允价值；出租人在租赁开始日的最低租赁收款额现值，几乎相当于租赁开始日租赁资产公允价值；承租人有购买租赁资产的选择权，所订立的购买价款预计将远低于行使选择权时租赁资产的公允价值，因而在租赁开始日就可以合理确定承租人将会行使这种选择权；即使资产的所有权不转移，但租赁期占租赁资产使用寿命的大部分；租赁资产性质特殊，如果不作较大改造，只有承租人才能使用；在租赁期届满时，租赁资产的所有权转移给承租人。

2. 融资租赁的基本程序与形式

（1）融资租赁的基本程序。

① 选择租赁公司，提出委托申请。首先需要了解各个租赁公司的资信情况、融资条件和租赁费率等，分析比较选定一家作为出租单位。

② 签订购货协议。由承租企业和租赁公司中的一方或双方，与选定的设备供应厂商进行购买设备的技术谈判和商务谈判，在此基础上与设备供应厂商签订购货协议。

③ 签订租赁合同。承租企业与租赁公司签订租赁设备的合同，租赁合同是租赁业务的重要文件，具有法律效力。融资租赁合同的内容可分为一般条款和特殊条款两部分。

④ 交货验收。设备供应厂商将设备发运到指定地点，承租企业要办理验收手续。验收合格后签发交货及验收证书交给租赁公司，作为其支付货款的依据。

⑤ 定期交付租金。承租企业按租赁合同规定，分期交纳租金，这也是承租企业对所筹资金的分期还款。

⑥ 合同期满处理设备。承租企业根据合同约定，对设备续租、退租或留购。

（2）融资租赁的基本形式。

① 直接租赁。

直接租赁是融资租赁的主要形式，承租方提出租赁申请时，出租方按照承租方的要求选购，然后再出租给承租方。

② 售后回租。

售后回租是指承租方由于急需资金等各种原因，将自己的资产售给出租方，然后以租赁的形式从出租方原封不动地租回资产的使用权。在这种租赁合同中，除资产所有者的名义改变之外，其余情况均无变化。

③ 杠杆租赁。

杠杆租赁是指涉及承租人、出租人和资金出借人三方的融资租赁业务。一般来说，当所涉及的资产价值昂贵时，出租方自己只投入部分资金，通常为资产价值的20%～40%，其余资金则通过将该资产抵押担保的方式，向第三方（通常为银行）申请贷款解决。然后租赁公司将购进的设备出租给承租方，用收取的租金偿还贷款，该资产的所有权属于出租方。出租人既是债权人也是债务人，如果出租人到期不能按期偿还借款，资产所有权则转移给资金的出借者。

3. 融资租赁租金的计算

(1) 租金的构成。

融资租赁每期租金的多少，取决于以下几项因素：①租赁设备购置成本。包括设备买价、运输费、安装调试费、保险费等。②租赁设备的预计残值。设备租赁期满时预计的可变现净值。③利息。租赁公司为承租企业购置设备垫付资金所应支付的利息。④租赁手续费。租赁公司承办租赁设备所发生的业务费用和必要的利润。

(2) 租金的支付方式。

租金的支付有以下几种分类方式：①按支付间隔期长短，分为年付、半年付、季付和月付等方式。②按在期初和期末支付，分为先付和后付。③按每次支付额，分为等额支付和不等额支付。实务中，承租企业与租赁公司商定的租金支付方式，大多为后付等额年金。

(3) 租金的计算。

我国融资租赁实务中，租金的计算大多采用等额年金法。等额年金法下，通常要根据利率和租赁手续费率确定一个租费率，作为折现率。

【例4-2】 某企业于2012年1月1日从租赁公司租入一套设备，价值50万元，租期6年，租赁期满时预计残值4万元，归租赁公司。年利率8%。租金每年年末支付一次。则：

每年租金 = $[500\,000 - 40\,000 \times (P/F, 8\%, 6)]/(P/A, 8\%, 6) = 102\,704$（元）

为了便于有计划地安排租金的支付，承租企业可编制租金摊销计划表。根据本例的有关资料编制租金摊销计划表，见表4-2。

表4-2 租金摊销计划表

单位：元

年 份	期初本金 ①	支付租金 ②	应计租费 ③=①×8%	本金偿还额 ④=②-③	本金余额 ⑤=①-④
2012年	500 000	102 704	40 000	62 704	437 296
2013年	437 296	102 704	34 983.68	67 720.32	369 575.68
2014年	369 575.68	102 704	29 566.05	73 137.95	296 437.73
2015年	296 437.73	102 704	23 715.02	78 988.98	217 448.75
2016年	217 448.75	102 704	17 395.9	85 308.1	132 140.65
2017年	132 140.65	102 704	10 571.25	92 132.75	40 007.9*
合计		616 224	156 231.9	459 992.1	

注：40 007.9* 即为到期残值，尾数7.9系中间计算过程中四舍五入的误差导致。

4. 融资租赁的筹资特点

(1) 筹资速度快。融资租赁集"融资"与"融物"于一身，使企业尽快形成生产能力。针对中小企业、新创企业而言，融资租赁是一条重要的融资途径。对于大型企业需要增加大型设备、工具等固定资产，也可以通过融资租赁解决巨额资金的需要。

(2) 限制条款少。与向银行借款或发行债券筹资方式相比，租赁筹资的限制条件很少。企业向银行借款或发行债券都受到相当多的资格条件的限制，如足够的抵押品、银行贷款的信用标准、发行债券的政府管制等。

(3) 财务风险小。融资租赁与购买的一次性支出相比，能够避免一次性支付的负担。租金在整个租期内分摊，不用到期归还大量本金，且租金可以通过项目本身产生的收益来支付。

(4) 租赁能延长资金融通的期限。通常为设备而贷款的借款期限比该资产的物理寿命要短得多，而租赁的融资期限却可接近其全部使用寿命期限；并且其金额随设备价款金额而定，无融资额度的限制。

(5) 免遭设备陈旧过时的风险。随着科学技术在迅速发展，设备陈旧过时的风险很高，而多数租赁协议都规定由出租人承担设备陈旧过时的风险。

(6) 资本成本高。融资租赁承担的租金要比向银行借款或发行债券所承担的利息高很多，租金总额通常要高于租赁资产价值的30%。

4.3.4 债务筹资的优缺点

1. 债务筹资的优点

(1) 资金成本较低。债务筹资的资本成本要低于股权筹资。债务的筹资费用比股权筹资费用低，同时，利息等资本成本可以在税前支付。

(2) 筹资速度较快。债务筹资与股权筹资比，债务筹资不需要经过复杂的审批手续和证券发行程序就可以很快地获取资金。如银行借款、融资租赁等。

(3) 可以利用财务杠杆。债权人从企业那里只能获得固定的利息或租金，不能参加公司剩余收益的分配。当企业的资本报酬率高于债务利率时，更多的收益可用于分配给股东或留用公司经营，从而增加股东和公司的财富。

(4) 保障股东控制权。债权人无权参加企业的经营管理，利用债务筹资不会改变和分散股东对公司的控制权。

(5) 筹资弹性大。股权不能退还，股利将成为企业永久性的资本成本的负担。而利用债务筹资，企业可以根据其经营情况和财务状况，灵活地商定债务条件，控制筹资数量。

2. 债务筹资的缺点

(1) 财务风险大。与股权筹资比，债务筹资的风险大，因为债务到期，企业必须还本付息，如果企业经营不善，无力偿还，债权人有权提出要求企业破产。

(2) 筹资数额有限。债务筹资与股权筹资比，债务筹资的数额往往受到贷款机构资本实力的制约，不可能像发行股票那样一次筹集到大笔资本，无法满足公司大规模筹资的需求。

(3) 不能形成稳定的资本基础。债务资本有固定的到期日，到期需要偿还。债务筹资只能作为企业的补充性资本来源。

? 小思考

1. 什么是债务筹资？债务筹资有哪些筹资方式？
2. 简述融资租赁的优缺点。

4.4 混合性筹资

混合性筹资是指兼具股权与债务双重特性的长期筹资。通常包括优先股筹资、发行可转换债券和认股权证。

4.4.1 优先股

优先股是兼具股权与债务双重特性的证券，有些方面与普通股具有共性，如无到期日，公司可以永久性地使用优先股所筹集的资本，属于股权资本。另一方面具有债券的某些特征，如可以定期收益股利。因此，它是一种混合性证券。优先股相对普通股而言，具有较普通股优先分配公司收益和剩余资产的权利，但在权力上也受到一定限制。

1. 优先股的特点

（1）优先股的股利是固定。股利水平在发行时就确定了，股利是固定的，公司的盈利超过优先股股利时不会增加其股利。优先股的股利支付比普通股优先，未支付优先股股利时普通股不能支付股利。多数优先股是"可累积优先股"，就是尚未支付的优先股的累积股利总额，必须在支付普通股股利之前支付完毕。

（2）优先股无表决权。优先股股东一般无表决权。优先股在发行时规定没有表决权。优先股股东可以选举一定比例的公司董事，但无权过问公司的经营管理，仅对涉及优先股股东权益时可行使有限的表决权。

（3）优先股一般没有固定的到期日。非可赎回优先股没有到期期限，发行公司不承担还本义务，这与普通股类似。对可赎回优先股，发行公司可在需要时按一定价格收回，这与公司债券类似。

（4）优先股可转换为普通股。有些优先股可以转换为普通股，称为可转换优先股。有些则是不可换优先股。这一点与债券类似。

（5）优先股的股息不能在税前扣除。对于发行公司来说，支付优先股股息不能税前扣除，这一点与普通股类似。

（6）财务风险小。对筹资者而言，优先股筹资的风险比债券小。不支付股利不会导致公司破产。对投资者而言，优先股投资的风险比债券大。因为企业面临破产时，优先股索偿权低于债权人。在公司财务困难的时候，债务利息会被优先得到支付，优先股股利则是次要的。

2. 优先股的种类

优先股按其具体的权利不同进行以下分类。

（1）累积优先股和非累积优先股。

累积优先股是指公司过去年度未分派或分派不足的规定股利，应在下期或后期补足付清。非累积优先股不享受补派积欠股利的权利，即优先股股利按期分别计算，本期利润不足以分派优先股股利的，公司以后不再补付。

（2）参加优先股和非参加优先股。

参加优先股是指按规定先于普通股分得一定金额的股利外，还能够参与普通股共享剩余利润分配的权利。参加优先股又可分为全部参加和部分参加两种。全部参加优先股是指按规定先于普通股分得一定金额的股利外，还能够享受与普通股一样对剩余利润分配的权利，对剩余利润按相同的比例进行分配，即优先股与普通股所分得的股利完全相同。部分参加优先股则可增派的股利有一定限度。非参加优先股是指按规定先于普通股分得一定金额的股利后，不得再参与对剩余利润的分派。

（3）可转换优先股。

可转换优先股是指按照发行股份时的规定，在一定期限内，以一定的票面比例，可将优先股份换成一定数量的普通股份。公司发行这类优先股，是在公司盈利不多时，便于筹集资金。这类优先股具有比普通股优先分得股利的权利，且公司盈利增多时，经过转换股票，可成为普通股而享有较高的股利率，参与企业经营管理和决策的权利。

3. 优先股筹资的优点和缺点

股份有限公司采用优先股筹集资金，与其他筹资方式相比，具有一定的优缺点，具体体现在以下几个方面。

（1）优先股筹资的优点。

① 保障普通股股东的控制权。与普通股相比，发行优先股一般不会稀释股东权益。

② 公司可以永久地使用其资金。无期限的优先股没有到期期限，不会减少公司现金流，不需要偿还本金。

③ 财务风险小。与债券相比，不支付股利不会导致公司破产。

④ 支付股利具有弹性。如果公司经营成果不佳，可以暂时不支付优先股股利。

（2）优先股筹资的缺点。

① 优先股股利不可以税前扣除，其税后成本高于负债筹资。

② 对优先股筹资的制约因素较多。

4.4.2 可转换债券

1. 可转换债券的概念

可转换债券是指发行人依照法定程序发行，在一定时间内依据约定的条件可以转换成公司普通股的公司债券。可转换债券是一种混合型证券，是公司普通债权与证券期权的组合体，兼具债券、股票和期权的某些特征。在转换权行使之前属于公司的债务资本，权利行使之后则成为发行公司的所有权资本。

2. 可转换债券的种类

按照转换权是否与可转换债券分离，可转换债券可以分为两类：一类是一般可转换债券，其转换权与债权不可分离，持有者直接按照债券面额和约定的转股价格，在约定的期限内将债券转换为股票；一类是可分离交易的可转换债券，这类债券在发行时附有认股权证，是认股权证和公司债券的组合，又被称为"可分离的附认股权证的公司债券"，发行上市后公司债券和认股权证各自独立流通、交易。认股权证的持有者认购股票时，需要按照认购价（行权价）出资购买股票。

3. 可转换债券的基本要素

可转换债券的基本要素是指构成可转换债券基本特征的必要因素，它们代表了可转换债券与一般债券的区别。

(1) 标的股票。

可转换债券对股票的可转换性,实际上是一种股票期权和股票选择权,可转换债券转换期权的标的物,就是可转换成的公司股票。标的股票一般是发行公司自己的普通股票。不过也可以是其他公司的股票,如该公司的上市子公司的股票。

(2) 票面利率。

可转换债券的票面利率一般会低于普通债券的票面利率,有时会低于同期银行存款利率。因为其持有人有一种特殊的选择权。

(3) 转换价格。

转换价格是指可转换债券在转换期内转换成普通股的每股价格。如,每股 20 元,即是指可转换债券到期时,将债券金额按照 20 元转换为相应股数的股票。由于可转换债券在未来可以行权转换成股票,在债券发售时,所确定的转换价格一般高于发行当时相关股票价格的 10%~30%。在转换期内,随着股票分割或股利分配要调整其转换价格。转换价格的计算公式如下:

$$转换价格 = \frac{债券面值}{转换比率} \quad (4-3)$$

(4) 转换比率。

转换比率是指每一份可转换债券在既定的转换价格下能转换为普通股股票的数量。

$$转换比率 = \frac{债券面值}{转换价格} \quad (4-4)$$

(5) 转换期限。

转换期限指的是可转换债券持有人能够行使转换权的有效期限。可转换债券的转换期可以与债券的期限相同,也可以短于债券的期限。转换期间的设定通常有四种情形:①债券发行日至到期日;②发行日至到期前;③发行后某日至到期日;④发行后某日至到期前。

(6) 赎回条款。

赎回条款是指发债公司在债券到期日之前按事先约定的价格提前赎回债券的规定。赎回一般发生在公司股票价格在一段时期内连续高于转股价格达到某一幅度时。赎回条款通常包括:不可赎回期间与赎回期;赎回价格(一般高于可转换债券的面值);赎回条件(分为无条件赎回和有条件赎回)等。设置赎回条款最主要的功能是强制债券持有者积极行使转股权,使发债公司避免在市场利率下降后,继续向债券持有人支付较高的债券利率而蒙受损失。

(7) 回售条款。

回售条款是指债券持有人有权按照事前约定的价格将债券出售给发行公司的规定。回售一般发生在公司股票价格在一段时期内连续低于转股价格达到某一幅度时。这一条款有利于降低债券投资者的风险。与赎回一样,回售条款也有回售时间、回售价格和回售条件等规定。

(8) 强制性转换调整条款。

强制性转换调整条款是指在某些条件具备之后,债券持有人必须将可转换债券转换为股票,无权要求偿还债权本金的规定。

4. 可转换债券的发行条件

根据我国证监会《上市公司证券发行管理办法》的规定，上市公司发行可转换债券，应当符合下列条件。

(1) 最近 3 个会计年度连续盈利，且最近 3 年净资产收益率平均在 10% 以上；属于能源、原材料、基础设施类的公司可以略低，但是不得低于 7%。

(2) 可转换债券发行后，公司资产负债率不高于 70%。

(3) 累计债券余额不超过公司净资产额的 40%。

(4) 上市公司发行可转换债券，还应当符合关于公开发行股票的条件。

5. 可转换债券的筹资特点

发行可转换债券是一种特殊的筹资方式，具有以下的筹资特点。

(1) 有利于资金的筹集。可转换债券一方面给予债券持有人以优惠的价格转换公司股票的好处，另一方面又向其提供了进行债权投资和股权投资的选择权，便于债券的发行和资金的筹集。

(2) 筹资灵活性。可转换债券将传统的债务筹资功能和股票筹资功能结合起来，筹资性质和时间上具有灵活性。

(3) 资本成本较低。可转换债券的利率低于同一条件下普通债券的利率，降低了公司资本成本。此外，在可转换债券转换为普通股时，公司无须另外支付筹资费用，又节约了股票的筹资成本。

(4) 股价大幅度上扬风险。如果债券转换导致公司股票价格大幅度上扬，而公司只能以较低的固定转换价格换出股票，便会降低公司的股权筹资额。

(5) 存在不转换的财务风险。如果在转换期内公司股价处于恶化性的地位，持券者到期不转股，则会增加公司偿还债务的压力，加大公司的财务风险。

4.4.3 认股权证

1. 认股权证的基本性质

认股权证是由股份有限公司发行的可认购其股票的一种买入期权，持有人有权在一定时间内以约定价格认购该公司发行的一定数量的股票。认股权证具有以下基本性质。

(1) 证券期权性。认股权证本质上是一种股票期权，属于衍生金融工具，具有实现融资和股票期权激励的双重功能。认股权证本身是一种认购普通股的期权，它没有普通股的红利收入，也没有普通股相应的权利。

(2) 认股权证是一种投资工具。投资者可以通过购买认股权证获得市场价与认购价之间的股票差价收益，因此它是一种具有内在价值的投资工具。

2. 认股权证的种类

(1) 美式认股证与欧式认股证。

美式认股证是指权证持有人在到期日前，可以随时提出履约要求，买进约定数量的标的股票。欧式认股证是指权证持有人只能于到期日当天，才能买进标的股票。无论股证属于欧式还是美式，投资者均可在到期日前在市场出售转让其持有的认股权证。

(2) 长期认股权证与短期认股权证。

认股权证按允许认股的期限分为长期认股权证和短期认股权证。短期认股权证的认股期限比较短,一般在 90 天以内。认股权期限超过 90 天的,为长期认股权证。

3. 认股权证的筹资特点

发行认股权证是一种特殊的筹资手段,认股权证的筹资具有以下特点。

(1) 有利于筹集资金。它可以促使公司在规定的期限内完成股票发行计划,顺利地筹集资金。

(2) 有利于改善上市公司的治理结构。在认股权证有效期间,上市公司管理层及其大股东任何有损公司价值的行为,都可能降低上市公司的股价,从而降低投资者执行认股权证的可能性。因此,认股权证将有效约束上市公司的道德行为,改善上市公司的治理结构。

(3) 有利于推进上市公司的股权激励机制。通过给予管理者和重要员工一定的认股权证,可以将管理者和员工的利益与企业价值成长紧密联系在一起,使管理者和员工在实现自身财富增值的同时,提升企业价值。

分析股权筹资与债权筹资的区别。

4.5 资金的需求数量预测

资金的需求数量预测是为了保证筹集的资金既能满足企业生产经营的需要,又不会使资金多余而产生闲置,充分有效地使用资金。因此,企业应该对资金的需要量进行科学合理的预测。常用的预测资金需要量的方法有以下几种。

4.5.1 因素分析法

因素分析法又称分析调整法,是以有关项目基期年度的实际平均资金需要量为基础,根据预测年度的生产经营任务和资金周转加速的要求,进行分析调整,来预测资金需要量的一种方法。这种方法计算简便,容易掌握,但预测结果不太精确。它通常用于品种繁多、规格复杂、资金用量较小的项目。因素分析法的计算公式如下:

资金需要量 =(基期资金平均占用额 — 不合理资金占用额)
×(1±预测期销售增减率)　　　　　　　　　　(4−5)
×(1±预测期资金周转速度变动率)

【例 4−3】 利民企业上年度资金平均占用额为 1 800 万元,经分析,其中不合理部分 100 万元,预计本年度销售增长 4%,资金周转加速 2%,预测年度资金需要量。

预测年度资金需要量 =(1 800−100)×(1+4%)×(1−2%)=1 732.64(万元)

4.5.2 销售百分比法

1. 基本原理

销售百分比法是根据销售增长与资产增长之间的关系,来预测未来资金需要量的方法。采用这种预测方法建立在企业的部分资产和负债与销售额同比例变化,并且企业各项资产、负债与所有者权益结构已达到最优的假设基础之上。销售百分比法是将反映生产经营规模的销售因素与反映资金占用的资产因素连接起来,根据销售与资产之间的数量比例关系,预计企业的外部筹资需要量。销售百分比法首先假设某些资产与销售额存在稳定的百分比关系,根据销售与资产的比例关系预计资产额,根据资产额预计相应的负债和所有者权益,进而确定筹资需要量。

2. 基本步骤

应用销售百分比法预测资金需要量通常需经过以下步骤。

(1) 确定随销售额变动而变动的资产和负债项目。

资产是资金使用的结果,随着销售额的变动,经营性资产项目将占用更多的资金。同时,随着经营性资产的增加,相应的经营性短期债务也会增加,如存货增加会导致应付账款增加,此类债务称之为"自动性债务",可以为企业提供暂时性资金。经营性资产与经营性负债的差额通常与销售额保持稳定的比例关系。这里,经营性资产项目包括库存现金、应收账款、存货等项目;而经营性负债项目包括应付票据、应付账款等项目,不包括短期借款、短期融资债券、长期负债等筹资性负债。

(2) 确定经营性资产与经营性负债有关项目与销售额的稳定比例关系。

如果企业资金周转的营运效率保持不变,经营性资产与经营性负债将会随销售额的变动而呈正比例变动,保持稳定的百分比关系。企业应当根据历史资料和同业情况,剔除不合理的资金占用,寻找与销售额的稳定百分比关系。

(3) 确定需要增加的筹资数量。

预计由于销售增长而需要的资金需求增长额,扣除利润留存后,即为所需要的外部筹资额。即有:

$$外部融资需求量 = \frac{A}{S_1} \times \Delta S - \frac{B}{S_1} \times \Delta S - P \times E \times S_2 \quad (4-6)$$

式中:A 为随销售而变化的敏感性资产;B 为随销售而变化的敏感性负债;S_1 为基期销售额;S_2 为预测期销售额;ΔS 为销售变动额;P 为销售净利率;E 为利润留存率;A/S_1 为敏感资产与销售额的关系百分比;B/S_1 为敏感负债与销售额的关系百分比。

【例 4-4】 利民公司 2017 年 12 月 31 日的简要资产负债表见表 4-3。假定该公司 2017 年销售额为 10 000 万元,销售净利率为 10%,利润留存率为 40%。2018 年销售额预计增长 20%,公司有足够的生产能力,无须追加固定资产投资。

表 4-3 资产负债表

利民公司　　　　　　　　　　2017 年 12 月 31 日　　　　　　　　　　单位:万元

资产	金额	与销售关系	负债与权益	金额	与销售关系
货币资金	500	5%	短期借款	2 500	N
应收账款	1 500	15%	应付账款	2 000	20%
存　货	4 000	40%	预提费用	500	5%
固定资产	5 000	N	应付债券	1 000	N
			实收资本	4 000	N
			留存收益	1 000	N
合　计	11 000	60%	合　计	11 000	25%

首先，确定有关项目及其与销售额的关系百分比。在表4-3中，N为不变动，是指该项目不随销售的变化而变化。

其次，确定需要增加的资金量。从表中可以看出，销售收入每增加100元，必须增加60元的资金占用，但同时自动增加25元的资金来源，两者差额还有35%的资金需求。因此，每增加100元的销售收入，公司必须取得35元的资金来源，销售额从10 000万元增加到12 000万元，增加了2 000万元，按照35%的比率可预测将增加700万元的资金需求。

最后，确定外部融资需求的数量。2018年的净利润预计为1 200万元（12 000×10%），利润留存率为40%，则将有480万元利润被留存下来，还有220万元的资金必须从外部筹集。

根据利民公司的资料，可求得对外融资的需求量为：

外部融资需求量＝60%×2 000－25%×2 000－10%×40%×12 000＝220（万元）

销售百分比法的优点，是能为筹资管理提供短期预计的财务报表，以适应外部筹资的需要，且易于使用。但在有关因素发生变动的情况下，必须相应地调整原有的销售百分比。

4.5.3 资金习性预测法

资金习性预测法是指根据资金习性预测未来资金需要量的一种方法。资金习性是指资金的变动同业务量变动之间的依存关系。按照资金同业务量之间的依存关系，可以把资金划分为不变资金、变动资金和半变动资金。

不变资金是指在一定的营业规模内不随业务量变动的资金，主要包括为维持营业而占用的最低数额的现金，原材料的保险储备，必要的成品储备，厂房、机器设备等固定资产占用的资金。变动资金是指随业务量的变动而同比例变动的那部分资金，主要包括直接构成产品实体的原材料、外购件等占用的资金。另外，在最低储备以外的现金、存货、应收账款等也具有变动资金的性质。半变动资金是指虽然受业务量变化的影响，但不形成同比例变动的资金。也就是在一定的业务量范围内，不随业务量变动，超过一定的业务量，将随业务量发生变动。例如，一些辅助材料占用的资金。半变动资金可以采用一定的方法进一步划分为不变资金和变动资金两部分。

1. 资金占用总额与产销量的关系预测

（1）回归直线法。

这种方式是依据资金的习性，将资金分为不变和变动两部分，假定资金占用总额与产销量之间存在的线性关系建立数学模型，然后根据企业连续若干年的销售量历史资料来预测资金需要量。预测资金需要量的数学模型为：

$$Y = a + bX \tag{4-7}$$

式中：Y 为资金需要总额；a 为不变资金；b 为单位产销量所需变动资金；X 为产销量。

上列预测模型中 a 和 b 的数值是依据历史资料采用回归直线方程求出的。

$$a = \frac{\sum X_i^2 \sum Y_i - \sum X_i \sum X_i Y_i}{n \sum X_i^2 - \left(\sum X_i\right)^2} \tag{4-8}$$

$$b = \frac{n\sum X_i Y_i - \sum X_i \sum Y_i}{n\sum X_i^2 - (\sum X_i)^2} \qquad (4-9)$$

【例 4-5】 甲公司历年产销量与资金变化情况见表 4-4，根据表 4-4 整理出表 4-5。2018 年预计销售量为 1 500 万件，需要预计 2018 年的资金需要量。

表 4-4 产销量与资金变化情况表

年 度	产销量（X_i）（万件）	资金占用（Y_i）（万元）
2012	1 200	1 000
2013	1 100	950
2014	1 000	900
2015	1 200	1 000
2016	1 300	1 050
2017	1 400	1 100

表 4-5 资金需求量预测表（按总额预则）

年 度	产销量（X_i）（万件）	资金占用（Y_i）（万元）	$X_i Y_i$	X_i^2
2012	1 200	1 000	1 200 000	1 440 000
2013	1 100	950	1 045 000	1 210 000
2014	1 000	900	900 000	1 000 000
2015	1 200	1 000	1 200 000	1 440 000
2016	1 300	1 050	1 365 000	1 690 000
2017	1 400	1 100	1 540 000	1 960 000
合计 n=6	$\sum X_i = 7\,200$	$\sum Y_i = 6\,000$	$\sum X_i Y_i = 7\,250\,000$	$\sum X_i^2 = 8\,740\,000$

$$a = \frac{\sum X_i^2 \sum Y_i - \sum X_i \sum X_i Y_i}{n\sum X_i^2 - (\sum X_i)^2} = \frac{8\,740\,000 \times 6\,000 - 7\,200 \times 7\,250\,000}{6 \times 8\,740\,000 - 7\,200^2} = 400$$

$$b = \frac{n\sum X_i Y_i - \sum X_i \sum Y_i}{n\sum X_i^2 - (\sum X_i)^2} = \frac{6 \times 7\,250\,000 - 7\,200 \times 6\,000}{6 \times 8\,740\,000 - 7\,200^2} = 0.5$$

解得：$Y = 400 + 0.5X$

把 2018 年预计销售量 1 500 万件代入上式，得出 2018 年资金需要量为：

$$400 + 0.5 \times 1\,500 = 1\,150(万元)$$

（2）高低点法。

这种方式是根据企业一定时期资金占用量的历史资料，选用最高收入期和最低收入期的资金占用量和对应的销售额，依据资金习性原理和建立的预测资金需要量的数学模型，来预测资金需求量。其预测资金需求量模型为：

$$Y = a + bX \quad (4-10)$$

式中：Y 为资金需要总额；X 为销售收入。a 和 b 是依据最高收入期和最低收入期的资金占用量和对应的销售额确定的常数，计算公式为：

$$b = \frac{最高收入期的资金占用量 - 最低收入期的资金占用量}{最高销售收入 - 最低销售收入} \quad (4-11)$$

$$a = 最高收入期的资金占用量 - b \times 最高销售收入 \quad (4-12)$$

或者：

$$a = 最低收入期的资金占用量 - b \times 最低销售收入 \quad (4-13)$$

【例 4-6】 某公司历年现金占用与销售额之间的关系见表 4-6。2018 年预计销售收入 3 300 000 元。试预计 2018 年的资金需要量。

表 4-6 资金与销售额变化情况表

单位：万元

年　度	销售收入（X_i）	资金占用额（Y_i）
2013	2 100 000	110 000
2014	2 400 000	130 000
2015	2 600 000	140 000
2016	2 800 000	150 000
2017	3 100 000	160 000

根据以上资料，采用适当的方法来计算不变资金和变动资金的数额。此处假定采用高低点法求 a 和 b 的值。

$$b = \frac{最高收入期的资金占用量 - 最低收入期的资金占用量}{最高销售收入 - 最低销售收入}$$

$$= \frac{160\,000 - 110\,000}{3\,100\,000 - 2\,100\,000} = 0.05$$

将 $b = 0.05$ 代入 $Y = a + bX$，得：

$$a = 160\,000 - 0.05 \times 3\,100\,000 = 5\,000 (万元)$$

2018 年的资金需要量 $= 5\,000 + 0.05 \times 3\,300\,000 = 170\,000$（万元）

2. 逐项分析法预测

这种方式是根据各资金占用项目（如现金、存货、应收账款、固定资产）同产销量之间的关系，把各项目的资金都分成变动资金和不变资金两部分，然后汇总在一起，求出企业变动资金总额和不变资金总额，进而来预测资金需求量。

【例 4-7】 根据某公司流动资产、流动负债和固定资产等项目的历史数据，计算出变动资金和不变资金，资料见表 4-7。预计 2018 年的销售收入为 3 200 000 元，试预测 2018 年的资金需要量。

表 4-7 资金需要量预测表（分项预测）

单位：元

项　　目	年度不变资金（a）	每 1 元销售收入所需变动资金（b）
流动资产：		
货币资金	10 000	0.05
应收账款	60 000	0.14
存货	100 000	0.22
小计	170 000	0.41
减：流动负债		
应付账款及应付费用	80 000	0.11
净资产占用	90 000	0.30
固定资产：		
厂房、设备	510 000	0
所需资金合计	600 000	0.30

根据表 4-7 的资料得出预测模型为：

$$Y = 600\,000 + 0.30X$$

2018 年的资金需要量 = 600 000 + 0.30 × 3 200 000 = 1 560 000（元）

销售百分比法是资金习性分析法的具体运用。依据资金习性，分析资金与销售量之间的规律性，将资金划分为变动资金和不变资金两部分，从而较为准确地预测资金需要量。在运用线性回归法时必须注意以下几个问题：①资金需要量与营业业务量之间线性关系的假定应符合实际情况；②在确定 a、b 数值时，应当利用连续若干年的历史资料，一般要有 3 年以上的资料；③应当考虑价格等因素的变动情况。

 小思考

什么是销售百分比法和资金习性预测法？

4.6　资本成本与资本结构

企业要实现财务管理目标就要正确估计和合理降低资本成本。因此，使筹资成本最低化，是实现财务管理目标的一个重要方面。资本成本是企业选择资金来源、确定筹资方案的重要依据，在其他因素相同的条件下，企业要选择资本成本最低的筹资方式，正确估计项目的资本成本是制定投资决策的基础。

企业从各种渠道取得和使用资金都不是无偿的，都需要付出代价。对于企业筹资来讲，企业为筹集和使用资金而付出的代价称为资金成本。资金按流动性又分为短期资金和长期资金。我们又将长期资金称为资本。

4.6.1　资本成本

1. 资本成本的含义

资本成本是指企业为筹集和使用资本而付出的代价，包括筹资费用和占用费用。资本成本是资本所有权与资本使用权分离的结果。对出资者而言，由于让渡了资本使用权，必须要求取得一定的补偿，资本成本表现为让渡资本使用权所带来的投资报酬。对筹资者而言，由于取得了资本使用权，必须支付一定代价，资本成本表现为取得资本使用权所付出的代价。

(1) 筹资费用。

筹资费用是指企业在筹集资本过程中为获取资本而付出的代价。如向银行支付的借款手续费，因发行股票、公司债券而支付的发行费等。筹资费用通常在资本筹集时一次性发生，在资本使用过程中不再发生，因此，可以作为筹资总额的一项扣除。

(2) 使用费用。

使用费用是指企业在资本使用过程中因使用资本而付出的代价。如向银行等债权人支付的利息，向股东支付的股利等。使用费用是因为占用了他人资金而必须支付的，是资本成本的主要内容。

2. 资本成本的作用

(1) 平均资本成本是衡量资本结构是否合理的依据。

企业价值是企业资产带来的未来经济利益的现值。计算现值时采用的贴现率通常会选择企业的平均资本成本，当平均资本成本率最小时，企业价值最大，此时的资本结构是企业理想的最佳资本结构。

(2) 资本成本是比较筹资方式和选择筹资方案的依据。

在评价各种筹资方式时，一般会考虑的因素包括对企业控制权的影响、对投资者吸引力的大小、融资的难易和风险、资本成本的高低等，而资本成本是其中的重要因素。企业筹集资金的方式有多种，但是它们的资本成本各不相同。因此，在其他条件相同时，企业筹资应选择资本成本最低的方式。各种资本的资本成本率是比较、评价各种筹资方式的依据。

(3) 资本成本是评价投资项目可行性的主要标准。

资本成本是企业对投入资本所要求的报酬率，即最低必要报酬率。项目的投资收益率只有大于其资本成本率才是经济合理的，否则投资项目不可行。因此，资本成本率是企业用以确定项目要求达到的投资报酬率的最低标准。

(4) 资本成本是评价企业经营成果的重要依据。

企业的生产经营活动，实际上就是所筹集资本经过投放后形成的资产营运，企业的总资产报酬率应高于其平均资本成本率，才能带来剩余收益，表明企业经营良好，否则被认为是经营不佳。所以，资本成本在一定程度上成为判断企业经营业绩的重要依据。

3. 影响资本成本的因素

在市场经济环境中，多方面因素的综合作用决定着企业资本成本的高低，其主要有：总体经济环境、资本市场条件、企业经营状况和融资状况、企业对筹资规模和时限的需求。当这些因素发生变化时，企业的资本成本就会随之发生变化。

(1) 总体经济环境。

总体经济环境变化的影响，反映在无风险报酬率上。如果社会总体经济的发展是稳定和持续增长的，则整个社会经济的资金供给和需求相对均衡且通货膨胀水平低，资金所有者投资的风险就小，预期报酬率低，筹资的资本成本相应就比较低。相反，如果社会总体经济不景气或者经济过热，通货膨胀持续居高不下，投资者投资风险大，预期报酬率高，筹资的资本成本就高。

（2）资本市场条件。

资本市场效率表现为资本市场上的资本商品的市场流动性。资本商品的流动性高，表现为容易变现且变现时价格波动较小。如果资本市场缺乏效率，证券的市场流动性低，投资者投资风险大，要求的预期报酬率高，那么通过资本市场筹集的资本其资本成本就比较高。

（3）企业经营状况和融资状况。

企业内部经营风险是企业投资决策的结果，表现为资产报酬率的不确定性；企业融资状况导致的财务风险是企业筹资决策的结果，表现为股东权益资本报酬率的不确定性。两者共同构成企业总体风险，如果企业经营风险高，财务风险大，则企业总体风险水平高，投资者要求的预期报酬率高，企业筹资的资本成本相应就大。

（4）企业对筹资规模和时限的需求。

在一定时期内，国民经济体系中资金供给总量是一定的，资本是一种稀缺资源。因此企业一次性需要筹集的资金规模越大、占用资金时限越长，资本成本就越高。当然，融资规模、时限与资本成本的正向相关性并非线性关系，一般来说，融资规模在一定限度内，并不引起资本成本的明显变化，当融资规模突破一定限度时，才引起资本成本的明显变化。

4．个别资本成本的计算

个别资本成本是指单一的长期资金的成本，包括银行借款资本成本、公司债券资本成本、融资租赁资本成本、普通股资本成本和留存收益成本等，其中前三类是债务资本成本，后两类是权益资本成本。个别资本成本率可用于比较和评价各种筹资方式。

（1）资本成本计算的基本模式。

① 一般模式。

一般模式是指在计算资本成本时，不考虑时间价值。一般模式的计算公式为：

$$资本成本率 = \frac{年资金占用费}{筹资总额 - 筹资费用} = \frac{年资金占用费}{筹资总额 \times (1 - 筹资费用率)} \quad (4-14)$$

② 折现模式。

折现模式是指在计算资本成本时，考虑时间价值，即将债务未来还本付息或股权未来股利分红的折现值与目前筹资净额相等时的折现率作为资本成本率。这种计算资本成本的方式更为准确。计算方法为：

$$筹资净额现值 - 未来资本清偿额现金流量现值 = 0 \quad (4-15)$$

注：资本成本率 = 所采用的折现率

（2）银行借款资本成本的计算。

银行借款资本成本包括借款利息和借款手续费用。由于利息费用税前支付，可以起到抵税作用。银行借款的资本成本率按一般模式计算为：

$$K_b = \frac{年利率 \times (1 - 所得税税率)}{1 - 手续费率} \times 100\% = \frac{i(1-T)}{1-f} \times 100\% \quad (4-16)$$

式中：K_b 为银行借款资本成本率；i 为银行借款年利率；f 为筹资费用率；T 为所得税税率。

当考虑时间价值问题时，长期借款可以用折现模式计算资本成本率。计算公式为：

$$M(1-f) = \sum_{t=1}^{n} \frac{I_t(1-T)}{(1+K_b)^t} + \frac{M}{(1+K_b)^n} \quad (4-17)$$

式中：M 为银行借款本金。

【例 4-8】 某公司取得 5 年期长期借款 100 万元，年利率 10%，每年付息一次，到期一次还本，借款费用率 0.2%，企业所得税税率 20%，该项借款的资本成本率为：

$$K_b = \frac{10\% \times (1-20\%)}{1-0.2\%} \approx 8.02\%$$

当考虑时间价值时，该项长期借款的资本成本计算如下：

$$100 \times (1-0.2\%) = 100 \times 10\% \times (1-20\%) \times (P/A, K_b, 5) + 100 \times (P/F, K_b, 5)$$

按插值法计算，得：$K_b = 8.05\%$

(3) 公司债券资本成本的计算。

公司债券资本成本包括债券利息和发行费用。债券发行费用包括申请发行债券的手续费、注册费、印刷费、上市交易费及推销费用等。债券的发行价格有等价、溢价、折价三种。其资本成本率按一般模式计算为：

$$K_b = \frac{\text{票面年利息} \times (1-\text{所得税税率})}{\text{债券筹资总额} \times (1-\text{手续费率})} \times 100\% = \frac{I(1-T)}{L(1-f)} \times 100\% \quad (4-18)$$

式中：L 为公司债券筹资总额；I 为公司债券年利息。

【例 4-9】 某企业以 1 100 元的价格，溢价发行面值为 1 000 元、期限 5 年、票面利率为 7% 的公司债券一批。每年付息一次，到期一次还本，发行费用率 3%，所得税税率 20%，该批债券的资本成本率为：

$$K_b = \frac{1\,000 \times 7\% \times (1-20\%)}{1\,100 \times (1-3\%)} \approx 5.25\%$$

当考虑时间价值时，该项公司债券的资本成本计算如下：

$$1\,100 \times (1-3\%) = 1\,000 \times 7\% \times (1-20\%) \times (P/A, K_b, 5) + 1\,000 \times (P/F, K_b, 5)$$

按插值法计算，得：$K_b = 4.09\%$

(4) 融资租赁资本成本的计算。

融资租赁各期的租金中，包含本金每期的偿还和各期手续费用（即租赁公司的各期利润），其资本成本率只能按贴现模式计算。

【例 4-10】 续例 4-2 基本资料，该设备价值 50 万元，租期 6 年，租赁期满时预计残值 4 万元，归租赁公司。每年年末支付一次租金，租金金额为 102 704 元，则：

$$5\,000\,000 - 40\,000 \times (P/F, K_b, 6) = 102\,704 \times (P/A, K_b, 6)$$

得：$K_b = 8\%$

(5) 普通股资本成本的计算。

普通股资本成本主要是向股东支付的各期股利。而股利是以所得税后净利支付的，不能抵减所得税，所以权益资本成本与前述两种债务资本成本的显著不同在于计算时不扣除所得税的影响。计算普通股成本，常用的方法有"股利增长模型法"和"资本资产定价模型法"。

① 股利增长模型法。

该种方法是假定资本市场有效,股票市场价格与价值相等。则普通股资本成本为:

$$K_s = \frac{D_0(1+g)}{P_0(1-f)} + g = \frac{D_1}{P_0(1-f)} + g \qquad (4-19)$$

式中:D_0 为某股票本期支付的股利;D_1 为预期年股利;g 为各期股利增长率;P_0 为目前股票市场价格;f 为筹资费用率。

【例 4-11】 某公司普通股市价 30 元,筹资费用率 2%,本年发放现金股利每股 0.6 元。预期股利年增长率为 10%。则:

$$K_s = \frac{0.6 \times (1+10\%)}{30 \times (1-2\%)} + 10\% \approx 12.24\%$$

② 资本资产定价模型法。

该种方法是假定资本市场有效,股票市场价格与价值相等。则普通股资本成本为:

$$K_s = R_s = R_f + \beta(R_m - R_f) \qquad (4-20)$$

式中:R_f 为无风险报酬率;R_m 为市场平均报酬率;β 为某股票贝塔系数。

【例 4-12】 某公司普通股 β 系数为 1.5,此时一年期国债利率 5%,市场平均报酬率 15%,则该普通股资本成本率为:

$$K_s = 5\% + 1.5 \times (15\% - 5\%) = 20\%$$

(6) 留存收益资本成本的计算。

留存收益是企业税后净利形成的,是一项股东权益,其实质是股东向企业的追加投资。留存收益的资本成本是股东失去向外投资的机会成本。其计算与普通股成本基本相同。因企业利用留存收益筹资无须发生筹资费用,所以在计算其成本时,不考虑筹资费用。常用的方法有"股利增长模型法"和"资本资产定价模型法"。按照"股利增长模型法"的方法,计算公式为:

$$K_r = \frac{D_1}{P_0} + g \qquad (4-21)$$

式中:D_1 为预期年股利;g 为各期股利增长率;P_0 为目前股票市场价格。

5. 综合资本成本的计算

由于企业在进行筹资时受多种因素影响,不可能采用单一的筹资方式,往往需要通过多种方式进行资金的筹集。为了反映企业资本成本整体水平的高低,需要计算企业的综合资本成本。综合资本成本是以各种资金占全部资金的比重为权数,对个别资本成本进行加权平均确定的,故而又称加权平均资本成本。

按账面价值计算公式为:

$$K_w = \sum_{j=1}^{n} K_j W_j \qquad (4-22)$$

式中:K_w 为综合资本成本;K_j 为第 j 种个别资本成本;W_j 为第 j 种个别资本账面价值在全部资本账面价值中的比重。

按市场价值计算公式为:

$$K_w = \frac{\sum_{j=1}^{n} K_j E_j}{\sum_{j=1}^{n} E_j} \qquad (4-23)$$

式中：K_j 为第 j 种个别资本成本；E_j 为第 j 种个别资本的市场价值。

综合资本成本的计算存在着权数价值的选择问题，即各项个别资本按什么权数来确定资本比重。通常，可供选择的价值形式有账面价值、市场价值、目标价值等。账面价值权数是以各项个别资本的会计报表账面价值为基础来计算资本权数，确定各类资本占总资本的比重。按照账面价值权数来确定，资料容易取得，但当资金的账面价值与市场价值差别较大时，计算结果会与实际有较大差别。市场价值权数是以各项个别资本的现行市价为基础来计算资本权数，确定各类资本占总资本的比重。按照市场价值权数来确定，能够反映现时的资本成本水平，有利于进行资本结构决策，但资料不容易取得。目标价值权数是以各项个别资本预计的未来价值为基础来确定资本权数，确定各类资本占总资本的比重。以目标价值为基础计算资本权重，能体现决策的相关性。目标价值权数是主观愿望和预期的表现，依赖于财务经理价值判断和职业经验。

【例 4-13】 远华公司 2016 年期末的长期资本账面总额为 1 000 万元，其中：银行长期贷款 500 万元，占 50%；长期债券 150 万元，占 15%；普通股 350 万元，占 35%。长期贷款、长期债券和普通股的个别资本成本分别为：6%、7%、10%。普通股市场价值为 1 600 万元，债券市场价值等于账面价值。该公司的综合资本成本率为：

按账面价值计算：
$$K_w = 6\% \times 50\% + 7\% \times 15\% + 10\% \times 35\% = 7.55\%$$

按市场价值计算：
$$K_w = \frac{6\% \times 500 + 7\% \times 150 + 10\% \times 1\,600}{500 + 150 + 1\,600} = \frac{200.5}{2\,250} = 8.911\,1\%$$

6. 边际资本成本率的计算

边际资本成本是指企业追加筹资的资本成本，即每增加一个单位资本而增加的成本。边际资本成本是按加权平均计算的，是追加筹资时所使用的加权平均成本。企业追加筹资时可能只采用某一种筹资方式，但筹资数额较大或在目标资本结构既定的情况下，往往需要采用多种筹资方式。这时，企业在追加筹资时要考虑新筹集资金的成本，即边际资本成本。边际资本成本是企业进行追加筹资的决策依据。

边际资本成本率的计算方法采用两个步骤进行计算：第一步计算出筹资突破点；第二步计算筹资总范围的边际成本。

筹资突破点是指在保持某资本成本率的条件下可以筹集到的资金总限度。在筹资突破点以内筹资，原来的资本成本率将保持不变；如果筹资总额超过筹资突破点，即使维持现有的资本结构，其资本成本率也会上升。筹资突破点的计算公式为：

$$筹资突破点 = \frac{第\,i\,种筹资方式的筹资额}{目标资本结构中第\,i\,种筹资方式所占比例} \quad (4-24)$$

【例 4-14】 某公司拥有长期资金 2 000 万元，其中长期借款 200 万元，长期债券 400 万元，普通股 1 400 万元。由于扩大经营规模的需要，拟筹集新资金。经分析，认为筹集新资金后仍应保持目前的资本结构，即长期借款占 10%、长期债券占 20%、普通股占 70%。财务人员分析了资本市场和公司的筹资能力，并测算出随着公司筹资规模的扩大，各种资本成本率也会发生变动，测算结果见表 4-8。

表 4-8　筹资规模与资本成本率表

资 本 种 类	目标资本结构（%）	追加筹资额（元）	资本成本率（%）
长期借款	10	20 000 元内 20 000～80 000 元 80 000 元以上	3 5 7
长期债券	20	200 000 元内 200 000～500 000 元 500 000 元以上	10 11 12
普通股	70	350 000 元内 350 000～700 000 元 700 000 元以上	13 14 15

第一步计算筹资突破点。

根据表 4-8 的数据，取得长期借款资本成本率为 3%、筹资限额为 20 000 元，其筹资突破点为：

$$\frac{20\ 000}{10\%}=200\ 000（元）$$

取得长期借款资本成本率为 5%、筹资限额为 80 000 元，其筹资突破点为：

$$\frac{80\ 000}{10\%}=800\ 000（元）$$

按照以上方法，计算出各种情况下的筹资突破点的结果见表 4-9。

表 4-9　筹资突破点计算表

单位：元

资 本 种 类	目标资本结构/%	资本成本率/%	追加筹资额	筹资突破点
长期借款	10	3 5 7	20 000 元以下 20 000～80 000 元 80 000 元以上	200 000 800 000 —
长期债券	20	10 11 12	200 000 元以下 200 000～500 000 元 500 000 元以上	1 000 000 2 500 000 —
普通股	70	13 14 15	350 000 元以下 350 000～700 000 元 700 000 元以上	500 000 1 000 000 —

根据上一步计算出的筹资突破点，可以得到 6 组筹资总额范围：①20 万元以下；②20 万～50 万元；③50 万～80 万元；④80 万～100 万元；⑤100 万～250 万元；⑥250 万元以上。对以上 6 组筹资范围分别计算加权平均资本成本，即可得到各种筹资范围的边际资本成本。计算结果见表 4-10。

表 4-10　边际成本率的计算表

序号	筹资总范围	资本种类	目标资本结构	资本成本率	边际成本率
1	200 000 元以下	长期借款	10	3	3%×10%=0.3%
		长期债券	20	10	10%×20%=2%
		普通股	70	13	13%×70%=9.1%
	第一组筹资总范围				11.4%
2	200 000~500 000 元	长期借款	10	5	5%×10%=0.5%
		长期债券	20	10	10%×20%=2%
		普通股	70	13	13%×70%=9.1%
	第二组筹资总范围				11.6%
3	500 000~800 000 元	长期借款	10	5	5%×10%=0.5%
		长期债券	20	10	10%×20%=2%
		普通股	70	14	14%×70%=9.8%
	第三组筹资总范围				12.3%
4	800 000~1 000 000 元	长期借款	10	7	7%×10%=0.7%
		长期债券	20	10	10%×20%=2%
		普通股	70	14	14%×70%=9.8%
	第四组筹资总范围				12.5%
5	1 000 000~2 500 000 元	长期借款	10	7	7%×10%=0.7%
		长期债券	20	11	11%×20%=2.2%
		普通股	70	15	15%×70%=10.5%
	第五组筹资总范围				13.4%
6	2 500 000 元以上	长期借款	10	7	7%×10%=0.7%
		长期债券	20	12	12%×20%=2.4%
		普通股	70	15	15%×70%=10.5%
	第六组筹资总范围				13.6%

4.6.2　杠杆效应

财务管理中存在着类似于物理学中的杠杆效应，即借助杠杆，只要用较小的力便能产生较大的效果。财务管理中的杠杆原理是指由于特定固定支出或费用的存在，当业务量发生较小的变化时，利润会产生较大的变化。财务管理中的杠杆效应既可以产生杠杆利益，也可以带来杠杆风险。杠杆效应包括了经营杠杆、财务杠杆和总杠杆三种效应形式。

1. 经营杠杆效应

（1）经营杠杆。

经营杠杆是指由于固定性经营成本的存在，销售量变动对息税前利润产生的影响。只要企业存在固定性经营成本，就存在经营杠杆效应。在固定成本范围内，企业可以通过增加营业额来降低单位营业额的固定成本，从而增加企业的营业利润，这就形成了经营杠杆。企业利用经营杠杆既可以获得经营杠杆利益，也可能遭受经营杠杆风险带来的损失。经营杠杆反映了资产报酬的波动性，用以评价企业的经营风险。用息税前利润（EBIT）表示资产总报酬，则计算公式为：

$$EBIT = S - V - F = (P - V_c)Q - F = M - F \quad (4-25)$$

式中：EBIT 为息税前利润；S 为销售额；V 为变动性经营成本；F 为固定性经营成本；Q 为销售量；P 为销售单价；V_c 为单位变动成本；M 为边际贡献。

上式中，影响 EBIT 的因素包括产品售价、产品需求、产品成本等因素。当产品成本中存在固定成本时，如果其他条件不变，产销业务量的增加虽然不会改变固定成本总额，但会降低单位产品分摊的固定成本，从而提高单位产品利润，使息税前利润的增长率大于产销业务量的增长率，进而产生经营杠杆效应。当不存在固定性经营成本时，所有成本都是变动性经营成本，边际贡献等于息税前利润，此时息税前利润变动率与产销业务量的变动率完全一致。

(2) 经营杠杆系数。

经营杠杆的大小可以用经营杠杆系数（DOL）来表示，它是企业息税前利润变动率与销售量变动率之间的比率，计算公式为：

$$DOL = \frac{息税前利润变动率}{销售量变动率} = \frac{\Delta EBIT}{EBIT} \Big/ \frac{\Delta Q}{Q} \quad (4-26)$$

式中：DOL 为经营杠杆系数；$\Delta EBIT$ 为息税前利润变动额；EBIT 为变动前息税前利润；ΔQ 为销售变动值；Q 为变动前销售量。

为了便于计算，可以将上列公示变换为：

$$DOL_Q = \frac{Q(P-V_c)}{Q(P-V_c) - F} \quad (4-27)$$

或

$$DOL_S = \frac{S-V}{S-V-F} \quad (4-28)$$

式中：DOL_Q 为按销售数量确定的经营杠杆系数；DOL_S 为按销售金额确定的经营杠杆系数。

【例 4-15】 某公司的固定成本为 500 万元，变动成本率 60%。年产销额 5 000 万元时，变动成本 3 000 万元，固定成本 500 万元，息前税前利润 1500 万元；年产销额 7 000 万元时，变动成本为 4 200 万元，固定成本仍为 500 万元，息前税前利润为 2300 万元。其经营杠杆系数计算如下：

$$DOL = \frac{\Delta EBIT}{EBIT} \Big/ \frac{\Delta Q}{Q} = \frac{2300-1500}{1500} \Big/ \frac{7000-5000}{5000} = 1.33$$

(3) 经营杠杆与经营风险。

经营风险是指企业由于生产经营上的原因而导致的资产报酬波动的风险。引起企业经营风险的主要原因是市场需求和生产成本等因素的不确定性，经营杠杆本身并不是资产报酬不确定的根源，只是资产报酬波动的表现。但是，经营杠杆放大了市场和生产等因素变化对利润波动的影响。经营杠杆系数越高，表明资产报酬等利润波动程度越大，经营风险也就越大。

影响经营杠杆的因素包括企业成本结构中的固定成本比重、息税前利润水平。其中，息税前利润水平又受产品销售数量、销售价格、成本水平（单位变动成本和固定成本总额）高低的影响。固定成本比重越高、成本水平越高、产品销售数量和销售价格水平越低，经营杠杆效应越大，反之亦然。

【例4-16】 某公司生产A产品，固定成本200万元，变动成本率60%。当销售额分别为1 500万元、700万元、500万元时，经营杠杆系数分别为：

$$DOL_{1\,500} = \frac{1\,500 - 1\,500 \times 60\%}{1\,500 - 1\,500 \times 60\% - 200} = 1.5$$

$$DOL_{700} = \frac{700 - 700 \times 60\%}{700 - 700 \times 60\% - 200} = 3.5$$

$$DOL_{500} = \frac{500 - 500 \times 60\%}{500 - 500 \times 60\% - 200} \rightarrow \infty$$

上例计算结果表明：在其他因素不变的情况下，销售额越小，经营杠杆系数越大，经营风险也就越大，反之亦然。如销售额为1 500万元时，DOL为1.5，销售额为700万元时，DOL为3.5，销售额为500万元时，DOL为∞。显然后者的不稳定性大于前者，经营风险也大于前者。在销售额处于盈亏临界点500万元时，经营杠杆系数趋于无穷大，此时企业销售额稍有减少便会导致更大的亏损。

2. 财务杠杆效应

（1）财务杠杆。

财务杠杆是指由于固定性资本成本的存在，而使得企业的普通股收益（或每股收益）变动率大于息税前利润变动率的现象。只要企业融资方式中存在固定性资本成本，就存在财务杠杆效应。当企业负债经营时，不论营业利润多少，债务的利息和优先股的股利通常都是固定不变的。当息税前利润增大时，每一元息税前利润所负担的固定财务费用就会相对减少，从而给普通股股东带来较大的收益。这种债务对投资者收益的影响称作财务杠杆。财务杠杆反映了股权资本报酬的波动性，用以评价企业的财务风险。用普通股收益（或每股收益）表示普通股权益资本报酬，其计算公式为：

$$TE = (EBIT - I)(1 - T) \tag{4-29}$$

$$EPS = (EBIT - I)(1 - T)/N \tag{4-30}$$

式中：TE为全部普通股净收益；EPS为每股收益；I为债务资本利息；T为所得税税率；N为普通股股数。

上式中，影响普通股收益的因素包括资产报酬、资本成本、所得税税率等因素。当有固定利息费用等资本成本存在时，如果其他条件不变，息税前利润的增加虽然不改变固定利息费用总额，但会降低每一元息税前利润分摊的利息费用，从而提高每股收益，使得普通股收益的增长率大于息税前利润的增长率，进而产生财务杠杆效应。当不存在固定利息、股息等资本成本时，息税前利润就是利润总额，此时利润总额变动率与息税前利润变动率完全一致。如果两期所得税税率和普通股股数保持不变，每股收益的变动率与利润总额变动率也完全一致，进而与息税前利润变动率一致。

（2）财务杠杆系数。

在同一固定的资本成本支付水平上，不同的息税前利润水平，对固定的资本成本的承受负担是不一样的，其财务杠杆效应的大小程度也是不一致的。财务杠杆作用的大小通常用财务杠杆系数表示。财务杠杆系数越大，表明财务杠杆作用越大，财务风险也就越大；财务杠杆系数越小，表明财务杠杆作用越小，财务风险也就越小。财务杠杆系数的计算公式为：

$$DFL = \frac{每股收益变动率}{息税前利润变动率} = \frac{\Delta EPS/EPS}{\Delta EBIT/EBIT} \quad (4-31)$$

上式的财务杠杆系数的计算公式可以简化为：

$$DFL = \frac{息税前利润总额}{息税前利润总额 - 利息} = \frac{EBIT}{EBIT - I} \quad (4-32)$$

注：此公式不考虑优先股股利。

【例 4-17】 A、B、C 为三个经营业务相同的公司，资本总额均为 1 000 万元，所得税税率均为 25%，每股面值均为 100 元。A 公司资本全部由普通股组成；B 公司债务资本 300 万元（利率 10%），普通股 700 万元；C 公司债务资本 500 万元（利率 10.8%），普通股 500 万元。三个公司 2016 年 EBIT 均为 200 万元，2017 年 EBIT 均为 400 万元，EBIT 增长了一倍。有关财务指标见表 4-11。

表 4-11 债务规模不同的公司普通股收益及财务杠杆系数计算表

项 目	A 公司	B 公司	C 公司
普通股股本（面值 100 元）	10 000 000	7 000 000	5 000 000
发行股数（N）	100 000	70 000	50 000
债务资本	0	3 000 000	5 000 000
资本总额	10 000 000	10 000 000	10 000 000
2016 年息税前利润（EBIT）	2 000 000	2 000 000	2 000 000
债务利息（I）	0	300 000	540 000
税前利润（EBIT$-I$）	2 000 000	1 700 000	1 460 000
所得税（税率 25%）	500 000	425 000	365 000
税后利润	1 500 000	1 275 000	1 095 000
财务杠杆系数（DFL）	1	1.177	1.370
每股普通股收益	15	18.21	21.9
息税前利润增加（ΔEBIT）	2 000 000	2 000 000	2 000 000
2017 年息税前利润（EBIT）	4 000 000	4 000 000	4 000 000
债务利息（I）	0	300 000	540 000
税前利润	4 000 000	3 700 000	3 460 000
所得税（税率 25%）	1 000 000	925 000	865 000
税后利润	3 000 000	2 775 000	2 595 000
每股普通股收益	30	39.64	51.9

从上表可见，资本成本固定型的资本所占比重越高，财务杠杆系数就越大。A 公司由于不存在固定资本成本的资本，没有财务杠杆效应，所以 A 公司的息税前利润增长 1 倍时，其每股收益也增长 1 倍。B 公司存在债务资本，其普通股收益增长幅度是息税前利润增长幅度的 1.177 倍。C 公司存在债务资本，并且债务资本的比重比 B 公司高，其普通股收益增长幅度是息税前利润增长幅度的 1.370 倍。在资本总额、息税前利润相同的情况下，负债

比率越高，财务杠杆系数越高，财务风险越大，但预期每股收益（投资者收益）也越大。

可见，在其他条件不变的情况下，财务杠杆的运用会使企业每股收益超过未运用财务杠杆的企业。这种财务杠杆的运用对企业每股收益产生有利的影响。同样，在其他条件不变的情况下，财务杠杆对企业每股收益也可能产生不利的影响，即财务杠杆的运用将导致企业每股收益低于未运用财务杠杆的企业。企业负债的比率是可以控制的，因此，企业可以通过合理安排资本结构，适度负债，使财务杠杆利益抵消风险增大所带来的不利影响。

(3) 财务杠杆与财务风险。

财务风险是指企业由于筹资原因产生的资本成本负担而导致的普通股收益波动的风险。引起企业财务风险的主要原因是资产报酬的不利变化和资本成本的固定负担。当债务资本比率较高时，投资者将负担较多的债务成本，并经受较多的财务杠杆作用所引起的收益变动的冲击，从而加大财务风险；反之，当债务资本比率较低时财务风险就较小。

财务杠杆放大了资产报酬变化对普通股收益的影响，财务杠杆系数越高，表明普通股收益的波动程度越大，财务风险也就越大。只要有固定性资本成本存在，财务杠杆系数就总是大于1。影响财务杠杆的因素包括：企业资本结构中债务资本比重、普通股收益水平、所得税税率水平。其中，普通股收益水平又受息税前利润、固定资本成本（利息）高低的影响。债务成本比重越高、固定的资本成本支付额越高、息税前利润水平越低，财务杠杆效应越大，反之亦然。

3. 总杠杆效应

(1) 总杠杆。

由于固定性经营成本的存在，产生经营杠杆效应，导致产销业务量变动对息税前利润变动有放大作用；同样，由于固定性资本成本的存在，产生财务杠杆效应，导致息税前利润变动对普通股每股收益有放大作用。由这两个杠杆可知，经营杠杆是通过扩大销售影响息税前利润，而财务杠杆则是通过扩大息税前利润影响每股收益，两者最终都会影响到普通股的收益。经营杠杆和财务杠杆可以独自发挥作用，也可以共同发挥作用。两种杠杆共同作用，将导致产销业务量的变动引起普通股每股收益更大的变动。把经营杠杆和财务杠杆的共同效应称为总杠杆，也称为联合杠杆。

(2) 总杠杆系数。

只要企业同时存在固定性经营成本和固定性资本成本，就存在总杠杆效应。通常用总杠杆系数（DTL）来衡量总杠杆的作用程度。总杠杆系数是指每股收益变动率相当于销售量（或额）变动率的倍数，计算公式为：

$$\text{DTL} = \frac{\text{普通股每股收益变动率}}{\text{销售量（或额）变动率}} = \frac{\Delta \text{EPS}/\text{EPS}}{\Delta Q/Q} = \frac{\Delta \text{EPS}/\text{EPS}}{\Delta S/S} \quad (4-33)$$

上式经整理，总杠杆系数的计算也可以简化为：

$$\text{DTL} = \text{DOL} \times \text{DFL} = \frac{\text{基期边际贡献}}{\text{基期利润总额}} = \frac{M}{M-F-I} \quad (4-34)$$

【例 4-18】某公司的经营杠杆系数为 2.2，财务杠杆系数为 1.5。该公司的总杠杆系数为：

$$\text{DTL} = 2.2 \times 1.5 = 3.3(\text{倍})$$

本例中，总杠杆系数为 3.3 倍表示：当销售量或销售额增长 1 倍时，普通股每股税后利润将增长3.3倍，从而反映了该公司的总杠杆利益。反之，当销售量或销售额下降1倍时，普通股每股税后利润将下降3.3倍，从而反映了该公司的总杠杆风险。

(3) 总杠杆与公司风险。

公司风险包括企业的经营风险和财务风险。总杠杆系数反映了经营杠杆和财务杠杆之间的关系，用以评价企业的整体风险水平。在总杠杆系数一定的情况下，经营杠杆系数与财务杠杆系数此消彼长。总杠杆效应的意义在于：第一，能够说明产销业务量变动对普通股收益的影响，据以预测未来的每股收益水平；第二，揭示了财务管理的风险管理策略，即要保持一定的风险状况水平，需要维持一定的总杠杆系数，经营杠杆和财务杠杆可以有不同的组合。

不同的行业经营杠杆和财务杠杆组合不同。对固定资产比重较大的资本密集型企业来说，经营杠杆系数高，经营风险大，企业筹资主要依靠权益资本，以保持较小的财务杠杆系数和财务风险；对变动成本比重较大的劳动密集型企业来说，经营杠杆系数低，经营风险小，企业筹资主要依靠债务资本，保持较大的财务杠杆系数和财务风险。

不同的企业发展阶段经营杠杆和财务杠杆组合不同。在企业初创阶段，产品市场占有率低，产销业务量小，经营杠杆系数大，此时，企业筹资主要依靠权益资本，在较低程度上使用财务杠杆；在企业扩张成熟期，产品市场占有率高，产销业务量大，经营杠杆系数小，此时，企业资本结构中可扩大债务资本，在较高程度上使用财务杠杆。

4.6.3 资本结构

优化资本结构是企业筹资管理的核心，其最终目的是提升企业价值。企业在筹资管理过程中，应综合考虑相关的影响因素，采用适当的方法确定最佳资本结构。如果企业现有资本结构不合理，可以通过筹资活动优化来调整资本结构，使其趋于科学合理。

1. 资本结构的含义

资本结构是指企业资本总额中各种资本的构成及其比例关系。在筹资管理中，资本结构的含义有广义和狭义之分。广义的资本结构是指全部债务与股东权益的构成比率，它不仅包括长期债务，还包括短期债务。狭义的资本结构是指长期负债与股东权益资本构成比率。在狭义资本结构下，短期债务作为营运资金来管理。本书所指的资本结构通常仅是狭义的资本结构，也就是债务资本在企业全部资本中所占的比重。

不同的资本结构会给企业带来不同的后果。企业利用债务资本进行举债经营具有双重作用，既可以发挥财务杠杆效应，也可能带来财务风险。评价企业资本结构最佳状态的标准应该是能够提高股权收益或降低资本成本。股权收益表现为净资产报酬率或普通股每股收益；资本成本表现为企业的平均资本成本率。企业必须权衡财务风险和资本成本的关系，才能确定最佳的资本结构。

2. 影响资本结构的因素

资本结构是一个产权结构问题，是社会资本在企业经济组织形式中的资源配置结果。资本结构的变化，将直接影响社会资本所有者的利益。

(1) 企业资产结构。

资产结构是企业筹集资本后进行资源配置和使用后的资金占用结构，包括长短期资产构成和比例，以及长短期资产内部的构成和比例。资产结构对企业资本结构的影响有多种方式，主要包括：拥有大量固定资产的企业主要通过长期负债和发行股票筹集资金；拥有较多流动资产的企业更多地依赖流动负债筹集资金；资产适用于抵押贷款的企业负债较多；以技术研发为主的企业则负债较少。

（2）企业投资人和管理当局的态度。

从企业投资人的角度看，如果企业股权分散，谁也没有绝对的控制权，企业可能更多地采用权益资本筹资以分散企业风险。反之，如果企业为少数股东控制，股东通常重视企业控股权问题，为防止控股权稀释，企业一般尽量避免普通股筹资，而是采用优先股或债务资本筹资。从企业管理当局的角度看，如果管理当局喜欢冒险，则会安排比较高的负债比例。反之，持稳健态度的管理人员则会只使用较少的债务。

（3）企业经营状况的稳定性和成长率。

企业销售的稳定程度对资本结构有重要影响。如果企业销售比较稳定，则企业可较多地负担固定的财务费用；如果企业销售和盈余有周期性，则要负担固定的财务费用，将承担较大的财务风险。企业销售的增长率对资本结构也有较大影响。如果企业销售能够以较高的水平增长，企业可以采用高负债的资本结构，提高普通股的每股收益。

（4）企业的财务状况和信用等级。

如果企业获利能力和变现能力强，财务状况好，信用等级高，则债权人愿意向企业提供信用，企业容易获得债务资本。反之，企业财务状况欠佳，信用等级不高，企业获得信用的能力就弱，取得债务资本成本就高。

（5）经济环境的税务政策和货币政策。

政府调控经济的手段包括财政税收政策和货币金融政策，当所得税税率较高时，因债务资本的抵税作用大，企业可以充分利用负债获得减税利益，从而提高企业价值。当国家执行紧缩的货币政策时，市场利率较高，企业则会利用较少的债务，从而减少债务负担。

（6）行业特征和企业发展周期。

不同行业资本结构有较大的差异。对于高新技术企业来说，由于经营风险高，因此可降低债务资本比重，控制财务杠杆风险。对于产品市场稳定的成熟企业来说，由于经营风险低，因此可提高债务资本比重，发挥财务杠杆作用。在同一企业不同发展阶段，资本结构安排也不同。在企业初创阶段，由于经营风险高，在资本结构安排上应控制负债比例。在企业发展成熟阶段，由于产品产销业务量稳定和持续增长，经营风险低，可适度增加债务资本比重，发挥财务杠杆效应。在企业收缩阶段，由于产品市场占有率下降，经营风险逐步加大，应逐步降低债务资本比重，保证经营现金流量能够偿付到期债务，保持企业持续经营能力，减少破产风险。

3. 资本结构的决策方法

企业资本结构决策就是要确定最佳资本结构。所谓最佳资本结构，是指在一定条件下使企业平均资本成本率最低、企业价值最大的资本结构。根据现代资本结构理论分析，企业最佳资本结构是存在的。而在现实中，由于融资活动及融资环境的复杂性，难以找到各种融资方式之间的最佳比例。但是可以通过一定的方法来判断和选择相对较为合理的资本结构。通常采用的资本结构的决策方法是每股收益分析法、资本成本比较法和公司价值分析法。

(1) 每股收益分析法。

每股收益分析法是依据每股收益无差别点来进行资本结构决策的方法。所谓每股收益无差别点是指不同筹资方式下每股收益都相等时的息税前利润或业务量水平。根据每股收益无差别点，可以分析判断在什么样的息税前利润水平或产销业务量水平前提下，适于采用何种筹资组合方式，来确定企业的资本结构。

在每股收益无差别点上，无论是采用债务还是股权筹资方案，每股收益都是相等的。当预期息税前利润或业务量水平大于每股收益无差别点时，应当选择财务杠杆效应较大的筹资方案，反之亦然。在每股收益无差别点时，不同筹资方案的 EPS 是相等的。每股收益无差别点用公式表示如下：

$$\frac{(\overline{EBIT}-I_1)(1-T)}{N_1}=\frac{(\overline{EBIT}-I_2)(1-T)}{N_2} \quad (4-35)$$

$$\overline{EBIT}=\frac{I_1\times N_2-I_2\times N_1}{N_2-N_1} \quad (4-36)$$

式中：$\overline{EBIT}$ 为息税前利润平衡点，即每股收益无差别点；I_1、I_2 为两种筹资方式下的债务利息；N_1、N_2 为两种筹资方式下普通股股数；T 为所得税税率。

【例 4-19】 某公司目前的总资本 1 000 万元，其中债务资本 400 万元（年利息 40 万元）；普通股资本 600 万元（600 万股，面值 1 元，市价 4 元）。由于企业要进行一项新的投资项目，需要追加筹资 200 万元，有以下两种筹资方案。

甲方案：向银行取得长期借款 200 万元，利息率 10%。

乙方案：增发普通股 100 万股，每股发行价 2 元。

根据财务人员测算，追加筹资后销售额可望达到 1 200 万元，变动成本率 60%。固定成本为 200 万元，所得税税率 25%，不考虑筹资费用因素。根据上述数据，代入无差别点公式：

$$\frac{(\overline{EBIT}-40)\times(1-25\%)}{600+100}=\frac{(\overline{EBIT}-40-20)\times(1-25\%)}{600}$$

或：$\overline{EBIT}=\dfrac{40\times 600-(40+20)\times(600+100)}{600-(600+100)}$

得：$\overline{EBIT}=180$（万元）

在每股收益无差别点上的每股收益为：

$$EPS=(180-40)\times(1-25\%)/700=0.15$$

或 $EPS=(180-40-20)\times(1-25\%)/600=0.15$

从上式可见，当 $\overline{EBIT}$ 为 180 万元时，两个筹资方案的每股收益均为 0.15 元，180 万元即为每股收益无差别点。当企业预期追加筹资后销售额为 1 200 万元，预期获利 280 万元，通过每股收益的计算公式，我们可知甲方案的 EPS 为 0.275 元，而乙方案的 EPS 为 0.257 元。因此，应当运用负债筹资可获得较高的每股收益，即采用甲方案。

当企业需要的资本额较大时，可能会采用多种筹资方式组合融资。这时，需要详细比较分析各种组合筹资方式下的资本成本及其对每股收益的影响，选择每股收益最高的筹资方式。

【例 4-20】 某公司目前资本总额为 1 000 万元，其中债务资本 400 万元（年利息 40 万元）；普通股资本 600 万元（600 万股，面值 1 元，市价 4 元）。企业由于扩大经营规模，需要追加筹资 700 万元，所得税税率 25%，不考虑筹资费用因素。有以下三种筹资方案。

甲方案：增发普通股 300 万股，每股发行价 2 元，同时向银行借款 100 万元，利率保持原来的10%。

乙方案：增发普通股100万股，每股发行价2元，同时溢价发行500万元面值为300万元的公司债券，票面利率15%。

丙方案：溢价发行600万元面值为400万元的公司债券，票面利率15%，并向银行借款100万元，利率10%。

以上三种方案各有优劣：通过权益筹资能够减轻资本成本的固定性支出，但股数增加会摊薄每股收益；通过债务筹资能够提高每股收益，但增加了固定性资本成本负担，受到的限制较多。采用何种方案为最佳方案？则需要两两比较。

甲、乙方案的比较：$\dfrac{(\overline{EBIT}-40-10)\times(1-25\%)}{600+300}=\dfrac{(\overline{EBIT}-40-45)\times(1-25\%)}{600+100}$

$$\overline{EBIT}=\dfrac{50\times 700-85\times 900}{700-900}=207.5(万元)$$

乙、丙方法的比较：$\dfrac{(\overline{EBIT}-40-45)\times(1-25\%)}{600+100}=\dfrac{(\overline{EBIT}-40-70)\times(1-25\%)}{600}$

$$\overline{EBIT}=\dfrac{85\times 600-110\times 700}{600-700}=260(万元)$$

甲、丙方案的比较：$\dfrac{(\overline{EBIT}-40-10)\times(1-25\%)}{600+300}=\dfrac{(\overline{EBIT}-40-70)\times(1-25\%)}{600}$

$$\overline{EBIT}=\dfrac{50\times 600-110\times 900}{600-900}=230(万元)$$

通过筹资方案的两两比较后，产生了207.5万元、230万元和260万元三个筹资分界点。对这三个筹资分界点进行分析：当$\overline{EBIT}$预期为207.5万元以下时，甲方案的每股收益最高，因此，应当采用甲筹资方案；当$\overline{EBIT}$预期为207.5万~260万元之间时，乙方案的每股收益最高，因此，应当采用乙筹资方案；$\overline{EBIT}$预期为260万元以上时，丙方法的每股收益最高，因此，应当采用丙筹资方案。

（2）资本成本比较法。

资本成本比较法是通过计算和比较各种可供选择的筹资组合方案的综合资本成本率，选择其综合资本成本率最低的方案。即以最低的综合资本成本率的资本结构作为最优的资本结构的方法。

【例4-21】 某公司需筹集100万元长期资本，可以通过长期借款、发行公司债券、发行普通股三种方式筹集，其个别资本成本率已分别测定，现有三个方案可供选择，有关资料见表4-12。

表4-12 三个方案的资本结构与资本成本率数据表

单位：万元

筹资方案	资本结构			个别资本成本率
	甲方案	乙方案	丙方案	
长期借款	30	35	30	6%
公司债券	20	10	10	8%
普通股	50	55	60	9%
合计	100	100	100	—

首先,分别计算三个方案的综合资本成本率 K。

甲方案:$K=30\%\times6\%+20\%\times8\%+50\%\times9\%=7.9\%$

乙方案:$K=35\%\times6\%+10\%\times8\%+55\%\times9\%=7.85\%$

丙方案:$K=30\%\times6\%+10\times8\%+60\%\times9\%=8\%$

其次,比较以上三个备选方案。假设其他因素对方案选择影响较小,根据企业筹资评价的其他标准,选择其中综合成本率最低的方案。通过计算分析可知,乙方案的综合资本成本率在三个方案中为最低者,其数值为 7.85%。因此,选择乙方案为最佳筹资方案。这样,该公司筹集 100 万元的资本结构为长期借款 35 万元,公司债券 10 万元,普通股 55 万元。

(3) 公司价值分析法。

每股收益分析法和比较资本成本法进行资本结构决策时,是以账面价值为标准,对其资本结构进行决策,而没有考虑市场反应和财务风险等因素。公司价值分析法是在充分考虑市场反应、财务风险和资本成本等因素基础上,以个别资本成本率和综合资本成本率作为折现率,测算出不同长期筹资方案下的公司价值,以公司价值最大的筹资方案为最优资本结构的方法。即能够提升公司价值的资本结构,就是合理的资本结构。这种方法主要用于对现有资本结构进行调整,适用于资本规模较大的上市公司资本结构决策。在公司价值最大的资本结构下,公司的综合资本成本率是最低的。公司价值等于资本的市场价值,其计算公式为:

$$V=S+B \tag{4-37}$$

式中:V 为公司价值;S 为权益资本价值;B 为债务资本价值。

为简化分析,假设公司各期的 EBIT 保持不变,债务资本的市场价值等于其面值,权益资本的市场价值可通过下式计算:

$$S=\frac{(\text{EBIT}-I)(1-T)}{K_s} \tag{4-38}$$

$$\text{且:} K_s=R_f+\beta(R_m-R_f) \tag{4-39}$$

式中:K_s 为权益资本成本率;R_f 为无风险报酬率;R_m 为市场平均报酬率;I 为债务资本利息;T 为所得税税率。

在公司价值计算的基础上,如果公司的全部长期资本是由长期债务和普通股组成,则公司的综合资本成本率的计算公式为:

$$K_w=K_b\frac{B}{V}(1-T)+K_s\frac{S}{V} \tag{4-40}$$

式中:K_b 为税前债务成本率;其他同前。

【例 4-22】 某公司现有的全部长期资本均为权益资本,无长期债权资本,资本总额账面价值 1 000 万元。公司准备举借长期负债,来调整当前的资本结构,以期发挥财务杠杆作用,使其资本结构达到最优。公司预计息税前利润为 400 万元,所得税税率为 25%。假设无风险报酬率为 6%,证券市场平均报酬率为 10%。经测算,不同长期债务水平下的债务资本成本率和权益资本成本率见表 4-13。

表 4-13　不同长期债务水平下的债务资本成本率和权益资本成本率表

债务市场价值 B（万元）	税前债务成本率 K_b	股票 β 系数	权益资本成本率 K_s
0	—	1.50	12.0%
200	8.0%	1.55	12.2%
400	8.5%	1.65	12.6%
600	9.0%	1.80	13.2%
800	10.0%	2.00	14.0%
1 000	12.0%	2.30	15.2%

在表 4-13 中，当 $B=200$ 万元，$\beta=1.55$，$R_f=6\%$，$R_m=10\%$ 时，$K_s=6\%+1.55\times(10\%-6\%)=12.2\%$；其余同理计算。

根据表 4-13 资料，可计算出不同资本结构下的企业总价值和综合资本成本率。见表 4-14。

表 4-14　不同资本结构下的企业总价值和综合资本成本率表

单位：万元

债务市场价值 B	股票市场价值 S	公司总价值 V	K_b	K_s	K_w
0	2 000	2 000	—	12.0%	12.0%
200	2 360.65	2 560.65	8.0%	12.2%	11.7%
400	2 178.57	2 578.57	8.5%	12.6%	11.6%
600	1 965.91	2 565.91	9.0%	13.2%	11.7%
800	1 714.29	2 514.29	10.0%	14.0%	11.9%
1 000	1 381.58	2 381.58	12.0%	15.2%	12.6%

在表 4-14 中，当 $B=200$ 万元，$K_b=8.0\%$，$K_s=12.2\%$，EBIT$=400$ 万元时：

$$S=\frac{(400-200\times 8.0\%)\times(1-25\%)}{12.2\%}\approx 2\,360.66（万元）$$

$$V=200+2\,360.65\approx 2\,560.66（万元）$$

$$K_w=8.0\%\times\frac{200\times(1-25\%)}{2\,560.66}+12.2\%\times\frac{2\,360.66}{2\,560.66}\approx 11.7\%$$

其余同理计算。

从表 4-14 可以看出，在没有长期债务资本的情况下，公司的总价值等于股票的账面价值。当公司增加债务时，财务杠杆开始发挥作用，股票市场价值大于其账面价值，公司总价值上升，同时公司的综合资本成本率下降，直到长期债务达到 400 万元时，公司总价值最高（2 578.57 万元），同时公司的综合资本成本率最低（11.6%）。当长期债务超过 400 万元后，随着利息率的不断上升，财务杠杆作用逐步减弱甚至显现负作用，公司总价值下降，综合资本成本率上升。因此，可以确定，当长期债务为 400 万元时的资本结构是该公司的最优资本结构。

小思考

1. 资本成本包括哪些内容？

2. 如何计算综合资本成本率和边际资本成本率？
3. 简述股权资本成本和债务资本成本的计算方法。
4. 简述经营杠杆与经营风险的关系。
5. 简述财务杠杆与财务风险的关系。
6. 简述资本结构总杠杆与公司风险的关系。
7. 简述确定最优资本结构的决策方法有哪些？

本章小结

本章主要介绍了企业筹资管理概述、股权筹资、债券筹资、混合筹资、资金的需求数量的预测方法、资本成本和资本结构。资金是企业开展生产经营业务活动的基本前提。无论企业是为了持续的生产经营活动需要，还是为了调整资本结构需要，都要进行有效的资金筹措。筹资是企业的一项基本的财务活动，筹资管理是企业财务管理的一项重要内容。

企业会因经营的目的不同，产生不同的筹资动机，其筹资的基本动机有设立性动机、扩张性筹资动机、调整性动机和混合性动机。企业在筹资中应该遵循的筹资管理的基本原则有：合法筹措资金、合理预测资金需要量、优化资本结构、合理安排筹资时间和节约筹资成本。企业需要通过不同筹资渠道筹措资金，筹资渠道主要有政府财政资金、银行信贷资金、非银行金融机构资金、其他法人资金、民间资金、企业内部资金、外商和我国港澳台资金。企业所采用的具体筹资方式有投入资本筹资、发行股票筹资、发行债券筹资、留存收益筹资、银行借款筹资、商业信用筹资和租赁筹资等。企业通过不同的筹资渠道和方式筹集的资金按照不同的标准可以分成不同的类型：按所筹资金权益性质分为股权性筹资、债权性筹资和混合性筹资、按所筹资金的使用期限的长短分为长期筹资和短期筹资、按所筹资金的取得方式分为内源筹资和外源筹资、按所筹资金是否以金融机构为媒介分为直接筹资和间接筹资。企业在进行筹资中还受到我国有关的法律法规的影响，主要有《公司法》《合伙企业法》《个人独资企业法》《银行法》《证券法》《所得税法》等，且这些法律对资本金的筹集进行了规定。

股权筹资形成企业的股权资本，它是企业最基本的筹资方式，其主要形式有吸收直接投资、发行股票和利用留存收益。我国的《公司法》和《证券法》对发行股票筹集资金有严格规定条件。股票按照股东权利和义务分为普通股和优先股。股权筹资与债权筹资相比有一定的优缺点。

债务筹资形成企业的债务资本，主要形式有向银行借款、发行公司债券、融资租赁和商业信用。我国的《公司法》和《证券法》对发行债券筹集资金有严格规定条件。发行债券价格受到多种因素影响，因此，发行价格有等价、溢价和折价三种形式。债权筹资与股权筹资相比有一定的优缺点。

混合筹资兼有股权和债权双重性质，主要形式有发行优先股、可转换债券和认股权证。不同形式的混合筹资都具有一定优缺点。我国目前采用的是可转换债券进行筹资。《上市公司证券发行管理办法》对企业发行可转换债券筹资有严格规定条件。

资金的需求数量预测的基本方法有因素分析法、销售百分比法和资金习性预测法。因素分析法以有关项目基期年度的实际平均资金需要量为基础，根据预测年度的生产经营任务和资金周转加速的要求,进行预测未来资金需要量的一种方法。销售百分比法是根据销售增长与资产增长之间的关系,来预测未来资金需要量的方法。资金习性预测法是指根据资金习性预测未来资金需要量的一种方法。

企业无论采用何种筹资方式,都会为筹集和使用资金付出代价,其代价构成了企业的资本成本,成本的大小可以通过资本成本率反映。资本成本率分为个别资本成本率、综合资本成本率和边际资本成本率。企业可以通过杠杆效应获得收益,同时承担相应风险。杠杆效应包括了经营杠杆、财务杠杆和总杠杆三种效应形式。优化资本结构是企业筹资管理的核心。企业可以通过筹资来调整和优化资本结构。通常采用的资本结构的决策方法是每股收益分析法、资本成本比较法和公司价值分析法。每股收益分析法是依据每股收益无差别点来进行资本结构决策的方法。资本成本比较法是通过计算和比较各种可供选择的筹资组合方案的综合资本成本率,选择其综合资本成本率最低的方案。公司价值分析法是在充分考虑市场反应、财务风险和资本成本等因素基础上,以个别资本成本率和综合资本成本率作为折现率,测算出不同长期筹资方案下的公司价值,以公司价值最大的筹资方案为最优资本结构的方法。

基本概念

筹资渠道　筹资方式　资本金　资本成本　边际成本　股权筹资　债务筹资　财务杠杆　经营杠杆　总杠杆　杠杆效应　资本结构　留存收益　普通股　优先股　可转换债券　公司债券　经营租赁　融资租赁　财务风险　经营风险　外源筹资　内源筹资　直接筹资　间接筹资　认股权证

练习题

一、单项选择题

1. 企业筹资渠道有（　　）。
   A. 国家资金　　B. 发行股票　　C. 发行债券　　D. 银行借款
2. 企业的筹资方式有（　　）。
   A. 个人资金　　B. 外商资金　　C. 国家资金　　D. 发行债券
3. 下列筹资方式中,资金成本最低的是（　　）。
   A. 发行股票　　B. 发行债券　　C. 长期借款　　D. 留存收益
4. 企业全部资本中,权益资本与债务资本各占50%,则企业（　　）。
   A. 只存在经营风险　　　　　　　B. 只存在财务风险
   C. 存在经营风险和财务风险　　　D. 经营风险和财务风险可以相互抵消
5. 下列关于经营杠杆系数的说法,正确的是（　　）。
   A. 在产销量的相关范围内,提高固定成本总额,能够降低企业的经营风险
   B. 在相关范围内,产销量上升,经营风险加大
   C. 在相关范围内,经营杠杆系数与产销量呈反方向变动
   D. 对于某一特定企业而言,经营杠杆系数是固定的,不随产销量的变动而变动

6. 只要企业存在固定成本,那么经营杠杆系数必（ ）。
   A. 恒大于 1   B. 与销售量成反比
   C. 与固定成本成反比   D. 与风险成反比

二、多项选择题

1. 企业筹资的渠道包括（ ）。
   A. 国家资金   B. 银行资金
   C. 个人资金   D. 外商资金
   E. 融资租赁

2. 企业的筹资方式有（ ）。
   A. 吸收投资   B. 发行股票
   C. 发行债券   D. 内部资金
   E. 长期借款

3. 资本成本很高而财务风险很低的筹资方式有（ ）。
   A. 吸收投资   B. 发行股票
   C. 发行债券   D. 长期借款
   E. 融资租赁

4. 企业资金需要量的预测方法有（ ）。
   A. 现值法   B. 终值法
   C. 销售百分比法   D. 资金习性法
   E. 预计资产负债表法

5. 对财务杠杆的论述,正确的是（ ）。
   A. 在资本总额及负债比率不变的情况下,财务杠杆系数越高,每股盈余增长越快
   B. 财务杠杆效益指利用债务筹资给企业带来的额外收益
   C. 与财务风险无关
   D. 财务杠杆系数越大,财务风险越大

6. 边际资金成本是（ ）。
   A. 资金每增加一个单位而增加的成本
   B. 是追加筹集时所使用的加权平均成本
   C. 是保持某资金成本率条件下的资金成本
   D. 是各种筹资范围的综合资金成本

7. 下列关于经营杠杆系数表述正确的是（ ）。
   A. 在固定成本不变的情况下,经营杠杆系数说明了销售额变动所引起息税前利润变动的幅度
   B. 在固定成本不变的情况下,销售额越大,经营杠杆系数越大,经营风险也就越小
   C. 当销售额达到盈亏临界点时,经营杠杆系数趋近于无穷大
   D. 企业一般可以通过增加销售金额、降低产品单位变动成本、降低固定成本比重等措施使经营风险降低

8. 计算企业财务杠杆程度应当使用的数据包括（ ）。
   A. 基期利润   B. 所得税税率   C. 基期税前利润   D. 税后利润

三、判断题

1. 当销售额达到盈亏临界销售额时,经营杠杆系数趋近于无穷大。( )
2. 企业追加筹措新资,通常运用多种筹资方式的组合来实现,边际资金成本需要按加权平均法来计算,并以市场价值为权数。( )
3. 如企业负债筹资为零,则财务杠杆系数为1。( )
4. 财务杠杆的作用在于通过扩大销售量以影响息税前利润。( )
5. 在企业经营中,杠杆作用是指销售量的较小变动会引起利润的较大变动。( )
6. 短期负债融资的资金成本低,风险大。( )
7. 由于经营杠杆的作用,当息税前盈余下降时,或普通股每股下降时,普通股每股盈余会下降得更快。( )

四、计算题

1. 利达公司2017年的销售收入为10 000万元,现在还有剩余生产能力,增加收入不需要增加固定资产投资。假定销售净利率为10%,净利润的60%分配给投资者,2018年的销售收入将提高20%。该公司2017年度资产负债表如下:

利达公司的资产负债表

2017年12月31日   金额单位:万元

资产	期末数	负债与所有者权益	期末数
现金	500	应付账款	500
应收账款	1 500	应付票据	1 000
存货	3 000	短期借款	2 500
固定资产净值	3 000	长期借款	1 000
		实收资本	2 000
		留存收益	1 000
资产合计	8 000	负债与所有者权益合计	8 000

要求:

(1) 预测2018年需要增加的资金量。
(2) 预测2018年需要向外筹集的资金量。

2. 百华公司在筹资过程中通常采用多种筹资方式,该公司本年进行了以下筹资行为。

(1) 取得3年期借款100万元,年利率8%,每年付息一次,到期一次还本。已知公司所得税税率为25%,筹资费率为1%。

(2) 5年期的债券,票面面值为1 200万元,票面年利率为10%,每年付息一次,发行价为1 200万元,发行费用率为3%,所得税税率为25%。

(3) 按面值发行100万元的优先股股票,筹资费用率为4%,年优先股股利率为10%。

(4) 发行普通股600万股,每股10元,筹资费用率为5%,第一年年末每股发放股利2元,预计未来股利每年增长率为4%。

(5) 留存收益为600万元。

要求：计算该公司的综合资金成本率。

3. 莱特公司原有资金2 500万元，其中普通股150万股，每股10元，其余为借款，利率6%。因扩大生产规模需要准备再筹集资金1 500万元。这些资金可采用发行股票的方式筹集，也可采用发行债券方式。现有A、B两种方案，A方案发行股票150万股，每股10元，B方案发行债券1 500万元，利率8%，所得税税率为25%。公司预计息税前利润为400万元。

要求：计算每股收益无差别点，采用每股收益分析法，确定最佳方案。

五、案例分析题

运用本章的理论知识，对导入案例"永盛公司的筹资决策"中永盛公司的三种筹资方案的优缺点进行分析，从中选出最佳的筹资方案。

六、讨论题

总部位于深圳的中国国际海运集装箱（集团）股份有限公司（以下简称中集）曾经完成一项耗时一年半的大工程：与荷兰银行合作，成功达成3年期8 000万美元的应收账款证券化融资项目，原本半年才能收回的资金，中集两个星期就收回了。这开创了国内企业通过资产证券化途径进入国际资本市场的先河。资产证券化于20世纪70年代末在美国兴起，是一种国际流行的融资方式。应收账款因其流动性好，较易被证券化。除了已经发生的账款外，一些未发生的、可预期的现金收入也可以证券化，比如民航公司可预期的机票收入等。在使用应收账款证券化这种融资方式之前，中集主要采用商业票据进行国际融资，于1996年和1997年分别发行了5 000万美元、7 000万美元的1年期商业票据，但是这种方式的稳定性直接受到国际经济和金融市场的影响。

问题：企业信誉能筹资吗？什么是信誉筹资？中集公司是如何利用企业信誉筹资的？

第 5 章 投 资 管 理

学习目标

本章主要阐述投资的基本概念，介绍项目投资的类型、项目投资决策方法、项目投资评价的基本方法，以及证券投资的各种工具。通过本章的学习，要求掌握投资方案的比选方法、财务分析和风险分析方法，掌握各类投资工具的收益、风险和价值的评估。

学习指导

本章的学习重点是投资方案的比选方法、财务分析和风险分析方法，各种投资工具投资价值的评估以及收益、风险的衡量。

某万吨级铜矿扩建工程项目方案优选

某铜矿区是一座大型地下开采矿山，始建于1966年，经过多次挖潜扩产，采选生产规模由建矿时的1.5kt/d逐步增加至5kt/d。矿区分南、北两个矿带，采用分区开采（北矿带采矿规模3kt/d，南矿带采矿规模2kt/d）、集中提升、集中选矿的方式，并采用主、副竖井加斜坡道联合方式进行开拓。为做好与深部开采工程的合理衔接，并结合自身发展需要，矿山近年对矿区范围内矿产资源储量进行核实。历经2年多时间，地质勘查工作取得了巨大成果，探获的资源量是前期探明资源量的2倍，查明资源储量达到97 070kt，铜金属量920kt，硫量8 740kt，为矿山扩产打下了扎实基础。为切实将资源优势转化为经济优势，形成合理的规模效应，降低生产成本（尤其是人工成本），使矿山开采的利润最大化，从项目经济效益角度出发，拟将生产规模扩大至10kt/d。有三种投资方案可供选择。

按贴现率10%，经营20年，考虑基建投资和年经营费用计算三种方案的费用现值，计算得出方案Ⅰ费用现值为131 698万元，方案Ⅱ费用现值为122 724万元，方案Ⅲ费用现值为122 212万元，方案Ⅰ费用现值最高，方案Ⅱ费用现值略高于方案Ⅲ，方案Ⅲ费用现值最低。由此实现对方案的比选。

资料来源：任建平，门建兵，成腾蛟.2017(6).某万吨级铜矿扩建工程方案优选[J].有色冶金设计与研究.

由该案例引出，如何对投资方案进行决策分析？有哪些对比分析指标？本章将讲解投资方案的静态与动态分析方法，其中重点是投资方案比选的指标。我们进入本章所要讨论的内容有：投资的基本概念、投资管理、项目投资评价指标、投资方案比选的方法。

5.1 投资概述

5.1.1 投资的含义

党的二十大报告中指出,高质量发展是全面建设社会主义现代化国家的首要任务,没有坚实的物质技术基础,就不可能全面建成社会主义现代化强国。为此,要推动实现投资有回报、企业有利润、员工有收入、政府有税收、环境有改善的高质量发展。投资活动是企业财务管理的重要内容,它与企业筹资活动、利润分配活动组成了一个相互关联的财务活动体系。在激烈的市场竞争中,企业能否把筹集到的资金投放到能产生较大经济效益的项目上去,直接关系到企业的生存与发展,所以,做好企业投资管理工作具有深远的意义。

投资是指企业资金有目的的投放,以期望在未来获取收益的一种财务管理活动。西方投资学家威廉·夏普在其所著的《投资学》一书中将投资概念表述为:投资就是为获得可能的不确定的未来值而做出的确定的现值牺牲。

对投资的定义可以从以下几个方面来理解。

(1) 投资是现在投入一定价值量的经济活动。从静态的角度来说,投资是现在垫付一定量的资金,其来源是延期消费或是闲置资金,或者是以一定代价融入的资金。

(2) 投资具有时间性。投资是一个行为过程,从现在投入到将来获得报酬,需要耗费的或长或短的时间。

(3) 投资的目的在于得到报酬(即收益)。投资活动是以牺牲现在价值为手段,以赚取未来价值为目标,这种价值包括经济价值、生态价值以及社会价值等。未来价值超过现在价值,投资者方能得到正报酬。

(4) 投资具有风险性。现在投入的价值是确定的,而未来可能获得的收益是不确定的,这种收益的不确定性,即为投资风险。投资时间越长,发生不可预测事件的可能性就越大,未来报酬获得的不确定性就越大,投资风险越高。

财务管理中的投资与会计中的投资含义不完全一致,通常,会计上的投资是指对外投资,而财务管理中的投资既包括对外投资,也包括对内投资。

 知识链接

威廉·夏普,1934年6月16日生于美国马萨诸塞州的坎布里奇市,由于其在金融经济学方面的贡献,与默顿·米勒和哈里·马克维茨三人共同获得1990年第十三届诺贝尔经济学奖。夏普在20世纪60年代将马克维茨的分析方法进一步发展为著名的"资本资产定价模型",用来说明在金融市场上如何确立反映风险和潜在收益证券价格,其资本资产定价模型,是现代金融市场价格理论的主要部分。威廉·夏普的主要著作有:《投资组合理论与资本市场》(*Portfolio Theory and Capital Markets*)、《资产配置工具》(*Asset Allocation Tools*)、《投资学原理》(*Fundamentals of Investments*)[与亚历山大(Gordon J. Alexander)及贝雷(Jeffrey V. Bailey)合著]和《投资学》(*Investments*)(与亚历山大及贝雷合著)。

5.1.2 投资的分类

为了加强企业投资管理，分析投资的性质和目的，提高投资效益，有必要对投资进行科学的分类。企业投资可做如下分类。

(1) 按投资与企业生产经营的关系，可将投资分为直接投资与间接投资。

直接投资是指把资金投放于生产经营性资产，以便获取利润的投资。在非金融类企业中，直接投资所占比率很大。间接投资又称证券投资，是指把资金投放于证券等金融资产，以便取得股利或利息收入的投资。随着我国金融市场的完善和多渠道筹资的形成，企业间接投资将越来越广泛。

(2) 按投资期限长短，可将投资分为长期投资与短期投资。

短期投资又称流动资产投资，是指 1 年以内收回的投资，主要指对现金、应收账款、存货、短期有价证券等的投资。长期投资则是指 1 年以上才能收回的投资，主要指对厂房、机器设备等固定资产的投资，也包括对无形资产和长期有价证券的投资。由于长期投资的回收期长、耗资多，因而变现能力差。长期投资的投向是否合理，不仅影响到企业当期的财务状况，而且对以后各期损益及经营状况都能产生重要影响。

(3) 按投资方向，可将投资分为对内投资和对外投资。

对内投资又称内部投资，是指把资金投放到企业内部，购置各种生产经营用资产的投资，其目的是为保证企业生产经营活动的连续和生产经营规模的扩大。在企业的投资活动中，内部投资是其主要内容，它不仅数额大、投资面广，而且对企业的稳定与发展、未来盈利能力、长期偿债能力等都有着重大影响。对外投资是指企业以现金、实物、无形资产等方式或者以购买股票、债券等有价证券方式向其他单位的投资。对内投资都是直接投资，对外投资主要是间接投资，也可能是直接投资。随着企业横向经济联合的开展，对外投资越来越重要。

5.1.3 投资管理的基本原则

企业投资的根本目的是谋求利润，增加企业价值。企业能否实现这一目标，关键在于企业能否在风云变幻的市场环境下，抓住有利的时机，做出合理的投资决策。为此，企业在投资时必须坚持以下原则。党的二十大报告指出，坚持把发展经济的着力点放在实体经济上，加快建设制造强国、质量强国建设。为此，企业必须做好投资管理。

(1) 认真进行市场调查，及时捕捉投资机会。

捕捉投资机会是企业投资活动的起点，也是企业投资决策的关键。在市场经济条件下，投资机会是不断变化的，它会受到诸多因素的影响，最主要的是受到市场需求变化的影响。企业在投资之前，必须认真进行市场调查和市场分析，寻找最有利的投资机会。市场是不断变化的、发展的。对市场和投资机会的关系，也应从动态的角度加以把握。正是由于市场不断变化和发展，才有可能产生一个又一个新的投资机会。随着经济不断发展，人民收入水平不断增加，人们对消费的需求也发生很大变化，无数的投资机会正是在这种变化中产生的。

(2) 建立科学的投资决策程序，认真进行投资项目的可行性分析。

在市场经济条件下，企业的投资决策都会面临一定的风险。为了保证投资决策的正确有效，必须按科学的投资决策程序，认真进行投资项目的可行性分析。投资项目可行性分析的主要任务是对投资项目技术上的可行性和经济上的有效性进行论证，运用各种方法计算出有关指标，以便合理确定不同项目的优劣。财务部门是对企业的资金进行规划和控制的部门，财务人员必须参与投资项目的可行性分析。

（3）及时足额地筹集资金，保证投资项目的资金供应。

企业的投资项目，特别是大型投资项目，建设周期长，所需资金多，一旦开工，就必须有足够的资金供应。否则，就会使工程建设中途下马。出现"半截子工程"，造成很大的损失。因此，在投资项目上马之前，必须科学预测投资所需资金的数量和时间，采用适当的方法，筹措资金，保证投资项目顺利完成，尽快产生投资效益。

（4）认真分析风险和收益的关系，适当控制企业的投资风险。

收益和风险是共存的。一般而言，收益越大，风险也越大，收益的增加是以风险的增大为代价的。而风险的增加将会引起企业价值的下降，不利于财务目标的实现。企业在进行投资时，必须在考虑收益的同时认真考虑风险情况，只有在收益和风险达到最好的均衡时，才有可能不断增加企业价值，实现财务管理的目标。

? 小思考

1. 怎样理解投资的含义？
2. 投资有哪几种主要的分类？

5.2 项目投资管理

5.2.1 项目投资概述

1. 投资项目的界定

投资项目的界定或含义目前无公认的解释。按照世界银行的解释，投资项目是指在规定的期限内为完成一项或一组开发目标而规划的投资、政策、机构以及其他各方面的综合体。从这个解释我们可以理解投资项目为多方面的综合体，至少包括 5 项：① 要有投资资金；② 具备相关业务能力；③ 拥有高效、精干的组织机构；④ 符合国家相关产业政策，与国民经济发展目标协调一致；⑤ 要有明确的项目目标和具体的实施计划。

2. 投资项目的分类

按照不同的分类方法可以将投资项目分为如下几种类型。

（1）按照项目性质分为基本建设项目和更新改造项目。基本建设项目也即常讲的建设项目，包括新建项目、扩建项目、恢复项目、更迁项目等。更新改造项目包括新技术装备代替旧技术装备，新建筑物厂房代替旧建筑物厂房，新设备代替旧设备等项目。

（2）按照项目内容不同分为工业投资项目和非工业投资项目。工业投资项目如钢铁、有色金属、石油、煤炭、化工、机械等投资项目。非工业投资项目如农业、林业、铁路、公路、民航、邮政等投资项目。

（3）按照项目用途分为生产性投资项目和非生产性投资项目。生产性投资项目是能为社会提供中间产品和最终消费品的投资项目,如生产机械、耐用消费品投资项目。非生产性投资项目是满足人民的物质文化生活需要,为社会提供服务的投资项目,如文化、教育、卫生等投资项目。

(4) 按照项目投资来源不同分为政府投资项目和企业投资项目。政府投资项目指使用政府性资金的投资项目,如财政预算投资项目、国际金融组织或外国政府贷款性投资项目。企业投资项目指不使用政府性资金的投资项目。

(5) 按照产品的性质和行业差别分为竞争性投资项目、基础性投资项目、公益性投资项目。竞争性投资项目是指投资主体公平参与竞争,市场机制充分发挥作用的项目,其价格完全通过市场竞争形成。基础性项目是指那些从属于基础产业和部分支柱产业部门的投资项目。公益性项目是指为整个社会提供公共性产品和服务的项目。

此外还可以根据投资主体不同分为国内投资项目、国外投资项目。根据经营性质不同分为经营性或非经营性项目。根据项目的生产能力分为大、中、小型项目等。

3. 投资决策

投资决策是企业所有决策中最为关键、最为重要的决策,因此我们常说:投资决策失误是企业最大的失误,一个重要的投资决策失误往往会使一个企业陷入困境,甚至破产。

何谓投资决策呢?投资决策是指投资者为了实现其预期的投资目标,运用一定的科学理论、方法和手段,通过一定的程序对投资的必要性、投资目标、投资规模、投资方向、投资结构、投资成本与收益等经济活动中重大问题所进行的分析、判断和方案选择。

(1) 投资决策的特点。

① 投资决策具有针对性。投资决策要有明确的目标,如果没有明确的投资目标就无所谓投资决策,而达不到投资目标的决策就是失策。

② 投资决策具有现实性。投资决策是投资行动的基础,投资决策是现代化投资经营管理的核心。投资经营管理过程就是"决策—执行—再决策—再执行"反复循环的过程。因此可以说企业的投资经营活动是在投资决策的基础上进行的,没有正确的投资决策,也就没有合理的投资行动。

③ 投资决策具有择优性。投资决策与优选概念是并存的,投资决策中必须提供实现投资目标的几个可行方案,因为投资决策过程就是对诸投资方案进行评判选择的过程。合理的选择就是优选。优选方案不一定是最优方案,但它应是诸多可行投资方案中最满意的投资方案。

④ 投资决策具有风险性。风险就是未来可能发生的危险,投资决策应考虑实践中将出现的各种可预测或不可预测的变化。因为投资环境是瞬息万变的,风险的发生具有偶然性和客观性,是无法避免的,但人们可设法去认识风险的规律,依据以往的历史资料并通过概率统计的方法,对风险做出估计,从而控制并降低风险。

(2) 投资决策的程序。

决策是一个提出问题、分析问题和解决问题的系统分析过程,因此,必须遵循科学的决策程序。从理论上说,科学的决策一般包含三个要素,即要有既定的目标,有若干个可行的行动方案;能从若干个可行的方案中最后选出一种最佳的或比较理想的方案。因此,科学的决策程序应包括以下五个基本步骤。

① 确定决策目标。目标是决策的前提，它回答决策所要解决的问题和要达到的技术经济目的。通过找出目标和现实情况的差距，从中分析出该差距的主要原因，认清约束条件，研究要解决的关键问题所在。为了明确决策目标，就必须研究国民经济发展的战略方针和政策，特别是产业政策，它决定着国民经济各领域、各部门、各方面组成的多层次的构造体，影响着活劳动和物化劳动以及各种自然资源在各产业部门之间的分配。因此，国民经济发展战略方针和政策是确定决策目标的依据。

② 方案设计。方案设计的目的在于提出解决问题，实现目标的多种方案。决策是否正确，只有通过对比才能做出判断。为了设计出多种可行方案备选，要求从不同角度和多种途径进行设想。同时，在探索可行方案时，既要解放思想，又要实事求是，而且要集思广益，注意吸收不同意见。有意识地设计多种方案，可以防止某些好方案的遗漏，可以为决策者提供尽可能广阔的思考和选择余地。

③ 专家分析评价。对每一个备选方案进行分析论证，然后做出综合评价。为了使决策更加科学化，分析论证必须注重定量分析的方法。即每个方案都要有确切的数据计算，并用评价标准进行检查，评价该方案实施结果能否达到决策目标以及存在的问题。当然，采用以定量分析为主的决策方法并不排斥定性分析，甚至可以说，定性分析是必不可少的。因为决策的问题十分复杂，变化很多，有的指标还根本无法用数量表示。因此正确的做法是把定量分析和定性分析有机地结合起来。各项方案的分析评价主要应突出技术上的先进性，经济上的合理性和方案实现的可能性三个方面。

④ 确定最佳方案。通过对各可行方案的分析评价，选择一个最为满意的行动方案。最佳方案的选定，实质上是一个选择价值标准问题。由于客观情况的复杂多变和人们主观认识上的局限性，在价值标准的选择上一般应以"满意"为度。因为理想化的目标往往是不可能实现的。因此最佳方案的优选也应注意以满意为衡量标准。

⑤ 决策的实施及信息反馈。最佳方案的确定并不意味着决策过程的结束。因为决策方案实施过程的发展，常常出现新情况、新问题，需要修订后做出新的决策再付诸实施。只有在方案实施过程中借助于信息反馈手段，及时发现问题并及时地予以调整，才能保证决策目标的最终实现。而且，决策的正确与否也只能以实施的结果来检验。因此，决策的实施及其反馈，作为决策的最后阶段，从动态过程来理解，应该是决策过程中不可忽视的重要环节。

世界银行及一些地区性的开发银行如亚洲开发银行、非洲开发银行等项目决策程序如下。a. 明确问题和目标；b. 研究项目的背景；c. 搜集有关信息资料；d. 计划项目分析的步骤；e. 进行经济分析；f. 衡量非经济的影响；g. 进行不确定性分析；h. 综合权衡；i. 提出项目评估报告及其他建议；j. 决策。

不同规模、不同性质的建设项目，在程序的繁简上也有所区别。

5.2.2 项目评估

1. 项目评估的含义

项目评估指在可行性研究的基础上，根据国家有关部门颁布的政策、法律法规、方法和参数等，从项目（或企业）、国民经济和社会的角度出发，由有关部门（包括银行、中介咨询机构等）对拟建投资建设的必要性、建设条件、生产条件、产品市场需求、工程技术、财务效益、经济效益和社会效益等进行全面分析论证，并就该项目是否可行提出相应的职业判断。

我们可以从如下几个方面理解。

（1）项目评估的基础：可行性研究报告。

（2）项目评估的依据：国家有关部门颁布的政策、法律法规、方法和参数等。

（3）项目评估的立足点：项目（或企业）、国民经济和社会的角度三方面。

（4）项目评估的内容：拟建投资建设的必要性、建设条件、生产条件、产品市场需求、工程技术、财务效益、经济效益和社会效益等。

（5）项目评估的执行部门：银行、中介咨询机构等，特大型或复杂型应委托有资质的中介咨询机构。

（6）项目评估的结果：对项目是否可行提出职业判断。

2．项目评估的内容

（1）项目与企业概况评估。包括项目背景、项目概况、项目成立的依据。

（2）项目建设的必要性。包括宏观、微观，产业政策、国民经济及地区发展规划。

（3）项目市场需求。包括现状、未来趋势、产品竞争能力。

（4）生产规模确定。包括与市场分析结合，考虑资金、技术、管理、规模经济等。

（5）项目生产建设条件评估。包括满足实施和正常生产的经营活动。

（6）项目工程与技术评估。包括先进性、经济性、合理性和安全性。

（7）投资估算与资金筹措。包括建设投资、流动资金投资与建设期利息等筹措和使用计划。

（8）财务分析。包括判断财务盈利能力和清偿能力。

（9）经济分析。包括以影子价格、社会折现率为基础的技术经济指标，判断对国民经济的净贡献。

（10）社会分析。对于重大建设项目，在完成项目的财务分析和经济分析之后，还要进行社会分析，避免或减少项目建设和运营的社会风险，保持社会稳定，提高投资效益。

（11）不确定性和风险分析。项目抵御风险的能力。

（12）项目总评估。实际项目评估中，由项目的性质、规模、类别可调整以上内容。

党的二十大报告中指出，必须牢固树立和践行绿水青山就是金山银山的理念，站在人与自然和谐共生的高度谋划发展。推进美丽中国建设，加快发展方式绿色转型，要求在项目评估中，综合做好财务分析、经济分析与社会分析，对投资项目作出正确、科学的评估。

3．项目评估的程序

（1）准备和组织。首先确定评估人员，成立评估小组。小组成员与可行性研究小组成员一样，一般由财务人员、市场人员、工程技术人员等组成。小组成员根据专业特长进行分工，对可行性研究报告进行初评，编写项目评估报告提纲。

（2）搜集整理数据。根据项目评估报告提纲合理安排项目评估小组成员分工。小组成员分头进行数据的调查、估算、调整、分析及指标计算。对项目可行性研究的数据来源的可靠性、真实性进行充分的审查评估是本阶段的重点工作，在搜集整理数据的过程中也可与项目的建设单位或主管部门交换意见。在考察掌握数据真实性的基础上即可进行项目评估报告的编写阶段。

（3）编写评估报告初稿。按照项目评估报告的一般先后次序，编写项目评估报告初稿。在编写过程中一定要注意各章节之间的衔接，逻辑关系，前后数据的一致性。

（4）讨论与修改。项目小组成员通过反复的分析论证，不断对初稿进行讨论和修改，依据充分，结论可靠，必要时邀请决策部门或金融机构的信贷部门或召开专家论证会，形成最后的定稿。

4．项目评估遵循的原则

项目评估必须遵循以下原则。

（1）必须符合党和国家制定的国民经济和社会发展规划及经济建设方针政策，严格执行国家有关经济工作的各项规章制度和技术经济政策、建设项目经济评价方法与参数。当前尤其要执行 2006 年 7 月 3 日由国家发展改革委和建设部以发改投资〔2006〕1325 号文印发的《建设项目经济评价方法与参数（第三版）》。

（2）项目评估必须建立在满足技术功能要求和可行的基础上，要求项目所采用的工艺技术是经过试验鉴定或实际验证证明其是合适过关和稳妥可靠的，并具备靠得住的市场、原材料、能源和人力资源供应等必要条件。

（3）项目评估应遵循可比原则，效益和费用计算口径要一致。在计算期内使用同一价格和参数。

（4）项目评估应以动态分析为主，采用国家规定的动态指标。必要时也可采用一些静态指标进行辅助分析。

（5）项目经济评估工作的质量不仅取决于"方法"本身的科学性，同时还取决于市场需求预测、工程技术方案选择、固定资产投资估算、产品成本估算、项目实施进度计划等基础数据的可靠性。评估时要对上述工作的准确性程度认真审核。

（6）项目评估的内容、深度及计算指标应能满足审批项目建议书和设计任务书的要求。

（7）项目评估主要是经济评估，但不能完全不考虑其他因素，应结合工程技术、环境、政治和社会各方面因素综合评价，选定最佳方案。

（8）项目评估必须确保科学性、公正性和可靠性，必须坚持实事求是的原则，不允许实用主义或无原则的迁就。

5.2.3　项目投资决策评价指标

固定资产的投资决策是企业所面临的最大挑战，因此以固定资产投资为例来分析项目投资决策。投资决策指标是指评价投资是否可行或者孰优孰劣的标准。投资决策指标有很多，但可以概括为贴现现金流量指标和非贴现现金流量指标两大类。

5.2.3.1　现金流量

投资决策所说的现金流量是指与投资决策相关的现金流入和现金流出的数量。它是评价投资方案是否可行时必须事先计算的一个基础性指标。

1. 现金流量的种类

现金流量包括现金流入量、现金流出量和现金净流量3个方面。

(1) 现金流入量。现金流入量是指投资项目引起的企业现金收入的增加额,通常包括:①项目投产后每年增加的营业收入;②固定资产报废后的残值收入或者中途转让时的变现收入;③投资结束后收回的原来投放在各种流动资产上的营运资金。

(2) 现金流出量。现金流出量是指投资引起的现金支出的增加额,通常包括:①在投资项目上的投资;②项目建设投产后为开展正常经营活动而需要投放在流动资产上的营运资金;③为制造和销售产品所发生的各种付现成本。这里的付现成本是指需要用现金支付的成本,可以用营业成本减去折旧来估计。

(3) 现金净流量。实业投资的现金净流量,是指该实业投资的现金流入量减去现金流出量后的差额。实业投资正常经营期的现金净流量为:

$$现金净流量=现金流入量-现金流出量=营业收入-付现成本$$
$$=营业收入-营业成本+折旧-所得税$$
$$=净利润+折旧$$

2. 投资决策中使用现金流量的原因

投资决策之所以按照收付实现制计算的现金流量作为评价项目经济效益的基础,主要有以下几方面的原因。

(1) 采用现金流量有利于科学地考虑时间价值因素。由于不同时点的资金具有不同的价值,因此科学的投资决策必须考虑资金的时间价值,一定要弄清每笔预期现金收入和支出的具体时点,确定其价值。

(2) 采用现金流量保证了评价的客观性。利润的计算受到各种人为因素的影响,而现金流量的计算不受这些因素的影响。影响利润分布的人为因素不仅有折旧方法的选择,还有存货计价方法、间接费用分配方法、成本计算方法等。

(3) 在投资分析中,现金流动状况比盈亏状况更为重要,一个项目是否能维持下去,不取决于利润,而取决于有没有现金用于各种支付。

5.2.3.2 非贴现现金流量指标

非贴现现金流量指标是指不考虑资金时间价值的各种指标,这类指标主要有两个。

1. 静态投资回收期

静态投资回收期是指在不考虑货币时间价值的条件下,回收初始投资所需要的时间,一般以年为单位,是一种使用时间比较长的投资决策指标。其计算公式如下:

$$静态回收期=累计净现金流量开始出现正值年份数-1+\frac{上年累计净现金流量的绝对值}{当年净现金流量} \quad (5-1)$$

当投资产生的净现金流量每年相同时,上述计算公式可以简化为:

$$静态回收期=\frac{投资额}{每年净现金流量} \quad (5-2)$$

【例5-1】 假设某公司现在有Ⅰ、Ⅱ两个投资方案,其所需的固定资产投资和各年的现金流量资料见表 5-1，分别计算Ⅰ、Ⅱ两个方案的静态回收期。

表 5-1　Ⅰ、Ⅱ投资方案的现金流量资料

单位：万元

时间	0	1	2	3	4	5
Ⅰ方案						
固定资产投资	−11 000					
营业现金流量		3 000	3 000	3 000	3 000	3 000
累计净现金流量	−11 000	−8 000	−5 000	−2 000	1 000	4 000
Ⅱ方案						
固定资产投资	−12 000					
营业现金流量		3 900	3 600	3 300	3 180	2 880
累计净现金流量	−12 000	−8 100	−4 500	−1 200	1 980	4 860

Ⅰ方案每年现金流量相等，所以：

$$\text{Ⅰ方案的静态回收期} = 11\,000/3\,000 = 3.667(\text{年})$$

Ⅱ方案每年的现金流量不相等，所以：

$$\text{Ⅱ方案的静态回收期} = 4 - 1 + 1\,200/3\,180 = 3.377(\text{年})$$

投资回收期法计算比较简便，概念容易理解，但这一指标由于没有考虑资金的时间价值，也没有考虑回收期满后的现金流量状况，因而不能充分说明问题。

2．平均报酬率

平均报酬率（Average Rate of Return，ARR）是指投资项目寿命周期内平均的年投资报酬率。平均报酬率有多种计算方法，其最常见的计算公式为：

$$\text{平均报酬率} = \frac{\text{平均现金流量}}{\text{初始投资额}} \times 100\% \tag{5-3}$$

【例 5-2】　根据例 5-1 中某公司的资料（见表 5-1），计算Ⅰ、Ⅱ两个方案的平均报酬率。

Ⅰ方案
$$\text{ARR} = \frac{3\,000}{11\,000} \times 100\% = 27.3\%$$

Ⅱ方案
$$\text{ARR} = \frac{(3\,900 + 3\,600 + 3\,300 + 3\,180 + 2\,880) \div 5}{12\,000} = 28.1\%$$

采用平均报酬率这一指标时，应该事先确定一个企业必须要达到的平均报酬率，或称为必要报酬率。在进行决策时，只有高于必要报酬率的方案才能入选。

平均报酬率的优点是简明、易算。但这一指标由于没有考虑资金的时间价值，用于投资决策不够标准。

5.2.3.3　贴现现金流量指标

贴现现金流量指标是指考虑了资金时间价值的指标，这类指标主要有 4 个。

1. 净现值

固定资产投入使用后的净现金流量，按照资本成本或者企业要求达到的报酬率折算为现值，减去初始投资后的余额，叫作净现值（Net Present Value，NPV）。其计算公式为：

$$\begin{aligned} \text{NPV} &= \frac{\text{NCF}_1}{(1+k)^1} + \frac{\text{NCF}_2}{(1+k)^2} + \cdots + \frac{\text{NCF}_n}{(1+k)^n} - C \\ &= \sum_{t=1}^{n} \frac{\text{NCF}_t}{(1+k)^t} - C \end{aligned} \quad (5-4)$$

式中：NPV 为净现值；NCF_t 为第 t 年的净现金流量；k 为贴现率；n 为项目预计使用年限；C 为初始投资额。

(1) 净现值的计算过程。

第一步，计算每年的营业净现金流量。

第二步，计算未来报酬的总现值。具体分为 3 步。一是将每年的营业净现金流量折算为现值。如果每年的 NCF 相等，则按照年金法进行折算；如果每年的 NCF 不相等，则先对每年的 NCF 进行贴现，然后进行合计。二是将终结现金流量折算为现值。三是计算未来报酬的总现值。

第三步，计算净现值。净现值等于未来报酬的总现值减去初始投资。

(2) 净现值法的决策规则。

在只有一个备选方案的投资决策中，NPV≥0 则采纳，NPV<0 则否决。

在有多个备选方案的互斥选择决策中，应选用净现值是正值中的最大者。

【例 5-3】 沿用例 5-1 的资料，设定该公司基准折现率 i_c 为 10%，试计算Ⅰ、Ⅱ方案的净现值。

Ⅰ方案　　　NPV＝未来报酬的总现值－初始投资
　　　　　　　　＝NCF×PVIFA$_{i,n}$－11 000
　　　　　　　　＝3 000×PVIFA$_{10\%,5}$－11 000
　　　　　　　　＝3 000×3.790 8－11 000
　　　　　　　　＝372.4（万元）

Ⅱ方案　　　NPV＝未来报酬的总现值－初始投资
　　　　　　　　＝3 900×0.909 1＋3 600×0.826 4＋3 300×0.751 3＋
　　　　　　　　　3 180×0.683 0＋2 880×0.620 9－12 000
　　　　　　　　＝959.952（万元）

净现值法的优点是考虑了资金的时间价值，能够反映出各种投资方案的净收益，因而是一种较好的方法。但也存在两个方面的不足：一是净现值指标仅是一个绝对数指标，只能反映项目是否盈利，并不能反映投资项目的实际盈利水平；二是需要事先确定一个基准收益率 i_c。若设定的 i_c 过高，可行的项目可能被否定；选择的折现率过低，不可行的项目也可能选中，特别是对那些投资收益水平居中的项目。所以在采用净现值指标时，要选择一个比较客观的折现率，否则，评价的结果会"失真"，有可能造成决策失误。

为了防止利用净现值法评价方案或筛选方案时可能产生的误差，在财务分析中，往往选择内部收益率作为主要的评价指标。

2. 内部报酬率

内部报酬率（Internal Rate of Return，IRR）又称内部收益率，是指在整个计算期内各年净现金流量现值之和为零时的折现率。

内部报酬率实际上反映了固定资产投资的真实报酬，目前越来越多的企业使用该项指标对投资项目进行评价，内部报酬率的计算公式为：

$$\frac{NCF_1}{(1+IRR)^1}+\frac{NCF_2}{(1+IRR)^2}+\cdots+\frac{NCF_n}{(1+IRR)^n}-C=0 \tag{5-5}$$

即：

$$\sum_{t=1}^{n}\frac{NCF_t}{(1+IRR)^t}-C=0 \tag{5-6}$$

式中：NCF_t 为第 t 年的现金净流量；IRR 为内部报酬率；n 为项目使用年限；C 为初始投资额。

（1）内部报酬率的计算过程。

① 如果每年的 NCF 相等，则按下列步骤进行计算。

第一步，计算年金现值系数。

$$年金现值系数=\frac{初始投资额}{每年 NCF} \tag{5-7}$$

第二步，查年金现值系数表，在相同的期数内，找出与上述年金现值系数相近的较大和较小的两个贴现率。

第三步，根据上述两个临近的贴现率和已求出的年金现值系数，采用插值法计算出该投资方案的内部报酬率。

② 如果每年的 NCF 不相等，则可以采用简易插入法进行计算。

第一步，先估计一个贴现率，并按照这个贴现率计算项目的净现值。如果计算出的净现值为正数，则表示预估的贴现率小于该项目的实际内部报酬率，应该提高贴现率，再进行估算；如果计算出的净现值为负数，则表明预估的贴现率大于该方案的实际内部报酬率，应该降低贴现率，再进行估算。经过如此反复估算，找到净现值由正到负并且比较接近于零的两个贴现率。

第二步，根据上述两个临近的贴现率再使用插值法，计算出方案的实际内部报酬率。

由于内部收益率与净现值之间不是线性关系，如果两个折现率之间的差太大，计算结果会有较大的误差，故一般规定两个折现率之差最好在 5% 以内，以保证计算的准确性。

插入法的具体计算可以这样推导：设折现率为 i_1，$NPV_1>0$；设折现率为 i_2，$NPV_2<0$。在坐标图中可以表示为 (i_1, NPV_1)，(i_2, NPV_2)，欲插入值为 $(IRR, 0)$。考虑近似计算对应成比例关系则：

$$\frac{i_1-i_2}{i_1-IRR}=\frac{NPV_1-NPV_2}{NPV_1-0} \tag{5-8}$$

通过解一元一次方程可以求出

$$IRR=i_1-\frac{i_1-i_2}{NPV_1-NPV_2}\cdot NPV_1 \tag{5-9}$$

（2）内部报酬率法的决策规则。

在只有一个备选方案的采纳与否决策中,如果计算出来的内部报酬率大于或者等于企业的资本成本或者必要报酬率时,采纳该方案;反之则拒绝。在有多个备选方案的互斥选择决策中,应该选用内部报酬率超过资本成本或者必要报酬率最高的投资项目。

内部报酬率法考虑了资金的时间价值,反映了投资项目的真实报酬率,概念也比较容易理解。但是这种方法的计算过程比较复杂,特别是每年 NCF 不相等时的投资项目,一般要经过多次测算才可以求出。

3. 获利指数

获利指数又称利润指数(Profitability Index,PI),是指投资项目未来报酬的总现值与初始投资额的现值之比。其计算公式为:

$$\text{PI} = \left[\frac{\text{NCF}_1}{(1+r)^1} + \frac{\text{NCF}_2}{(1+r)^2} + \cdots + \frac{\text{NCF}_n}{(1+r)^n}\right]\Big/C$$

$$= \left[\sum_{t=1}^{n}\frac{\text{NCF}_t}{(1+r)^t}\right]\Big/C \tag{5-10}$$

即:

$$\text{PI} = \frac{未来报酬的总现值}{初始投资额}$$

获利指数的计算过程:第一步,计算未来报酬的总现值,这与计算净现值所采用的方法相同;第二步,计算获利指数,即根据未来报酬的总现值和初始投资之比计算获利指数。

获利指数法的决策规则:在只有一个备选方案的采纳与否决策中,获利指数大于或者等于1,则采纳;反之则拒绝。在有多个方案的互斥选择决策中,应采用获利指数超过1最多的投资项目。

【例 5-4】 沿用例 5-1 的资料,该公司的资本成本为 10%,试计算 Ⅰ、Ⅱ 方案的获利指数。

Ⅰ 方案 $\quad \text{PI} = \dfrac{3\,000 \times \text{PVIFA}_{10\%,5}}{11\,000} = \dfrac{3\,000 \times 3.790\,8}{11\,000} = 1.03$

Ⅱ 方案 $\quad \text{PI} = \left[\sum_{t=1}^{5}\dfrac{\text{NCF}_t}{(1+10\%)^t}\right]\Big/12\,000 = 12\,959.9/12\,000 = 1.08$

获利指数法的优点是考虑了资金的时间价值,能够真实地反映固定资产投资的盈亏程度。由于获利指数是用相对数来表示,所以有利于在初始投资额不同的投资方案之间进行对比。

4. 动态回收期

动态回收期是指在考虑了资金的时间价值的条件下,以固定资产的净现金流量抵偿全部投资所需要的时间。其计算公式为:

$$\sum_{t=1}^{P_t}\frac{\text{NCF}_t}{(1+r)^t} - C = 0 \tag{5-11}$$

式中:P_t 为动态回收期;r 为折现率;NCF_t 为第 t 年的净现金;C 为初始投资额。

动态回收期通用的计算公式为:

$$动态回收期 = 累计净现值开始出现正值的年份数 - 1 + \frac{上年累计净现值的绝对数}{当年净现金流量的现值} \tag{5-12}$$

当投资产生的净现金流量每年相等时,动态回收期可以通过年金现值系数利用插值法求出。

$$年金现值系数 = \frac{投资额}{每年净现金流量} \qquad (5-13)$$

动态回收期作为静态回收期的改进,虽然考虑了资金的时间价值,但是仍有静态回收期的其他缺陷,因此也只适合作投资决策的辅助评价指标。

5.2.3.4 投资决策指标的比较

以上介绍了固定资产投资中的贴现现金流量和非贴现现金流量两类指标,下面对上述指标做一些比较分析。

1. 各种指标在投资决策中应用的变化趋势

在 20 世纪 50 年代,投资回收期法作为评价企业投资收益的主要方法曾流行全世界。但是后来在实践中人们逐渐发现它的缺陷,于是建立起资金的时间价值原理为基础的贴现现金流量指标。在 20 世纪 50~80 年代,基于时间价值原理人们建立起贴现现金流量指标,贴现现金流量指标方法在投资决策指标体系中逐渐显示其重要性。从 20 世纪 70 年代开始,使用贴现现金流量指标的公司不断增多,贴现现金流量指标已经占据了主导地位,并形成了以贴现现金流量指标为主、以静态回收期为辅的多种指标共存的指标体系。

2. 贴现现金流量指标广泛应用的原因

贴现现金流量指标在投资决策中得到广泛应用有着多种原因。

(1) 非贴现指标忽略了资金的时间价值因素,把不同时点上的现金收入与支出当作毫无差别的资金进行对比,这是不科学的。而贴现指标则把不同时点上的收入和支出按照统一的贴现率折算到同一时间点上,使不同时期的现金具有可比性,这样做出的投资决策才有科学性。

(2) 非贴现指标的静态回收期法只能反映投资的回收速度,不能反映投资的主要目的——净现值的多少。同时,由于回收期没有考虑时间价值因素,因而夸大了投资的回收速度。

(3) 静态回收期法和平均报酬率法等非贴现指标对寿命不同、资金投入时间和提供效益时间不同的投资方案缺乏鉴别能力,而贴现指标则可以通过计算净现值、内部报酬率和获利指数等指标,有时还可以通过净现值的平均化等方法进行综合分析,从而做出投资决策。

(4) 非贴现指标中的投资报酬率指标,由于没有考虑资金的时间价值,因而夸大了项目的实际盈利水平。而贴现指标中的内部报酬率是以预计的现金流量为基础,考虑了资金的时间价值以后计算出的真实的项目报酬率。

(5) 在运用静态回收期这一指标时,标准回收期是方案取舍的依据。但标准回收期一般都是以经验数据或者主观判断为基础来确定的,缺乏比较客观的依据。而贴现指标中的净现值和内部报酬率等指标实际上都是以企业的资本成本为取舍指标的,任何企业的资本成本都可以通过计算准确地得到,因此,这一取舍标准更加符合实际。

(6) 管理人员水平的不断提高和计算机技术的广泛应用,加速了贴现指标的使用。在 20 世纪五六十年代,只有很少企业的财务人员能够真正了解贴现现金流量指标的真正含义。而今天,几乎所有大企业的高级财务人员都懂得这一方法的科学性和正确性。计算机技术的广泛应用也使贴现指标中的复杂计算变得简单,因此也加速了贴现现金流量指标的推广。

总的来看，企业在进行投资决策时，应该以贴现现金流量指标为主、非贴现现金流量指标为辅。在贴现现金流量指标中，净现值法和内部报酬率法应用得最为广泛，但是两种方法可能会产生冲突。对互斥项目进行评价时，应该以净现值法为主要方法；对独立项目进行评价时，应该综合利用多种评价方法，考虑企业的实际情况，进行综合评价。

5.2.4 风险性投资决策分析

前面我们进行投资方案的决策时，都有一个共同的假设，即现金流量是确定的，也就是说我们所预测的现金收入和支出的金额及其发生的时间都是确定性的。但是由于投资决策涉及的时间比较长，我们所预测的投资期、成本、价格等会有很多的不确定性，必然受到政治、经济环境、社会因素、市场条件、技术发展等因素的影响，每一投资必定产生相应的风险。如果决策面临的不确定性和风险较小，则可以忽略它们的影响，把决策视为确定情况下的决策。如果决策面临的不确定性较大，大到足以影响方案的选择，则在方案的决策过程中，必须对它们进行充分考虑从而进行计量，以保证决策的科学性和客观性。

风险性投资决策分析主要有：一风险调整贴现率法；二风险调整现金流量法。风险调整贴现率法包括：用资本资产定价模型调整贴现率；按照投资项目的风险等级来调整贴现率；按照投资项目的类别调整贴现率；用风险报酬率模型来调整贴现率。风险调整现金流量法包括：肯定当量法；概率法。

5.2.4.1 按风险调整贴现率法

将与特定投资项目有关的风险报酬，加入资本成本或者企业要求达到的报酬率中，构成按照风险调整的折现率，并据此进行投资决策分析的方法，称为按风险调整贴现率法。按风险调整贴现率法主要包括以下几种。

1. 用资本资产定价模型调整贴现率

在讨论资本资产定价模型中，证券的风险可以分为两部分：可分散风险和不可分散风险。不可分散风险是由β值来测量的，而可分散风险属于公司特别风险，可以通过合理的证券投资组合来消除。

在进行项目投资的资本预算时，也可以引入与证券总风险模型大致相同的模型——企业总资产风险模型：

$$总资产风险 = 不可分散风险 + 可分散风险 \qquad (5-14)$$

可分散风险可以通过企业的多元化经营而消除，那么，在企业进行投资时，值得注意的只有不可分散风险。

这时，特定项目按照风险调整的贴现率可以按照下式来计算：

$$K_j = R_f + \beta_j \times (R_m - R_f) \qquad (5-15)$$

式中：K_j 为项目 j 按照风险调整的贴现率或者是项目的必要报酬率；R_f 为无风险贴现率；β_j 为项目 j 的不可分散风险的 β 系数；R_m 为所有项目平均的贴现率或者必要报酬率。

2. 按照投资项目的风险等级来调整贴现率

这种方法是对影响投资项目风险的各种因素进行评分，然后根据评分来确定风险等级，并且根据风险等级来调整贴现率的一种方法，可通过表 5-2 和表 5-3 来说明。

表 5-2 投资项目的风险状况及得分表

相关因素	投资项目的风险状况及得分									
	A		B		C		D		E	
	状况	得分	状况	得分	状况	得分	状况	得分	状况	得分
市场竞争	无	1	较弱	2	一般	5	较强	8	很强	11
战略上的协调	很好	1	较好	2	一般	5	较弱	8	很弱	11
投资回收期	1.5年	5	1年	1	2.5年	8	3年	9	4年	11
资源供应	一般	7	很好	1	较好	4	很差	15	较差	11
总分		14		6		22		40		46
折现率		9%		7%		12%		17%		≥25%

表 5-3 得分对应折现率表

总分	风险等级	调整后的折现率	总分	风险等级	调整后的折现率
0～8	很低	7%	25～32	较高	15%
9～16	较低	9%	33～40	很高	17%
17～24	一般	12%	40分以上	最高	25%以上

表5-3中的分数、风险等级、折现率的确定都由企业的管理人员根据以往的经验来设定,具体的评分工作则由销售、生产、技术、财务等部门组成专家小组来进行。

3. 按照投资项目的类别调整贴现率

有些企业为经常发生的特定类型的风险项目,预先根据经验按照风险的大小规定了高低不等的折现率,以供决策之需。例如,某公司对不同类型项目折现率的规定见表5-4。

表 5-4 投资项目类别对应折现率表

投资项目类别	风险调整折现率（边际资本成本＋风险补偿率）
重置型项目	10%＋2%＝12%
改造、扩充现有产品生产项目	10%＋5%＝15%
增加新生产线项目	10%＋8%＝18%
研究开发项目	10%＋15%＝25%

将企业从事的常规项目进行适当分类,并按照风险越高风险调整折现率越高的规律明确各类项目的折现率,操作较为简单。

4. 用风险报酬率模型来调整贴现率

一项投资的总报酬可以分为两部分:无风险报酬率和风险报酬率。其计算公式如下:

$$K = R_f + bV \quad (5-16)$$

所以,特定项目按照风险调整的贴现率可以按照下式计算:

$$K_i = R_f + b_i V_i \quad (5-17)$$

式中:K_i为项目i按照风险调整的贴现率;R_f为无风险贴现率;b_i为项目i的风险报酬系数;V_i为项目i的预期标准离差率。

按照风险调整贴现率以后，具体的评价方法与无风险时基本相同。这种方法，对风险大的项目采用较高的贴现率，对风险小的项目采用较低的贴现率，简单明了，便于理解，因此被广泛采用。但是这种方法把时间价值和风险价值混在一起，人为地假定风险一年比一年大，这与实际情况不相符。

5.2.4.2 风险调整现金流量法

由于风险的存在，使得每年的现金流量变得不确定，因此，就需要按照风险程度对每年的现金流量进行调整。这种先按风险对现金流量进行调整，然后进行项目决策的方法叫作风险调整现金流量法。其中包括的具体调整方法有很多，最常用的是肯定当量法和概率法。

1. 肯定当量法

肯定当量法先按照风险程度调整投资项目的预期现金流量，然后用一个系数（通常称为肯定当量系数）把有风险的现金流量调整为无风险的现金流量，最后利用无风险利率对不确定性投资项目进行评价。其计算公式为：

$$\text{NPV} = \sum_{t=1}^{n} \frac{a_t \times \text{CFAT}_t}{(1+r)^t} \qquad (5-18)$$

式中：a_t 为第 t 年现金流量的肯定当量系数，$0 \leqslant a_t \leqslant 1$；$\text{CFAT}_t$ 为第 t 年有风险的现金净流量期望值；r 为无风险贴现率。

肯定当量系数 a_t 是把不肯定的现金净流量期望值调整成肯定的现金净流量数额的系数，它可以把各年的不肯定现金净流量换算为肯定的现金净流量。即：

$$a_t = \frac{\text{肯定的现金净流量}}{\text{不肯定的现金净流量}} \qquad (5-19)$$

一般根据标准离差率来确定肯定当量系数，因为标准离差率较好地衡量了风险的大小。肯定当量系数的选择因人而异，风险偏好者会选用较高的肯定当量系数，风险厌恶者可能选择较低的风险当量系数。标准离差率与肯定当量系数的经验对照关系见表 5-5。

表 5-5 标准离差率与肯定当量系数的经验对照关系

标准离差率	肯定当量系数	标准离差率	肯定当量系数
0.00～0.07	1	0.33～0.42	0.6
0.08～0.15	0.9	0.43～0.54	0.5
0.16～0.23	0.8	0.55～0.70	0.4
0.24～0.32	0.7		

当肯定当量系数确定后，决策分析就比较容易了。

【例 5-5】 假设某公司准备进行一项投资，其每年的现金流量和分析人员确定的肯定当量系数已经列示在表 5-6 中。无风险折现率为 10%，试判断此项目是否可行。

表 5-6 现金净流量与肯定当量系数表

时间（年）	0	1	2	3	4
现金净流量（万元）	-22 000	7 500	9 200	7 000	8 300
肯定当量系数 a_t	1.0	0.95	0.9	0.85	0.8

根据以上资料，利用净现值法对项目进行评价。

$$\text{NPV} = \sum_{t=0}^{n} \frac{a_t \times \text{CFAT}_t}{(1+r)^t}$$

$$= -22\,000 + 0.95 \times 7\,500 \times 0.909\,1 + 0.9 \times 9\,200 \times 0.826\,4 +$$
$$0.85 \times 7\,000 \times 0.751\,3 + 0.8 \times 8\,300 \times 0.683$$
$$= 325.285(万元)$$

在按照风险程度调整现金流量后，计算项目的净现值为正数，所以企业可以对其进行投资。

肯定当量法克服了按照风险调整折现率法夸大远期风险的缺点，但是如何准确、合理地确定当量系数却是一个十分困难的问题。虽然有标准离差率与肯定当量系数之间的对照关系，但并不是一个公认的客观标准。

2. 概率法

概率法是指通过发生概率来调整各期的现金流量，并计算投资项目的年期望现金流量和期望净现值，进而对风险投资做出评价的一种方法。概率法适合于各期的现金流量相互独立的投资项目。所谓各期的现金流量相互独立，是指前后各期的现金流量互不相关。

运用概率法时，每年的期望现金流量计算公式为：

$$\overline{\text{NCF}_t} = \sum_{i=1}^{n} \text{NCF}_{t,i} P_{t,i} \quad (5-20)$$

式中：$\overline{\text{NCF}_t}$ 为第 t 年的期望现金流量；$\text{NCF}_{t,i}$ 为第 t 年的第 i 种结果的净现金流量；$P_{t,i}$ 为第 t 年的第 i 种结果的发生概率；n 为第 t 年可能出现结果的数量。

则项目投资的期望净现值可以按照下式进行计算：

$$\overline{\text{NPV}} = \sum_{t=0}^{n} \overline{\text{NCF}_t} \times \text{PVIF}_{r,t} \quad (5-21)$$

式中：$\overline{\text{NPV}}$ 为投资项目的期望净现值；$\text{PVIF}_{r,t}$ 为贴现率为 r、t 年的复利现值系数；n 为未来现金流量的期数。

【例 5-6】 某公司的一个投资项目各年的现金流量及其发生概率情况见表 5-7。公司的资本成本为 16%，试判断该项目是否可行。

表 5-7 投资项目现金流量及概率表

单位：元

第 0 年		第 1 年		第 2 年		第 3 年		第 4 年	
概率	NCF_0	概率	NCF_1	概率	NCF_2	概率	NCF_3	概率	NCF_4
1.00	−50 000	0.3	16 000	0.1	21 000	0.3	10 000	0.2	25 090
		0.4	19 000	0.5	33 000	0.3	20 000	0.6	20 600
		0.3	27 000	0.4	9 000	0.4	30 000	0.2	28 000

各年的期望净现金流量计算过程如下：
$\overline{\text{NCF}_0} = -55\,000 \times 1.00 = -55\,000(元)$

$$\overline{NCF_1} = 16\,000 \times 0.3 + 19\,000 \times 0.4 + 27\,000 \times 0.3 = 20\,500(元)$$

$$\overline{NCF_2} = 21\,000 \times 0.1 + 33\,000 \times 0.5 + 9\,000 \times 0.4 = 22\,200(元)$$

$$\overline{NCF_3} = 10\,000 \times 0.3 + 20\,000 \times 0.3 + 30\,000 \times 0.4 = 21\,000(元)$$

$$\overline{NCF_4} = 25\,090 \times 0.2 + 20\,600 \times 0.6 + 28\,000 \times 0.2 = 22\,978(元)$$

再计算投资的期望净现值:

$$\overline{NPV} = -55\,000 + 20\,500 \times 0.862\,1 + 22\,200 \times 0.743\,2 + 21\,000 \times 0.640\,7 + 22\,978 \times 0.552\,3$$
$$= 5\,317.5(元)$$

因为计算出来的期望净现值大于零,所以对该项目可以进行投资。

共享单车达 70 万辆,武汉耗资数亿元公共自行车项目停止营运

2017 年 11 月 17 日,武汉环投公共自行车服务有限公司(以下简称武汉环投)发布了一则《关于武汉公共自行车停止营运的公告》。公告称:武汉公共自行车项目自 2014 年运营以来,有效引导和推动了武汉慢行交通系统的建设。目前,共享单车快速发展,70 余万辆自行车遍布武汉三镇大街小巷,已能较好地满足市民短途出行需要。为实现城市资源的合理配置和利用,经充分论证研究,决定停止营运武汉公共自行车,自 2017 年 11 月 25 日零时起,武汉公共自行车停止营运。公共自行车用户可通过各种方式来退费。据武汉环投官网介绍,武汉环投公司成立于 2014 年 11 月,是由武汉环境投资开发集团有限公司投资组建的国有独资企业,全权负责武汉市公共自行车项目的建设运营及管理工作。截至 2017 年 3 月底,累计开通运营站点 2 000 个,投放 4 万辆自行车,累计骑行 6 000 万人次。项目二期工程拟定 3 年内新建公共自行车站点 1 000 余座,实现全市中心城区基本全覆盖,基本实现公共自行车与其他公共交通无缝对接,基本解决交通末端最后 1 千米出行问题。然而,在城区四处建起运营站点后,项目突然宣布停止营运。投入如此巨大资金建起的站点、投放的自行车,该如何处理?

资料来源:周琦,万嘉琳. 共享单车达 70 万辆,武汉耗资数亿元公共自行车停止营运 [EB/OL]. [2017 - 11 - 19]. http://hb.sina.com.cn/news/b/2017 - 11 - 19/detail - ifynwnty5036283.shtml.

5.2.5 无形资产投资管理

无形资产(Intangible Assets)是指企业拥有或者控制的没有实物形态的可辨认非货币性资产。无形资产代表着企业拥有的一项法定的特殊经济权利,或者获取超额收益的能力。随着科学技术的进步和市场竞争的加剧,无形资产对企业越来越重要,已经被公认是企业的一种无形财富,是企业进行价值创造的重要工具之一。党的二十大报告指出,强化企业科技创新主体地位。通过科技创新塑造新的竞争优势。这实质上指明了企业通过创新形成更多有竞争力的无形资产。企业拥有了无形资产,就表明具有获得较高经济效益的优势。无形资产与有形资产同样决定着企业生产经营的规模和效益,决定着企业自身的凝聚力、向心力和对外界的吸引力，也决定着企业的生存和发展。

1. 无形资产概述

（1）无形资产的内容。

无形资产是一个整体性的概念，它由很多性质相同但却相互独立的项目组成。无形资产的内容很多，但是总的来看，无形资产主要包括以下几项。

① 专利权。专利权是指发明人或其权利受让人在法律保护下，对其发明成果在一定年限内享有的，在生产、经营、使用、转让方面的垄断权利。

② 著作权。著作权也称为版权，是著作者按照有关法律取得的在一定年限内对自己的著作或文艺作品的发表、再版、改编、演出、展览的专有权利。

③ 商标权。商标权是商标专用权的简称。商标，即商品的标志。这些标志可为文字、图案，也可为图案文字的结合体。商标有的直接施加在商品上或者包装、广告上。

④ 专有技术。专有技术是指一套秘密的、不成文的、能带来超额收益的经验、知识和技术。它包括操作技巧、数据、秘密配方、工艺流程等。

⑤ 特许权。特许权也称特许经营权或专营权。较常见的特许权是获准在一定区域内经营、生产、销售某种商品的权利。

⑥ 土地使用权。企业经过土地主管部门批准缴纳使用土地的费用后即可获得土地使用权。土地使用权不得随意转让、抵押、侵占、出租或买卖。

⑦ 商誉。商誉是指企业由于具备某些有利条件或在同行业中具有某种优势而形成的获得超额利润的能力。

从广义来看，除了上述无形资产外，还可以把有利于发展市场经济的没有物质实体的内容包含进去。如知识、声望、信息、地理位置、环境、荣誉等。这些方面成为企业生产经营中的优势，对企业来说也是一项极为重要的财产，可以使企业获得更高的收益。

（2）无形资产的特点。

虽然企业的无形资产投资和固定资产投资都属于长期投资，但是两者相比，其特点却不完全相同。无形资产投资除了具有固定资产投资所具有的投资回收时间较长、投资所形成的资产占用资金的数量相对稳定、投资次数相对较少等特点外，还具有其他一些比较明显的特点。

① 本质的财富性。企业无形资产作为全部资产的两大组成部分之一，与有形资产一样都是企业的宝贵财富。

② 形态的不定性。无形是指无一定形态，其不定性表现在两个方面：一是种类较多，体现各异；二是形态隐蔽，需要变化。

③ 获得的有偿性。无形资产必须是有偿获得的，具有垄断性。一般来说，无形资产的共同形态是价值形成的，而价值形态只有通过交换才能得以充分实现。

④ 功能的利销性。经营一种商品要有经营这种商品的许可证。但能否占领市场，是要看无形资产的功能。如产品的知名度和信誉度，知名度高，就会有市场，企业的价值也会随之增加。

⑤ 价值的多变性。无形资产一旦进入流通领域，作为一项特殊的商品可以交换，就可以释放出巨大的能量。同类同质商品的价格会因生产无形资产价值量的不同而悬殊。无

形资产价值量变化极快,既可能迅猛增加,也可能急剧流失。

2. 无形资产投资管理

(1) 无形资产投资的可行性研究。

无形资产投资也需要进行可行性研究,但与固定资产投资的可行性研究相比,无论是在深度上还是在广度上都远不能及。一般来说,非技术型无形资产投资作为经营管理财富的一种积累,无须进行可行性研究。只要在财务角度保证投资额不超过收益额即可。需要进行可行性研究的只是技术型无形资产投资。

技术型无形资产投资的可行性研究大体包括以下 3 项内容。

① 经济方面的可行性研究。这种研究主要是解决利用技术型无形资产所生产的产品是否有销路的问题,从而解决投资是否能够完全收回及投资收益能否最终实现的问题。

② 技术方向的可行性研究。这种研究主要解决投资所形成的资产在技术方面是否先进的问题。因为,只有投资所形成的无形资产具有比较高的技术水平,才能避免在有效使用期限完结之前被淘汰的命运;只有无形资产不被淘汰,投资目的才能实现或才能完全实现。

③ 工艺方面的可行性研究。工艺方面的可行性研究是指获得无形资产过程中的开发与研究方案从技术角度进行的研究。主要解决研究与开发方案在技术方面能不能顺利实施的问题。如果开发与研究方案确定的技术不够成熟,或者虽然比较成熟但是难度过大,将会导致开发与研究失败的后果,进而会使无形资产投资失败。

(2) 无形资产投资的管理程序。

作为与固定资产投资具有相同属性的无形资产投资,在投资管理程序方面是一致的,包括 5 个步骤:①投资项目的提出;②投资项目的评价;③投资项目的决策;④投资项目的执行;⑤投资项目的再评价。

在上述 5 个步骤中,每一步骤的工作重点、工作主体、应该注意的问题虽然相似但仍有细微差别,在具体的工作过程中应该有所侧重,力求做到无形资产投资的系统性和科学性。

3. 无形资产投资决策的特点和应用

在企业投资无形资产之前,必须根据无形资产投资的具体特点来进行决策。

(1) 无形资产投资决策的特点。

无形资产投资决策的特点,是无形资产投资决策相对于固定资产投资决策而言的,无形资产投资决策的最重要的特点是其复杂性。无形资产投资决策的复杂性主要表现在以下几个方面。

① 投资形式的多样性。不同的无形资产其投资形式不同,有的无形资产投资采用与其他企业合作开发的形式,有的间接采用接受投资转入形式,有的则直接采用从外部购入的形式等。无论无形资产投资采用何种形式,都要求投资决策必须对其成本和收益进行全面而又具体的分析。

② 投资期与收益期的难以预测性。在无形资产投资决策中,不仅投资期难以预测,而且收益期更难以准确预测。这一事实,将妨碍投资决策的严肃性和科学性,进而会危及

投资决策结果的合理性。

③ 投资带来的超额收益的不确定性。从理论上讲，无形资产投资所形成的无形资产肯定能给企业带来超出一般收益水平的收益，即超额收益。但这种超额收益到底有多大，要受到诸如宏观经济形势变化、原材料、资金等各种因素的影响。例如，一项专利技术可能给企业带来巨额收益，但如果有更先进、更合理的技术出现，这种巨额收益将有可能随之消失。

(2) 无形资产投资决策的应用。

无形资产投资决策的应用是针对无形资产投资决策所要解决的问题而言的。无形资产投资决策与固定资产投资决策一样，也要解决两个层次的问题，即无形资产投资方案的可行性问题和最优性问题。

无形资产投资方案的可行性问题，主要出现在某一投资项目只有一种投资方案的情况下，如对专利权的投资，指提出了自行研究开发方案。此时投资方案的可行性，实际上也就是投资项目的可行性。当无形资产投资进入投资决策过程之后，投资方案的可行性问题主要是其财务可行性问题。解决投资方案财务可行性问题的办法是：根据投资方案已经确定的原始数据，计算有关决策评价指标，并将计算结果与相应的财务标准进行对比，以发现评价指标是否达到了相应财务标准的最低要求。若达到了相应财务标准的最低要求（如净现值为正），表明实施该方案可以给企业带来净收益，从而此方案可行；否则，此方案不可行。而且，在这种情况下，投资决策的工作内容也相对比较简单，即只要投资决策解决了投资方案的可行性问题，投资决策就可以宣告结束。

相对于投资方案的可行性问题，投资方案的最优性问题将出现在某一项目有多种投资方案的情况下，如对专利权的投资，有关人员提出自行研究开发、外购和接受投资转入这3种方法。在这种情况下，投资决策实际上将会出现可行性问题与最优性问题重叠的现象。投资决策的工作内容也相对比较复杂，既要解决投资方案的可行性问题，还要解决投资方案的最优性问题。解决投资方案最优性问题的办法有很多种，可以采用基本的投资决策评价方法，通过比较各方案的净现值、净现值指数、内部收益率来选出最优方案；也可以在各方案收益相同的条件下，通过比较其成本来选出最优方案；还可以在各方案成本相同的条件下，通过比较其收益来选出最优方案。

至于无形资产投资方案可行性与最优性在不同评价指标下的财务标准问题，因为与固定资产投资方案在不同评价指标下的标准完全相同，所以在这里就不再赘述。

小思考

1. 何谓投资决策？何谓投资评估？
2. 项目投资决策评价指标有哪些？
3. 风险性投资决策的方法有哪些？

5.3 证券投资管理

5.3.1 证券投资管理概述

证券是指用来证明持有者有权按其所载取得相应收益的各类权益凭证。证券投资是以有价证券为投资对象的投资行为。有价证券是一种具有一定票面金额,表明证券持有人有权按其券面所载取得一定收入,并可自由转让、买卖的所有权或债权证书,如支票、汇票、债券、股票。证券投资是投资的重要组成部分,企业科学地进行证券投资,可以充分利用资金获取投资收益,减少投资风险,有利于实现企业的财务目标。

5.3.2 债券投资管理

1. 债券的定义与特征

债券是社会各类经济主体为筹措资金而依照法定程序发行,并约定在一定期限还本付息的有价证券。债券是债的证明书,反映了发行者和投资者之间的债权债务关系。

2. 债券投资的特点

债券投资是指投资者通过证券市场购买各种债券进行的投资,相对于股票投资而言,债券投资一般具有以下特点。

(1) 债券投资属于债权性投资。债券投资与股票投资虽然都属于证券投资,但二者的投资属性不同,债券持有人作为债权人拥有定期获取利息到期收回本金的权利,但无权参与公司经营管理,债券体现的是债权债务关系,而股票体现的是所有权关系。

(2) 债券投资的风险小。由于债券到期还本付息,其求偿权也位于股东之前,因此其投资风险较小,尤其是政府债券,因其有国家财力做保障,所以其本金的安全性非常高。

(3) 债券投资的收益稳定。债券属于固定收益型证券,其投资收益来源于利息收入和债权转让差价,与发行人的经营状况无关,所以其投资收益比较稳定。

(4) 债券市场价格的波动性较小。债券的市场价格有一定的波动性,但因价格不会偏离价值太多,所以其市场价格波动性较小。

(5) 债券市场流动性好。许多债券具有较好的流动性,政府债券、金融债券、大企业发行的债券一般都可以在证券市场上快速变现,流动性较好。

3. 债券的种类

(1) 按发行主体分类。

根据发行主体的不同,债券可以分为政府债券、金融债券、公司债券和外国债券。

① 政府债券。政府债券的发行主体是政府,它是政府为筹集资金而发行的,并承诺在一定时期支付利息和到期偿还本金的债务凭证。

② 金融债券。金融债券是银行或非银行金融机构为筹措资金而向社会发行的债务凭证。金融债券的发行主体——金融机构一般具有雄厚的资金实力,信用度较高,因此金融债券一般都具有良好的信誉。

③ 公司债券。公司债券又称为企业债券,是公司为了筹措资金依照法定程序向社会发行、约定在一定期限还本付息的债务凭证。公司债券的风险性相对于政府债券和金融债券要大一些,正是因为公司债券有较高的投资风险,因而其债券利息也要高于政府债券和金融债券。

④ 外国债券。外国债券是指一国政府、金融机构、工商企业等为了筹集中长期资金而在国外金融市场上发行的债券。

（2）按计息与付息方式分类。

到期还本付息是债券的重要特征之一，但计算利息的方式可以不同，不同的计息方式对于债券发行人和投资者来说会产生不同的利益影响。根据计息与付息方式的不同，债券可以分为单利债券、复利债券、付息债券、贴现债券等。

① 单利债券。单利债券是指在计算利息时，不论期限长短，仅按本金计息，所生利息不再加入本金计算下期利息的债券。

② 复利债券。复利债券与单利债券相对应，它是指计算利息时，按一定期限将所生利息加入本金再计算利息，逐期滚算的债券。

③ 付息债券。付息债券是指在债券券面上附有息票的债券。

④ 贴现债券。贴现债券是指在票面上不规定利率，发行时按某一折扣率以低于票面金额的价格发行，到期时按面额偿还本金的债券。

（3）按债券形态分类。

根据债券的形态不同可以分为实物债券、凭证式债券和记账式债券。

① 实物债券。实物债券是一种具有标准格式实物券面的债券。它以实物券的形式记录债权、面值等，不记名，不挂失，可上市流通。

② 凭证式债券。凭证式债券的形式是一种债权人认购债券的收款凭证。可记名、挂失，以"凭证式国债收款凭证"记录债权，不能上市流通，从购买之日起计息。在持有期内，持券人如果遇到特殊情况，需要提取现金，可以到购买网点提前兑取。

③ 记账式债券。记账式债券没有实物形态的票券，而是以记账的形式记录债权，通过证券交易所的交易系统进行发行和交易。由于记账式债券的发行和交易过程都已实现无纸化，所以效率高、成本低、交易安全性好。

（4）按债券的偿还期限分类。

根据债券偿还期限的长短，债券可以分为短期债券、中期债券和长期债券。一般来说，偿还期限在1年以内的为短期债券；偿还期限为1~5年的为中期债券；偿还期限在5年以上的为长期债券。但在不同的国家期限划定的标准有所不同，如美国等一些国家就将偿还期限在1~10年的债券作为中期债券。

4. 债券投资的价值评估

债券的内在价值（理论价格）就是指投资者为获得债券的本金及利息收入而购买的债券在理论上应支付的货币量。

债券的内在价值主要由三个变量决定：债券的期值、债券的待偿期限和市场利率。债券的期值是债券到期时的总价值或总收入，包括本金和利息两部分，可根据债券面值、票面利率和债券的有效期限计算。债券的待偿期限是从债券交易日起至债券到期日止这段时间。市场利率是指由资金市场上供求关系决定的利率。市场利率因受到资金市场上供求变化的影响而经常变化。

对于付息债券，发行主体可以选择付息方式，主要有到期一次性还本付息和定期付息、到期还本两种方式。到期一次性还本付息是指发行者在债券偿还期内不支付利息，在债券到期时支付全部利息和偿还本金；定期付息、到期还本是指发行者在债券偿还期内会以固定的时间间隔（如一年或半年）支付等额的利息，在到期时偿还本金。由于债券付息时间不同会影响到债券期值的现金流量，所以计算其内在价值时，需要分别加以计算。

（1）到期一次性还本付息方式。

当债券采用到期一次性还本付息方式时，债券的内在价值为：

$$P=\frac{A(1+i)^n}{(1+R)^t} \tag{5-22}$$

式中：P——债券的理论价格；

R——市场利率；

A——债券面值；

i——票面利率；

n——债券的有效期限；

t——债券的待偿期限。若以 t_0 表示债券的已发行期限，则 $t=n-t_0$。

（2）定期付息、到期还本方式。

当债券采用定期付息、到期还本方式时，债券的理论价格为：

$$P=\frac{A}{(1+R)^t}+\sum_{T=1}^{t}\frac{A \cdot i}{(1+R)^T} \tag{5-23}$$

式中：P——债券的理论价格；

R——市场利率；

A——债券面值；

i——票面利率；

t——债券的待偿期限，若以 t_0 表示债券的已发行期限，则 $t=n-t_0$；

T——债券付息的期限。

5．债券投资的收益

任何投资活动最终都是为了取得投资收益，在进行债券投资时有必要比较各类债券的收益状况，以便做好投资决策。不同种类的债券，因计息方式不同，投资的时间不同，其投资收益的计算方法也有所差异。通常衡量债券投资收益的指标是债券投资收益率。债券投资收益率是一定时期内债券投资收益与投资额的比率。

债券投资收益主要包括债券利息收入和债券的价差收益。其中债券利息收入就是根据债券的面值与票面利率计算的利息额；债券的价差收益是债券到期得到的偿还金额（即债券面额）或到期前出售债券的价款与投资时购买债券的金额之差。

债券投资额是投资时购买债券的金额，主要是购买价格和购买时发生的佣金、手续费等。

由于影响债券投资收益的主要是计息与付息方式，所以下面按不同的计息与付息方式分别介绍附息债券和贴现债券的投资收益计算方法。

（1）附息债券的投资收益率。

① 单利计息的附息债券投资收益率。

附息债券一般采用单利计息方法，每期利息额都是相等的。在用单利计息方法计算债券投资收益率时，其计算公式为：

$$R=\frac{C+\dfrac{S_n-S_0}{N}}{S_0}\times 100\% \tag{5-24}$$

式中：R——债券的年投资收益率；

S_n——债券到期时的偿还金额或到期前出售的价款；

S_0——债券投资时购买债券的金额；

C——债券年利息额；

N——债券的持有期限（以年为单位）。

【例 5-7】 某企业于 2020 年 6 月 1 日购入面额为 1000 元的附息债券 100 份，票面利率为利率 10%，以发行价格每份 1020 元买入，到期日为 2022 年 5 月 31 日。计算该企业持有到期时的投资收益率。

$$R = \frac{C + \frac{S_n - S_0}{N}}{S_0} \times 100\%$$

$$= \frac{1\,000 \times 100 \times 10\% + \frac{1\,000 \times 100 - 1\,020 \times 100}{2}}{1\,020 \times 100} \times 100\%$$

$$= 8.82\%$$

② 复利计息的附息债券投资收益率。

虽然附息债券的计息方法一般为单利计息方法，但在投资决策时也可以采用复利计息方法，不仅考虑债券的利息收入和价差收益，还应考虑债券利息的再投资收益。在这种情况下，债券投资收益率的计算公式为：

$$R = \left(\sqrt[n]{\frac{S_n + C \sum_{t=1}^{n}(1+i)^{t-1}}{S_0}} - 1 \right) \times 100\% \qquad (5-25)$$

式中：n——债券的持有期限（以年为单位）；

i——债券利息的再投资收益率，一般可用市场利率；其他符号的含义同前。

【例 5-8】 假定上例中，市场利率为 9%，要求用复利计息方法计算该债券的投资收益率。

$$R = \left(\sqrt[n]{\frac{S_n + C \sum_{t=1}^{n}(1+i)^{t-1}}{S_0}} - 1 \right) \times 100\%$$

$$= \left(\sqrt{\frac{1\,000 \times 100 + 1\,000 \times 100 \times 10\% \times \sum_{t=1}^{2}(1+9\%)^{t-1}}{1\,020 \times 100}} - 1 \right) \times 100\%$$

$$= 8.87\%$$

采用单利与复利两种方法，计算出来的债券投资收益率是有差异的，期限越长，其差异越大。一般在进行债券投资决策时，最好采用复利计息方法计算债券投资收益率，因为这种方法考虑到了资金的时间价值，特别当债券的投资期限较长时，债券利息的再投资收益就不能不加以考虑。

(2) 贴现债券的投资收益率。

① 单利计息的贴现债券的投资收益率的计算公式如下：

$$R=\frac{\dfrac{S_n-S_0}{N}}{S_0}\times 100\% \tag{5-26}$$

各符号含义同上。

【例 5-9】 某贴现债券面额为 100 元，购买价格为 98 元，购买日期为 2021 年 10 月 15 日，偿还期限为 2022 年 3 月 31 日，剩余天数为 166 天，则投资收益率为：

$$\frac{100-98}{98}\div\frac{166}{365}\times 100\%=4.49\%$$

② 复利计息的贴现债券的投资收益率的计算公式如下：

$$R=\left(\sqrt[n]{\frac{S_n}{S_0}}-1\right)\times 100\% \tag{5-27}$$

各符号含义同上。

【例 5-10】 某贴现债券的面值为 100 元，投资者购买价格为 80 元。剩余年限为 2 年，则投资收益率（复利）为：

$$\left(\sqrt{\frac{100}{80}}-1\right)\times 100\%=11.80\%$$

6. 债券投资的风险

任何一项投资都具有一定的风险。债券投资同样也存在一定的风险，这种风险主要来自以下几个方面。

（1）违约风险。违约风险是指债券的发行人不能履行合约规定的义务，无法按期支付利息和偿还本金的风险。政府债券以国家财政为保证，一般不会违约，可以看作是无违约风险的债券。金融债券的违约风险通常要比公司债券的违约风险小。评价一种债券的违约风险大小，经常要参考信用评级机构对债券所做的信用评级，高信用等级的债券违约风险要比低信用等级的债券小。按国际惯例，债券的信用等级一般分为四等十二级，从高到低分别为 AAA、AA、A；BBB、BB、B；CCC、CC、C；DDD、DD、D。但是信用评级是以现有的企业资料为基础做出的，在未来较长的时期内企业的经营状况可能会发生变化，其债券的信用等级也会有所改变，因此投资者还应密切关注今后的债券信用等级变化情况。

（2）利率风险。利率风险是指由于市场利率的变化而引起的债券价格下跌，使投资者遭受损失的风险。利率风险是各种债券都面临的风险。一般来说，市场利率与债券价格成反比变化，市场利率上升，会引起债券市场价格下跌；市场利率下降，会引起债券市场价格上涨。债券的有效期越长，债券的价格受市场利率波动的影响越大；随着债券到期日的临近，债券的价格便趋近于面值。

（3）购买力风险。购买力风险是指由于通货膨胀导致货币购买力下降，从而使投资者遭受损失的风险，又称为通货膨胀风险。一般而言，在通货膨胀情况下，固定收益的债券比变动收益的债券要承受更大的购买力风险，因此普通股被认为比公司债券和其他固定收益的债券能更好地避免购买力风险。

（4）变现力风险。变现力风险是指债券持有人无法在短期内将债券以合理的价格出售的风险。也就是说，如果债券持有人现在有一个更好的投资机会，想把债券变现来投资这个项目，但因无法在短期内以合理的价格将债券出售，由此给债券持有人造成损失的可能性就是所说的变现力风险。一般说来，政府债券及一些大公司的债券的变现性较强，而那些大家很少熟悉的小公司的债券的变现力是较差的。

（5）再投资风险。再投资风险是指投资者购买短期债券后，在债券到期时，市场利率下降，因而无法找到合适的再投资机会，进而使投资者遭受损失的风险。

5.3.3 股票投资管理

1. 股票的定义和特征

（1）股票的定义。

股票是指股份有限公司发行的，用以证明投资者的股东身份和权益的凭证。

 知识链接

现代企业有三种组织形式：独资企业、合伙企业和股份公司。股份公司也简称公司，在公司中最典型的是有限责任公司和股份有限公司。有限责任公司是股东以其出资额为限对公司承担责任，公司以全部资产对公司的债务承担责任的企业法人。有限责任公司的全部资产不分为等额股份，公司向股东签发出资证明，不发行股票。股份有限公司是指全部资本分为等额股份，股东以其所持股份为限对公司承担责任，是公司以其全部资产对公司的债务承担责任的法人。股票正是股份有限公司发行的，是股本、股份和股权的具体体现。

（2）股票的特征。

① 期限上的永久性。股本资金是没有期限的（公司章程中另有约定的除外），公司可以长期占有使用这些资金，不需对股东还本付息。股东若想收回投资，只能将股票转让。

② 责任上的有限性。股份有限公司的股东对公司债务仅以他所认购的股份金额为限承担有限责任。一旦公司破产，股东最大的可能损失就是其投入到有限公司的股金，而不会对投资者的个人资产产生影响。

③ 收益性上的剩余性。收益上的剩余性是指股东的经常性收入，它的多少取决于股份公司的经营状况和盈利水平，它是在公司利润弥补以前年度亏损、缴纳税金、提取公积金、提取公益金、支付债息和优先股股东的股息之后剩余部分的分配。

④ 决策上的参与性。股东可以参加股东大会，听取董事会的工作报告和财务报告，对公司的重大经营决策投票表决，选举公司的董事和监事等。股东通过行使以上权力参与公司的经营管理决策。

⑤ 交易上的流动性。股票的流动性是指股票在不同的投资者之间可以进行转让，股票持有人可以通过股票的转让随时收回自己的投资额。

⑥ 价格上的波动性。由于股票的交易价格是受多方面因素的综合影响，因此股票的市场价格是不断波动的，这也为股票投资带来了较大的风险和分析的难度。

⑦ 投资上的风险性。股票是一种高风险的投资工具，其风险主要来源于股票价格的波动。由于股票价格要受到诸如公司经营状况、宏观经济政策、市场供求关系及大众心理

等多种因素的影响,所以股票投资必须要承担一定的风险。

2. 股票的价格

(1) 股票价格。

股票价格是指货币与股票之间的对比关系,是与股票等值的一定的货币量。股票是一种虚拟资本,它本身并没有价值。股票之所以有价格,是因为它是一种所有权的凭证。

(2) 股票价格的种类。

股票的价格有狭义与广义之分,狭义的股票价格就是指股票的市场价格,也就是股票在交易过程中的价格;而广义的股票价格,是从不同的角度来分析股票,它的价格有票面价格、发行价格、账面价格、内在价格、清算价格、市场价格等六种。

① 股票的票面价格。股票的票面价格也就是股票的面值,股票票面价格是根据上市公司发行股票的资本总额与发行股票的数量来确定的。其计算公式为:

$$股票的票面价格 = \frac{上市公司的资本总额}{上市公司发行股票的总股数} \qquad (5-28)$$

② 股票的发行价格。股票的发行价格是指股份有限公司将股票公开发售给投资者所采用的价格。根据股份有限公司发行价格与其票面价格的关系,股票的发行价格有平价发行、折价发行、溢价发行三种情况。

③ 股票的账面价格。账面价格又称"净值",即股票的每股净资产。其含义就是股东持有的每一股份在理论上所代表的公司财产价值。

$$普通股账面价格 = \frac{公司总资产净值 - 优先股总面值}{普通股总股数} \qquad (5-29)$$

公司总资产净值是股东权益的会计反映,或者说是股票所对应的公司当年自有资金价值。具体包括公司资本金、各种公积金、未分配利润等。

相对于股票其他各种价格,股票的账面价格更为确切可靠,因为净资产是根据现有的财务报表计算的,数据较精确而且可信度很高;同时净值又能明确反映出公司历年经营的累积成果;净值还相对固定,一般只有在年终盈余入账或公司增资时才变动。因此,股票净值具有较高的真实性、准确性和稳定性,也是证券投资分析的主要依据之一。

④ 股票的内在价格。股票的内在价格,就是在某一时点股票的理论价格,也就是股票未来收益的现值。股票的内在价格取决于股票的收益和市场利率。

⑤ 股票的清算价格。股票的清算价格是指一旦股份公司破产或倒闭后进行清算时,每股股票所代表的实际价值。从理论上讲,股票的每股清算价格应与股票的账面价值相一致。但企业在破产清算时,其财产价值是以实际的销售价格来计算的,而在进行财产处置时,其售价一般都会低于实际价值,所以股票的清算价格就会与股票的净值不相一致。

⑥ 股票的市场价格。股票的市场价格是指股票在交易过程中交易双方达成的成交价,也称为股票市价。股票的市价直接反映着股票市场的行情,是股民购买股票的依据。但由于受股票供求、股民心理等众多因素的影响,股票的市场价格处于经常性的变化之中。

3. 股票的投资价值分析

有价证券的内在价值(或称为理论价格)是根据现值理论而来的。现值理论认为,人们之所以愿意购买证券,是因为它能够为持有者带来预期收益,因此它的"价值"取决于未来收益的大小。如果我们能预测股票的未来收益流量，并按合理的贴现率和有效期限将其折现，就得到股票的内在价值，这就是股利贴现模型。

$$V = \frac{C_1}{1+r} + \frac{C_2}{(1+r)^2} + \frac{C_3}{(1+r)^3} + \cdots = \sum_{t=1}^{\infty} \frac{C_t}{(1+r)^t} \qquad (5-30)$$

式中：C_t——在时间 t 时股票的预期现金流量；

r——必要收益率。

股票的内在价值是预期未来现金流量的现值，依据不同的假设条件，有多种不同的定价模型。

（1）零增长模型。

零增长模型假定股利增长率等于零，也就是说未来的股利按一个固定数量支付，则股票的内在价值为每股股息除以其必要收益率。

$$V = \frac{C_1}{1+r} + \frac{C_2}{(1+r)^2} + \frac{C_3}{(1+r)^3} + \cdots = \sum_{t=1}^{\infty} \frac{C_t}{(1+r)^t} \qquad (5-31)$$

式中：V——股票的内在价值；

t——时间参数；

C_t——在时期 t 股票的预期现金流量；

r——股票的贴现率。

【例 5-11】 假定某公司在未来无限时期支付的每股股利为 8 元，其公司的必要收益率为 10%，一股该公司股票的价值应为多少？

$$该公司的股票价值 = \frac{8}{0.10} = 80(元)$$

若当时一股股票价格为 65 元，每股股票净现值为 80-65=15 元，该股票被低估 15 元，因此建议可以购买该种股票。

零增长模型的应用受到限制，毕竟假定对某一种股票永远支付固定的股利是不合理的。但在特定的情况下，在决定普通股票的价值时，这种模型也是相当有用的，尤其是在决定优先股的内在价值时。因为大多数优先股支付的股利不会因每股收益的变化而发生改变，而且由于优先股没有固定的生命期，预期支付显然是能永远进行下去的。

（2）不变增长模型。

如果我们假设股利永远按不变的增长率增长，那么就会建立不变增长模型。

假设每年的股利收入以一个固定的比率（g）增长，首期的股利收入为 D_0，第 t 年的预期股利收入为：$D_t = D_0(1+g)^t$

则股票的内在价值为：

$$V = \sum_{t=1}^{\infty} \frac{D_t}{(1+r)^t}$$

当 $g < r$ 时，

$$V = \frac{D_0(1+g)}{r-g} = \frac{D_1}{r-g} \qquad (5-32)$$

式中：V——股票的内在价值；

D_t——股票第 t 期的股利；

D_0——股票的首期股利；

t——时间；

r——股票的必要收益率；

g——股利增长率。

【例 5-12】 去年某公司支付每股股利为 1.80 元，预计在未来日子里该公司股票的股利按每年 5% 的速率增长。预期下一期股利为多少？假定必要收益率是 11%，该公司当前的理论股价应为多少？

$$D_1 = 1.80 \times (1 + 0.05) = 1.89 (元)$$

$$V = \frac{1.80 \times (1 + 0.05)}{0.11 - 0.05} = \frac{1.89}{0.11 - 0.05} = 31.50 (元)$$

若当今每股股票价格是 40 元，因此，股票被高估 8.50 元，建议当前持有该股票的投资者出售该股票。

零增长模型实际上是不变增长模型的一个特例。假定增长率恒等于零，这时不变增长模型就是零增长模型。从这两种模型来看，虽然不变增长的假设比零增长的假设有较小的应用限制，但在许多情况下仍然被认为是不现实的。但是，不变增长模型却是多元增长模型的基础，因此这种模型极为重要。

（3）多元增长模型。

多元增长模型是最普遍被用来确定普通股票内在价值的贴现现金流模型。这一模型假设股利的变动在一段时间内并没有特定的模式可以预测，在此段时间以后，股利按不变增长模型进行变动。因此，股利流可以分为两个部分。第一部分包括在股利无规则变化时期的所有预期股利的现值 V_{T-}。第二部分包括从时点 T 来看的股利不变增长率变动时期的所有预期股利的现值 V_{T+}。因此，股票在时间点 T 的价值可通过多元增长模型的方程求出。

$$V_{T-} = \sum_{t=1}^{T} \frac{D_t}{(1+r)^t}$$

$$V_{T+} = \frac{D_{T+1}}{(r-g)(1+r)^T}$$

$$V_T = V_{T-} + V_{T+} \tag{5-33}$$

式中：V_{T-}——股利无规则变化期股票的内在价值；

V_{T+}——股利不变增长期股票的内在价值；

D_t——股票第 t 期的股利；

D_{T+1}——股利开始不变增长后第一期的股利；

r——股票的必要收益率；

g——股利增长率；

V_T——T 时刻股票的内在价值。

【例 5-13】 假定 A 公司上年支付的每股股利为 0.75 元，今年预期支付的每股股利为 2 元，下一年预期支付的每股股利为 3 元，从第三年起，预期在未来无限时期，股利按每年 10% 的速度增长。假定该公司的必要收益率为 15%，试计算该公司股票的内在价值。

$$V_{T-} = \frac{2}{1+0.15} + \frac{3}{(1+0.15)^2} = 1.7391 + 2.2684 = 4.007$$

$$V_{T+} = \frac{3 \times (1+0.1)}{(0.15-0.10)(1+0.15)^2} = 49.905$$

$$V_T = V_{T-} + V_{T+} = 4.007 + 49.905 = 53.91(元)$$

目前该股票价格 55 元/股，该价格与之相比较，股票没有被错误定价。

知识链接

价值是投资的精髓

价值投资法是巴菲特最重要的投资理论。价值投资法是一套买卖股票的方法，是选择股票的一种独特标准。巴菲特认为，价格是你将付出的，价值是你将得到的。在决定购买股票时，内在价值是一个重要的概念。价值投资法就是寻找价格"等同于内在价值或小于内在价值"的健全企业，然后长期持有，直到有充分理由把它卖掉。

其实不仅巴菲特极其看重价值投资，几乎所有的拥有巨额财富的投资大师都是价值投资的奉行者。格雷厄姆晚年曾在一场演讲中说明他自己的投资哲学："我的声誉——不论是现在或是最近被提起的，主要都与'价值'的概念有关。事实上，我一直希望能够以清楚、令人信服的态度说明这样的投资理念。"比尔·盖茨也是一位价值投资者，他曾经持有一些不起眼的公司的股票，如 Otter Tail 公司，Canadian National Railway 公司，Republic Services 公司等，就是因为发现了它们值得投资的内在价值。

名家经验

如何判断一家上市公司的内在价值，巴菲特给出了三条经验。
① 从企业经营者的角度去思考问题。
② 挖掘内在价值时请远离市场。
③ 公司的业绩要优良。

4. 股票投资的收益

(1) 股票收益的构成。

股票收益可分成两类：第一类来自股份公司，称为经常性收入，就是投资者从公司获取的股息和红利收入。第二类来自股票流通，也称为资本性收入，是投资者在进行股票交易过程中赚取的差价收益。

(2) 股票投资收益率的计算。

衡量股票投资收益的指标主要有股利收益率、持有期收益率和股份变动后持有期收益率等。

① 股利收益率。

股利收益率，又称获利率，是指股份有限公司以现金形式派发的股息与股票购买价格的比率。该收益率可用于计算已得的股利收益率，也可用于预测未来可能的股利收益率。

$$股利收益率 = \frac{D}{P_0} \times 100\% \tag{5-34}$$

式中：D——年现金股息；

P_0——股票买入价格。

② 持有期收益率。

持有期收益率是指投资者在持有股票期间的股息收入与买卖差价之和与股票买入价格的比率。持有期计算公式为：

$$持有期收益率 = \frac{D + (P_1 - P_0)}{P_0} \times 100\% \quad (5-35)$$

式中：D——现金股息；

P_0——股票买入价格；

P_1——股票卖出价格。

持有期收益率是投资者最关心的指标，但如果要将它与债券收益率、银行利率等其他金融资产的收益率进行比较，则要将持有期收益率化为年收益率。

③ 股份变动后持有期收益率。

投资者在买入股票后，有时会发生该股份公司进行拆股、送股、配股、增发的情况，它们会影响股票的市场价格和投资者的持股数量。因此有必要在股份变动后作相应的调整，以计算调整后的持有期收益率。

$$调整后持有期收益率 = \frac{调整后的资本收益或损失 + 调整后的现金股息}{调整后的购买价格} \times 100\% \quad (5-36)$$

5. **股票投资的风险**

(1) 股票投资风险的种类。

股票投资风险根据其影响的范围及可控程度可分为系统风险和非系统风险两大类。

① 系统风险。

系统风险也称之为不可避免风险，是指某些因素能够以同样的方式对所有证券的收益产生影响而引起的投资收益的可能变动。系统风险包括政策风险、宏观经济风险、利率风险、购买力风险、市场风险等。

政策风险是指政府有关证券市场的政策发生重大变化或是有重要的举措、法规出台，引起证券市场的波动，从而给投资者带来的风险。

宏观经济风险主要是由于宏观经济因素的变化、经济政策变化、经济的周期性波动以及国际经济因素的变化给股票投资者可能带来的意外收益或损失。经济政策如产业政策、财政政策、货币政策、税收政策等的出台以及变化，对上市公司的发展及经济效益的提高都会产生直接的影响，从而影响投资者的投资收益。经济的周期性波动也会给投资者带来较大的收益的不确定性。在经济复苏和繁荣时期，证券市场筹资与投资十分活跃，证券投资收益看好。然而，在经济萧条，特别是危机时期，由于社会经济活动处于停滞不前甚至萎缩和倒退状态，经济秩序不稳定，证券市场也必然受到冲击。随着经济国际化程度的不断提高，国际经济因素的变化对证券市场的影响日益显著。世界各国，尤其是那些经济大国，它们的经济发展状况，汇率、利率的变化，对外贸易政策，以及它们证券市场的动荡，也都会对我国资本市场产生间接或直接的影响。

利率风险是指市场利率变动引起证券投资收益变动的可能性。一般来说，市场利率与证券价格之间呈反向变动，市场利率上升，证券价格下跌，市场利率下跌，证券价格上涨。

购买力风险又称通货膨胀风险,是由于通货膨胀、货币贬值给投资者带来实际收益水平下降的风险。通货膨胀的不同阶段对证券价格有不同的影响。一般来说,在通货膨胀之初,股票的市场价格上涨。然而,当通货膨胀持续上升一段时期以后,股票价格会显著下降。

汇率与证券投资风险的关系主要体现在两方面:一是本国货币升值有利于需进口原材料来从事生产经营的企业,不利于产品主要出口的企业。本国货币贬值的效应正好相反。二是对于货币可以自由兑换的国家来说,汇率变动也可能引起资本的输出与输入,从而影响国内货币资金和证券市场供求状况。

市场风险是指证券市场的价格波动给投资者带来损益的可能性。要降低市场风险的影响,一方面是认清市场变动趋势并顺势而为,通过分析判断,是牛市就入市投资,是熊市就远离股市;另一方面是选择大企业和业绩优良的企业投资,因为这类企业对客观经济环境变化的承受能力和适应能力较强。

② 非系统风险。

非系统风险是指只对某个行业或个别公司的证券产生影响的风险,它通常是由某一特殊的因素引起,与整个证券市场的价格不存在系统、全面的联系。非系统风险的主要形式有信用风险和经营风险。

信用风险又称违约风险,指证券发行人在证券到期时无法还本付息而使投资者遭受损失的风险。公司资本结构不合理、融资不当是导致证券发行人出现信用风险的一个重要原因。我们可以通过观察一个公司的资本结构来估量该公司的股票的信用风险。资本结构中负债较少的公司,其股票的信用风险低;负债比重大的公司,其信用风险高。

经营风险是指由于公司的经营状况的变化而导致公司盈利水平变化,从而产生投资者预期收益下降的可能。当公司收入突然下降时,由于普通股持有者在进行收益分配时排在最后,他们会遭受重大损失。与公司的债券持有者相比,普通股持有者处于一个风险大得多的地位。当公司经营情况不好,收入迅速下滑时,公司在支付债务利息和到期本金后,可用于支付股息的收益已所剩无几,从而导致股东们所得股息的减少或根本没有股息,与此同时,股票的市场价格一般也会随之降低,使股东们蒙受双重损失。

(2) 股票投资风险的衡量。

① 单只股票系统风险的衡量。

对于系统性风险,所有的公司都要受其影响,但是,当发生系统风险时,不同公司受影响的程度不一样。所以,不同股票的系统风险大小不一样,可以用 β 系数来衡量。整个证券市场的 β 系数为1,如果某种股票的风险情况与整个证券市场的风险情况一致,则这种股票的 β 系数等于1;如果某种股票的 β 系数大于1,说明其风险大于整个市场的风险;如果某种股票的 β 系数小于1,说明其风险小于整个市场的风险。β 系数表示个股的系统风险是整个资本市场系统风险的倍数。由于风险和收益相对称,所以 β 系数也表示个股的收益是整个资本市场收益的倍数。β 系数有多种计算方法,实际计算过程十分复杂,一般不需投资者自己计算,而由一些投资服务机构定期计算并公布。

② 单只股票风险的衡量。

证券的实际收益可能会与预期收益出现偏差,这种偏差程度的大小可以作为衡量证券风险的一个标准。通常我们用方差和标准离差来衡量证券的风险程度,其计算公式为:

$$\sigma^2 = \sum_{i=1}^{n} P_i (K_i - \bar{K})^2$$

$$\sigma = \sqrt{\sum_{i=1}^{n} (K_i - \bar{K})^2 \cdot P_i} \tag{5-37}$$

式中：σ^2——证券单位方差；

σ——证券的标准差；

i——证券的第 i 种收益情况；

n——证券收益情况的种类数；

P_i——证券的第 i 种收益情况对应的概率；

K_i——证券的第 i 种收益情况对应的报酬率；

$\bar{K}$——证券的期望报酬率，$\bar{K} = \sum_{i=1}^{n} K_i P_i$

 名人名言

彼得·林奇：不进行研究的投资，就像打扑克从不看牌一样，必然失败！

乔治·索罗斯：错过投资时机就是错过了盈利时刻。

吉姆·罗杰斯：投资者越谨慎，投资机会就离投资者越远。

李·艾柯卡：决不能在没有选择的情况下，做出重大决策。

彼得·林奇：投资需要谨慎，但不需要太过谨慎。

5.3.4 证券投资组合

1. 证券投资组合的含义

证券投资组合又叫证券组合，是指在进行证券投资时，不是将所有的资金都投向单一的某种证券，而是有选择的投向一组证券，这种同时投资多种证券的做法便叫证券的投资组合。通过有效地进行证券投资组合，可以消减证券风险，达到降低风险的目的。投资者构建投资组合符合党的二十大报告中提及的"主动识变应变求变，主动防范化解风险"的思想。

2. 证券投资组合的收益和风险

（1）双证券组合的收益和风险。

如果投资者只投资于两种证券，假定投资者投资于证券 A 和证券 B，其投资比重分别为 X_A 和 X_B，$X_A + X_B = 1$，则该双证券组合的期望报酬率等于证券 A 和 B 的期望报酬率以其投资比重为权数计算的加权平均数，其计算公式为：

$$K_P = X_A K_A + X_B K_B \tag{5-38}$$

式中：K_P——双证券组合的期望报酬率；

X_A——证券 A 在投资组合中的投资比重；

X_B——证券 B 在投资组合中的投资比重；

K_A——证券 A 的期望报酬率；

K_B——证券 B 的期望报酬率。

然而,由于两个证券的风险可能具有一定的相互抵消或增强的作用,因此,双证券组合的风险就不再等于证券 A 和 B 的风险以其投资比重为权数计算的加权平均数了,双证券组合的风险可以用该组合的方差来衡量,其计算公式为:

$$\sigma_P^2 = X_A^2 \sigma_A^2 + X_B^2 \sigma_B^2 + 2\rho_{AB} X_A X_B \sigma_A \sigma_B \tag{5-39}$$

式中:σ_P^2——双证券组合的方差;

σ_A^2——证券 A 的方差;

σ_B^2——证券 B 的方差;

ρ_{AB}——证券 A 和 B 的相关系数。

组合的收益与风险关系为一条向左弯曲的曲线 AB,如图 5.1 所示,ρ 越小,弯曲的程度越大;当 $\rho=-1$ 时,该组合的收益与风险关系为折线 AQB。

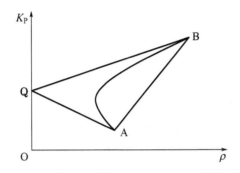

图 5.1　双证券组合的收益、风险与相关系数的关系

(2) N 个证券组合的收益与风险。

上面分析了两种证券的投资组合,但在实践中,证券投资组合往往会包含多种证券。如果证券组合中证券的数量为 N 个,证券组合的收益依然采用加权平均的计算方法,其期望报酬率为组合中各个证券的期望报酬率以其投资比重为权数计算出来的加权平均数,其计算公式为:

$$K_P = \sum_{i=1}^{n} X_i K_i \tag{5-40}$$

式中:X_i——第 i 种证券在投资组合中所占的比重;

K_i——第 i 种证券的期望报酬率;

n——证券组合中证券的总数。

N 个证券组合的风险也不能简单地用组合中每个证券的风险的加权平均数来衡量,而应当同样用该组合的方差来表示,其计算公式为:

$$\begin{aligned}\sigma_P^2 &= \sum_{i=1}^{n}\sum_{j=1}^{n} X_i X_j \sigma_{ij} \\ &= \sum_{i=1}^{n} X_i^2 \sigma_i^2 + \sum_{i=1}^{n}\sum_{\substack{j=1 \\ j \neq i}}^{n} X_i X_j \sigma_{ij} + \sum_{j=1}^{n} X_j^2 \sigma_j^2\end{aligned} \tag{5-41}$$

式中：σ_P^2——证券组合的方差；

X_i——第 i 种证券在投资组合中的比重；

X_j——第 j 种证券在投资组合中的比重；

σ_{ij}——第 i，j 两种证券的协方差。

也可以用标准离差 σ_P 来衡量 N 个证券组合的风险。

证券组合的方差，不仅取决于组合中单个证券方差的大小，还取决于各证券之间的协方差大小。证券组合中证券数量越多，协方差所起的作用越大，而各证券的方差所起的作用越小。

根据上面对证券组合的收益与风险的分析可知，一个证券组合的期望报酬率只是组合中各证券的期望报酬率的加权平均数，因此，增加证券组合中证券的数量未必会提高证券组合的预期收益，但是，证券组合的风险则随着证券数量的增加而降低，这是因为证券组合中各证券的非系统性风险可以通过分散化投资相互抵消。

3．证券投资组合的策略与方法

（1）证券投资组合的策略。

① 保守型策略。

这种策略认为，最佳证券投资组合策略是要尽量模拟市场现状，将尽可能多的证券包括进来，以便分散掉全部非系统风险，得到与市场所有证券的平均收益相同的收益。1976年，美国先锋基金创造的指数信托基金，便是这一策略的最典型代表。这种基金投资于标准与普尔股票价格指数中所包括的全部 500 种股票，其投资比例与 500 家企业价值比重相同。这种投资有以下好处：能分散掉全部可分散风险；不需要高深的证券投资的专业知识；证券投资的管理费比较低。但这种组合获得的收益不会高于证券市场上所有证券的平均收益，因此，此种策略属于收益不高、风险不大的策略，故称之为保守型策略。

② 冒险型策略。

这种策略认为，与市场完全一样的组合不是最佳组合，只要投资组合做得好就能击败市场或超越市场，取得远远高于平均水平的收益。这种组合中，一些成长型的股票比较多，而那些低风险、低收益的证券不多。另外，其组合的随意性强，变动频繁。采用这种策略的人认为，收益就在眼前，何必死守苦等。这种策略收益高、风险大，因此称为冒险型策略。

③ 适中型策略。

这种策略认为，证券的价格，特别是股票的价格，是由特定公司的经营业绩来决定的。采用这种策略的人，一般都善于对证券进行分析，如行业分析、公司业绩分析、财务分析等，通过分析，选择高质量的股票和债券，组成投资组合。适中型策略如果做得好，可获得较高的收益，而又不会承担太大风险。但进行这种组合的人必须具备丰富的投资经验，拥有进行证券投资的各种专业知识。这种投资策略风险不太大，收益却比较高，所以是一种最常见的投资组合策略。各种金融机构、投资基金和企事业单位在进行证券投资时一般都采用此种策略。

（2）证券投资组合的方法。

进行证券投资组合的方法有很多，但最常见的方法通常有以下几种。

① 选择足够数量的证券进行组合。这是一种最简单的证券投资组合方法。在采用这种方法时，不是进行有目的的组合，而是随机选择证券，随着证券数量的增加，非系统风险会逐步减少。当数量足够时，大部分非系统风险都能分散掉。根据投资专家的估计，在美国纽约证券市场上，随机地购买40种股票，其大多数非系统风险都能分散。为了有效地分散风险，每个投资者拥有股票的数量最好不少于14种。

② 把风险大、风险中等、风险小的证券放在一起进行组合。这种组合方法又称1/3法，是指把全部资金的1/3投资于风险大的证券、1/3投资于风险中等的证券、1/3投资于风险小的证券。一般而言，风险大的证券对经济形势的变化比较敏感，即使当经济处于繁荣时期，风险大的证券也可能会遭受巨额损失；相反，风险小的证券对经济形势的变化则不十分敏感，一般都能获得稳定收益。因此，这种1/3的投资组合法，是一种进可攻、退可守的组合法，虽不会获得太高的收益，也不会承担巨大风险，是一种常见的组合方法。

③ 把投资收益呈负相关的证券放在一起进行组合。一种股票的收益上升而另一种股票的收益下降的两种股票，称为负相关股票。把收益呈负相关的股票组合在一起，能有效地分散风险。例如，某企业同时持有一家汽车制造公司的股票和一家石油公司的股票，当石油价格大幅度上升时，石油公司的收益会增加，但油价的上升，会影响汽车的销量，使汽车公司的收益降低。只要选择得当，这样的组合对降低风险有十分重要的意义。

本章小结

本章主要介绍了投资、项目投资、证券投资的基本概念，项目投资评估方法，各种证券投资工具的投资收益、风险、投资价值的评估等内容。企业的投资活动按照不同的分类方法可以将其分为长期投资与短期投资、直接投资与间接投资、对内投资与对外投资等。对内长期投资以固定资产等项目投资为主，对外投资主要是证券投资。项目投资要在进行项目评估确定项目可行的基础上运用投资决策评价指标进行方案的比选，评价指标包括非贴现现金流量和贴现现金流量指标。固定资产投资不仅要考虑确定条件下的评价方法，而且更要重视风险性投资决策的分析，风险性投资分析有风险调整贴现率法和风险调整现金流量法。无形资产投资与固定资产投资既有联系又有区别。企业应该根据无形资产投资的特点，科学地进行决策和管理。证券投资主要包括债券投资、股票投资、投资基金的投资、金融衍生工具的投资以及进行组合投资。进行证券投资主要是评价证券的投资价值和进行投资收益、风险的分析。

基本概念

投资　企业投资　企业投资管理　项目投资　项目评估　现金流量　静态投资回收期
净现值　内部报酬率　肯定当量法　无形资产投资管理　证券投资　证券投资组合
股票投资

练习题

一、单项选择题

1. 投资决策的程序包括：①确定决策目标；②专家分析评价；③方案设计；④确定最佳方案。你认为正确的次序应该是（　　）。

　　A. ①②③④　　　　B. ①③④②　　　　C. ①③②④　　　　D. ①②④③

2. 在对互斥项目进行评价时，应该以（　　）为主要方法。

　　A. 投资回收期法　　　　　　　　B. 内部报酬率法

　　C. 净现值法　　　　　　　　　　D. 获利指数法

3. 你认为按照风险调整贴现率后，折现率较大的项目是（　　）。

　　A. 重置型项目　　　　　　　　　B. 研究开发项目

　　C. 增加新生产线项目　　　　　　D. 扩充现有产品生产项目

4. 以下不属于普通股股票收益来源的是（　　）。

　　A. 现金股息　　　　　　　　　　B. 股票股息

　　C. 资本利得　　　　　　　　　　D. 利息收入

5. 以下关于资产组合收益率说法正确的是（　　）。

　　A. 资产组合收益率是组合中各资产收益率的代数和

　　B. 资产组合收益率是组合中各资产收益率的加权平均数

　　C. 资产组合收益率是组合中各资产收益率的算术平均数

　　D. 资产组合收益率比组合中任何一个资产的收益率都大

6. 以下关于非系统风险的说法正确的是（　　）。

　　A. 非系统风险是不可以通过组合投资来分散的

　　B. 非系统风险是不可以回避的

　　C. 非系统风险是指只对某个行业或个别公司的证券产生影响的风险

　　D. 非系统风险对整个证券市场的价格存在影响

7. 以下各种证券中，受经营风险影响最大的是（　　）。

　　A. 普通股　　　　　　　　　　　B. 优先股

　　C. 公司长期债券　　　　　　　　D. 公司短期债券

二、多项选择题

1. 根据投资项目的分类，煤炭投资项目属于（　　）。

　　A. 工业投资项目　　　　　　　　B. 生产性投资项目

　　C. 竞争性投资项目　　　　　　　D. 非经营性项目

　　E. 基本建设项目

2. 目前我国项目评估的内容一般包括（　　）。

　　A. 市场分析　　　　　　　　　　B. 技术分析

　　C. 经济分析　　　　　　　　　　D. 财务分析

　　E. 社会分析

3. 属于非贴现现金流量指标的是（　　）。

A. 静态投资回收期 B. 平均报酬率
C. 净现值 D. 内部报酬率
E. 获利指数

4. 以下对债券投资收益率有影响的因素是（　　）。
A. 债券的票面收益率 B. 债券的还本期限
C. 债券的面值 D. 债券的发行价格
E. 市场利率

5. 要使某资产组合的收益率提高，以下方法中可行的是（　　）。
A. 增加收益率高的某资产的投资比率
B. 减少收益率低的某资产的投资比率
C. 向组合中注入收益率更高的资产
D. 将组合中收益率低的资产去除

6. 以下对于证券收益与证券风险之间的关系，理解正确的是（　　）。
A. 证券的风险越高，收益就一定越高
B. 投资者对于高风险的证券要求的风险补偿也越高
C. 投资者预期收益率与其对于所要求的风险补偿之间的差额等于无风险利率
D. 无风险收益可以认为是投资的时间补偿

三、判断题

1. 投资实际上是为了使将来消费增加，牺牲了现在的一定消费。（　　）
2. 投资按照项目内容不同分为生产性投资项目和非生产性投资项目。（　　）
3. 项目评估是对可行性研究的再研究。（　　）
4. 在投资分析中，现金流动状况比盈亏状况更为重要。（　　）
5. 企业在进行投资决策时，应该以非贴现现金流量指标为主、贴现现金流量指标为辅。（　　）
6. 无形资产具有形态不定、价值多变的特性。（　　）
7. 债券投资收益的资本损益指债券买入价与卖出价或偿还额之间的差额，当债券卖出价大于买入价时，为资本收益；当债券卖出价小于买入价时，为资本损失。（　　）
8. 债券投资收益率是在一定时期内所得收入与债券面值之间的比率。（　　）
9. 股票收益主要由股票市场的状况与公司的经营状况来决定，投资者的投资决策对股票收益是没有任何影响的。（　　）
10. 证券投资的风险主要体现在未来收益的不确定性上，即实际收益与投资者预期收益的背离。（　　）

四、简答题

1. 风险投资决策有哪两种主要方法？
2. 无形资产投资的管理有哪些步骤？

五、计算题

1. 某食品公司目前有两个项目可供选择，各项目现金流量情况见表5-9。
（1）若该公司要求的项目资金必须在两年内收回，应该选择哪个项目？

（2）若该公司采用净现值法进行决策，假定贴现率为15%，则应该选择哪个项目？

表5-9 各项目现金流量

金额单位：元

年 份	项目A	项目B	年 份	项目A	项目B
0	-7 500	-5 000	2	3 500	1 200
1	4 000	2 500	3	1 500	3 000

2. 试求表5-10中两个项目的内部报酬率。

表5-10 项目的现金流量表

金额单位：元

年 份	现金流量		年 份	现金流量	
	项目A	项目B		项目A	项目B
0	-2 000	-1 500	2	1 000	1 000
1	2 000	500	3	500	1 500

3. 某公司2019年4月12日在证券二级市场上购入一张于2017年4月12日发行的面值为1000元的债券，期限为5年，2022年4月11日到期，按年支付利息，债券的票面利率为10%，买价为980元，试计算该债券的投资收益率。

4. 某公司股票当年的现金股利为2元，其必要收益率为10%，试分别计算该公司以下几种情况的内在价值。

（1）预计其股利将在较长的时间内保持不变。

（2）预计其股利将以3%的固定比例增长。

（3）预计其股利将在第1年至第5年保持不变，从第6年开始以5%的速度增长。

六、案例分析

某工程机械制造公司现欲扩大生产，有两个方案用于决策，一个被称之为S短期项目，另一个被称之为L长期项目。假设公司的资本成本为10%。两个项目的期望未来净现金流量见表5-11。

表5-11 两个投资项目的期望未来净现金流量

金额单位：万元

年	0	1	2	3	4	5
项目S	-250	100	100	75	75	50
项目L	-250	50	50	75	100	125

要求：

（1）分别计算两个项目的净现值和内部报酬率。

（2）通过比较，选择S短期项目好还是L长期项目好？

第6章 营运资金管理

学习目标

通过本章学习,熟悉营运资金的概念和特点,掌握营运资金管理的基本内容,了解营运资金管理的原则。熟悉企业持有现金的动机和成本,掌握现金收支预算的编制和最佳现金持有量的确定。熟悉应收账款的成本,掌握信用政策的确定。熟悉存货的成本,掌握存货经济批量控制模型的应用。掌握商业信用的具体形式和短期借款的信用条件和支付方法。

学习指导

本章的学习重点是最佳现金持有量的确定,信用政策的制定,存货经济批量模型的应用。

华夏科技公司的信用政策

华夏科技公司由起初只有几十万资金发展为拥有上亿元资产的规模。该公司过去为了扩大销售,占领市场,一直采用比较宽松的信用政策,客户拖欠的款项数额越来越大,时间越来越长,使公司的资本周转和循环受到严重影响,公司不得不依靠追加负债筹集资金。最近,主要贷款人开始不同意进一步扩大债务。

造成该科技公司这种局面的主要原因是什么?该企业财务经理应如何根据企业的发展情况对信用政策做出适时的调整,加速营运资金周转,从而提高企业盈利能力以及生存发展能力?由华夏科技公司的信用政策案例引入本章所要讨论的营运资金管理问题。

6.1 营运资金管理概述

6.1.1 营运资金的概念

1. 营运资金

营运资金又称营运资本,有广义和狭义之分。

(1) 广义的营运资金。

广义的营运资金又称总营运资金,是指一个企业流动资产的总额,与流动资产可作为同义语使用,在数额上营运资金等于流动资产。

(2) 狭义的营运资金。

狭义的营运资金又称净营运资金,是指流动资产和流动负债的差额,在数额上等于流动资产减去流动负债后的余额。流动资产是指可以在一年或超过一年的一个营业周期内变现或者运用的资产,包括现金、交易性金融资产、应收及预付款项、存货等。流动资产又称短期投资,具有投资回收期短、周转快、流动性强等特点。企业拥有较多的流动资产,可在一定程度上降低财务风险。流动负债是指必须在一年或超过一年的一个营业周期内偿还的债务,包括短期借款、应付及预收款项、应付短期融资券等。流动负债又称短期融资,具有成本低、偿还期短、筹资速度快、筹资风险大的特点。

如果流动资产等于流动负债,则占用在流动资产上的资金是由流动负债融资;如果流动资产大于流动负债,净营运资金为正值,表示流动负债提供了部分流动资产的资金来源,其余部分需要以长期负债或股东权益的一定份额为其资金来源。绝大多数健康运营企业的净营运资金为正值。

2. 经营性营运资金和经营性净营运资金

(1) 经营性营运资金。

经营性营运资金是指用于经营性流动资产的资金,包括现金、存货和应收账款等占用的资金。这里的现金,是指经营周转所必需的现金,不包括超过经营需要的金融资产(有价证券等)。经营性营运资金有时作为经营性流动资产的同义语使用,在数额上经营性营运资金等于经营性流动资产。

(2) 经营性净营运资金。

经营性净营运资金是指经营性流动资产与经营性流动负债的差额,也称为经营性营运资金净额,在数额上等于经营性流动资产减去经营性流动负债(即自发性负债)后的余额。

经营性流动负债又叫自发性负债,是在经营活动中自发形成的,不需要支付利息,包括应付职工薪酬、应付税费、应付账款等。由于经营性流动负债具有不断出现、滚动存在的长期性,被视为一项长期资金来源。

从财务角度看,营运资金应该是流动资产与流动负债关系的总和,在这里"总和"不是数额的加总,而是流动资产与流动负债关系的反映,因此,营运资金的管理既包括流动资产的管理,也包括流动负债的管理。

6.1.2 营运资金的特点

为了有效地管理企业的营运资金,必须研究营运资金的特点,营运资金一般具有如下特点。

1. 周转速度快,变现能力强

流动资产在生产经营过程中虽需经历供产销循环周转过程,但流动资产的投资回收期短,它的耗费能较快地从销售收入中得到补偿,通常会在一年或一个营业周期内收回,因此营运资金可以通过短期筹资方式加以解决。另外,交易性金融资产、应收账款、存货等流动资产一般具有较强的变现能力,如果遇到意外情况,企业出现资金周转不灵、现金短缺时,便可迅速变卖这些资产,以获取现金。这对财务上应付临时性资金需求具有重要意义。

2. 资金数量具有波动性

流动资产或流动负债容易受内外条件的影响，数量的波动往往很大。流动资产的数量会随企业内外条件的变化而变化，时高时低。随着流动资产数量的变动，流动负债的数量也会相应发生变动。

3. 实物形态具有多变性和并存性

企业营运资金的实物形态是经常变化的，在时间上表现为依次继起、相继转化，从货币资金开始依次转化为储备资金、生产资金、成品资金、结算资金，最后又回到货币资金，它的每一次转化都是一种形态的结束和另一种形态的开始。

营运资金的实物形态从空间上看是并存的，各种实物形态同时分布在供、产、销各个过程中，这是由生产经营的连续不断所决定的。为此，在进行营运资金管理时，必须合理配置资金数额，做到结构合理，以促进资金周转顺利进行。

4. 来源具有灵活多样性

企业筹集营运资金的方式较为灵活多样，既可通过长期筹资方式解决，也可通过短期筹资方式解决。短期筹资通常有银行短期借款、短期融资券、商业信用、应交税费、应交利润、应付职工薪酬、预收货款、票据贴现等多种方式。

6.1.3 营运资金管理的原则

1. 合理确定营运资金的数量

企业应认真分析生产经营状况，合理确定营运资金的需要数量。企业营运资金的需要量取决于生产经营规模和营运资金的周转速度，同时也受市场及供、产、销情况的影响。企业应综合考虑各种因素，必须把满足正常合理的资金需求作为首要任务，既要保证企业经营的需要，又要避免营运资金过度占用而影响投资报酬率。

2. 提高营运资金的利用效果

当企业的经营规模一定时，流动资产周转的速度与营运资金需要量成反方向变化。提高营运资金使用效率的关键就是采取得力措施，缩短营业周期，加速存货、应收账款等流动资产的变现过程，加快营运资金周转速度。

3. 保证足够的短期偿债能力

偿债能力的高低是企业财务风险高低的标志之一。营运资金可以用来衡量企业的短期偿债能力，其金额越大，代表该企业对于支付义务的准备越充足，短期偿债能力越好。当营运资金出现负数，也就是一家企业的流动资产小于流动负债时，这家企业的营运资金可能随时因周转不灵而中断。因此，合理安排流动资产与流动负债的比例关系，保持流动资产结构与流动负债结构的适配性，保证企业有足够的短期偿债能力是营运资金管理的重要原则之一。

4. 有效节约资金使用成本

在营运资金管理中，必须正确处理保证生产经营需要和节约资金使用成本二者之间的关系。党的二十大报告中指出,万事万物是相互联系、相互依存的,只有用普遍联系的、全面系统的、发展变化的观点观察事物,不断提高系统思维,为前瞻性思考、全局性谋划、整体性推进党和国家各项事业提供科学思想方法。要在保证生产经营需要的前提下,遵守勤俭节约的原则,尽力降低资金使用成本。一方面,要挖掘资金潜力,盘活全部资金,精打细算地使用资金;另一方面,企业应选择合适的筹资渠道及方式,合理配置资源,力求以最小的代价谋取最大的经济利益,并使筹资与日后的偿债能力等合理配合。

6.1.4 营运资金管理的内容

一个企业要维持正常的运转就必须要拥有适量的营运资金,因此,营运资金管理是企业财务管理的重要组成部分。营运资金管理也包括投资和筹资,营运资金管理的核心内容就是对营运资金投资和营运资金筹资的管理。营运资金的投资和筹资策略直接决定着企业的风险,要搞好营运资金管理,必须解决好营运资金投资管理和筹资管理两个方面的问题。

1. 营运资金投资管理

营运资金投资管理也就是流动资产投资管理,企业应该将多少资金投资在流动资产上,即资金运用的管理。主要包括现金管理、应收账款管理和存货管理。如何确定流动资产投资的规模由流动资产投资政策决定。

(1) 影响流动资产投资需求的因素。

流动资产投资的需求取决于流动资产周转水平、销售额和成本水平三个因素。计算公式为:

$$\text{流动资产投资} = \text{流动资产周转天数} \times \text{每日成本流转额} \\ = \text{流动资产周转天数} \times \text{每日销售额} \times \text{销售成本率} \quad (6-1)$$

① 流动资产周转天数。流动资产周转天数由流动资产各组成部分的周转天数组成,其中主要项目是现金、存货和应收账款。计算公式为:

$$\text{流动资产周转天数} = \text{现金周转天数} + \text{存货周转天数} + \text{应收账款周转天数} \quad (6-2)$$

流动资产的周转天数越长,需要的流动资产投资越多。如果销售额和成本水平是确定的,就可以根据流动资产周转天数计算出所需的流动资产投资。

② 每日销售额。如果一个特定企业的管理效率不变,销售额越大,需要的流动资产越多。销售额增长时,需要更多的现金、存货和应收账款支持,会引起流动资产投资需求的增加。

③ 销售成本率。销售成本率可以反映成本水平。一个特定企业的管理效率和销售额不变,成本水平上升则需要更多的流动资产投资。

(2) 流动资产投资的成本。

① 短缺成本。短缺成本是指随着流动资产投资水平降低而增加的成本。例如,因投资不足发生现金短缺,需要出售有价证券并承担交易成本;出售有价证券不足以解决问题时,需要紧急借款并承担较高的利息;借不到足够的款项就要违约并承担违约成本,或者被迫紧急抛售存货并承担低价出售损失。又如,因投资不足出现存货短缺,会打乱原有生产进程或停工待料,需要重新调整生产并承担生产准备成本,或者需要紧急订货并承担较

高的交易成本；若不能及时补充存货时就会失去销售机会，甚至失去客户。

② 持有成本。投资过度需要承担额外的持有成本。流动资产持有成本是指随着流动资产投资上升而增加的成本。持有成本主要是与流动资产相关的机会成本。这些投资如果不用于流动资产，可用于其他投资机会并赚取收益。这些失去的等风险投资的期望收益，就是流动资产投资的持有成本。它低于企业加权平均的资本成本，也低于总资产的平均收益率，因为流动性越高的资产收益率越低。流动资产的流动性强，必然收益率低，通常不会高于短期借款的利息。

(3) 营运资金投资政策。

企业必须选择与其业务需要和管理风格相符合的营运资金政策。可选择的营运资金投资政策包括：紧缩的营运资金投资政策、适中的营运资金投资政策、宽松的营运资金投资政策。

① 紧缩的营运资金投资政策。在紧缩的营运资金投资政策下，企业维持低水平的流动资产与销售收入比率，持有尽可能低的现金和小额的有价证券投资；在存货上做少量投资；采用严格的销售信用政策或者禁止赊销。该政策可以节约流动资产的持有成本，例如节约资金的机会成本。与此同时，短缺成本的增加可能伴随着更高风险，例如经营中断和丢失销售收入等。紧缩的信用政策可能减少企业销售收入，而紧缩的产品存货政策则可能由于存货不足导致经营中断。

② 适中的营运资金投资政策。在销售额不变的情况下，企业安排较少的流动资产投资，可以缩短流动资产周转天数，节约投资成本。但是，投资不足可能会引发经营中断，增加短缺成本，给企业带来损失。企业为了减少经营中断的风险，在销售不变的情况下安排较多的营运资本投资，会延长流动资产周转天数。但是，投资过量会出现闲置的流动资产，白白浪费了投资，增加持有成本。因此，需要权衡得失，确定其最佳投资需要量，也就是短缺成本和持有成本之和最小化的投资额。

③ 宽松的营运资金投资政策。在宽松的流动资产投资战略下，企业通常会维持高水平的流动资产与销售收入比率。也就是说，企业持有较多的现金和有价证券，充足的存货，提供给客户宽松的付款条件并保持较高的应收账款水平。这种政策需要较多的流动资产投资，可能导致较低的投资收益率，承担较大的流动资产持有成本，主要是资金的机会成本，有时还包括其他的持有成本。但是，充足的现金、存货和宽松的信用条件，使企业中断经营的风险很小，其短缺成本较小。

一个企业该选择何种营运资金投资政策取决于该企业对风险和收益的权衡。如果企业管理政策趋于保守，就会选择较高的流动资产水平，保证更高的流动性（安全性），但盈利能力也更低。然而，如果管理者偏向于为了实现更高的盈利能力而承担风险，那么它将以一个低水平的流动资产与销售收入比率来运营。

2. 营运资金筹资管理

营运资金筹资管理也就是流动资产筹资管理，是指企业应该怎样来进行流动资产的融资，采用短期资金来源，还是长期资金来源，或者兼而有之。流动资产投资政策决定了投资的总量，也就是需要筹资的总量。营运资金筹资政策主要是决定筹资的来源结构，制定营运资金筹资政策，首先应对流动资产和流动负债进行重新分类，再确定流动资产所需资金中短期来源和长期来源的比例。

（1）流动资产和流动负债的重新分类。

流动资产按照投资需求的时间长短分为两部分：长期性流动资产和临时性流动资产。长期性流动资产是指那些即使企业处于经营淡季也仍然需要保留的、用于满足企业长期稳定运行的流动资产，也被称为永久性流动资产。临时性流动资产是那些受季节性、周期性影响的流动资产，如季节性存货、销售和经营旺季的应收账款等。

与流动资产划分相对应，流动负债可以划分为临时性流动负债和自发性流动负债。临时性流动负债指为了满足临时性流动资金需要所发生的负债，如商业企业春节期间为满足节日销售需要大量购入货物而举借的债务。自发性流动负债指直接产生于企业持续经营中的负债，如商业信用筹资和日常运营中产生的应付职工薪酬、应交税费等。

一般来说，长期占用的资金应用应由长期资金来源支持，短期占用的资金应用应由短期资金来源支持。从投资需求上看，长期性流动资产是长期需求，甚至可以说是永久需求，应当用长期资金支持。只有季节性变化引起的资金需求才是真正的短期需求，可以用短期资金支持。

（2）营运资金筹资政策。

根据长期性流动资产和临时性流动资产中短期资金和长期资金来源占有的比例，营运资金筹资政策分为三类：配合型筹资政策、保守型筹资政策和激进型筹资政策。

① 配合型筹资政策。配合型筹资政策遵循长期投资由长期资金支持，短期投资由短期资金支持的原则。如图6.1所示，其特点是：对临时性流动资产，用临时性流动负债短期融资的方式来筹措；而对永久性资产包括长期性流动资产和长期资产，用长期负债、权益资本和自发性流动负债来筹措资金。

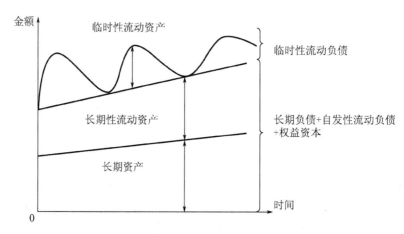

图 6.1　配合型筹资政策

配合型筹资政策要求企业短期负债筹资计划紧密，实现资金流动与预期安排相一致。这种筹资政策的基本思想是将资产需求与资金来源的期间相配合，以降低企业不能偿还到期债务的风险和尽可能降低债务的资本成本。但是实际上企业也做不到完全匹配，其原因是：第一，企业不可能为每一项资产按其有效期配置单独的资金来源，只能分成短期来源和长期来源两大类来统筹安排筹资。第二，企业必须有所有者权益筹资，它是无限期的资本来源，而资产总是有期限的，不可能完全匹配。第三，资产的实际有效期是不确定的，而还款期是确定的,必然会出现不匹配。例如,预计销售没有实现,无法按原计划及时归还短期借款,导致匹配失衡。因此,配合型筹资政策是一种理想的、对企业有着较高资金使用需求的营运资金筹集政策。

② 保守型筹资政策。如图6.2所示,保守型筹资政策的特点是:对临时性流动资产,除了用临时性流动负债短期融资的方式来筹措外,还需要以长期负债、权益资本和自发性流动负债长期资金的方式融资。极端保守型筹资政策完全不使用短期借款,全部资金都来自长期资金来源。

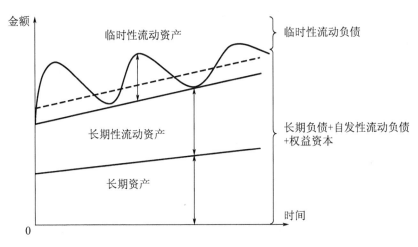

图 6.2 保守型筹资政策

保守型筹资政策下,由于临时性负债所占比重较少,所以企业到期无法偿还债务的风险较低,同时蒙受短期利率波动损失的风险也较小。然而,另一方面,却会因为长期负债资本成本高于短期负债的资本成本,以及销售淡季时仍需负担长期负债利息,会导致收益的下降。所以,保守型筹资组合是一种风险性和收益性均较低的营运资金筹集政策。

③ 激进型筹资政策。如图6.3所示,激进型筹资政策的特点是:不但用临时性流动负债融通全部临时性流动资产的资金需要,还将其用于解决部分长期性流动资产的资金需要。极端激进的筹资政策是全部长期性流动资产都采用短期借款,甚至部分固定资产也采用短期借款。

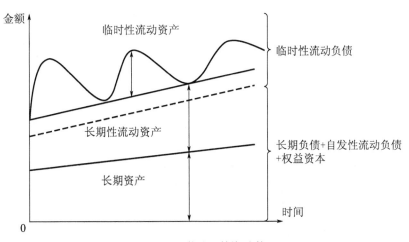

图 6.3 激进型筹资政策

由于短期负债的资本成本一般低于长期负债和权益资本的资本成本，激进型筹资政策下临时性流动负债所占比重较大，所以该政策下企业的资本成本较低。但是另一方面，为了满足长期性资产的长期资金需要，企业必然要在临时性流动负债到期后重新举债或申请债务展期，这样企业便会更为经常地举债和还债，从而加大筹资困难和风险；还可能面临由于短期负债利率的变动而增加企业资本成本的风险，所以激进型筹资政策是一种收益性和风险性均较高的营运资金筹资政策。

 知识链接

资金链的五种死法

《中欧商业评论》研究了2008年下半年以来发生的数十起企业现金流断裂倒闭或财务危机的案例，认为当前普遍发生的资金链断裂危机可以归为五方面因素。

(1) 营运资金不足引发的资金链断裂。

由于营运资金不足导致的财务危机通常有以下三种情况：①企业规模扩张过快，以超过其财务资源允许的业务量进行经营，导致过度交易，从而形成营运资金不足；②由于存货增加、收款延迟、付款提前等原因造成现金周转速度减缓，此时，若企业没有足够的现金储备或借款额度，就缺乏增量资金补充投入，而原有的存量资金却因周转缓慢无法满足企业日常生产经营活动的需要；③营运资金被长期占用，企业因不能将营运资金在短期内形成收益而使现金流入存在长期滞后效应。

(2) 信用风险引发的资金链断裂。

大多数企业为了吸引客户都会给予一定的账期。信用风险主要分为两种：①突发性坏账风险，由于非人为的客观情况发生了不可预见性的变化，造成应收账款无法收回，形成坏账；②大量赊销风险，企业为适应市场竞争，采用过度宽松的信用政策大量赊销，虽能在一定程度上扩大了市场份额，但也潜伏着引发信用风险的危机。在2008年的企业倒闭潮中，大量中小企业的财务危机都是信用风险造成的。

(3) 流动性不足引发的资金链断裂。

大多见于两种情况：①增加流动负债弥补营运资金不足，企业为弥补营运资金缺口，用借入的短期资金来填充，造成流动负债增加，引发流动性风险；②短资长用，企业运用杠杆效应，大量借入银行短期借款，增加流动负债用于购置长期资产，虽能在一定程度上满足购置长期资产的资金需求，但造成企业偿债能力下降，极易引发流动性风险。在这两种情况中，第二种情况更为危险。

(4) 投资失误引发的资金链断裂。

企业由于投资失误，无法取得投资回报而给企业带来风险。投资风险产生的原因为：①投资项目资金需求超过预算；②投资项目不能按期投产，导致投入资金成为沉没成本。

(5) 相关方损失产生连带风险引发的资金链断裂。

企业在与其他企业开展担保、借贷以及存款业务过程中，因对方内部发生重大损失而受到牵连，从而引发的资金链风险。

小思考

1. 营运资金投资政策有哪些？分别有何特点？
2. 营运资金筹资政策有哪些？分别有何特点？

6.2 现金管理

现金是指能够立即投入流通的交换媒介，可以作为购买商品、货物、劳务或偿还债务的直接支付手段。是企业资产中流动性最强的部分，也是企业最特殊的资产形式。它一方面具有货币所特有的流通和储备功能，另一方面又具有资金的职能，是企业经营中溢出的暂时间歇的非营利性资产，具有普遍可接受性，是社会公认的价值变现形式。现金的内容包括库存现金、各种形式的银行存款以及其他货币资金。从财务角度解释，现金还应包括现金等价物，有价证券的变现能力强，可以随时兑换成现金，因此短期持有的有价证券就成了现金的替代品。

小故事

水和面包的故事：现金与利润

现金和利润两者之间到底哪一个更重要？相信有相当一部分的经理们会回答：利润！企业追求的不就是利润吗？其实，从财务管理的角度出发，答案不是利润，而是现金！从企业运作的角度出发，答案也是现金！假如你正处在一个沙漠的中心地带，由于体力有限，你必须抛弃背包里两样东西中的一样，它们是水和面包，你会留下什么呢？一定是水。水好比现金，而面包好比利润！

6.2.1 现金管理的动机和成本

1. 现金持有的动机

企业持有现金的动机主要有交易动机、预防动机和投机动机。

（1）交易动机。

交易动机是指为满足企业日常业务的现金支付需求而持有现金，如用于支付职工工资、购买原材料、交纳税款、偿还到期债务等。企业在日常经营活动中经常发生许多支出和收入，这些支出和收入在数额上及时间上很难同步同量，当收入多于支出时形成现金置存；而收入少于支出时则产生现金缺口，若不能按时筹集足额现金，企业日常现金开支将受到重大影响。因此，企业必须持有一定数量的现金以维持正常经营活动。一般来说，满足交易活动持有现金的数量主要取决于公司的生产经营规模和销售规模，生产经营规模越大的公司，交易活动所需要的现金越多，随着销售规模扩大现金余额会相应增加。另外，现金数量还受到市场变化、竞争、企业业务的季节性特点等影响。

(2) 预防动机。

预防动机是指为预防突发事件发生的现金支付需求而持有现金,如生产事故、自然灾害、客户违约等打破原先的货币资金收支平衡。预防性现金持有量与现金流量的可预测性密切相关,企业现金流量的不确定性使其很难被准确地预测,现金流量的不确定性越大,预防性现金持有量就越多;反之,现金流量的可预测性越高,所需要的预防性现金持有量就越少。因此,为满足企业意外事件的支付需要,应保持一个比正常交易需要量更大的现金余额,以减少企业的财务风险。

预防性现金持有量的多少还受公司承担风险的意愿程度、企业临时融资的能力、意外事项出现的概率等因素影响。一般来说,企业承担风险的意愿和临时筹资能力越强,意外事项出现的概率越少,所需要的预防性现金持有量就越少。

(3) 投机动机。

投机动机是指企业为抓住瞬息即逝的市场机会进行投机获利而持有现金,如在证券市场价格剧烈波动时,进行证券投机所需要现金;为了能随时购买到偶然出现的廉价原材料或资产而准备的现金等。投机是为了获利,能及时抓住市场变化中可能出现的良好的投资机会,同时也会承担较大的风险。所以公司应当在正常的现金需要量基础上追加一定数量的投机性现金余额,不能用公司正常的交易活动所需的现金进行投机活动。投机性现金的持有量主要取决于公司对待投机的态度以及公司在市场上的投机机会大小。

2. 现金成本

现金成本指企业为持有一定数量的现金而发生的费用,或企业现金发生短缺时付出的代价。现金成本主要由机会成本(持有成本)、转换成本、短缺成本、管理成本四种成本构成。

(1) 机会成本。

现金作为一项资金占用是有代价的,这种代价就是机会成本。企业持有现金意味着放弃了将这部分资金投资于其他方面获取收益的机会。现金的机会成本也叫现金持有成本,是指企业因持有现金而丧失的再投资收益。一般可以用有价证券的利息率来衡量现金的机会成本。计算公式如下:

$$机会成本 = 现金持有量 \times 有价证券利率 \qquad (6-3)$$

现金持有成本属于变动成本,它与现金持有量呈正比例关系,现金持有量越多,则现金机会成本越大。企业为了生产经营业务有必要持有一定的现金,付出相应的机会成本是必要的,但现金资产的流动性极佳而盈利性极差,现金持有量过多,机会成本代价大幅度上升,投资收益降低。

(2) 转换成本。

现金的转换成本也称现金的交易成本,是指企业用现金购买有价证券或将有价证券转换为现金时发生的交易费用。如买卖证券支付的佣金、委托手续费等。现金的转换成本可分为两类:一是依据委托成交额的一定比例计算的费用,与转换的次数关系不大,而与成交金额成正比,属于变动转换成本,如买卖证券支付的佣金、证券交易的印花税等。二是依据交易次数计算的费用,每次交易支付的费用不变,属于固定转换成本,如委托手续费、过户费等。严格地讲,转换成本仅指与交易金额无关而与交易次数成正比的交易费用。在现金需求量一定时,现金持有量越多,证券变现次数越少,转换成本就越少;反之,转换成本越高。

(3) 短缺成本。

短缺成本是指因置存现金不足而不能应付业务开支所需给企业造成的损失,如因无钱购买原材料造成停工损失,失去现金折扣,不能及时支付而造成信誉损失等。现金的短缺成本与现金持有量之间成反比例关系,现金的短缺成本随现金持有量的增加而下降,随现金持有量的减少而上升。

(4) 管理成本。

管理成本是指企业因置存现金而发生的管理费用,如现金保管人员的工资支出、保管现金发生的必要的安全防盗设施的建造费用等。现金的管理成本一般属于固定成本,在一定的现金余额范围内与现金的持有量关系不大。

 知识链接

凯恩斯在借用边际成本概念的基础上,提出了最佳现金持有量由资金短缺的边际成本曲线与持有现金的边际成本曲线的交点所决定的交易成本模型。影响资金短缺及现金持有边际成本的因素包括:①外部融资交易成本;②通过出售资产、削减股息和重新谈判筹集资金的成本;③投资机会成本;④套期保值成本;⑤其他资产变现期限;⑥现金流的不确定性;⑦规模经济的缺失;⑧税收。企业持有的流动资产(主要指现金)将随着利率、期限结构、债务筹资成本、资产出售成本和套期保值风险的下降以及公司股息规模的缩小而减少。根据该理论模型,企业存在最佳现金持有量。

6.2.2 现金管理的目标和内容

1. 现金管理的目标

企业基于交易性、预防性和投机性动机必须持有一定量的现金余额。但是,流动性强的资产,其收益性较低。现金是一种非盈利性资产,如果企业置存过量的现金,不但会因资金闲置丧失投资收益而增加机会成本和管理成本,还会降低盈利能力。现金持有量过少不但增加交易成本和短缺成本,还会给企业带来资金周转困难、增加财务风险等问题。

所以企业时刻面临现金不足和现金过量两方面的威胁。现金管理的目标是,在现金的流动性与收益性之间做出合理的选择,通过确定最佳现金持有量,既保证企业生产经营所需现金以降低风险,又使现金成本维持在较低水平增加企业收益。

2. 现金管理的内容

企业现金管理的内容主要包括以下三个方面。

(1) 编制现金收支预算。现金收支预算是现金管理的核心环节和重要方法,企业应当在合理预计现金流量的基础上，定期编制现金收支计划，合理估计未来的现金需求，以便全面规划未来现金流量，及时提供现金循环的相关信息。

（2）确定最佳现金持有量。企业应当根据生产预算、销售预算、现金收支预算等财务预算资料，通过深入研究和运用科学的方法，来确定企业的目标现金持有量，并力求保持实际的现金余额与目标现金持有量相一致。当企业实际现金余额与目标现金余额不一致时，可采用短期融资或有价证券投资等策略。

（3）现金日常收支管理。根据现金收支计划对日常的现金收支进行控制和调整，尽可能快的收回应收款项，增加现金流入量。同时，在合理的情况下，尽可能使用各种信用工具，延迟现金流出。

6.2.3　现金收支预算管理

1. 现金收支预算的概念

现金收支预算也叫现金收支计划，以现金管理的目标为导向，预计未来一定时期内企业的现金收支状况并进行合理安排与平衡的计划，是企业财务管理的一种重要工具。现金收支预算以销售预算为起点，是企业财务预算的重要组成部分，它反映各预算期的收入款项和支出款项，其目的在于资金不足时筹措资金，资金多余时及时处理现金余额，并且提供现金收支的控制限额，发挥现金管理的作用。现金预算根据企业生产特点与管理要求，可以按月、周或日编制，也可以几个月或一年编制一次。

2. 现金收支预算的内容

现金收支预算的内容如下所述。

（1）现金收入。

现金收入指预算期内所实现的现金收入。包括：①营业现金收入，主要是销货取得的现金收入，如现销和当月应收账款的收回、以前月份应收账款的收回，"销货现金收入"的数据来自销售预算；②其他现金收入，如设备租赁收入、证券投资的利息收入和股利收入等。

（2）现金支出。

现金支出指预算期内的各项现金支出。包括：①营业现金支出，主要有材料采购支出、工资支出和管理费用、销售费用、财务费用等；②其他现金支出，主要有固定资产投资支出、偿还债务本息、所得税支出、股利支出等。"直接材料""直接人工""制造费用""销售及管理费用"的数据分别来自各有关预算。此外，还包括所得税费用、购置设备、股利分配等现金支出，有关的数据分别来自另行编制的专门预算。

（3）现金余缺。

现金余缺指预算期内现金收入合计和现金支出合计相抵后的差额。现金余缺可按下列公式计算：

$$\begin{aligned}现金余缺 &= 现金收入合计 - 现金支出合计 \\ &= （期初现金余额 + 营业现金收入 + 其他现金收入）- \\ &\quad （营业现金支出 + 其他现金支出）\end{aligned} \quad (6-4)$$

如果收入大于支出，其差额为正数，说明预算期内现金有多余。如果收入小于支出，其差额为负数，说明预算期内现金不足。

（4）现金融通。

企业为保证足够的支付能力，必须持有一定数额的现金余额。现金融通是以最佳现金持有量为目标对在生产经营中产生的现金余缺进行调整。在现金多余时，应对多余现金做出安排，可用于偿还向银行取得的借款，或者进行短期投资，以达到充分利用资金的目的。在现金不足时，企业应设法筹集资金，可向银行举借短期借款或将有价证券变现，以弥补不足现金。

（5）期末现金余额。

企业为保证足够的支付能力，必须持有一定数额的现金余额，在资金筹集和资金运用后，期末现金余额应力求接近最佳现金持有量，但不能低于最佳现金持有量。

期末现金余额计算公式如下：

$$期末现金余额 = 现金余缺 + 资金筹集 - 资金运用 \qquad (6-5)$$

3. 现金收支预算的编制

现金收支预算目前应用最广泛的编制方法是现金收支预算法。现金收支预算法是将预算期内可能发生的一切现金收支项目分类列入现金收支预算表内，以确定收支差异，采取适当财务对策的方法。

【例 6-1】 某企业 2016 年有关预算资料如下。

（1）预计该企业 3～7 月份的销售收入分别为 40 000 元、50 000 元、60 000 元、70 000 元、80 000 元。每月销售收入中，当月收到 30% 现金，下月收到剩余 70% 现金。

（2）各月直接材料采购成本按下一个月销售收入的 60% 计算。所购材料款于当月支付 50% 现金，下月支付剩余 50% 现金。

（3）预计该企业 4～6 月份的直接工资支出分别为 2 000 元、3 500 元、2 800 元。

（4）预计该企业 4～6 月份的制造费用分别为 4 000 元、4 500 元、4 200 元，每月制造费用中包括折旧费 1 000 元。

（5）预计该企业 4～6 月份的其他付现费用分别为 800 元、900 元、750 元。

（6）预计该企业 4 月份购置固定资产，需要现金 15 000 元。

（7）预计该企业 6 月份预交所得税 8 000 元。

（8）预计该企业在现金不足时，向银行借款（为 1 000 元的倍数）；现金有多余时归还银行借款（为 1 000 元的倍数）。借款在期初，还款在期末，借款年利率 12%。

（9）4 月份期初现金余额为 7 000 元，预计该企业期末现金余额最低为 6 000 元。

根据以上资料，编制的该企业 4～6 月份现金预算表见表 6-1。

现金多余时，一般按"每期期初借入，每期期末归还"来预计利息。

5 月份利息 = 6 000 × 12% × 2/12 = 120（元）

6 月份利息 = 3 000 × 12% × 3/12 = 90（元）

表 6-1 现金预算表

单位：元

月　份	4	5	6
期初现金余额	7 000	6 200	6 180
加：营业现金收入			
现销和当月应收账款的回收	15 000	18 000	21 000
以前月份应收账款的回收	28 000	35 000	42 000
可供使用现金	50 000	59 200	69 180
减：各项现金支出			
直接材料采购支出			
当月支付的材料采购支出	18 000	21 000	24 000
本月支付的以前月份材料采购支出	15 000	18 000	21 000
直接工资支出	2 000	3 500	2 800
制造费用支出	3 000	3 500	3 200
其他付现费用	800	900	750
预交所得税			8 000
购置固定资产	15 000		
现金支出合计	53 800	46 900	59 750
现金余缺	−3 800	12 300	9 430
向银行借款	10 000		
归还银行借款		6 000	3 000
支付借款利息		120 *	90 *
期末现金余额	6 200	6 180	6 340

6.2.4　最佳现金持有量

目标现金余额的确定要求在持有过多现金产生的机会成本和管理成本与持有过少现金而带来的交易成本和短缺成本之间的权衡。在财务管理中确定目标现金持有量的方法很多，这里主要介绍成本分析模型、现金周转模型、因素分析模型、存货模型和随机模型等最常用的方法。

1．成本分析模型

成本分析模型是通过分析公司持有现金的相关成本，寻求使持有现金的相关总成本最低的现金持有量的模式。这里的相关成本包括机会成本、管理成本和短缺成本，不考虑转换成本。其计算公式为：

$$最佳现金持有量 = \min(机会成本 + 管理成本 + 短缺成本) \qquad (6-6)$$

成本分析模型是先分别计算出不同现金持有量方案下的机会成本、管理成本和短缺成本，再从中选出总成本最低时所对应的现金持有量，即为最佳现金持有量。如图 6.4 所示，机会成本线向右上方倾斜，短缺成本线向下方倾斜，管理成本线为平行于横轴的平行线,相关总成本线便是一条抛物线,该抛物线的最低点 C^* 即为持有现金的最低总成本。超过 C^* 点,机会成本上升的代价会大于短缺成本下降的好处;C^* 点之前,短缺成本上升的代价又会大于机会成本下降的好处。C^* 点横轴上的量,即是最佳现金持有量。

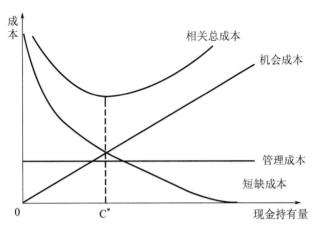

图 6.4 成本分析模型

【例 6-2】 某企业拟定五种现金持有方案,有关成本资料见表 6-2。

表 6-2 备选现金持有方案

项 目	方案一	方案二	方案三	方案四	方案五
现金持有量/万元	240	280	320	360	400
机会成本率/%	10	10	10	10	10
短缺成本/万元	20	10	5	3	0
管理成本/万元	15	15	15	15	15

这五种方案的总成本计算结果见表 6-3。

表 6-3 最佳现金持有量测算表

单位:万元

项 目	方案一	方案二	方案三	方案四	方案五
现金持有量	240	280	320	360	400
机会成本	24	28	32	36	40
短缺成本	20	10	5	3	0
管理成本	15	15	15	15	15
持现总成本	59	53	52	54	55

将以上各方案的总成本加以比较可知,方案三的总成本最低,也就是说当企业持有 320 万元现金时,各方面的总代价最低,对企业最合算,故 320 万是该企业的最佳现金持有量。

成本分析模型的优点是适用范围广泛,尤其适用于现金收支波动较大的企业。缺点是企业持有现金的短缺成本较难预测。

也可以用 Excel 进行计算，计算步骤如下。

（1）创建工作表格，输入原始数据，如图 6.5 所示。

	A	B	C	D	E	F
1		最佳现金持有量测算表 单位：万元				
2	项目	方案一	方案二	方案三	方案四	方案五
3	现金持有量	240	280	320	360	400
4	机会成本	24	28	32	36	40
5	短缺成本	20	10	5	3	0
6	管理成本	15	15	15	15	15

图 6.5 最佳现金持有量测算表

（2）相关单元格根据表 6-4 函数公式进行计算。

表 6-4 相关单元格和函数公式

单 元 格	函 数
B7	=SUM(B4：B6)
C7	=SUM(C4：C6)
D7	=SUM(D4：D6)
E7	=SUM(E4：E6)
F7	=SUM(F4：F6)

（3）计算结果如图 6.6 所示。

	A	B	C	D	E	F
1		最佳现金持有量测算表 单位：万元				
2	项目	方案一	方案二	方案三	方案四	方案五
3	现金持有量	240	280	320	360	400
4	机会成本	24	28	32	36	40
5	短缺成本	20	10	5	3	0
6	管理成本	15	15	15	15	15
7	持现总成本	59	53	52	54	55

图 6.6 最佳现金持有量测算表

2．现金周转模型

现金周转模型是从现金周转的角度出发，按现金周转期来确定最佳现金持有量的一种方法。现金周转期是指企业从购买材料支付现金到销售商品收回现金为止所需要的时间。现金周转期有现金周转天数和现金周转次数两种表现形式。

现金周转天数是指现金周转一次所需要的天数。其计算公式为：

现金周转天数＝应收账款周转天数－应付账款周转天数＋存货周转天数　（6-7）

应收账款周转天数是指从应收账款发生开始到收回应收账款所需要的时间；应付账款周转天数是指从收到尚未付款的材料开始到偿还货款支付现金所需要的时间；存货周转天数是指从生产投入材料开始到产成品出售所需要的时间。在企业的全年现金需求总量一定的情况下，现金周转天数越短，企业的现金持有量就越小。

根据现金周转天数可以计算出现金周转次数，即在一年中现金周转的次数。其计算公式为：

$$现金周转次数 = 360 \div 现金周转天数 \quad (6-8)$$

现金周转次数越高，说明现金周转的速度越快，在全年现金需求总量一定的情况下，企业所需的现金持有量就越小。

在全年的现金需求总量确定后，可以根据现金周转天数或现金周转次数来计算最佳现金持有量，其计算公式为：

$$\begin{aligned}最佳现金持有量 &= 年现金需求总量 \div 现金周转次数 \\ &= (年现金需求总量 \div 360) \times 现金周转天数\end{aligned} \quad (6-9)$$

【例 6-3】 某企业的材料采购和产品销售分别采用赊购和赊销方式，应收账款的平均收款天数为 30 天，应付账款的平均付款天数为 20 天，存货平均周转天数为 90 天。预计该公司 2016 年的现金需求总量为 1 800 万元。采用现金周转模型确定该公司 2016 年的最佳现金持有量。

$$现金周转期 = 30 - 20 + 90 = 100(天)$$
$$现金周转率 = 360 \div 100 = 3.6(次)$$
$$最佳现金持有量 = 1\,800 \div 3.6 = 500(万元)$$

现金周转模型确定目标现金持有量具有简单明了、容易计算的优点。但是，其前提条件要求企业预计期内现金总需要量可以预知；现金周转天数与次数可以测算，并且测算结果应符合实际，保证科学与准确。否则，计算出的最佳现金持有量就不准确。

3. 因素分析模型

因素分析模型是根据上年现金实际占用额以及本年有关因素的变动情况，剔除不合理的现金占用，从而确定最佳现金持有量的一种方法。一般来说，现金持有量与销售收入呈正比例关系，销售收入增加，公司的现金需要量就会随之增加。因素分析模型的计算公式为：

$$最佳现金持有量 = (上年现金平均占用额 - 不合理占用额) \times (1 \pm 预计销售收入变动百分比)$$
$$(6-10)$$

【例 6-4】 某企业 2015 年的现金实际平均占用额为 1 200 万元，经分析其中不合理的现金占用额为 100 万元。2016 年预计销售收入可比上年增长 8%。要求采用因素分析模型确定该企业 2016 年的最佳现金持有量。

根据公式，最佳现金持有量 = $(1\,200 - 100) \times (1 + 8\%) = 1\,188$（万元）

因素分析模型在实际工作中具有较强的实用性，而且比较简便易行。

4. 存货模型

存货模型来源于存货的经济批量模型，最早由美国经济学家威廉·鲍曼于 1952 年提出，用以确定最佳现金持有量，所以又称鲍曼模型。存货模型建立的假设条件是：现金流入量和现金流出量稳定和可预测，在预测期内，企业可以通过出售有价证券补充现金，不会发生现金短缺。

在存货模型中，现金成本只考虑机会成本和转换成本，它们随着现金持有量的变动呈现相反的变动方向。如果现金持有量大，则持有现金的机会成本就高，而现金和有价证券的转换次数少，转换成本也相应减少；如果现金持有量小，则持有现金的机会成本低，而现金和有价证券的转换次数多,转换成本也相应上升。

因此,存货模型是将企业现金持有量和短期有价证券联系起来来衡量,在企业现金的持有成本同现金和短期有价证券的转换成本之间进行权衡,能使现金的持有成本和转换成本相加,总成本最低时的现金持有量就是最佳现金持有量。

如图 6.7,现金的机会成本和转换成本是两条随现金持有量不同方向变动的曲线,两条曲线交叉点对应的现金持有量,就是总成本最低的现金持有量。

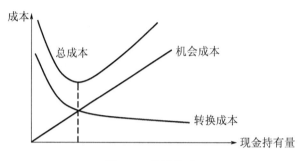

图 6.7 存货模型

计算公式如下:

(1) 现金管理总成本
＝机会成本＋转换成本
＝有价证券利率×现金持有量/2＋每次转换成本×转换次数
＝有价证券利率×现金持有量/2＋每次转换成本×现金需要量/现金持有量 　　(6－11)

(2) 最佳现金持有量 $= \sqrt{\dfrac{2\times 现金需要量 \times 每次转换成本}{有价证券利率}}$ 　　(6－12)

(3) 最佳现金总成本 $= \sqrt{2\times 现金需要量 \times 每次转换成本 \times 有价证券利率}$ 　　(6－13)

(4) 有价证券最佳交易次数 $= \dfrac{现金需要量}{最佳现金持有量}$ 　　(6－14)

【例 6－5】 某企业预计每月需要现金 720 000 元,现金与有价证券转换的交易成本为每次 100 元,有价证券的年利率为 12%,计算该企业最佳现金持有量、每月有价证券最佳交易次数、持有现金的最低总成本。

最佳现金持有量 $= \sqrt{\dfrac{2\times 720\,000 \times 100}{12\% \div 12}} = 120\,000$(元)

每月有价证券最佳交易次数 $= 720\,000/120\,000 = 6$(次)

最低现金总成本 $= \sqrt{2\times 720\,000 \times 100 \times 12\% \div 12} = 1\,200$(元)

也可以用 Excel 进行计算,计算步骤如下。

(1) 创建工作表格,输入原始数据,如图 6.8 所示。

	A	B
1	最佳现金持有量计算表	
2	项目	
3	现金需要量(元)	720 000
4	每次转换成本(元)	100
5	有价证券利率	12%

图 6.8 最佳现金持有量计算表

(2) 相关单元格根据表 6-5 计算公式进行计算。

表 6-5 相关单元格和公式

单 元 格	公　　式
B6	=SQRT(2×B3×B4/B5)
B7	=B3/B6
B8	=SQRT(2×B3×B5×B4)

(3) 计算结果如图 6.9 所示。

	A	B
1	最佳现金持有量计算表	
2	项目	
3	现金需要量（元）	720 000
4	每次转换成本（元）	100
5	有价证券利率	12%
6	最佳现金持有量（元）	120 000
7	最佳交易次数（次）	6
8	最低现金总成本（元）	1200

图 6.9 最佳现金持有量计算表

5．随机模型

随机模型又叫米勒-奥尔模型，是在每日现金流量随机波动、无法准确预测情况下确定最佳现金持有量的一种方法。在实际工作中，企业现金流量往往具有很大的不确定性。只能对现金持有量确定一个控制区域，随机模型假定每日现金净流量的分布接近正态分布，制定出现金持有量的上限和下限。当现金持有量达到上限时，通过现金购买有价证券降低现金持有量；当现金持有量下降到下限时，则卖出有价证券使现金持有量回升；当企业现金持有量在上限和下限之间波动时，表明企业现金持有量处于合理的水平，不必进行现金与有价证券的转换。

图 6.10 中，虚线 H 为现金持有量的上限，虚线 L 为现金持有量的下限，实线 R 为最优现金返回线。当现金持有量达到 T_1 点时，即达到了现金控制的上限，企业应用现金购买有价证券，使现金持有量回落到最优现金返回线（R 线）的水平；当现金持有量降至 T_2 点时，即达到了现金控制的下限，企业则应转让有价证券换回现金，使现金持有量回升至最优现金返回线（R 线）的水平。下限 L 的确定，则要受到企业每日的最低现金需要、管理人员的风险承受倾向等因素的影响。计算公式如下：

$$R=\sqrt[3]{\frac{3b\delta^2}{4i}}+L$$
$$H=3R-2L$$
$$平均现金余额=\frac{4R-L}{3}$$
(6-15)

式中：b——每次有价证券的固定转换成本；
　　　i——有价证券的日利息率；
　　　δ——预期每日现金余额变化的标准差（可根据历史资料测算）。

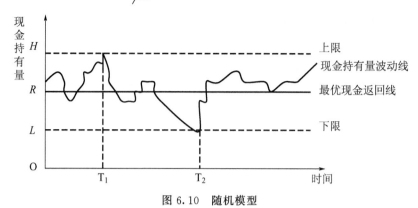

图 6.10 随机模型

【例 6-6】 某企业根据现金流动性要求和有关补偿性余额的协议，最低现金持有量为 5 000 元，每日现金流量的标准差为 900 元，有价证券年利率为 10%，每次证券转换的交易成本为 72 元，如果一年按 360 天计算。则采用随机模型该公司最佳现金持有量（R）、上限（H）以及平均现金持有量各是多少？

$$R = \sqrt[3]{\frac{3 \times 72 \times 900^2}{4 \times (10\% \div 360)}} + 5\ 000$$
$$= 5\ 400 + 5\ 000 = 10\ 400 (元)$$
$$H = 3 \times 10\ 400 - 2 \times 5\ 000 = 21\ 200 (元)$$
$$平均现金持有量 = \frac{4 \times 10\ 400 - 5\ 000}{3} = 12\ 200 (元)$$

当企业的现金余额达到 21 200 元时，即应以 10 800 元（21 200－10 400）的现金去投资于有价证券，使现金持有量回落为 10 400 元；当企业的现金余额降至 5 000 元时，则应转让 5 400 元（10 400－5 000）的有价证券，使现金持有量回升为 10 400 元。

也可以用 Excel 进行计算，计算步骤如下。

（1）创建工作表格，输入原始数据，如图 6.11 所示。

	A	B
1	现金持有量计算表	
2	项目	
3	最低现金持有量（元）	5 000
4	每日现金标准差（元）	900
5	每次交易成本（元）	72

图 6.11 现金持有量计算表

（2）相关单元格根据表 6-6 计算公式进行计算。

表 6-6 相关单元格和公式

单元格	公式
B6	10%÷360
B7	=(3*B5*B4^2/4/B6)^(1/3)+B3
B8	=3*B7－2*B3
B9	=(4*B7－B3)/3

(3) 计算结果如图 6.12 所示。

	A	B
1	现金持有量计算表	
2	项目	
3	最低现金持有量（元）	5 000
4	每日现金标准差（元）	900
5	每次交易成本（元）	72
6	有价证券日利率	0.03%
7	最优现金持有量（元）	10 400
8	现金返回点上限(元)	21 200
9	平均现金持有量（元）	12 200

图 6.12 现金持有量计算表

**知识链接**

确定企业现金持有量的十大因素

企业根据自身发展状况确定合理的现金持有量格外重要，充分考虑自身的财务特征，确定合理的现金持有量应重点关注下列十大因素：现金流量是企业持有现金的来源，对现金流量较大的企业来说，日常现金流量可以充分地满足营运和投资需要，其面临财务困境和放弃有价值投资机会的风险较低，因此持有现金的水平一般较低。

（1）现金流量的不确定性。由于市场行情和其他不确定因素的存在，企业通常对未来现金流入量和流出量很难做出准确的估计和预测，现金流量的不确定性增加了企业面临现金短缺的风险。因此，预期现金流量的不确定性程度较高的公司应持有较多的现金。

（2）投资机会。如果企业未来的投资机会多，因现金短缺不得不放弃有价值的投资项目的机会成本很高。这就意味着投资机会越多的企业应持有更多的现金，以免失去有利可图的投资机会。

（3）筹集外部资金的成本。一般来讲，已经进入到公开资本市场融资的企业筹集外部资金的成本低，能更容易筹集到外部资金，从而企业可以持有更少的现金。同时，融资成本低往往表示企业融资能力强，融资能力较强的企业可持有较少的现金。

（4）现金替代物。当企业现金短缺时，流动资产特别是其中的速动资产可以作为现金的替代物，迅速转换成现金，补充企业现金储备。因此，流动资产较多的企业一般现金持有量较低。

（5）财务杠杆。由于刚性的债务偿还计划对企业的压力，高财务杠杆的存在增加了企业破产的可能性，为降低企业破产的可能性，高财务杠杆的企业应持有较多的现金。但高财务杠杆也可能是由于企业的投资需求大于留存收益，使其债务融资额上升，此时现金持有量较少。而当投资需求小于留存收益时，债务融资额下降，现金持有量可相应提高。

（6）债务期限结构。过多依赖于短期债务的企业必须对它们的借款合同进行周期性的重新谈判，大多数债务契约都会严格规定续借的最高限额，增加了企业陷入财务困境的风险。为避免陷入财务困境，企业应该持有较多的现金。

（7）银行债务比重。相比其他融资方式，银行债务更容易进行重新谈判，实施债务展期，或者采用其他方式的银行债务替代，从而为企业提供财务弹性。因此如果银行债务在企业负债中占有较大比重，企业就可以相应减少现金持有量。

（8）企业规模与经营时间。大规模企业的外部融资成本相对较低，而且规模大的企业可通过出售部分非核心资产获取现金流量，降低发生财务困境的可能性，即相应减少现金持有量。所以公司经营时间越长，公司规模越大，其现金持有量可相应降低。

（9）股利支付水平。预期支付股利的公司有更大的灵活性，可以通过减少它的股利来获得低成本的资金，所以这些公司比没有支付股利的公司持有更少的现金。但是，支付股利的公司也有可能比未支付股利的公司持有更多的现金，以避免在需要支付股利时发生现金短缺。

资料来源：中华会计网校．http：//www.chinacc.com/new/287-293-1，2009-07-27.

想一想

为什么经济学家任泽平曾经高呼："现金为王是个坑，是个很大的坑！"？

小思考

1. 现金管理的目标是什么？
2. 现金收支预算的内容有哪些？
3. 确定最佳现金持有量有哪些模式？说明其基本原理。

6.3 应收账款管理

6.3.1 应收账款的成本

奥士康 IPO：应收账款飙涨现金流存压

2014—2016 年，奥士康应收账款分别为 2.46 亿元、3.40 亿元、4.39 亿元，大幅超过公司同期净利润。同期应收账款占总资产的比例分别为 26.75%、28.71% 和 29.02%，占营业收入的比重分别为 27.39%、32.23% 和 33.49%，可以看出，奥士康应收账款占比不断提高，风险加大。此外，奥士康在 2014—2017 年上半年的应收账款周转率为 4.87、3.6、3.37、1.75，同行业平均值为 4、3.7、3.54、1.74。报告期内，除了 2014 年奥士康的应收账款周转率高于同行业平均值，其余两年均低于同行业平均值。由于应收账款余额较大，销售回款期长，奥士康已经存在经营活动现金流紧张情况。

数据显示，2014—2016 年，公司经营活动产生的现金流量净额分别为 7 808.92 万元、24 855.39 万元、15 318.57 万元。其中，2016 年的现金流量净额比 2015 年减少 38.37%。在招股书中，奥士康还表示，随着公司销售规模的持续扩大及未来对市场的进一步开拓，应收账款绝对值及应收账款占总资产的比例将可能继续增长。

资料来源：和讯网，2017-10-09.

企业持有应收账款要付出一定代价，这些代价就是应收账款的成本。

1．机会成本

应收账款的机会成本，是指由于企业资金被应收账款占用而丧失的其他投资收益，如投资于有价证券的利息收入等。机会成本的大小与应收账款占用资金的数量密切相关,占用的资金数量越大,机会成本就越高。这种机会成本一般按照有价证券的利息率来计算。其计算公式为:

$$\begin{aligned}应收账款机会成本 &= 应收账款占用资金 \times 有价证券利息率 \\ &= 应收账款平均余额 \times 变动成本率 \times 有价证券利息率\end{aligned} \quad (6-16)$$

$$\begin{aligned}应收账款平均余额 &= 销售收入净额 \div 应收账款周转次数 \\ &= (销售收入净额 \div 360) \times 应收账款周转天数 \\ &= 日销售额 \times 应收账款周转天数\end{aligned} \quad (6-17)$$

【例 6-7】 某企业预测 2016 年销售收入净额为 2 000 万元,应收账款周转天数为 90 天,变动成本率为 70%,有价证券利息率为 8%。该企业应收账款的机会成本为多少?

应收账款周转次数 = 360÷90 = 4(次)
应收账款平均余额 = 2 000÷4 = 500(万元)
或 = (2 000÷360)×90 = 500(万元)
应收账款占用资金 = 500×70% = 350(万元)
应收账款的机会成本 = 350×8% = 28(万元)

2. 管理成本

应收账款的管理成本,是指公司对应收账款进行管理所发生的费用支出。主要包括:①对客户的资信调查费用;②收集各种信息的费用;③应收账款账簿记录费用;④收账费用;⑤其他用于应收账款的管理费用。

3. 坏账成本

应收账款的坏账成本,是指由于应收账款无法收回而给公司造成的经济损失。这种成本的大小一般与公司的信用政策有关,并且与应收账款的数量成正比。一般来说,严格的信用政策产生坏账的概率比较小,过于宽松的信用政策比较容易产生坏账。其计算公式为:

$$应收账款坏账成本 = 销售收入净额 \times 坏账损失率 \quad (6-18)$$

4. 短缺成本

应收账款的短缺成本,是指企业由于不能向一些信用好的客户提供商业信用,从而使这些客户转向其他企业而引起的销售收入的下降。这种潜在的销售收入下降也是一种成本。

6.3.2 应收账款的管理目标

由于日益激烈的商业竞争,迫使越来越多的企业采取赊销方式扩大销售,提高市场占有率。这种由竞争引起的应收账款,是一种商业信用。而由于商品销售和收款的时间差而造成的应收账款,不属于商业信用,不是应收账款管理的主要内容。

应收账款是企业的一项资金投放,是为了扩大销售、增强竞争力和增加收益而进行的投资。而投资肯定要发生成本,这就需要在增加收益和发生成本之间进行权衡。因此,应收账款的管理目标是通过制定科学合理的应收账款信用政策,加强应收账款日常控制,缩短收账时间,加速应收账款周转,采用适当的催收方式,及时有效地收回应收账款,尽可能地减少企业的坏账损失，提高资金利用效率。同时尽可能降低应收账款投资的机会成本、坏账成本、管理成本与短缺成本，最大限度地提高应收账款的投资效益。只有当应收账款所增加的收益超过所增加的成本时，才应当实施或扩大赊销规模；如果赊销有着良好的盈利前景，就应当放宽信用条件增加赊销量。

6.3.3 应收账款信用政策

应收账款赊销的效果好坏，依赖于企业信用政策的制定。信用政策是指企业在采用赊销方式时，根据客户的资信情况，对应收账款投资进行规划与控制而确立的基本原则与行为规范。包括信用标准、信用期限、现金折扣和收账政策。

1. 信用标准

信用标准是指客户获取企业的商业信用所应具备的最低条件。如果客户不符合公司信用标准，那么客户就必须在较为苛刻的条件下向公司购货，或只能享受较低的信用优惠。信用标准通常用预计的坏账损失率来衡量。信用标准的高低决定了企业信用政策的严格程度，也直接影响企业的销售收入和利润以及应收账款的信用风险与成本。信用标准高，将达不到要求的客户拒之门外，可以减少企业的应收账款信用风险与成本，但同时也会减少企业的销售量。信用标准低，在增加销售和提高市场占有率的同时，应收账款信用风险与成本也会相应地增加。因此，企业必须在扩大销售额与成本增加之间寻找平衡点，力求制定合理的信用标准。

【例 6-8】 某企业目前采用的信用标准是对预计坏账损失率在 8% 以下的客户提供赊销，企业高层为扩大销售决定将信用标准放宽到 12%，该企业的销售利润率为 30%，同期有价证券利率为 12%，具体资料见表 6-7。分析该企业是否需要更改信用标准。

表 6-7 信用标准备选方案资料

项 目	原 方 案	新 方 案
信用标准（预计坏账损失率）%	8	12
销售收入（万元）	240	320
平均收账期（天）	50	60
管理成本（万元）	1	2

两种信用标准对企业利润的影响见表 6-8。

表 6-8 信用标准对企业利润的影响

单位：万元

项 目	原 方 案	备 选 方 案
销售利润	240×30%=72	320×30%=96
机会成本	240×12%×50/360=4	320×12%×60/360=6.4
管理成本	1	2
坏账成本	240×8%=19.2	320×12%=38.4
应收账款总成本	24.2	46.8
净利润	47.8	49.2

从表 6-8 中可知，沿用原方案预计可获得 47.8 万元利润，采用新方案能获得 49.2 万元利润，因此，该企业应改变原来的信用标准。

也可以用 Excel 进行计算，计算步骤如下。

（1）创建工作表格，输入原始数据，如图 6.13 所示。

	A	B	C
1	信用标准变动对利润的影响		
2	项目	原方案	备选方案
3	销售收入（万元）	240	320
4	平均收账期（天）	50	60
5	管理成本（万元）	1	2
6	预计坏账损失率	8%	12%
7	销售利润率	30%	30%
8	有价证券利率	12%	12%

图 6.13 信用标准变动对利润的影响

（2）相关单元格根据表 6-9 计算公式进行计算。

表 6-9 相关单元格和公式

单元格	公式	单元格	公式
B10	=B3*B7	C10	=C3*C7
B11	=B3*B8*B4/360	C11	=C3*C8*C4/360
B12	=B3*B6	C12	=C3*C6
B14	=SUM(B11：B13)	C14	=SUM(C11：C13)
B15	=B10－B14	C15	=B10－C14

（3）计算结果如图 6.14 所示。

	A	B	C
1	信用标准变动对利润的影响		
2	项目	原方案	备选方案
3	销售收入（万元）	240	320
4	平均收账期（天）	50	60
5	管理成本（万元）	1	2
6	预计坏账损失率	8%	12%
7	销售利润率	30%	30%
8	有价证券利率	12%	12%
9	计算与分析		
10	销售利润（万元）	72	96
11	机会成本（万元）	4	6.4
12	坏账成本（万元）	19.2	38.4
13	管理成本（万元）	1	2
14	应收账款总成本（万元）	24.2	46.8
15	净利润（万元）	47.8	49.2

图 6.14 信用标准变动对利润的影响

2．信用期限

信用期限是指企业给予客户从购买货物到支付货款的最长付款时间。客户必须在信用期限内支付货款,超过信用期限就属于违约。信用期限是信用政策的一项重要内容,对企业的销售量及应收账款的资金占用额都会产生影响。如果延长信用期限,可以在一定程度上扩大销售量,但会延长平均收账期,导致应收账款的机会成本和收账成本的上升,使企业坏账损失的风险增加。反之,如果缩短信用期限,虽然可以加快应收账款的回收速度,减少坏账损失的风险,减少应收账款的机会成本和收账成本,但是,也会在一定程度上引起销售收入的下降。因此,公司必须权衡利弊,确定合理的信用期限。信用期限的确定,主要是分析改变现行信用期限对收入和成本的影响。一般来说,如果新信用期限所创造的利润大于新信用期限引起的机会成本、坏账损失成本和收账成本,就可以采用新信用期限。

【例 6-9】 某企业预计变动成本率为 60%,有价证券利息率为 12%,假设固定成本总额保持不变。现行信用期限为 N/30 时,年赊销额为 210 万元,应收账款周转次数为 7 次,坏账损失率 2%,收账费用为 2 万元。该企业考虑将信用期限放宽到 N/60 时,年赊销额为 320 万元,应收账款周转次数为 5 次,坏账损失率 3%,收账费用为 3 万元。分析该企业是否需要更改信用期限。

(1) 计算各方案的收益。

$$收益 = 赊销额 - 变动成本 = 赊销额 \times (1 - 变动成本率)$$

原方案:收益 = $210 \times (1 - 60\%) = 84$(万元)

新方案:收益 = $320 \times (1 - 60\%) = 128$(万元)

(2) 计算各方案的总成本。

原方案:机会成本 = $210/7 \times 60\% \times 12\% = 2.16$(万元)

坏账成本 = $210 \times 2\% = 4.2$(万元)

收账费用 = 2(万元)

新方案:机会成本 = $320/5 \times 60\% \times 12\% = 4.61$(万元)

坏账成本 = $320 \times 3\% = 9.6$(万元)

收账费用 = 3(万元)

(3) 计算各方案的净收益。

原方案:净收益 = $84 - 2.16 - 4.2 - 2 = 75.64$(万元)

新方案:净收益 = $128 - 4.61 - 9.6 - 3 = 110.79$(万元)

根据计算结果可知,沿用原方案预计只能获得 75.64 万元利润,采用新方案可获得 110.79 万元利润,因此,该企业应改变原来的信用期限。

也可以用 Excel 进行计算,计算步骤如下。

(1) 创建工作表格,输入原始数据,如图 6.15 所示。

	A	B	C
1	信用期限变动对利润的影响		
2	项目	原方案	备选方案
3	赊销额(万元)	210	320
4	应收账款周转次数	7	5
5	预计坏账损失率	2%	3%
6	收账费用(万元)	2	3
7	变动成本率	60%	60%
8	有价证券利率	12%	12%

图 6.15 信用期限变动对利润的影响

（2）相关单元格根据表6-10计算公式进行计算。

表6-10 相关单元格和公式

单元格	公式	单元格	公式
B10	=B3*（1-B7）	C10	=C3*（1-C7）
B11	=B3/B4*B7*B8	C11	=C3/C4*C7*C8
B12	=B3*B5	C12	=C3*C5
B14	=B10-B11-B12-B13	C14	=C10-C11-C12-C13

（3）计算结果如图6.16所示。

	A	B	C
1	信用期限变动对利润的影响		
2	项目	原方案	备选方案
3	赊销额（万元）	210	320
4	应收账款周转次数	7	5
5	预计坏账损失率	2%	3%
6	收账费用（万元）	2	3
7	变动成本率	60%	60%
8	有价证券利率	12%	12%
9	计算与分析		
10	收益（万元）	84	128
11	机会成本（万元）	2.16	4.61
12	坏账成本（万元）	4.2	9.6
13	收账费用（万元）	2	3
14	净收益（万元）	75.64	110.79

图6.16 信用期限变动对利润的影响

3. 现金折扣

现金折扣是企业对提前付款的客户在商品价格上给予的优惠。主要目的在于吸引顾客为享受优惠而提前付款，缩短企业的平均收款期，也能招揽一些视折扣为减价出售的顾客前来购货，借此扩大销售量。常采用如2/10、1/20、n/30的表达形式，分别表示10天内付款，可享受原价的2%的价格优惠，20天内付款可享受原价的1%的价格优惠，n/30表示付款的最后期限为30天，此时付款无优惠。确定现金折扣应与信用期间结合使用。应当考虑各方案的延期与折扣所能带来的收益与成本孰高孰低，权衡利弊，最终确定最佳方案。

【例6-10】 根据上例，假设该企业选择了将信用期限放宽为n/60的方案。但为了加速应收账款的回收，决定将赊销条件改为"2/10，1/20，n/60"，估计约有60%的客户（按赊销额计算）会利用2%的折扣；15%的客户将利用1%的折扣。坏账损失为2%，收账费用为2万元。分析该企业是否需要更改现金折扣。

（1）计算各方案的收益。

无现金折扣：收益=320×（1-60%）=128（万元）

有现金折扣：现金折扣减少的收入=销售收入×现金折扣率×享受现金折扣的顾客比例
=320×（2%×60%+1%×15%）=4.32（万元）

收益=320×（1-60%）-4.32=123.68（万元）

(2) 计算各方案的总成本。

无现金折扣：机会成本＝320/5×60％×12％＝4.61(万元)

坏账成本＝320×3％＝9.6(万元)

收账费用＝3(万元)

有现金折扣：

应收账款平均收账期＝60％×10＋15％×20＋25％×60＝24(天)

应收账款周转次数＝360/24＝15(次)

机会成本＝320/15×60％×12％＝1.536(万元)

坏账成本＝320×2％＝6.4(万元)

收账费用＝2(万元)

(3) 计算各方案的净收益。

无现金折扣：净收益＝128－4.61－9.6－3＝110.79(万元)

有现金折扣：净收益＝123.68－1.536－6.4－2＝113.744(万元)

根据计算结果可知，在放宽信用期限并提供现金折扣后，企业预计净收益将增加 2.954 万元（113.744－110.79）。

也可以用 Excel 进行计算，计算步骤如下：

(1) 创建工作表格，输入原始数据，如图 6.17 所示。

	A	B	C
1	现金折扣变动对利润的影响		
2	项目	原方案	备选方案
3	赊销额（万元）	320	320
4	应收账款周转次数	5	
5	预计坏账损失率	3%	2%
6	收账费用（万元）	3	2
7	变动成本率	60%	60%
8	10天内享受现金折扣的顾客比例		60%
9	20天内享受现金折扣的顾客比例		15%
10	不享受现金折扣的顾客比例		25%
11	现金折扣率		2%
12	现金折扣率		1%
13	有价证券利率	12%	12%

图 6.17　现金折扣变动对利润的影响

(2) 相关单元格根据表 6－11 计算公式进行计算。

表 6－11　相关单元格和公式

单元格	公　式	单元格	公　式
B16	＝B3＊(1－B7)	C17	＝C8＊10＋C9＊20＋C10＊60
B19	＝B3/B4＊B7＊B13	C18	＝360/C17
B20	＝B3＊B5	C19	＝C3/C18＊C7＊C13
B22	＝B16－B19－B20－B21	C20	＝C3＊C5
C15	＝C3＊(C8＊C11＋C9＊C12)	C22	＝C16－C19－C20－C21
C16	＝C3＊(1－C7)－C15		

(3) 计算结果如图 6.18 所示。

	A	B	C
1	现金折扣变动对利润的影响		
2	项目	原方案	备选方案
3	赊销额（万元）	320	320
4	应收账款周转次数	5	
5	预计坏账损失率	3%	2%
6	收账费用（万元）	3	2
7	变动成本率	60%	60%
8	10天内享受现金折扣的顾客比例		60%
9	20天内享受现金折扣的顾客比例		15%
10	不享受现金折扣的顾客比例		25%
11	现金折扣率		2%
12	现金折扣率		1%
13	有价证券利率	12%	12%
14	计算与分析		
15	现金折扣减少的收入（万元）		4.32
16	收益（万元）	128	123.68
17	应收账款平均收账期（天）		24
18	应收账款周转次数		15
19	机会成本（万元）	4.61	1.536
20	坏账成本（万元）	9.6	6.4
21	收账费用（万元）	3	2
22	净收益（万元）	110.79	113.744

图 6.18 现金折扣变动对利润的影响

？想一想

在规定的时间内提前偿付货款的客户可按销售收入的一定比率享受现金折扣，折扣比率越高，越能及时收回货款，减少坏账损失，所以企业将现金折扣比率定得越高越好，你同意这种观点吗？

4. 收账政策

收账政策是指企业向客户收取逾期未付款的收账策略与措施。催收账款要发生费用，包括专人监管、通信联系、上门催收和诉诸法律等各项费用。一般说来，收账的花费越大，收账措施越有力，可收回的账款应越多，坏账损失也就越小。因此制定收账政策，要在增加收账费用与减少应收账款机会成本和坏账损失之间做出权衡，可以通过比较各收账方案成本的大小对其加以选择，应选择收账成本最小的收账方案。

【例 6-11】 某企业年销售额 6 000 万元，同期资本成本为 15%，现行收账政策和拟改变的收账政策见表 6-12。

表 6-12 收账政策备选方案

项　　目	现行收账政策	拟改变的收账政策
年赊销额/万元	6 000	6 000
应收账款周转天数/天	30	20
年收账费用/万元	8	10
坏账损失率/%	2	1

可以通过计算两个方案的收账成本进行比较。
(1) 计算现行收账政策的收账成本。

应收账款的机会成本＝6 000÷360×30×15％＝75(万元)
坏账成本＝6 000×2％＝120(万元)
收账费用＝8(万元)
收账成本合计＝75＋120＋8＝203(万元)

(2) 计算拟改变的收账政策的收账成本。
应收账款的机会成本＝6 000÷360×20×15％＝50(万元)
坏账成本＝6 000×1％＝60(万元)
收账费用＝10(万元)
收账成本合计＝50＋60＋10＝120(万元)

该企业应改变现行的收账政策,其收账成本低于现行收账政策收账成本83万元(203－120)。拟改变收账政策后能获净收益5 880万元,而现行收账政策却只能获得5 797万元。

也可以用Excel进行计算,计算步骤如下。

(1) 创建工作表格,输入原始数据,如图6.19所示。

	A	B	C
1	收账政策变动对利润的影响		
2	项目	现行收账政策	拟改变收账政策
3	赊销额（万元）	6 000	6 000
4	应收账款周转天数（天）	30	20
5	预计坏账损失率	2%	1%
6	收账费用（万元）	8	10
7	资本成本	15%	15%

图6.19 收账政策变动对利润的影响

(2) 相关单元格根据表6－13计算公式进行计算。

表6－13 相关单元格和公式

单元格	公式	单元格	公式
B10	＝B3/360＊B4＊B7	C10	＝C3/360＊C4＊C7
B11	＝B3＊B5	C11	＝C3＊C5
B13	＝B10＋B11＋B12	C13	＝C10＋C11＋C12
B14	＝B9－B13	C14	＝C9－C13

(3) 计算结果如图6.20所示。

6.3.4 应收账款融资

1. 应收账款融资的形式

目前,我国应收账款融资主要有应收账款质押贷款、应收账款转换成商业票据贴现和应收账款保理融资这三种形式。

(1) 应收账款质押贷款。

2007年10月1日正式实施的《中华人民共和国物权法》明确了应收账款、库存及权

	A	B	C
1	收账政策变动对利润的影响		
2	项目	现行收账政策	拟改变收账政策
3	赊销额（万元）	6 000	6 000
4	应收账款周转天数（天）	30	20
5	预计坏账损失率	2%	1%
6	收账费用（万元）	8	10
7	资本成本	15%	15%
8	计算与分析		
9	赊销额（万元）	6 000	6 000
10	机会成本（万元）	75	50
11	坏账成本（万元）	120	60
12	收账费用（万元）	8	10
13	收账成本合计（万元）	203	120
14	净收益（万元）	5 797	5 880

图 6.20 收账政策变动对利润的影响

利等可作为企业抵押物向银行申请贷款，这为企业进行应收账款融资提供了法律保障。

应收账款质押融资是指借款人以应收账款作为担保，向其他机构或个人进行融资，以满足生产和营销的需要。对于中小企业来说，由于自身的信用状况不符合银行发放贷款的要求，也缺乏房屋等可以向银行抵押贷款的不动产，因此，以应收账款出质，扩大了企业可以担保的财产范围，并可借应收账款付款人较高的信用弥补自身信用的不足，获得银行贷款。

(2) 转换成商业票据贴现。

票据贴现对小企业的经营非常有利，财务成本要比贷款低很多，同时银行风险也低。应收账款持有企业可将应收账款转换成商业票据，即商品销售方要求购买方将应付货款开具商业承兑汇票，销售方将收到的应收票据再与银行签订贴现协议进行商业票据贴现。商业票据贴现可分为卖方付息和买方付息两种形式，分别可进行卖方和买方付息。因此，企业可视需要分别对应收账款和应付账款进行商业票据贴现融资。

(3) 应收账款保理融资。

应收账款保理业务是一种集融资、结算、账务管理和风险担保于一体的综合性服务业务，对于销售企业来说，它能使企业免除应收账款管理的麻烦，提高企业的竞争力。

企业可以通过自由资金和银行贷款来保证资金顺利地运转，但是对于那些规模小、销售业务少的公司来说，向银行贷款将会受到很大限制，而自身的原始积累又不能支撑企业的高速发展，通过保理业务进行融资可能是企业最为明智的选择。保理商可以通过管理企业应收账款，预先付给企业资金，支持企业的发展。

2. 应收账款融资的优缺点

应收账款融资无疑为企业开辟了一条新的融资渠道，特别是对中小企业来说，此种融资模式意义重大。

应收账款融资优点如下。

首先，与银行贷款相比，应收账款融资手续简单、风险低、时间短。企业在日常运转过程中，经常会由于突发事件的出现，在短期内急需周转资金。因此，凭借应收账款进行融资，企业就可以迅速筹措到短期资金，以解燃眉之急。

其次，应收账款融资有利于提高资产的流动性。尽管应收账款属于流动资产，但是变现能力较差。而应收账款融资可以把未到期的应收账款提前变现成现金或银行存款，盘活了企业的资金，从而提高了整个企业资产的流动性。

最后，应收账款融资能够获得更为理想的资本结构。如果采取无追索权的保理融资模式，银行将买断企业应收账款，收款风险大大降低，并且资产负债表中反映的是应收账款的减少和货币资金的增加，负债并没有任何变化，更有利于财务结构的优化。

应收账款融资缺点如下。

首先，企业要承担较高的应收账款融资成本。银行对应收账款保理业务收取的费用包括融资利息和保理业务手续费，成本较高。

其次，企业承担到期付款人不能付款的风险。因为银行更愿意提供有追索权的保理业务，将风险完全转嫁给了企业。

最后，如果应收账款本身存在问题，那么银行接受此类应收账款融资的可能性就会很小。

电子应收账款单可作担保贷款了

货卖出去了，可钱没收回来，不少供应商企业都曾因此遇到过资金困难的窘境。近日，工商银行新洲支行为该区一小企业发放了我省首批供应链电子应收账款网络贷款，让更多小型供应商企业看到了融资曙光。

据该行相关负责人介绍，获得贷款的是新洲区一家为当地医院供货的药品供应商。由于医院通常会延期付款，企业常常面临资金紧张的状况。通过医院提供的电子应收账款作为"担保"，该行为企业提供了一笔100万元的贷款，相当于让企业提前收回了应收账款。

"和传统的企业贷款程序不同，供应链电子应收账款融资可全程通过网络办理。"该负责人称，企业融资申请发起、银行审批、提款、核心企业确认和支付应付账款及自动扣款等多项融资业务的全流程均可通过网络办理，大大简化了办理手续。

有业内人士分析，在当前国家信贷政策整体收紧的背景下，小企业融资难问题将更加突出，供应链电子应收账款网络贷款创新了小企业融资模式，为原本缺少信用资源的中小企业找到了新的信用平台，加速了资金周转和使用效率。

资料来源：武汉晨报，2011-06-24.

1. 简述应收账款的成本，并由此确定企业应收账款管理的目标。
2. 什么是信用政策？它包括哪些内容？
3. 试分析企业放宽信用政策的利弊。

6.4 存 货

 小故事

粮食与存货

家里怎样储备粮食？是一次性买几百斤，放在家里慢慢吃上一年，还是一粒米都不存，每天做饭时现去买呢？恐怕没有哪户人家会采用这两种办法。每个家庭都会储备一些粮食，不会太多，够吃十天半个月就行，但也不会一点粮食也不存，因为天天都去买米买面实在太麻烦。

企业储备存货就像居家过日子一样，必须盘算好一个合适的数量。存货储备太多，会大量占用资金，导致公司资金短缺、现金循环不畅，还会使仓库爆满，仓储、保险、维护费用直线上升。存货储备太少，又不得不频繁地进行采购，麻烦不说，由此带来的高额订货费用也会让企业吃不消，而且企业还要时刻面临缺货停业的威胁。所以，存货储备量就像美人的身材，增一分则肥，减一分则瘦，必须不多不少恰到好处。那怎样确定这个恰到好处的存货储备量呢？

6.4.1 存货的管理目标与成本

1. 存货的管理目标

存货是指企业在生产经营过程中为销售或者耗用而储备的物资，包括材料、燃料、低值易耗品、在产品、半成品、产成品、协作件、商品等。现实中，企业很少能做到随时购入生产或销售所需的各种物资，为了保证生产正常进行，降低生产成本，实行均衡生产，防止意外事件造成的损失，企业需要储存一定数量的存货。

存货是指企业在生产经营过程中为销售或耗用而储备的物资。存货在企业的流动资产中占据很大比重，同时又是一种变现能力较差的流动资产项目。储存过多的存货需要占用较多的资金，影响企业资金的流动性，降低企业盈利能力，并且会增加仓储费、保险费、维护费、保管人员工资等各项开支。对存货的管理重点在于提高存货效益和力求控制降低存货资金的比重两个方面。因此，存货管理的目标就是在存货成本和存货效益之间做出权衡，争取以最低的成本保证正常的生产经营需要。

2. 存货成本

存货占用资金是有成本的。存货成本是指为持有存货所付出的代价。存货成本一般包括以下几项。

（1）取得成本。

取得成本是指为取得某种存货而发生的支出，它由购置成本和订货成本构成。

购置成本是指购进存货支付的买价，它体现的是存货本身的价值。它是存货单价与数量的乘积。在无商业折扣的情况下，购置成本是固定成本，不随采购次数等变动而变动的，属于与存货决策无关的成本。

订货成本是指为组织采购存货而发生的费用，如运输费、装卸费、差旅费等。订货成本一般与订货数量无关。与订货次数无关的订货成本为订货的固定成本，如常设采购机构的基本开支等，属于与存货决策无关的成本。与订货次数有关的订货成本为订货的变动成本，如差旅费、邮电费等，属于与存货决策相关的成本。在存货需要量不变的情况下，企业要想降低订货成本，需要通过提高每次进货量以减少订货次数。

（2）储存成本。

储存成本是指存货在储存过程中发生的成本，如仓储费、保险费、占用资金的利息费。与存货储存数量无关的储存成本是固定成本，如仓库折旧费、仓库员工的固定工资等，属于与存货决策无关的成本。与存货储存数量成正比例变动的储存成本是变动成本，如存货资金的应计利息、存货损失、存货保险费等，属于与存货决策相关的成本。

（3）缺货成本。

缺货成本是指由于存货短缺而造成的损失，如材料供应中断造成的停工损失，产成品库存短缺造成的延迟发货的信誉损失及丧失销售机会损失。当企业不允许出现存货短缺时，短缺成本为零；当企业允许缺货时，缺货成本与存货储存数量成反比例变动，随着存货的减少而增加，属于存货决策中的相关成本。

 想一想

三星前 CEO 尹钟龙认为，寿司与手机有不少共同点。再贵的鱼，一两天后也会变得便宜。无论是寿司店还是数码业，存货都是有害的，速度就是一切。你如何理解这种观点？

6.4.2 存货经济批量

如何做出合理的存货决策是企业进行存货管理的一个重要内容。存货决策主要是如何确定存货的进货项目、供应单位、进货时间和进货批量四方面问题。一般情况下，主要由销售部门、采购部门和生产部门决定进货项目和选择供应单位，由财务部门负责决定进货时间和进货批量。财务视角下的存货决策是指财务部门通过合理的规划进货时间和进货批量确定经济批量。经济批量又叫经济订货量，是指为实现财务管理的目标，能使一定时期内存货的相关总成本达到最小的进货批量。经济批量是既能满足生产经营需要，又能使存货总成本达到最低的一次采购批量。

根据图 6.21，每次订货量少，则储存成本小，但必然导致订货次数增多，引起订货成本增大；反之，每次订货量多，则储存成本大，但可使订货次数减少，导致订货成本降低。可见，每次订货量太多或太少都不好。存货控制就是要寻求最优的订货量 Q^*，使全年存货相关总成本达到最小值 $TC(Q^*)$。这个 Q^* 就是经济订货量，或称经济批量。

影响存货总成本的因素很多，根据不同的假设条件，建立经济批量的模型主要有：经济批量的基本模型、有数量折扣的经济批量模型、存货陆续供应和使用的经济批量模型和再订货点和保险储备模型。

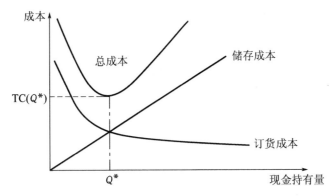

图 6.21　存货经济批量模型

电视剧公司业绩纷纷下滑，库存成为死结

电视剧公司中业绩下滑幅度较大的唐人影视和欢瑞世纪库存问题比较显著。唐人影视 2016 年的年报显示，截至 2016 年年底，公司库存余额合计 2.09 亿元。其中，占库存总量接近 20% 的《无心法师 2》2017 年上半年已经成功售出，但其他剧目前还没有确切消息。加上 2017 年投拍的《三国机密》和《梦幻西游》，唐人影视半年报上的库存余额显示已经高达 4.27 亿元，而唐人影视上半年的营收只有 1.3 亿元。2016 年唐人影视存货年末余额前五名情况见表 6-14。

表 6-14　2016 年唐人影视存货年末余额前五名情况

影视剧名称	拍摄进度	完成百分比（%）	金　　额	占存货余额比例（%）
柜中美人	后制	99.00	101 990 365.05	42.94
无心法师 2	后制	90.00	47 092 193.78	19.83
重返二十岁	销售中	100.00	41 928 209.86	17.65
三国机密	筹备	5.00	10 178 439.65	4.29
火凤燎原	策划		7 529 074.19	3.17
合计			208 718 282.53	87.88

欢瑞世纪的库存问题更加严重，2017 年半年报显示，公司报告期末存货为 8.15 亿元，较期初大增 83%。影视剧库存积压时间过长除了会带来现金负担外，也存在严重的资产减值问题。例如，欢瑞世纪 2012 年出品的，由明道和刘诗诗主演的电视剧《天使的幸福》，制作完成后压了 6 年时间，直到 2017 年才终于出现在芒果 TV 上。

库存高的问题在大多数电视剧公司身上都存在。这些问题导致的直接后果就是给公司带来严重的现金流压力。很多影视剧公司在 2017 年上半年经营获得产生的现金流几乎都是负值。

资料来源：搜狐网. http://www.sohu.com/a/193065683_104421，2017-09-19.

6.4.3 存货经济批量的基本模型

经济订货量基本模型需要设立的假设条件如下。

(1) 企业能够及时补充存货，即需要订货时便可立即取得存货。
(2) 能集中到货，而不是陆续入库。
(3) 不允许缺货，即缺货成本为零。
(4) 存货需求量稳定，并且能预测。
(5) 存货单价不变，不考虑现金折扣。
(6) 企业现金充足，不会因现金短缺而影响进货。
(7) 所需存货市场供应充足，不会因买不到需要的存货而影响其他。

存货经济批量基本模型下的总成本不考虑购置成本和缺货成本，为订货成本和储存成本之和。订货成本为订购批数和每批订货成本的乘积。储存成本为平均库存量和单位存货年储存成本的乘积。订货成本和储存成本与订货量之间具有相反的关系。存货储存成本随着订购批量增加而上升，存货订货成本随着订货次数增加而上升，随着订购批量的变化，这两种成本此消彼长。存货经济批量就是使订货成本和储存成本之和最小的订购批量。

假设 Q^* 为经济进货批量；Q 为每批订货量；K 为某种存货年度计划进货总量；D 为每批订货成本；K_C 为单位存货储存成本；U 为存货单价。

则计算公式为：

$$总成本(TC) = D \times \frac{K}{Q} + K_C \times \frac{Q}{2} \quad (6-19)$$

经济批量为：

$$Q^* = \sqrt{\frac{2KD}{K_C}} \quad (6-20)$$

经济批量的存货总成本为：

$$TC(Q^*) = \sqrt{2KDK_C} \quad (6-21)$$

经济进货批量占用资金为：

$$I^* = \sqrt{\frac{KD}{2K_C}} \cdot U \quad (6-22)$$

最佳订货次数为：

$$N^* = \sqrt{\frac{DK_C}{2K}} \quad (6-23)$$

最佳订货周期为：

$$t^* = \frac{1}{N^*} \quad (6-24)$$

【例 6-12】 某企业每年耗用某种材料 8 000 千克，该材料单位成本 30 元，单位储存成本 2 元，一次订货成本 20 元。要求计算：(1) 经济批量；(2) 最低存货总成本；(3) 最佳订货次数；(4) 经济批量占用资金；(5) 最佳订货周期。

$$Q^* = \sqrt{\frac{2 \times 8\,000 \times 20}{2}} = 400(千克)$$

$$TC(Q^*) = \sqrt{2 \times 8\,000 \times 20 \times 2} = 800(元)$$

$$N^* = 8\,000/400 = 20(次)$$

$$I^* = \frac{400}{2} \times 30 = 6\,000(元)$$

$$t^* = \frac{1}{20}(年) = \frac{360}{20} = 18(天)$$

也可以用 Excel 进行计算,计算步骤如下。

(1) 创建工作表格,输入原始数据,如图 6.22 所示。

	A	B
1	存货经济批量计算	
2	项目	
3	存货需要量(千克)	8 000
4	材料单位成本(元)	30
5	一次订货成本(元)	20
6	单位储存成本(元)	2

图 6.22 存货经济批量计算

(2) 相关单元格根据表 6-15 计算公式进行计算。

表 6-15 相关单元格和公式

单元格	公式	单元格	公式
B7	=SQRT(2*B3*B5/B6)	B10	=B7/B6*B4
B8	=SQRT(2*B3*B5*B6)	B11	=360/B9
B9	=B3/B7		

(3) 计算结果如图 6.23 所示。

	A	B
1	存货经济批量计算	
2	项目	
3	存货需要量(千克)	8 000
4	材料单位成本(元)	30
5	一次订货成本(元)	20
6	单位储存成本(元)	2
7	经济批量(千克)	400
8	最低存货成本(元)	800
9	最佳订货次数(次)	20
10	经济批量占用资金(元)	6 000
11	最佳订货周期(天)	18

图 6.23 存货经济批量计算

6.4.4 有数量折扣的经济批量模型

存货决策的相关总成本除了包括订货成本和储存成本外,还包括采购成本,采购成本随采购批量大小变动,是决策的一项相关成本。假设存货的购买单价不变,如果享受数量折扣的订货量小于经济批量,则无须决策,仍按经济批量订货,既可以获得数量折扣,又实现了最佳订货量。如果享受数量折扣的订货量大于经济批量,就必须对不同批量下的相关存货总成本进行比较分析,选择相关存货总成本最低的经济批量。

考虑数量折扣情况下确定经济批量的步骤如下。

(1) 计算无数量折扣下的经济批量和存货相关总成本。

(2) 计算有数量折扣下不同批量的存货相关总成本。

(3) 比较不同批量下的相关存货总成本，找出存货总成本最低的经济批量。

【例 6-13】 某公司全年需要某种材料 1 200 千克，每次订货成本为 400 元，单位储存成本为 6 元，采购价格 10 元/千克。供应商规定：每次购买数量达 600 千克时，可给予 2% 的批量折扣，问应以多大批量订货？

计算没有数量折扣时的经济订货批量：

$$Q^* = \sqrt{\frac{2 \times 1\,200 \times 400}{6}} = 400(千克)$$

如果企业不接受数量折扣，总成本为：

$$TC = \frac{1\,200}{400} \times 400 + \frac{400}{2} \times 6 + 1\,200 \times 10 = 14\,400(元)$$

计算接受数量折扣时（即订货批量为 600 千克）的总成本：

$$TC = \frac{1\,200}{600} \times 400 + \frac{600}{2} \times 6 + 1\,200 \times 10 \times (1 - 2\%) = 14\,360(元)$$

根据计算结果，在有数量折扣的情况下，企业按每次 600 千克购买该材料，可使存货总成本最低。

也可以用 Excel 进行计算，计算步骤如下。

(1) 创建工作表格，输入原始数据，如图 6.24 所示。

	A	B	C
1	数量折扣对存货总成本的影响		
2	项目	无数量折扣	有数量折扣
3	存货需要量（千克）	1 200	1 200
4	采购单价（元）	10	10
5	一次订货成本（元）	400	400
6	享受折扣的批量（千克）		600
7	批量折扣		2%
8	单位储存成本（元）	6	6

图 6.24 数量折扣对存货总成本的影响

(2) 相关单元格根据表 6-16 计算公式进行计算。

表 6-16 相关单元格和公式

单元格	公式
B9	=SQRT(2*B3*B5/B8)
B10	=B3/B9*B5+B9/2*B8+B3*B4
C10	=C3/C6*C5+C6/2*C8+C3*C4*(1-C7)

(3) 计算结果如图 6.25 所示。

	A	B	C
1	数量折扣对存货总成本的影响		
2	项目	无数量折扣	有数量折扣
3	存货需要量（千克）	1 200	1 200
4	采购单价（元）	10	10
5	一次订货成本（元）	400	400
6	享受折扣的批量（千克）		600
7	批量折扣		2%
8	单位储存成本（元）	6	6
9	经济批量（千克）	400	
10	存货总成本（元）	14 400	14 360

图 6.25 数量折扣对存货总成本的影响

6.4.5 存货陆续供应和使用的经济批量

在建立存货经济批量基本模型时,是假设存货一次全部入库,事实上,各批存货可能陆续入库,使存量陆续增加。尤其是产成品入库和在产品转移,几乎总是陆续供应和陆续耗用的。在存货陆续供应和使用时,相关总成本等于订货成本和储存成本之和。假设 d 为每日耗用存货数量,p 为每日到达存货数量。存货一次订货后陆续到达、陆续使用的情况下,最佳经济批量和最低相关总成本的计算公式如下。

经济批量为: $$Q^* = \sqrt{\frac{2K \times D}{K_C} \times \frac{p}{p-d}} \qquad (6-25)$$

最低相关总成本为: $$TC(Q^*) = \sqrt{2K \times D \times K_C \times \left(1 - \frac{d}{p}\right)} \qquad (6-26)$$

【例 6-14】 某企业全年需原料 2 700 千克,每次订货成本为 100 元,每千克原料年储存成本为 6 元。每次订货后每天能运达原料 25 千克,而该厂每天生产消耗原料 9 千克。要求:计算经济批量及全年最小相关总成本。

$$Q^* = \sqrt{\frac{2 \times 100 \times 2\,700}{6} \times \frac{25}{25-9}} = 375(千克)$$

$$TC(Q^*) = \sqrt{2 \times 100 \times 2\,700 \times 6 \times \left(1 - \frac{9}{25}\right)} = 1\,440(元)$$

6.4.6 再订货点和保险储备

1. 再订货点的确定

正常情况下,企业需要在存货库存量用完之前及时补充存货,以避免由于缺货导致生产经营中断。再订货点指在提前订货的情况下,企业再次发出订单时存货的库存储备量。提前订货时,每次订货批量、订货次数和订货间隔期等不发生变化,再订货点的存在对经济批量不产生影响,与瞬时补充存货的经济批量金额一致,只是在存货库存储备量还有剩余时提前发出订单。不考虑保险储备时,再订货点等于平均每日需要量与交货时间的乘积。

2. 保险储备的确定

前面讨论的经济批量是以需求量稳定并且可预测,每日需求量和交货时间固定不变为前提。但实际情况并非完全如此,企业对存货的需求量可能发生变化,交货时间也可能会延误。在交货期内,如果发生需求量增大或交货时间延误,就会发生缺货。保险储备是指按照某一订货批量和再订货点发出订单后,为防止存货耗用量突然增加或供货方送货延迟,发生缺货或供货中断而造成损失,必须要增加的存货库存储备量。一般情况下,需求量变化越大和间隔期越长,企业的保险储备就越大。保险储备在正常情况下不动用,只有当存货过量使用或送货延迟时才动用。

影响保险储备有以下几个因素。

(1) 平均每天正常消耗量,用 n 表示。

(2) 预计每天最大耗用量,用 m 表示。

(3) 交货时间，即提前订货时间，指发出订单到货物验收入库所用的时间，用 t 表示。
(4) 预计最长交货时间，用 r 表示。
(5) 保险储备，用 B 表示。

保险储备计算公式如下：

$$B = \frac{1}{2}(mr - nt) \tag{6-27}$$

考虑保险储备时，再订货点应等于交货期内的预计需求与保险储备之和。即：

有保险储备再订货点 = 平均每日需要量 × 交货时间 + 保险储备量

$$R = nt + B = \frac{1}{2}(mr + nt) \tag{6-28}$$

【例 6-15】 某企业每天正常耗用材料 100 千克，订货提前期为 20 天，预计最大耗用量为每天 120 千克，最长提前期为 25 天。求该企业的保险储备和订货点。

保险储备 = $\frac{1}{2} \times (120 \times 25 - 100 \times 20) = 500$（千克）

订货点 = $\frac{1}{2} \times (120 \times 25 + 100 \times 20) = 2\,500$（千克）

3. 保险储备决策

建立存货保险储备，一方面可以使企业减少缺货或供应中断造成的损失，另一方面由于存货平均储备量增加，使存货储备成本提高。因此，存货保险储备总成本由缺货成本和保险储备成本两部分构成，随着保险储备量的增加，在降低缺货成本的同时会使保险储备成本提高，相反，保险储备量的降低，在降低保险储备成本时则会引起缺货成本增加。企业存货保险储备决策的目标是：确定合理的保险储备量，使存货保险储备总成本最小。

计算公式如下：

总成本 = 缺货成本 + 保险储备成本

$$C_S = K_U \cdot S \cdot N \tag{6-29}$$

$$C_B = B \cdot K_C \tag{6-30}$$

$$TC(S, B) = C_S + C_B = K_U \cdot S \cdot N + B \cdot K_C \tag{6-31}$$

式中：$TC(S, B)$ ——总成本
  C_S ——缺货成本
  C_B ——保险储备成本
  K_U ——单位缺货成本
  K_C ——单位存货成本
  S ——一次订货缺货量
  N ——年订货次数
  B ——保险储备量

现实中，缺货量 S 具有概率性，其概率可根据历史经验估计得出；保险储备量 B 可选择而定。企业要确定合理的保险储备量，首先要计算不同保险储备量下的总成本，然后对总成本进行比较，其中总成本最低的保险储备量为最合理的保险储备量。

【例 6-16】 某企业零件年需用量为 $D=3\,600$ 件,每日需求量 $n=10$ 件,单位储存成本 $K_C=2$ 元,单位缺货成本 $K_U=4$ 元,一次订货成本 25 元,每次交货时间 $t=10$ 天。交货期内的存货需要量及其概率分布见表 6-17。

表 6-17 存货需要量及其概率分布

每日需求量 (n)/件	7	8	9	10	11	12	13
存货需要量 ($n \times t$)/件	70	80	90	100	110	120	130
概率 (P)/%	1	4	20	50	20	4	1

$$经济订货量 = \sqrt{\frac{2 \times 3\,600 \times 25}{2}} = 300(件)$$

$$订货次数 = 3\,600 \div 300 = 12(次)$$

(1) 交货时间一定,每日平均需求量变化引起的缺货。

① 不设置保险储备量,即 $B=0$ 时

由于每日需求量变化,再订货点需根据概率计算。

$R_0 = 70 \times 1\% + 80 \times 4\% + 90 \times 20\% + 100 \times 50\% + 110 \times 50\% + 120 \times 4\% + 130 \times 1\%$
$= 100(件)$

先根据再订货点和存货需要量确定缺货量及其概率。当存货需要量为 100 件或以下时,不会发生缺货;当存货需要量为 110 件时,缺货量为 110-100=10 件,其概率为 20%;当存货需要量为 120 件时,缺货量为 120-100=20 件,其概率为 4%;当存货需要量为 130 件时,缺货量为 130-100=30 件,其概率为 1%。其次根据缺货量及其概率计算缺货的期望值。

$S_0 = (110-100) \times 20\% + (120-100) \times 4\% + (130-100) \times 1\% = 3.1(件)$
$TC = 4 \times 3.1 \times 12 + 0 \times 2 = 148.8(元)$

② 保险储备量为 10 件,即 $B=10$ 时

再订货点为:$R_{10} = R_0 + B = 100 + 10 = 110(件)$

根据此时的再订货点和存货需要量重新确定缺货量及其概率。当存货需要量为 110 件或以下时,不会发生缺货;当存货需要量为 120 件时,缺货量为 120-110=10 件,其概率为 4%;当存货需要量为 130 件时,缺货量为 130-110=20 件,其概率为 1%。然后根据缺货量及其概率计算缺货的期望值。

$S_{10} = (120-110) \times 4\% + (130-110) \times 1\% = 0.6(件)$
$TC = 4 \times 0.6 \times 12 + 10 \times 2 = 48.8(元)$

③ 保险储备量为 20 件,即 $B=20$ 时

再订货点为:$R_{20} = 100 + 20 = 120(件)$

当存货需要量为 120 件或以下时,不会发生缺货;当存货需要量为 130 件时,缺货量为 130-120=10 件,其概率为 1%。

$S_{10} = (130-120) \times 1\% = 0.1(件)$
$TC = 4 \times 0.1 \times 12 + 20 \times 2 = 44.8(元)$

④ 保险储备量为 30 件,即 $B=30$ 时

再订货点为：$R_{20}=100+30=130$（件）

当再订货点为 130 件时，可以满足存货的最大需求量，不会发生缺货，即 $S=0$，$TC=30\times2=60$（元）

也可以用 Excel 进行计算，计算步骤如下。

① 创建工作表格，输入原始数据，如图 6.26 所示。

图 6.26　存货决策分析（保险储备模型）

② 相关单元格根据表 6-18 计算公式进行计算，计算结果如图 6.27 所示。

表 6-18　相关单元格和公式

单元格	公式
D3	=SQRT(2*B3*B6/B4)
D4	=B3/D3
D5	=B8*B9
D6	=12/D4
C12	=IF(A12<D5,"无效",A12-D5)
C13	=IF(A13<D5,"无效",A13-D5)
C14	=IF(A14<D5,"无效",A14-D5)
C15	=IF(A15<D5,"无效",A15-D5)
C16	=IF(A16<D5,"无效",A16-D5)
C17	=IF(A17<D5,"无效",A17-D5)
C18	=IF(A18<D5,"无效",A18-D5)
D12	=IF(C12="无效","无效")
D13	=IF(C13="无效","无效")
D14	=IF(C14="无效","无效")

续表

单元格	公　式
D15	=IF(C15="无效","无效",(A15−D5−C15)*B15+(A16−D5−C15)*B16+(A17−D5−C15)*B17+(A18−D5−C15)*B18)
D16	=IF(C16="无效","无效",(A16−D5−C16)*B16+(A17−D5−C16)*B17+(A18−D5−C16)*B18)
D17	=IF(C17="无效","无效",(A17−D5−C17)*B17+(A18−D5−C17)*B18)
D18	=IF(C18="无效","无效",(A18−D5−C18)*B18)
E14	=B5*D14*D4+C14*B4
E15	=B5*D15*D4+C15*B4
E16	=B5*D16*D4+C16*B4
E17	=B5*D17*D4+C17*B4
E18	=min(E11：E17)

	A	B	C	D	E
1	存货决策分析（保险储备模型）				
2	项目		计算与分析		
3	年需求量（件）	3 600	经济订货量（件）	300	
4	单位储存成本（元）	2	订货次数（次）	12	
5	单位缺货成本（元）	4	再订货点（件）	100	
6	单位订货成本（元）	25	最佳订货周期（月）	1	
7	交货时间（天）	10			
8	每日耗用量（件）	10			
9	交货期的存货需求量及概率		不同保险储备下的总成本		
10	需求量（件）	概率	保险储备	中间值	总成本
11	70	1%	无效	无效	
12	80	45	无效	无效	
13	90	20%	无效	无效	
14	100	50%	0	3.1	148.8
15	110	20%	10	0.6	48.8
16	120	4%	20	0.1	44.8
17	130	1%	30	0	60
18			最小成本		44.8

图 6.27　存货决策分析（保险储备模型）

（2）每日平均需求量一定，延迟交货引起的缺货。

在每日平均需求量一定的情况下，由于延迟交货引起的缺货问题，可以通过将延迟天数折算为增加的需求量或直接确认为缺货量两种方法解决。

第一种方法，将延迟天数折算为增加的需求量。

这种方法的基本原理是将交货延迟问题转化为需求过量问题。如前例，假设每日平均需求量 $n=10$ 件，延迟交货引起的交货期内的存货需要量及其概率分布见表 6-19。

表 6-19 存货需要量及其概率分布

延迟天数	1	2	3	4	5	6	7
概率（P）/%	1	4	20	50	20	4	1
存货需要量/件	110	120	130	140	150	160	170

表中的存货需要量为实际交货期内的存货需求量。

$$实际交货期 = 正常交货期 + 延迟交货天数 \quad (6-32)$$

实际交货期内的存货需求量 = 正常交货期内的存货需求量 + 延迟交货增加的存货需求量

$$= 正常交货期 \times 每日平均需求量 + 延迟交货天数 \times 每日平均需求量$$
$$= (正常交货期 + 延迟交货天数) \times 每日平均需求量$$
$$= 实际交货期 \times 每日平均需求量 \quad (6-33)$$

根据表 6-19，若供货企业延迟交货 1 天的概率为 1%，则正常交货期内的存货需求量为 10 天×10 件/天 = 100 件，将延期交货的存货需求量看作需求量增加，延迟交货增加的存货需求量为 1 天×10 件/天 = 10 件，则实际交货期内的存货需求量为 100 + 10 = 110 件。

① 不设置保险储备量，即 $B = 0$ 时

由于延迟交货期的变化引起存货需要量的变化，再订货点需根据概率计算。

$$R_0 = 110 \times 1\% + 120 \times 4\% + 130 \times 20\% + 140 \times 50\% + 150 \times 20\% + 160 \times 4\% + 170 \times 1\%$$
$$= 140（件）$$

则根据再订货点和存货需要量计算的缺货期望值为：

$$S_0 = (150 - 140) \times 20\% + (160 - 140) \times 4\% + (170 - 140) \times 1\% = 3.1（件）$$
$$TC = 4 \times 3.1 \times 12 + 0 \times 2 = 148.8（元）$$

② 保险储备量为 10 件，即 $B = 10$ 时

再订货点为：$R_{10} = 140 + 10 = 150（件）$

缺货期望值为：$S_{10} = (160 - 150) \times 4\% + (170 - 150) \times 1\% = 0.6（件）$

$$TC = 4 \times 0.6 \times 12 + 10 \times 2 = 48.8（元）$$

③ 保险储备量为 20 件，即 $B = 20$ 时

再订货点为：$R_{20} = 140 + 20 = 160（件）$

缺货期望值为：$S_{20} = (170 - 160) \times 1\% = 0.1（件）$

$$TC = 4 \times 0.1 \times 12 + 20 \times 2 = 44.8（元）$$

④ 保险储备量为 30 件，即 $B = 30$ 时

再订货点 $R_{30} = 140 + 30 = 170（件）$，此时，不会发生缺货，即 $S = 0$，$TC = 30 \times 2 = 60（元）$

第二种方法，将延迟天数直接确认为缺货量。如前例，假设每日平均需求量 $n = 10$ 件，延迟交货引起的缺货量及其概率分布见表 6-20。

表 6-20 缺货量及其概率分布

延迟天数	0	1	2	3
概率（P）/%	75	20	4	1
缺货量（延迟天数×d）/件	0	10	20	30

根据表 6-20，若供货企业延迟交货 1 天，则可直接确认为缺货 10 件（1 天×10 件/天），其概率为 20%。

①不设置保险储备量，即 $B=0$ 时

缺货期望值为：$S_0 = \sum (缺货量-保险储备量) \times 概率 = (10-0) \times 10\% + (20-0) \times 4\% + (30-0) \times 1\% = 3.1(件)$

$$TC = 4 \times 3.1 \times 12 + 0 \times 2 = 148.8(元)$$

② 保险储备量为 10 件，即 $B=10$ 时

缺货期望值为：$S_{10} = (20-10) \times 4\% + (30-10) \times 1\% = 0.6(件)$

$$TC = 4 \times 0.6 \times 12 + 10 \times 2 = 48.8(元)$$

③ 保险储备量为 20 件，即 $B=20$ 时

缺货期望值为：$S_{20} = (30-20) \times 1\% = 0.1(件)$

$$TC = 4 \times 0.1 \times 12 + 20 \times 2 = 44.8(元)$$

④ 保险储备量为 30 件，即 $B=30$ 时

此时，保险储备量可以满足存货由于延迟交货发生的缺货量，不会发生缺货，即 $S_{30}=0$，$TC = 30 \times 2 = 60(元)$

根据上述几种情况的计算结果，不同保险储备量下的有关成本指标见表 6-21。

表 6-21 不同保险储备量下的有关成本

保险储备量（B）/件	0	10	20	30
缺货成本/元	148.8	28.8	4.8	0
保险储备成本/元	0	20	40	60
总成本/元	148.8	48.8	44.8	60

从以上成本指标的计算和可以清楚地看到，随着保险储备量的逐步增加，缺货成本呈现降低的趋势，保险储备成本呈现上升的趋势，当保险储备量为 20 件时，保险储备总成本最低，小于或大于这一保险储备量都会使总成本上升，因此应确定该零件的保险储备量为 20 件。

阅读案例

业绩变脸：都是存货惹的祸？

2011 年 7 月，澳洋科技（002172.SZ）和新民科技（002127.SZ）分别公告了其业绩预告修正公告：一个由盈转亏，一个由增转减，公告内容纷纷变脸。澳洋科技在公告中称："预计 2011 年 1 月到 6 月业绩亏损，净利润 -22 000 万元至 -19 000 万元；在上年同期业绩，净利润 88 678 300 元。"而在公司 2011 年 4 月 22 日的首次业绩预告中，仅对 2011 年上半年做出了净利润下降 50% 至 20% 的预计。而根据新民科技公告，其预计上半年净利润为 3 100 万元至 4 000 万元，下降幅度为 15% 至 35%；而在 2011 年 4 月 19 日的首次预告中，业绩的增长幅度为 60% 至 90%。

根据最新发改委公布的 1～5 月份纺织服装行业数据，虽然纺织行业保持了增长势头，

但生产增速呈现下滑趋势。数据显示，1～5月，纺织工业规模以上企业实现工业总产值1.99万亿元，同比增长30.15%。但1～5月较1～2月、1～3月、1～4月分别下降1.8、1.45和0.4个百分点。而投资增速和出口增速也都出现了相同趋势。

"在市场需求减弱及产品销售价格下降的情况下，因难以消化期初的库存成本，造成亏损。"澳洋科技对于业绩预测变脸最终解释道。而新民科技也对其业绩下滑做出了类似的解释。

研究员分析："这两家公司在一季报时大概是出于对未来的乐观判断，囤积了大量的存货，而现在存货价格大幅下跌，其中期财务报表必然要面对提取存货跌价准备的情形。"同花顺金融数据终端显示，澳洋科技一季报存货为13.08亿元，2010年年报时环比增加66.67%，而当时澳洋科技对此的解释为"因2011年3月份粘胶短纤价格下跌，销售趋缓，公司粘胶库存增加所致"。

然而3月份以后，粘胶短纤价格又出现了进一步的下跌。据统计，粘胶短纤价格在二季度大幅下跌，从28 500元/吨下跌到18 000元/吨，跌幅近40%。若公司一季度中存货有一半为粘胶短纤，这部分的存货重估或许就会导致公司2.6亿元的亏损。

新民科技在一季度的存货更是环比增加94.84%，其中差别化纤维涤纶长丝成为公告解释中存货增长的主要构成。而根据中投证券基础化工月报数据显示，华东地区的涤纶长线的每吨报价已由4月初的17 500元下跌至六月底的15 150元，跌幅15%。

资料来源：21世纪经济报道，2012-09-12.

小思考

1. 存货成本包括哪些内容？
2. 确定经济批量的模型有哪些？分别说明其应用原理。

6.5 商业信用和短期借款

商业信用和短期借款是两个最主要的营运资金筹资来源，成为营运资金筹资管理的重点。

6.5.1 商业信用

商业信用是指在商品交易中由于延期付款或预收货款所形成的企业间的借贷关系，是企业之间的一种直接信用关系。商业信用产生于商品交换之中，是所谓的"自发性筹资"。商业信用运用广泛，在短期负债筹资中占有相当大的比重。商业信用的具体形式有应付账款、应付票据、预收账款等。

1. 应付账款

应付账款是企业赊购商品而引起的短期负债。卖方利用这种方式促销，而对买方来说延期付款则等于向卖方借用资金购进商品，可以满足短期的资金需要。

与应收账款相对应，应付账款也有付款期、折扣等信用条件。应付账款为企业提供的信用可以分为：免费信用，即买方企业在规定的折扣期内享受折扣而获得的信用；有代价信用，即买方企业放弃折扣付出代价而获得的信用；展期信用，即买方企业超过规定的信用期推迟付款而强制获得的信用。

（1）应付账款的成本。

如果销货方不提供现金折扣，购货方在信用期内任何时间付款都没有代价。即使在销货方提供现金折扣的条件下，如果购货方在折扣期内付款，则没有成本。如果购货方超过折扣期付款，便要承受因放弃折扣而造成的隐含利息成本，这是一种机会成本。

$$\text{放弃现金折扣的成本} = \frac{\text{折扣率}}{1-\text{折扣率}} \times \frac{360}{\text{信用期}-\text{折扣期}} \qquad (6-34)$$

公式表明，放弃现金折扣的成本与折扣百分比的大小、折扣期的长短呈同方向变化，与信用期的长短呈反方向变化。可见，如果买方企业放弃折扣而获得信用，其代价是较高的。

【例 6-17】 某企业按 2/10、n/30 的条件购入货物 20 万元。如果该企业在 10 天内付款，便享受了 10 天的免费信用期，并获得折扣 0.4（20×2%）万元，免费信用额为 19.6（20－0.4）万元。

倘若该企业放弃折扣，在 10 天后（不超过 30 天）付款，放弃折扣所负担的成本为：

$$\frac{2\%}{1-2\%} \times \frac{360}{30-10} \approx 36.73\%$$

企业在放弃折扣的情况下，推迟付款的时间越长，其成本便会越小。比如，如果企业延至 50 天付款，其成本则为：

$$\frac{2\%}{1-2\%} \times \frac{360}{50-10} = 18.37\%$$

（2）利用现金折扣的决策。

在附有信用条件的情况下，因为获得不同信用要负担不同的代价，买方企业便要在利用哪种信用之间做出决策。

如果能以低于放弃折扣的隐含利息成本的利率借入资金，便应在现金折扣期内用借入的资金支付货款，享受现金折扣。比如，若与上例同期的银行短期借款年利率为 12%，则买方企业应利用更便宜的银行借款在折扣期内偿还应付账款；反之，企业应放弃折扣。

如果在折扣期内将应付账款用于短期投资，所得的投资收益率高于放弃折扣的隐含利息成本，则应放弃折扣而去追求更高的收益。当然，假使企业放弃折扣优惠，也应将付款日推迟至信用期内的最后一天，以降低放弃折扣的成本。

如果企业因缺乏资金而欲展延付款期，则需在降低了的放弃折扣成本与展延付款带来的损失之间做出选择。展延付款带来的损失主要是指因企业信誉恶化而丧失供应商乃至其他贷款人的信用，或日后招致苛刻的信用条件。

2. 应付票据

应付票据是企业进行延期付款商品交易时开具的反映债权债务关系的票据。根据承兑人的不同，应付票据分为商业承兑汇票和银行承兑汇票两种。支付期最长不超过 6 个月。应付票据可以带息，也可以不带息。应付票据的利率一般比银行借款的利率低，且不用保持相应的补偿余额和支付协议费，所以应付票据的筹资成本低于银行借款成本。但是应付票据到期必须归还，如若延期便要交付罚金，因而风险较大。

3. 预收账款

预收账款是卖方企业在交付货物之前向买方预先收取部分或全部货款的信用形式。对于卖方来讲,预收账款相当于向买方借用资金后用货物抵偿。预收账款一般用于生产周期长、资金需要量大的货物销售。

此外,企业往往还存在一些在非商品交易中产生、但亦为自发性筹资的应付费用,如应付职工薪酬、应交税费、其他应付款等。应付费用使企业受益在前、费用支付在后,相当于享用了收款方的借款,一定程度上缓解了企业的资金需要。应付费用的期限具有强制性,不能由企业自由斟酌使用,但通常不需花费代价。

沱牌舍得经营性现金流量净额急剧下降原因何在?

从沱牌舍得(600702)2011年中期报告的业绩数据来看,公司上半年的营销改革初见成效,业绩明显改善,但公司经营活动产生的现金流量净额急剧下降,为-3.19亿元,去年同期则为-6 012万元,同比下降431%。对此,沱牌舍得的解释是,报告期内购买商品支付现金增加所致。数据显示,报告期内该公司购买商品、接受劳务支付的现金为7.59亿元,比上年同期的3.38亿元增加约125%。导致沱牌舍得经营活动产生的现金流净额快速下降的原因何在?公司本期购买商品增加的巨额现金流出源于何处?

沱牌舍得公司2011年上半年中期报告经营性净现金流为-3.19亿元,经过分析主要是应付票据减少3.77亿元所致。沱牌舍得公司2008年、2009年的应付票据余额分别为3.86亿元和3.66亿元,2010年飙升至5.91亿元。2011年上半年该公司的应付票据余额下降到2.14亿元,主要是本期兑付到期银行承兑汇票所致。该公司结算应付票据较多,在白酒行业中比较罕见。

从半年报中可看出,该公司货币资金和预收账款均在下降,货币资金余额由2011年初的6.03亿元下降至3.44亿元。二季度公司预收账款相比一季度减少7 400万元,同比下滑约9%,经营活动产生的现金净流量已连续两个季度为负,这表明该公司白酒主业产生现金流的能力仍存在风险。同时随着大量应付票据的到期,企业的资金运转存在隐忧。

资料来源:证券时报,2011-08-16.

6.5.2 短期借款

股民小帅用汽车作为抵押物的半年消费贷款到期了,他因为手头紧张还不上,银行二话不说通过法院查扣了他的车。同时小帅的25年房贷属于长期借款,银行却没有马上没收他的房产,所以还有地方住。小帅一边找亲朋好友借钱一边感慨,原来长期借款虽然利息高,但是安全。你如何理解这种观点?

短期借款是指企业向银行和其他非银行金融机构借入的期限在1年以内的借款。在短期负债筹资中，短期借款的重要性仅次于商业信用。短期借款可以随企业的需要安排，便于灵活使用，且取得也较简便。但其突出的缺点是短期内要归还，特别是在带有诸多附加条件的情况下更使风险加剧。

1. 短期借款的种类

（1）按照目的和用途划分，主要有生产周转借款、临时借款、结算借款、票据贴现借款等。

① 生产周转借款。是指当企业为生产销售一定数量的产品所需的流动资金不足时，向银行或其他金融机构取得的借款。这种借款在银行批准的年度借款计划内申请，期限一般不超过 1 年。

② 临时借款。企业因季节性和临时性客观原因，正常周转的资金不能满足需要，超过生产周转或商品周转款额划入的短期借款。临时借款实行"逐笔核贷"的办法，借款期限一般为 3 至 6 个月，按规定用途使用，并按核算期限归还。

③ 结算借款。在采用托收承付结算方式办理销售货款结算的情况下，企业为解决商品发出后至收到托收货款前所需要的在途资金而借入的款项。企业在发货后的规定期间（一般为 3 天，特殊情况最长不超过 7 天）内向银行托收的，可申请托收承付结算借款。借款金额通常按托收金额和商定的折扣率进行计算，大致相当于发出商品销售成本加代垫运杂费。企业的货款收回后，银行将自行扣回其借款。

④ 票据贴现借款。持有银行承兑汇票或商业承兑汇票的，发生经营周转困难时，申请票据贴现的借款，期限一般不超过 3 个月。如贴现借款额一般是票据的票面金额扣除贴现息后的金额，贴现借款的利息即为票据贴现息，由银行办理贴现时先进行扣除。

（2）按有无担保划分，短期借款可分为担保借款和无担保借款两种形式。

① 担保借款。是指有一定的保证人做保证或利用一定的财产作抵押或质押的借款。担保借款又分为以下三类。

保证借款。是以第三人承诺在借款人不能偿还银行借款时，按约定承担责任和连带责任的借款。

抵押借款。是以借款人或第三人的财产作为抵押物的借款。

质押借款。是指按《中华人民共和国担保法》规定的质押方式以借款人或第三人的动产或权利为质押物发放的借款。可作为质押的质物包括：国库券（国家有特殊规定的除外），国家重点建设债券、金融债券、AAA 级企业债券、储蓄存单等优价证券。

② 无担保借款。是指不用保证人做保证或没有财产作抵押，仅凭借款人的信用而取得的借款。信用借款一般都由贷款人给予借款人一定的信用额度或双方签订循环贷款协议。这种借款又分为以下两类。

信用额度借款。信用额度是商业银行与企业之间商定的在未来一段时间内银行能向企业提供无担保贷款的最高限额。信用额度一般是在银行对企业信用状况详细调查后确定的。

循环协议借款。循环协议借款是一种特殊的信用额度借款，在此借款协议下，企业和银行之间也要协商确定贷款的最高限额，在最高限额内，企业可以借款、还款、再借款、再还款，不停地周转使用。

循环协议借款与信用额度借款的区别主要有以下几点。

第一，持续时间不同。信用额度的有效期一般为1年，而循环协议借款可以超过1年。在实际应用中，很多是无限期，因为只要银行和企业之间遵照协议进行，贷款可一再延长。

第二，法律约束力不同。信用额度制一般不具有法律的约束力，不构成银行必须给企业提供贷款的法律责任，而循环协议借款协议具有法律约束力，银行要承担限额内的贷款义务。

第三，费用支付不同。企业采用循环协议借款，除了支付利息外，还要支付协议费。协议费是对循环贷款限额中未使用的部分收取的协议费。信用额度借款一般不需要支付协议费。

乐视网的借款之殇

乐视网2016年年报显示有29亿元现金，乍一看手头很宽裕。但是还有26亿元的短期借款以及30亿元的长期借款。在年报附录中，29亿元货币资金中有21亿元是受限或者冻结的，其偿债能力可想而知。乐视网的短期借款有两种，分别是质押借款9 200万元，保证借款25.08亿元。长期借款有一种，30亿元均为质押借款。通过连续五年的年报数据可以了解到，2016年以前，为了建设"生态链"而疯狂扩张的乐视网以一年内的短期借款为主，后来乐视网通过质押借款获得了巨额长期借款。根据2017年乐视网的中报披露，短期借款中建设银行5 000万元到期日为6月22日，截至2017年6月30日已逾期。至此，乐视网的多米诺骨牌开始坍塌。由于短期借款还款日迫在眉睫，各金融机构开始行动。

2. 借款的信用条件

按照国际通行做法，银行发放短期借款往往带有一些信用条件，主要有以下方面。

（1）信贷额度。

信贷额度是银行与借款人在协议中规定的最高借款限额。信贷限额的有效期限为1年，但根据情况也可延期1年。一般来讲，企业在批准的信贷限额内，可随时使用银行借款。但是，银行并不承担必须提供全部信贷限额的义务。如果企业信誉恶化，即使银行曾同意过按信贷限额提供贷款，企业也可能得不到借款。这时，银行不会承担法律责任。

（2）周转信贷协定。

周转信贷协定是银行具有法律义务地承诺提供不超过某一最高限额的贷款协定。在协定的有效期内，只要企业的借款总额未超过最高限额，银行必须满足企业任何时候提出的借款要求。企业享用周转信贷协定，通常要就贷款限额的未用部分付给银行一笔承诺费，以保证履行借入规定额度资金的责任。如果借款人在规定期限内不能如数借款，承诺费将归银行所有。周转信贷协定一般用于有大额贷款发生的场合。其目的是保证银行不至于因为借款人不履约而形成资金闲置、利息损失。

【例6-18】某企业与银行签订两年内借款2 000万元的周转信贷协定，承诺费率为0.4%。

如果该企业在两年内只借入1 500万元，借款企业应向银行支付承诺费2(500×0.4%)万元。这是银行向企业提供此项贷款的一种附加条件。

(3) 补偿性余额。

补偿性余额是银行要求借款企业在银行中保持按贷款限额或实际借用额一定百分比（一般为10%～20%）的最低存款余额。从银行的角度讲，补偿性余额可降低贷款风险，补偿遭受的贷款损失。对于借款企业来讲，补偿性余额则提高了借款的实际利率。

【例6-19】 某企业按年利率6%向银行借款10万元，银行要求维持贷款限额15%的补偿性余额，那么该项借款的实际利率为：

$$实际利率 = \frac{10 \times 6\%}{10 \times (1-15\%)} \approx 7.06\%$$

(4) 借款抵押。

银行向财务风险较大的企业或对其信誉不甚有把握的企业发放贷款，有时需要有抵押品担保，以减少自己蒙受损失的风险。短期借款的抵押品经常是借款企业的应收账款、存货、股票、债券等。银行接受抵押品后，将根据抵押品的面值决定贷款金额，一般为抵押品面值的30%～90%。这一比例的高低，取决于抵押品的变现能力和银行的风险偏好。抵押借款的成本通常高于非抵押借款，这是因为银行主要向信誉好的客户提供非抵押贷款，而将抵押贷款看成是一种风险投资，故而收取较高的利率；同时银行管理抵押贷款要比管理非抵押贷款困难，为此往往另外收取手续费。企业向贷款人提供抵押品，会限制其财产的使用和将来的借款能力。

(5) 偿还条件。

贷款的偿还有到期一次偿还和在贷款期内定期（每月、每季）等额偿还两种方式。一般来讲，企业不希望采用后一种偿还方式，因为这会提高借款的实际利率；而银行不希望采用前一种偿还方式，是因为这会加重企业的财务负担，增加企业的拒付风险，同时会降低实际贷款利率。

(6) 其他承诺。

银行有时还要求企业为取得贷款而做出其他承诺，如及时提供财务报表、保持适当的财务水平（如特定的流动比率）等。如企业违背所做出的承诺，银行可要求企业立即偿还全部贷款。

3. 短期借款利率及其支付方法

短期借款的利率多种多样，利息支付方法也不一，银行将根据借款企业的情况选用。

(1) 借款利率。

借款利率分为以下三种。

① 优惠利率。优惠利率是银行向财力雄厚、经营状况好的企业贷款时收取的名义利率，为贷款利率的最低限。

② 浮动优惠利率。这是一种随其他短期利率的变动而浮动的优惠利率，即随市场条件的变化而随时调整变化的优惠利率。

③ 非优惠利率。银行贷款给一般企业时收取的高于优惠利率的利率。这种利率经常在优惠利率的基础上加一定的百分比。比如，银行按高于优惠利率1%的利率向某企业贷款，若当时的最优利率为8%，向该企业贷款收取的利率即为9%；若当时的最优利率为7.5%，向该企业贷款收取的利率即为8.5%。非优惠利率与优惠利率之间差距的大小，由借款企业的信誉、与银行的往来关系及当时的信贷状况所决定。

(2) 借款利息的支付方法。

一般来讲,借款企业可以用三种方法支付银行贷款利息。

① 收款法。收款法是在借款到期时向银行支付利息的方法。银行向工商企业发放的贷款大都采用这种方法收息。

② 贴现法。贴现法是银行向企业发放贷款时,先从本金中扣除利息部分,而到期时借款企业则要偿还贷款全部本金的一种计息方法。采用这种方法,企业可利用的贷款额只有本金减去利息部分后的差额,因此贷款的实际利率高于名义利率。

【例 6-20】 某企业从银行取得借款 10 000 元,期限 1 年,年利率 8%,利息额 800 元(10 000×8%);按照贴现法付息,企业实际可用的贷款为 9 200 元(10 000-800),该项贷款的实际利率为:

$$实际利率 = \frac{800}{10\,000 - 800} \approx 8.7\%$$

③ 加息法。加息法是银行发放分期等额偿还贷款时采用的利息收取方法。在分期等额偿还贷款的情况下,银行要将根据名义利率计算的利息加到贷款本金上,计算出贷款的本息和,要求企业在贷款期内分期偿还本息之和的金额,由于贷款分期均衡偿还,借款企业实际上只平均使用了贷款本金的半数,却支付全额利息。这样,企业所负担的实际利率高于名义利率大约 1 倍。

【例 6-21】 某企业借入(名义)年利率为 12% 的贷款 20 000 元,分 12 个月等额偿还本息。该项借款的实际利率为:

$$实际利率 = \frac{20\,000 \times 12\%}{20\,000 \div 2} = 24\%$$

江河幕墙短期负债经营有风险

江河幕墙拟招股说明书显示,2008 年年末、2009 年年末、2010 年年末,公司流动比率分别为 1.26、1.33、1.30,速动比率分别为 0.85、0.95、0.99,短期偿债能力偏低。公司除自有资金外,资金来源主要包括银行借款和上下游企业的商业信用。截至 2010 年 12 月 31 日,公司短期借款余额为 5.28 亿元,占负债总额的比例为 15.30%;应付票据余额为 6.19 亿元,占负债总额的比例为 17.94%;应付账款余额为 13.94 亿元,占负债总额的比例为 40.40%。同时,公司 2010 年 12 月 31 日短期借款余额比 2009 年 12 月 31 日增长 118.18%,2009 年 12 月 31 日短期借款余额较 2008 年 12 月 31 日增长 70.42%,主要是经营规模逐年扩大,业务增长较快,对流动资金需求相应增加。建筑幕墙行业对流动资金的需求量较大,随着无预付款或垫资的工程项目增多,公司对流动资金的需求量将不断增加,公司短期偿债压力较大。

此外,公司融资渠道单一,资产负债率较高。2008 年年末、2009 年年末、2010 年年末按母公司会计报表计算的资产负债率分别为 70.58%、61.72%、62.77%,资产负债率偏高,面临潜在的财务风险。

资料来源:经济导报,2011-07-22.

小思考

1. 商业信用的具体形式有哪些？
2. 怎样利用现金折扣的期限及优惠？如何做出最佳决策？
3. 短期借款有哪些信用条件？
4. 短期借款利息的支付方法有几种？

本章小结

本章主要介绍了企业营运资金管理的基本理论和管理方法。营运资金管理包括营运资金投资管理和营运资金筹资管理两项内容。营运资金投资管理主要包括现金管理、应收账款管理和存货管理。营运资金投资管理所运用的营运资金投资政策包括紧缩的营运资金投资政策、适中的营运资金投资政策和宽松的营运资金投资政策三种。营运资金筹资管理主要包括商业信用和短期借款。营运资金筹资管理所运用的营运资金筹资政策包括配合型筹资政策、保守型筹资政策和激进型筹资政策三种。

现金是流动性最强的资产，可以作为直接支付手段。企业持有现金的动机主要有交易性、预防性和投机性动机。企业在持有现金的同时，也要付出相应的代价即现金成本，现金成本主要由持有成本、转换成本、短缺成本、管理成本四种成本构成。

企业现金管理的目标是保证生产经营需要的同时，尽可能减少现金成本增加收益。企业现金管理的内容主要包括编制现金收支预算、确定最佳现金持有量和现金日常收支管理。确定最佳现金持有量的方法主要有成本分析模型、现金周转模型、因素分析模型、存货模型和随机模型等。

应收账款在扩大销售的同时将会产生应收账款成本，主要有机会成本、管理成本、坏账成本、短缺成本。应收账款赊销的效果好坏，依赖于企业信用政策的制定，包括信用标准、信用期限、现金折扣和收账政策。应收账款的管理就是制定科学合理的信用政策，加强应收账款日常控制，尽可能降低应收账款投资的成本，最大限度地提高应收账款的投资效益。

存货占用资金是有成本的，一般包括取得成本、储存成本、缺货成本。如何做出合理的存货决策是企业进行存货管理的一个重要内容。存货决策是指财务部门通过合理的规划进货时间和进货批量确定经济批量，建立经济批量的模型主要有：经济批量的基本模型、有数量折扣的经济批量模型、存货陆续供应和使用的经济批量模型和再订货点和保险储备模型。

商业信用和短期银行借款是营运资金筹资管理的重点。商业信用是企业之间的一种直接信用关系，商业信用运用广泛，具体形式有应付账款、应付票据、预收账款等。

银行发放短期借款往往带有一些信用条件，主要有信贷额度、周转信贷协定、补偿性余额、借款抵押、偿还条件、其他承诺。短期借款的利率多种多样，利息支付方法也不一，银行将根据借款企业的情况选用。

 基本概念

营运资金　经营性营运资金　经营性净营运资金　紧缩的营运资金投资政策　适中的营运资金投资政策　宽松的营运资金投资政策　长期性流动资产　临时性流动资产　现金的交易动机　现金的预防动机　现金的投机动机　现金成本　现金收支预算　成本分析模型　现金周转模型　现金周转期　因素分析模型　随机模型　应收账款的坏账成本　应收账款的短缺成本　信用标准　信用期限　收账政策　应收账款质押融资　存货经济批量　再订货点　保险储备　商业信用　周转信贷协定　补偿性余额

 练习题

一、单项选择题

1. 运用随机模式和成本分析模式计算最佳现金持有量，均会涉及现金的（　　）。

   A. 机会成本　　　　B. 管理成本　　　　C. 短缺成本　　　　D. 交易成本

2. 下列各项中，属于商业信用筹资方式的是（　　）。

   A. 发行短期融资券　　　　　　　　　B. 应付账款筹资

   C. 短期借款　　　　　　　　　　　　D. 融资租赁

3. 某公司在融资时，临时性流动资产除了用临时性流动负债短期融资的方式来筹措外，还需要以长期负债、权益资本和自发性流动负债长期资金的方式融资，据此判断，该公司采取的筹资政策是（　　）。

   A. 保守型筹资政策　　　　　　　　　B. 激进型筹资政策

   C. 配合型筹资政策　　　　　　　　　D. 期限匹配型筹资政策

4. 某公司按照2/20，n/60的条件从另一公司购入价值1 000万元的货物，由于资金调度的限制，该公司放弃了获取2%现金折扣的机会，公司为此承担的信用成本率是（　　）。

   A. 2.00%　　　　　B. 12.00%　　　　C. 12.24%　　　　D. 18.37%

5. 下列各项中，可用于计算营运资金的算式是（　　）。

   A. 资产总额一负债总额　　　　　　　B. 流动资产总额一负债总额

   C. 流动资产总额一流动负债总额　　　D. 速动资产总额一流动负债总额

6. 信用标准是客户获得企业商业信用所具备的最低条件，通常表示为（　　）。

   A. 预期的现金折扣率　　　　　　　　B. 预期的坏账损失率

   C. 现金折扣期限　　　　　　　　　　D. 信用期限

7. 下列各项中，不直接影响保险储备量计算的是（　　）。

   A. 平均每天正常耗用量　　　　　　　B. 预计最长订货提前期

   C. 预计每天最小耗用量　　　　　　　D. 正常订货提前期

8. 企业评价客户等级，决定给予或拒绝客户信用的依据是（　　）。

   A. 信用标准　　　　　　　　　　　　B. 收账政策

   C. 信用条件　　　　　　　　　　　　D. 信用政策

9. 在营运资金管理中,企业将"从收到尚未付款的材料开始,到以现金支付该货款之间所用的时间"称为( )。
   A. 现金周转期 B. 应付账款周转期
   C. 存货周转期 D. 应收账款周转期

10. 某期现金预算中假定出现了正值的现金收支差额,且超过额定的期末现金余额时,单纯从财务预算调剂现金余缺的角度看,该期不宜采用的措施是( )。
    A. 偿还部分借款利息 B. 偿还部分借款本金
    C. 抛售短期有价证券 D. 购入短期有价证券

11. 各种持有现金的原因中,属于应付未来现金流入和流出随机波动的需要是( )。
    A. 交易需要 B. 预防需要
    C. 投机需要 D. 长期投资需要

12. 当其他因素不变时,下列哪些因素变动会使流动资产投资需求减少( )。
    A. 流动资产周转天数增加 B. 销售收入增加
    C. 销售成本率增加 D. 销售利润率增加

13. 某企业预测的年度赊销额为1 000万元,应收账款平均收账天数为45天,变动成本率为60%,资金成本率为10%,则该企业应收账款的机会成本为( )万元。
    A. 7.5 B. 0.11 C. 12.5 D. 0.16

14. 不适当地延长信用期限,会给企业带来的不良后果是( )。
    A. 机会成本增加 B. 坏账损失减少
    C. 收账费用减少 D. 存货占用资金增加

15. 下列各项中,与再订货点无关的因素是( )。
    A. 经济订货量 B. 日耗用量
    C. 交货天数 D. 保险储备量

16. 在流动资产投资政策中,宽松的流动资产投资政策的( )。
    A. 流动资产投资规模最大,风险最小,收益性最差
    B. 流动资产投资规模最小,风险最大,收益性最好
    C. 流动资产投资规模最小,风险最小,收益性最差
    D. 流动资产投资规模最大,风险最大,收益性最差

17. 某企业按年利率10%从银行借入款项1 000万元,银行要求企业按贷款额的20%保留补偿性余额,该借款的实际年利率为( )。
    A. 10% B. 8% C. 12% D. 12.5%

二、多项选择题

1. 在确定因放弃现金折扣而发生的信用成本时,需要考虑的因素有( )。
   A. 数量折扣百分比 B. 现金折扣百分比
   C. 折扣期 D. 信用期

2. 在编制现金预算时,计算某期现金余缺必须考虑的因素有( )。
   A. 期初现金余额 B. 期末现金余额
   C. 当期现金支出 D. 当期现金收入

3. 运用成本分析模式确定最佳现金持有量时,持有现金的相关成本包括( )。

A. 机会成本 B. 转换成本
C. 短缺成本 D. 管理成本

4. 下列各项不属于建立存货合理保险储备的目的有（　　）。
A. 在过量使用存货时保证供应 B. 在进货延迟时保证供应
C. 使存货的缺货成本和储存成本之和最小 D. 降低存货的储备成本

5. 下列有关信用期限的表述中，正确的有（　　）。
A. 缩短信用期限可能增加当期现金流量
B. 延长信用期限会扩大销售
C. 降低信用标准意味着将延长信用期限
D. 延长信用期限将增加应收账款的机会成本

6. 按照国际通行做法，银行发放短期借款往往带有一些信用条件，主要有（　　）。
A. 周转信贷协定 B. 借款抵押
C. 信贷限额 D. 补偿性余额

7. 在保守的流动资产筹资政策中，长期融资用来支持（　　）。
A. 全部临时性流动资产 B. 全部永久性流动资产
C. 部分永久性流动资产 D. 部分临时性流动资产

三、计算题

1. 甲公司规定在任何条件下其现金余额不能低于5 000元，现已知现金返回线的数值为6 250元，则其现金量的控制上限应为多少元？

2. 某企业现金收支状况比较稳定，全年的现金需要量为200 000元，每次转换有价证券的交易成本为400元，有价证券的年利率为10%。达到最佳现金持有量的全年转换成本是多少元？

3. C公司是一家冰箱生产企业，全年需要压缩机360 000台，均衡耗用。全年生产时间为360天，每次的订货费用为160元，每台压缩机持有费率为80元，每台压缩机的进价为900元。根据经验，压缩机从发生订单到进入可使用状态一般需要5天，保险储备量为2 000台。

要求：
(1) 计算经济订货批量。
(2) 计算全年最佳订货次数。
(3) 计算最低存货成本。
(4) 计算再订货点。

4. 某企业与银行商定的周转信贷额为200万元，承诺费率为0.5%，企业借款150万元，平均使用8个月，那么，借款企业向银行支付承诺费多少元？

5. 某企业从银行取得借款200万元（名义借款额），期限一年，名义利率8%。

要求：计算下列几种情况下的实际利率。
(1) 收款法付息。
(2) 贴现法付息。
(3) 银行规定补偿性余额为10%。
(4) 银行规定补偿性余额为10%，并按贴现法付息。

第7章 收益管理

学习目标

本章讲授收益管理的主要内容，包括营业收入管理、成本与费用管理、利润预测与分配。通过本章的学习，要求在了解收入、成本与费用和利润基本构成内容的基础上掌握收入、成本费用和利润的预测方法以及计划编制和管理。党的二十大报告中指出"必须坚持问题导向"，不断提出真正解决问题的新理念新思路新办法。

学习指导

本章的学习重点是营业收入、成本费用和利润的预测与计划。

华为技术有限公司历经三十余载，从一个年销售额只有几十万元的交换机经销商发展成为一个年收入达到人民币 6 368 亿元（2021 年，世界 500 强排名 44）的通信巨人，堪称通信业的奇迹。和大多数依靠上市实现跨越式发展的企业不同，华为实现目标并没有依靠来自资本市场的助力。

华为的营业收入构成主要包括运营商业务（传统网络设施业务及物联网）、企业业务（企业解决方案）、消费者业务（手机等）。近几年企业业务成为华为收入的增长驱动力。纯看数据的话，华为营业收入由 2010 年的人民币 1 852 亿元增长至 2021 年的人民币 6 368 亿元。华为的净利润由 2010 年的 238 亿元增长至 2021 年的 1 137 亿元，年均增长率高达 12.8%。

企业靠什么取得如此傲人的成绩？这巨大的力量来自何处？成绩取得的同时，我们必须增强忧患意识，坚持底线思维，做到居安思危、未雨绸缪，准备经受风高浪急甚至惊涛骇浪的重大考验。

资料来源：腾讯新闻

7.1 营业收入管理

7.1.1 营业收入管理概述

1. 营业收入的含义与内容

一般来说，收入有广义与狭义的概念。广义的收入是指所有经营和非经营活动的所得，通常包括营业收入和营业外收入。狭义的收入仅指与生产经营活动有关的营业收入。我国《企业会计准则》采用了狭义的概念，规定：收入是企业在日常活动中形成的、会导致所有者权益增加的、与所有者投入资本无关的经济利益的总流入。营业收入包括主营业务收入（销售商品收入、提供劳务收入、让渡资产使用权收入）、其他业务收入和投资收益三部分。本节主要从狭义收入角度进行分析，重点讲述主营业务收入（销售收入）相关内容。

2. 营业收入的影响因素

在生产经营活动中，许多因素影响着销售收入的实现，通常在销售收入管理中主要应考虑以下几项影响因素。

（1）价格与销售量。

这是影响销售收入的最主要因素。销售收入实际上就是销售产品或劳务的数量与价格的乘积，因此这两个因素直接影响着销售收入的实现。其中价格因素更加敏感，如果价格定得过高，就会减少销售量，从而会影响企业的销售收入；反之，如果价格定得过低，虽然可以增加销售量，但销售毛利会下降，也会影响到企业的收益。这就要求企业根据市场供求状况以及本企业产品的成本与质量确定合理的价格。同时，深入调查和研究市场，努力做好促销工作，扩大本企业产品的市场占有份额。

（2）销售退回。

销售退回是指在产品已经销售，销售收入已经实现以后，由于购货方对收到货物的品种或质量不满意，或者因为其他原因而向企业退货，企业向购货方退回货款。销售退回是销售收入的抵减项目，应当冲减当期的销售收入。因此，在销售收入管理中，企业要尽力提高产品质量，认真做好发货工作，搞好售后服务工作，尽可能减少销售退回。

（3）销售折扣。

销售折扣是企业根据客户的订货数量和付款时间而给予的折扣或给予客户的价格优惠。销售折扣虽然也冲减销售收入，但是与销售退回相比销售折扣是企业的一种主动行为，它往往是出于提高市场占有份额，增加销售收入的目的。销售折扣按折扣方式可分为现金折扣和商业折扣。现金折扣是企业给予在规定日期以前付款的客户的价格优惠，这种折扣是企业为了尽快收回款项而采取的一种手段。如"$1/10, n/30$"表示，如果客户在10天内付款就可以享受1%的优惠，10天后付款则不能享受优惠，但付款期最迟不能超过30天。通过这种方式，可能较快收回货款，提高资金的周转速度。商业折扣则是在公布的价格基础上给予客户一定比例的价格折扣，这种折扣通常是企业出于稳定客户关系，扩大销售量的目的，如给予经常订货的客户一定比例的价格优惠等。

（4）销售折让。

销售折让是企业向客户交付商品后，因商品的品种、规格或质量等不符合合同的规定，经企业与客户协商，客户同意接受商品，而企业在价格上给予一定比例的减让。销售折让也应冲减当期的销售收入。

知识链接

商品销售收入＝不含税单价×销售数量－销售退回－销售折让－商业折扣。《企业会计准则》要求企业采用总价法对现金折扣进行处理，即在确定销售商品收入时，不考虑各种预计可能发生的现金折扣，而在实际发生现金折扣时，将其计入当期损益（财务费用）。

3. 营业收入管理的意义

营业收入是企业在日常活动中形成的，不是偶发的交易事项。营业收入的取得会导致企业所有者权益增加，提高企业经济效益。因此，营业收入是反映企业日常经营活动的重要财务指标，加强营业收入管理对企业有着重要的经济意义。首先，营业收入的取得是企业继续经营的基本条件，是企业实现盈利、上缴税费的前提。其次，营业收入的取得是加速资金周转的重要环节，同时能提高企业素质和市场竞争力。

4. 营业收入管理的要求

企业在生产经营过程中，必须组织好生产经营活动，加强各个经营环节的管理，做好预测、决策、计划和控制工作。一般来说，营业收入的管理应该注意以下几点。

(1) 加强对市场的预测分析、调整企业的经营战略。

企业的生产经营活动必须以市场为导向，根据市场的需求变化来调整自己的经营活动。为此，企业必须加强对市场的预测，为企业的经营决策提供充分的依据。否则，企业不了解市场的变化，盲目地生产经营，必然会给企业造成重大的经济损失，在激烈的市场竞争中终究将被淘汰。对市场的预测分析，不仅要预测短期的市场需求，更要预测长期的市场变化趋势，以调整企业的经营战略，这样才能使企业在激烈的市场竞争中立于不败之地。

(2) 根据市场预测，制订生产经营计划，组织好生产和销售，保证营业收入的实现。

营业收入的实现是企业生产经营的一个重要目标，它是在市场预测分析的基础上制定的，为了保证这个经营目标的实现，必须加强生产经营管理，改进技术，提高产品质量，提高服务水平，以增加企业的信誉，这样才能使企业占有更多的市场份额，拥有更多的客户，使预期的生产经营计划得以顺利实现。

(3) 积极处理好生产经营中存在的各种问题，提高企业的经济效益。

企业在生产经营过程中，因为预测偏差、计划失误、管理不善或者市场环境发生变化等原因，可能会出现许多问题，如供应失调、产品结构不合理、存货积压等现象，这些问题都会影响企业营业收入的实现。因此，企业必须适应客观环境的变化，调整生产经营活动，妥善处理各种问题，以增加营业收入，保证企业经营目标的实现。处理这些问题也是一个决策过程，必须掌握充足的数据，进行全面的分析，在调查研究的基础上做出合理的决策，以免造成新的失误，带来新的问题。

7.1.2 营业收入的预测

企业为了加强营业收入的管理，必须做好营业收入的预测工作。由于企业营业收入的主要构成部分是销售收入，所以下面主要介绍销售收入预测的程序与方法。销售收入的预测是企业经过充分的调查研究，搜集各种有关的信息和数据，运用一定的方法对影响企业销售的各种因素进行分析，测算出企业在未来一定时期内各种产品的销售收入及变化趋势。实际上，销售收入预测是企业对市场需求的预测，这种预测虽然是以各种数据资料为基础，但是市场是复杂多变的，因此，预测难免存在一定的误差。尽管如此，销售收入预测仍然具有积极作用。

1. 销售收入预测的程序

影响销售收入的因素是复杂多变的。这些因素一般可分为外部因素和内部因素。外部因素主要有市场环境、经济发展前景、政治环境、国际环境等；内部因素主要有产品质量、产品价格、企业服务质量、生产能力、推销策略、企业过去销售业绩等。企业为了准确地预测销售情况，应该充分调查各种因素，正确地组织预测工作。一般说来，销售收入预测应按以下程序进行。

(1) 确定预测对象，制定预测规划。

(2) 搜集、整理有关数据、资料，并进行分析比较。

(3) 根据预测对象，选择适当的预测方法，提出数学模型，对销售情况做出定性分析和定量测算。

(4) 分析预测误差。

(5) 评价预测效果。

2. 销售收入预测的方法

销售收入预测的方法有许多，常用的方法主要有判断分析法、调查分析法、趋势分析法、因果分析法和本量利预测法等。

(1) 判断分析法。

判断分析法是一种常用的定性分析方法，主要是通过一些具有丰富经验的企业经营管理人员、有销售经验的工作人员或者有关专家对市场未来变化进行分析，以判断企业在一定时期内某种产品的销售趋势。采用这种方法进行销售收入预测，所需时间比较短，成本费用比较低；但是，它是凭预测者的主观来判断的，准确性难免受到影响。判断分析法具体的做法有意见汇集法、专家判断法等方法。

① 意见汇集法也称为推销人员意见综合判断法，是由本企业熟悉市场情况的推销人员对各类顾客进行调查，并将调查的意见填入卡片或表格，然后由销售部门进行汇总，对某种产品的销售趋势进行分析预测。这种方法简单适用，集思广益，费用也比较低。在市场发生新变化的情况下，采用这种方法能够迅速对预测进行修正。企业的基层业务人员都比较熟悉市场，能够直接倾听各类顾客的意见，因而能够提供直接反映顾客意见的信息。但是，这种方法是建立在假设业务人员都能向企业反映真实情况的基础之上，然而业务人员的素质不同，他们对形势的判断有可能过于乐观或悲观，从而影响预测的结果。此外，顾客对预测的对象了解的程度不同也会使预测出现偏差。为了消除这种人为的偏差，企业可以组织多人对同一产品或市场进行预测分析，再将预测的数据加以平均，这样可以提高预测结果的准确性。

【例 7-1】 创业公司采用意见汇集法对销售额进行预测，该公司 20 名推销人员对计划期销售额的平均预测值为 6 800 万元，而 5 名销售部门经理的平均预测值为 6 200 万元。要求分别用算术平均法和加权平均法来确定计划期的销售收入预测值。假定推销人员的权数为 0.6，销售部门经理的权数为 0.4。

采用算术平均法计算的计划期销售收入预测值为：

计划期销售收入预测值＝(6 800＋6 200)/2＝6 500(万元)

采用加权平均法计算的计划期销售收入预测值为：

计划期销售收入预测值＝6 800×0.6＋6 200×0.4＝6 560（万元）

② 专家判断法是指向有专长、经验丰富的专家征求意见，对某种产品的未来销售收入进行判断和预测的一种方法。这里的专家主要指本企业或同行企业的高级管理人员、销售部门经理以及其他有关专家等，不包括推销人员和顾客。专家调查法一般有以下三种方法：专家个人意见集合法、专家小组法和德尔菲法。

专家个人意见集合法，是首先向各个专家征求意见，要求他们对本企业某种产品销售的未来趋势和当前的状况做出独立的个人判断，然后再对此加以综合，确定预测值。采用这种方法可以汇集各方面专家从不同角度反映的意见，其准确性一般比意见汇集法高，但由于不同的专家掌握的资料有限，因此也会带有一定的片面性。

专家小组法，是由若干个专家预测小组，分别以小组为单位对企业的某种产品的未来销售趋势进行判断预测，再进行综合汇总的一种预测方法。采用这种方法，在预测过程中可以发挥集体的智慧，从而使预测的结果更加准确。

德尔菲法，是以函询方式向若干名专家分别征求意见，各个专家独立地对企业某种产品的未来销售情况进行预测分析，然后企业将各个专家的预测结果进行汇总，并以不记名的方式反馈给大家，再次征求各位专家的意见，请他们参考他人的意见修正本人原来的判断，如此反复多次，最后集合各家之所长，对销售收入做出综合预测。

专家判断法的优点是企业在缺乏历史资料的情况下，能够比较迅速地做出预测，而且费用较低，考虑比较周到。但是，这种方法因为缺乏事实根据，往往带有一定的主观片面性。

【例 7－2】 飞达公司准备计划投产一种新产品，聘请 9 名有关专家采用德尔菲法对该产品的全年销售量进行预测。飞达公司将该产品的功能、特点以及样品分别向各位专家做了详细介绍，并提供了同类产品的有关市场价格和销售情况等信息。飞达公司发出信函征求各位专家的意见，请他们分别做出自己的预测，经过 3 次反馈，预测的结果见表 7－1。

表 7－1 专家意见汇总表

单位：万件

专家编号	第 1 次判断销售量			第 2 次判断销售量			第 3 次判断销售量		
	最高	最可能	最低	最高	最可能	最低	最高	最可能	最低
1	18	15	10	18	15	12	18	15	11
2	12	9	4	13	10	6	13	10	8
3	16	12	8	16	14	10	16	11	10
4	30	18	15	30	15	12	25	12	10
5	7	4	2	10	8	4	12	10	6
6	15	10	6	15	10	6	15	12	6
7	8	6	5	10	8	5	12	10	8
8	10	6	5	12	8	7	12	8	7
9	19	10	8	20	11	10	12	11	6
平均	15	10	7	16	11	8	15	11	8

要求：根据表7-1中第三次的判断结果，分别采用算术平均法和加权平均法计算出计划期该产品的销售量预测值，假定最高的权数为0.3，最可能的权数为0.5，最低的权数为0.2。

采用算术平均法计算该产品的预计销售量为：

$$预计销售量 = \frac{\sum X_i}{n} = \frac{15+11+8}{3} = 11.33(万件)$$

采用加权平均法计算该产品的预计销售量为：

$$预计销售量 = \sum X_i W_i = 15 \times 0.3 + 11 \times 0.5 + 8 \times 0.2 = 11.60(万件)$$

(2) 调查分析法。

这种预测方法是通过对某种商品在市场上的供需情况和消费者的消费取向的调查，来预测本企业产品的销售趋势。这种方法的主要信息来源在于调查，调查的范围应尽可能广泛而具有代表性。一般来说，调查的内容包括对产品的调查、对客户的调查、对经济发展趋势的调查、对同行业的调查等。

① 对产品的调查主要是摸清产品估计的寿命周期以及目前本企业产品所处的阶段。任何产品都有一个开发、发展到饱和、衰亡的过程，这个过程通常称为产品的寿命周期。产品的寿命周期大致可以分为4个阶段：投产试销期、成长期、饱和期和衰退期。不同的阶段，产品的销售量和销售价格都有较大的差异。一般来说，从投产试销期到成长期，产品的销售量是快速增长的，销售价格也比较高。到了饱和期，产品的销售量趋向稳定，因为市场竞争的加强和技术的成熟，产品的价格也会随之下降。到了衰退期，产品的销售价格都会有所下降。随着科学技术的迅速发展，产品更新换代越来越快，其市场寿命周期也越来越短。因此，对产品的寿命周期及所处阶段进行调查十分必要，这是企业制订经营计划，确定经营战略的基础和前提。

② 对客户的调查主要是了解消费者的消费倾向，比如不同消费群体的爱好、风俗、习惯、文化品位以及购买力等。对客户的调查要根据产品的用途和功能，有选择地调查不同的消费群体。通过对不同消费群体的调查，可以促使企业改进产品的品种，提高产品质量，以满足市场的需求。

③ 对经济发展趋势的调查主要是了解国际、国内及本地区的经济发展形势，包括国民收入、各行业经济增长、社会购买力、消费动向、生产规模等情况，这些因素都会影响到市场需求。

④ 对同行业的调查主要是了解竞争对手的产品设计、产品功能和质量、生产规模、价格和销售情况、售后服务等情况，以做到知己知彼，调整自己的经营方针占领更多的市场份额。

【例7-3】 某企业对本市居民未来两年电冰箱需求量进行抽样调查。全市居民共有150万户，抽样选取1 000户进行抽查，调查结果如下：

目前已购买电冰箱户数为400户，占样本的40%，未购买电冰箱的户数为600户，占样本的60%。两年之内需购买电冰箱的户数为300户，占样本的30%。

根据调查结果，可以计算出全市两年之内准备购买电冰箱的户数为：150万户×30%=45万户，即全市两年内电冰箱需求量为45万台。再对下列因素进行调查分析，就可以预测出本企业两年内电冰箱的销售趋势：居民对电冰箱型号的喜好；外地供应本市电冰箱的数量；同行业竞争对手的销售情况；本企业在市场上可能占有销售量的比例；本企业调整推销方针可以增加销售量的情况。

这样调整之后，就可以预测出本企业未来两年电冰箱的可能销售数量，据此可以制订生产计划。

【例7-4】 假定某家具厂按历年统计资料计算，每年销售家具一般为210万元，其中新婚夫妇购买家具为140万元，一般家庭添置或更新家具为70万元。经市场调查分析，明年新婚人数预计可达1 500对，按每对新婚者平均购买5 000元家具计算，本家具厂市场占有率为20%。该家具厂明年家具预测销售收入为：

$$70+0.5\times 20\% \times 1\,500=220(万元)$$

调查分析法是销售收入预测中常用的方法，但这种方法费用成本较高。而且因为被调查者主观判断的偏差可能会影响预测的准确性，实际工作中可以将调查分析法与判断分析法相结合，以提高预测的准确性。

（3）趋势分析法。

趋势分析法是企业根据销售的历史资料，运用一定的计算方法预测出企业未来的销售变化趋势。这种方法适用于产品销售比较稳定，销售变化有规律的企业。趋势分析法是一种由历史数据推测出来的引申法，有的又称历史引申法。趋势分析法主要有以下几种具体的方法：简单平均法、移动平均法、加权移动平均法、指数平滑法和季节预测法。现分别举例说明如下。

① 简单平均法，又称算术平均法，是求出过去几个经营时期销售数量的算术平均值，以此作为未来销售数量的预测数，其计算公式为：

$$S=\frac{\sum_{i=1}^{n}X_i}{n}=\frac{X_1+X_2+\cdots+X_n}{n} \tag{7-1}$$

式中：S——过去n年销售量的平均值；

X_i——第i期的销售量，n表示期数。

【例7-5】 某企业2016年上半年的销售情况见表7-2。

表7-2 2016年1~6月销售额

单位：元

月　份	销售额
1	10 000
2	9 000
3	11 000
4	12 000
5	10 500
6	10 500
合计	63 000

根据上半年销售情况求出其平均数，就是企业在以后几个月份中销售额的预测数。

$$预计销售额=\frac{63\,000}{6}=10\,500（元）$$

② 移动平均法，这种方法类似于简单平均法。简单平均法使过去几期的差异平均化，由于没有考虑到销售变化趋势，这样可能会出现较大误差，因此，它只适用于销售基本稳定的产品，如一些日常生活必需品等。移动平均法虽然也使过去几期差异平均化，但这种方法应尽可能选择最近几期数据，如预测7月份销售额选用1~6月份数据，预测8月份销售额选用2~7月份数据，以此类推，滚动地预测以后几个月的销售额，这样会在一定程度上减少误差，这种方法一般适用于销售略有波动的产品。计算公式如下：

$$S_t = \frac{\sum_{i=t-n}^{t-1} X_i}{n} \quad (7-2)$$

式中：S_t——第t期的预测值；

　　　X_i——第i期销售数；

　　　n——期数。

【例7-6】 某企业1~6月份销售额仍用上例数据，则预测7月份的销售额就是10 500元。假如该企业7月份实际销售额为11 800元，则8月份销售预测数如下：

$$S_8 = \frac{9\,000 + 11\,000 + 12\,000 + 10\,500 + 10\,500 + 11\,800}{6} = 10\,800(元)$$

③ 加权移动平均法，是在移动平均法的基础上，根据销售变化趋势给各期规定不同的权数，然后求出加权后的各期平均数，以此作为销售预测数。这种方法适用于销售数量有明显变化的产品，一般说来，近期的数据比较重要，确定的权数要大些，远期数据对预测影响程度小些，确定的权数也小些。这样，确定了各期权数后，滚动式地预测出以后各期销售数。计算公式如下：

$$S_t = \frac{\sum_{i=t-n}^{t-1} W_i \cdot X_i}{\sum_{i=t-n}^{t-1} W_i} \quad (7-3)$$

式中：S_t——第t期的预测值；

　　　W_i——第i期权数；

　　　X_i——第i期销售数；

　　　n——期数。

如果令：$\sum_{i=t-n}^{t-1} W_i = 1$，则上式可简化为：$S_t = \sum_{i=t-n}^{t-1} W_i \cdot X_i$。

【例7-7】 仍用例7-5中数据，假设选用最近4个月数据来预测未来月份的销售额，规定权数为0.1、0.2、0.3、0.4，7月份预测销售额S_7为：

$$S_7 = 11\,000 \times 0.1 + 12\,000 \times 0.2 + 10\,500 \times 0.3 + 10\,500 \times 0.4 = 10\,850(元)$$

8月份预测销售额S_8为：

$$S_8 = 12\,000 \times 0.1 + 10\,500 \times 0.2 + 10\,500 \times 0.3 + 11\,800 \times 0.4 = 11\,170(元)$$

④ 指数平滑法，是在加权移动平均法基础上发展而来的，这种方法能消除采用加权移动平均法所带来的某些预测计算的偏差。这种方法在预测时引入一个指数平滑系数a，然后求出预测数，可以提高预测准确性。计算公式如下：

$$S_t = aD_{t-1} + (1-a)S_{t-1} \quad (7-4)$$

式中：S_t——第 t 期的预测销售量；

D_{t-1}——第 $t-1$ 期的实际销售量；

a——平滑系数，满足 $0<a<1$。

【例 7-8】 假设仍以例 7-5 数据，6 月份的实际销售额为 10 500 元。假定原来预测 6 月份的销售额为 11 000 元，指数平滑系数为 0.7。则 7 月份的预测销售额 S_7 为：

$$S_7 = 0.7 \times 10\,500 + (1-0.7) \times 11\,000 = 10\,650(元)$$

7 月份实际销售额为 11 800 元，则 8 月份的预测销售额 S_8 为：

$$S_8 = 0.7 \times 11\,800 + (1-0.7) \times 10\,650 = 11\,455(元)$$

在采用指数平滑法时，指数平滑系数 a 值越大，则近期实际销售情况所占的权数越大，对预测的影响也越大，a 值越小，近期实际销售情况对预测影响也越小。因此，在实际工作中，可以根据企业历史上销售情况，确定适当的指数平滑系数。

⑤ 季节预测法。这种方法适用于销售带有明显季节性的产品，这些产品随季节变化销售有较大波动。例如，某些季节性服装、新年贺卡、中秋月饼等属于这类产品。因此，对这种产品的销售预测不能简单地采用前面几种方法，而必须考虑到季节的变化进行预测，在预测过程中可以参照上一年度相同时期的销售情况，结合本年度的各种变化来预测出本年度该季节的销售情况。季节预测法不是一种独立的预测方法，它经常同其他各种预测方法相结合。采用这种方法，以前年度相同时期的销售情况虽然对预测很有参考价值，但预测时更应该重视现实的各种变化，例如季节性服装可能会因社会风尚的某种变化而使本年度的销售与上年度同时期的销售有较大差距。

(4) 因果分析法。

因果分析法就是从影响产品销售的各种相关因素上，找到它们与销售之间的函数关系，并利用这种函数关系进行销售预测。这种方法往往要建立预测的数学模型，故又称回归分析法，常用的有简单回归分析法与多元回归分析法。

简单回归分析法也称为回归直线法，它根据 $y=a+bx$ 方程式来预测销售量。公式中 y 代表预测销售量，a 代表固定成本，是一特定常数，x 代表相关因素值，b 是自变量 x 的系数，代表自变量 x 对销售量影响的程度。这个公式是一个经验公式，它适用于销售量主要受某一重要因素影响的产品。

例如家具的销售主要与新婚人数相关，即可以采用这种方法预测家具销售额。可以根据历史统计数据，利用最小二乘法来确定一条反映 x、y 之间误差最小的直线，a、b 可以通过下面公式计算：

$$a = \frac{\sum y - b \sum x}{n} \tag{7-5}$$

$$b = \frac{n \sum xy - \sum x \sum y}{n \sum x^2 - (\sum x)^2} \tag{7-6}$$

多元回归分析法主要适用于销售量的变化与几个因素相关的产品的预测。如果销售量 y 与 $x_1, x_2, x_3 \cdots x_n$ 多个因素相关，则可用下面的多元回归方程来预测销售量 y：

$$y = a + b_1 x_1 + b_2 x_2 + \cdots + b_n x_n \tag{7-7}$$

在上式诸多因素中，有些因素是主要的，对销售影响较大，有些因素是次要的，对销售影响较小。必须对历史数据进行认真的统计，对各种相关因素进行全面调查。因此，在预测时，要根据各种因素对销售收入影响的程度来确定相关系数。在采用多元回归法预测时，计算过程很复杂，在实际工作中，可以利用电脑进行计算和预测。

（5）本量利分析法。

本量利分析法是通过分析销售量（或销售收入）、销售成本和保本点或目标利润之间的变化关系，建立数学模型，进行各种预测的方法。其基本原理：①销售成本必须按其成本习性分为变动成本和固定成本；②根据销售量、销售单价、单位变动成本、固定成本总额和目标利润或保本点之间的内在联系，假定已知其中几个因素，从而推算出另一个因素。

运用本量利分析法测算保本点或达到目标利润销售量的数学模型为：

$$保本点销售量 = \frac{固定成本总额}{销售单价 - 单位变动成本} \quad (7-8)$$

$$目标利润销售量 = \frac{固定成本总额 + 目标利润}{销售单价 - 单位变动成本} \quad (7-9)$$

【例 7-9】 某企业 2016 年度预计 D 产品销售单价为 1 000 元，销售单位变动成本为 600 元，固定成本总额为 240 000 元，目标利润 288 000 元。用本量利分析法分别测算企业保本点销售量，实现目标利润销售量。

$$保本点销售量 = \frac{240\ 000}{1\ 000 - 600} = 600（件）$$

$$目标利润销售量 = \frac{240\ 000 + 288\ 000}{1\ 000 - 600} = 1\ 320（件）$$

7.1.3 营业收入计划的编制

因企业的营业收入主要是通过销售产品取得的，因此，下面主要介绍产品销售计划的编制。计划按照时间长短可分为长期计划、中期计划和短期计划。长期计划一般为五年以上的计划；中期计划一般为五年以内、一年以上的计划；短期计划是一年以内的计划。中长期计划是一种战略性的规划，可以计算得粗一点，短期计划是指导目前工作的计划，应尽可能详尽、具体，以便于控制经济活动。销售计划属于短期计划，是企业预测的销售目标的具体化，预算出企业在一年内各种产品的销售数量和销售收入。销售计划是企业整体经营的基础，企业的其他经营计划要以销售计划为起点来编制。下面介绍销售计划编制的要求和方法。

1. 编制销售计划的要求

销售计划的编制一般要遵循以下几条要求。

（1）计划要以明确的经营目标为前提。

（2）编制计划要做到全面性、完整性。

（3）编制计划要充分估计到企业经营目标实现的可能性，要留有余地，计划指标不能定得过低或过高，既要防止冒进，也要防止保守。

2. 编制销售计划的方法

产品销售计划的编制主要是通过预测的销售量计算出其销售收入。销售收入可以按照

各种产品分别计算,然后再加总计算出计划期的总销售收入。销售收入计算公式为:

$$\text{计划期产品销售收入} = \sum(\text{某种产品计划销售量} \times \text{单位产品销售价格}) \quad (7-10)$$

如果企业有长期固定的客户,就可直接以双方签订的经济合同来确定计划期内产品的销售量。产品的销售价格一般以市场价格为依据。现举例说明销售计划的编制。

【例 7-10】 某工业企业主要经营甲、乙、丙三种产品,预测全年的销售量为:甲产品 1 100 件,乙产品 1 000 件,丙产品 2 500 件,市场上甲产品的销售单价为 70 元,乙产品的销售单价为 140 元,丙产品的销售单价为 100 元。全年的销售计划见表 7-3。

表 7-3 2016 年产品销售计划

产　品	计划销售量(件)	销售单价(元)	销售收入(元)
甲	1 100	70	77 000
乙	1 000	140	140 000
丙	2 500	100	250 000
合计	4 600		467 000

上面是简化的产品销售计划,在实际工作中,编制产品销售计划要更加详细、全面地反映产品的销售情况,企业根据产品销售计划,结合企业自身的生产条件就可以制订市场计划,实行以销定产。

7.1.4　营业收入的控制

营业收入的控制主要是对销售收入的控制,其内容包括以下方面。
(1) 认真签订和履行销售合同。
(2) 及时办理结算,加速应收货款收回。
(3) 做好销售服务和市场信息反馈工作。

? 小思考

1. 影响企业营业收入的因素有哪些?企业在经营中应如何控制这些因素?
2. 销售收入预测主要有哪几种方法?其各自适用范围与优缺点是什么?
3. 在销售收入的控制工作中应注意哪几方面?

7.2　成本费用管理

7.2.1　成本费用管理概述

1. 成本与费用的含义与内容

成本是指企业为生产产品、提供劳务而发生的各种耗费(即制造成本或产品成本)。包括为生产产品、提供劳务而发生的直接材料费用、直接人工费用和各种间接费用。

狭义费用一般是指企业在日常活动中发生的营业税费、期间费用(包括销售费用、管理费用和财务费用）和资产减值损失等。广义费用除了包括狭义费用外还包括营业外支出和所得税费用。

费用与成本既有联系又有区别。费用是和期间联系的，而成本是和产品相联系的；成本要有实物承担者，而费用一般没有实物承担者。但二者都反映资金的耗费，都意味着企业经济利益的减少，也都是由过去已经发生的经济活动引起或形成的。本节成本费用的管理主要讲述制造成本和期间费用这两部分的管理。

2．成本费用管理的意义

（1）加强成本费用管理的必要性。

① 激烈的市场竞争使企业开始步入"微利"时代。

$$利润＝收入－成本费用 \qquad (7-11)$$

根据公式，当收入一定的情况下，如何才能增加利润，只有减少成本费用，这就是成本费用管理问题。当成本费用一定的情况下，如何增加利润，只有靠增加收入，但收入的增加要依赖三个因素：一是产量，二是销售量，三是售价。从产量来看，生产能力是有限度的，不可能无限增加。从销售量来看，它既受市场制约，又受生产能力约束。从单价来看，不可能盲目地或无限制地涨价。因此，加强成本费用管理是企业增加利润较有效的方式。

② 企业的市场竞争优势之一，在于成本优势。

在成熟的产品领域，成本始终是竞争力的一个重要因素。因为在市场竞争中，企业只能是价格的接受者，而不是价格的决定者。企业的成本是个别成本，而产品的价格则是由社会必要劳动量决定的社会平均成本。当企业的成本小于社会平均成本时，企业就可以赚取这个差价，获得利润；反之，则亏本。

③ 企业财务管理目标的管理要求。

企业财务管理的目标是实现企业价值最大化，它要以持续获利作为基础，这就使成本费用管理成为企业财务管理的一项重要内容。

（2）加强成本费用管理的作用。

① 加强成本费用管理，降低成本费用，是发展生产的重要手段。

② 加强成本费用管理，降低成本费用，是降低价格，增强企业产品竞争能力的重要条件。

③ 加强成本费用管理，是搞好经济核算，提高财务管理水平的重要前提。

3．成本费用管理的原则

在财务管理的过程中，对成本费用管理必须遵循以下原则。

（1）成本效益原则。

就是要求因实施某项成本费用控制措施而付出的代价，不应超过其增加的效益。即努力以尽可能少的付出，创造尽可能多的使用价值，为企业获取更多的经济效益。例如，为实现产品的新增功能会相应地增加一部分成本，只要这部分成本的增加能提高企业产品在市场的竞争力，最终为企业带来更大的经济效益，这种成本增加就是符合成本效益原则的。

（2）因地制宜原则。

不完全照搬，成本费用管理必须适合某特定企业的特点、部门和岗位的设置、成本费用项目等实际情况。也就是要求，对大型企业和小型企业、老企业和新企业、发展快和相对稳定的企业，不同行业的企业，以及同一企业的不同发展阶段，管理重点、组织结构、管理风格、成本费用控制方法和奖励形式都应当区别。例如，新企业关注的重点是制造和销售，而不是成本；正常经营后管理重点是经营效率，要开始控制成本费用并建立标准；扩大规模后管理重点转为扩充市场，要建立收入中心和正式的业绩报告系统；规模庞大的老企业，管理重点是组织的巩固，需要周密的计划和建立投资中心。也就是说，适用所有企业的成本费用管理模式是不存在的。

（3）全面控制原则。

领导重视与全员参与成本费用管理。对企业生产经营全过程中所耗费的全部成本费用进行严格的限制和监督。全员参与，加强合作，正确理解和使用成本费用信息，据以改进工作，降低成本。

4. 成本费用管理的要求

（1）正确区分各种支出的性质，严格遵守成本费用开支范围。

① 分清各种支出的性质。主要是：a. 划清收益性支出与资本性支出的界限；b. 划清生产经营性支出与营业外支出的界限；c. 划清生产经营性支出与收益分配性支出的界限。

② 遵守成本费用开支范围包括两方面内容：a. 不属于成本费用开支范围的支出，不准挤入成本费用，即不许随意扩大开支，人为地虚增成本费用；b. 凡属成本费用开支范围的支出，不得少计、漏计，即不许弄虚作假，人为地虚降成本费用。

③ 遵守成本费用开支范围的意义在于：a. 保证企业产品成本和期间费用计算的真实性；b. 保证产品成本和费用指标的可比性；c. 保证有计划地集中和分配资金。

（2）正确处理生产消耗和生产成果的关系，实现高产、优质、低成本的最佳结合。

① 要讲求全面经济效益，防止片面性。这是进行成本管理的基本出发点。

② 正确认识和处理降低成本同增加产量之间的关系。

③ 正确认识和处理降低成本同提高产品质量之间的关系。降低成本同提高产品质量有其统一的一面，也有矛盾的一面，要用辩证的观点，从综合经济效益着眼来分析处理问题。

（3）正确处理生产消耗和生产技术的关系，把降低成本同开展技术革新结合起来。

7.2.2 成本费用预测

1. 成本费用预测概述

成本费用预测是在分析历史数据或调查取得的数据、将要采用的技术组织措施和影响成本费用的各种主要因素的基础上，对企业未来的成本费用水平和变动趋势进行预测，为经营决策和编制计划提供依据。

成本费用预测的内容相当广泛，主要有：①新建和扩建企业的成本费用预测。②确定技术措施方案的成本费用预测。③新产品的成本费用预测。④原有产品条件变化后的成本费用预测等。

进行成本费用预测工作要按照一定的程序进行。一般包括以下几个步骤：①明确预测对象和目标要求。②搜集和整理各项资料。③选择适当方法，进行分析测算。④根据预测结果，确定最佳方案。

2. 成本费用预测的方法

成本费用预测的方法很多，这里主要介绍几种常用的方法。

（1）比例法。

比例法是根据成本或费用占相关指标的比例来测算未来某相关指标达到一定程度时的成本费用水平的方法。比例法的预测公式为：

$$成本或费用预测值=基期实际产值(或销售收入)\times 成本费用率\times [1-成本或费用预计降低率] \quad (7-12)$$

此方法对数据的要求不高，计算简单，适用于测算各项成本或费用。但预测值的偏差较大。

【例 7-11】 某企业在某年的实际销售收入期间费用率为 10%，计划年度预计实现销售收入为 950 000 元，费用降低率为 8%，则：

计划销售收入期间费用率 = 10% × (1-8%) = 9.2%

计划期的期间费用预测值 = 950 000 × 9.2% = 87 400（元）

（2）余额测定法。

余额测定法是以价格理论为基础，根据适用流转税率和期望目标利润以及市场预测的产品销售价格来确定单位产品成本的方法。其计算公式为：

$$产品单位制造成本=产品单位销售价格-产品单位销售税金-产品单位目标销售利润-产品单位销售费用 \quad (7-13)$$

$$制造成本总额=\sum(某种产品单位制造成本\times 该种产品计划产量) \quad (7-14)$$

此方法需要有广泛而准确的市场价格预测和合理的利润期望值，用于确定企业目标成本。

【例 7-12】 某企业计划期将生产 A、B 两种产品。计划生产 A 产品 8 000 件，B 产品 9 400 件；按照订货合同计划销售 A 产品 7 600 件，B 产品 9 400 件；计划单位产品销售费用为 12 元/件。两种产品都缴纳消费税，适用税率 A 产品为 6%，B 产品为 5%。两种产品的单位目标销售利润预定 A 产品为 1 000 元，B 产品为 1 200 元。通过市场调查，企业计划期内两种产品的最低销售价格 A 产品为 4 000 元/件，B 产品 5 000 元/件。则：

① 计划期预计单位制造成本为

A 产品单位制造成本 = 4 000 × (1-6%) - 1 000 - 12 = 2 748（元）

B 产品单位制造成本 = 5 000 × (1-5%) - 1 200 - 12 = 3 538（元）

② 计划期预计制造成本总额 = 2 748 × 7 600 + 3 538 × 9 400 = 54 142 000（元）

（3）因素分析法。

因素分析法是通过对影响成本的各项因素的逐一分析来预测未来成本状况的一种成本预测方法。该方法是按成本组成项目，如直接材料、直接人工、制造费用等，分析这些项目中任一因素的变化对产品成本的影响。

此方法适用于可比产品成本的测算，计算较复杂，对成本预测基础工作的质量要求较高。该方法也适用于对期间费用的预测。

【例 7-13】 某企业生产甲产品，年产量 10 000 件，该产品 2016 年的成本资料见表 7-4。

表 7-4　甲产品成本资料

成 本 项 目	单位成本（元）	总成本（万元）	成本结构（%）
直接材料	150	150	60
直接人工	50	50	20
制造费用	50	50	20
合计	250	250	100

① 假设 2017 年有下列因素发生变化：

产量增加 10%；材料消耗降低 2%，材料价格平均上涨 4%；劳动生产率提高 12%，劳动工资增长 8%；考虑到产量增加等因素，制造费用将增加 15%。

② 根据上述资料，对 2017 年甲产品的成本进行预测，测算过程如下。

a. 直接材料成本的测算。

直接材料的变化受产量增加、材料消耗降低和材料价格上涨 3 个因素的影响，2017 年预计直接材料成本为：

$$直接材料成本 = 150 \times (1+10\%) \times (1-2\%) \times (1+4\%)$$
$$= 168.168（万元）$$

b. 直接人工成本的测算。

直接人工成本的变化受产量增加、劳动生产率提高和劳动工资增长 3 个因素的影响，2017 年预计直接人工成本为：

$$直接人工成本 = 50 \times (1+10\%) \times (1+8\%)/(1+12\%)$$
$$\approx 53.036（万元）$$

因为劳动生产率提高将降低直接人工成本，所以应除以 (1+12%)。

c. 制造费用的测算。

制造费用的变化受产量增加和制造费用增加幅度的影响，2017 年预计制造费用为：

$$制造费用 = 50 \times (1+15\%) = 57.500（万元）$$

综合以上测算，2017 年甲产品的成本总额预计为：

$$直接材料成本 + 直接人工成本 + 制造费用$$
$$= 168.168 + 53.036 + 57.500$$
$$= 278.704（万元）$$

（4）高低点法。

高低点法是以历史成本资料中产品产量最高年份和最低年份的成本数据为代表，测算产品成本中的固定成本和变动成本以及计划年度一定产量条件下的总成本水平。其具体计算步骤如下。

① 根据历史资料选择产量最高和最低年份的成本。

② 计算单位变动成本 b。其计算公式如下。

$$b = \frac{产量最高年份总成本 - 产量最低年份总成本}{产量最高年份产量 - 产量最低年份产量} \tag{7-15}$$

③ 根据产品产量与成本的关系 $y=a+bx$，计算固定成本 a。

$$a=y-bx \tag{7-16}$$

式中：y——产品总成本；

　　　x——产品产量；

　　　b——单位变动成本；

　　　a——固定成本总额。

④ 根据计划年度的产品产量，测算计划年度产品总成本和单位成本。

高低点法主要适用于工业企业产品成本变动比较缓慢的情况。如果产品成本变动幅度大，采用该种方法会有较大误差。该法也适用于与产量有一定关系的期间费用的预测。

【例 7-14】 某企业乙产品 2013—2017 年历史成本资料见表 7-5。

表 7-5　乙产品 2013—2017 年历史成本资料

年　　份	2013	2014	2015	2016	2017
产量（件）	2 400	3 600	4 000	4 800	4 600
总成本（元）	260 000	352 000	362 000	413 600	401 200

该企业 2018 年计划产量为 2 500 件，预测 2018 年乙产品的总成本和单位成本。

解：产量最高年份为 2016 年 4 800 件，产量最低年份为 2013 年 2 400 件。

乙产品单位变动成本 $b=(413\,600-260\,000)/(4\,800-2\,400)=64(元)$

固定成本 $a=413\,600-64\times 4\,800=106\,400(元)$

预计 2018 年乙产品总成本 $=106\,400+64\times 2\,500=266\,400(元)$

预计 2018 年乙产品单位成本 $=266\,400/2\,500=106.56(元)$

（5）回归分析法。

回归分析法是将成本费用分解为变动成本费用和固定成本费用后，根据历史成本资料建立描述产量（或销售额）与总成本（或费用）关系的回归直线方程，据以测算计划年度产量（或销售额）变化条件下总成本（或总费用）水平的方法。它又叫最小二乘法或回归直线法。回归直线方程式为：

$$y=a+bx \tag{7-17}$$

$$a=\frac{\sum y-b\sum x}{n} \tag{7-18}$$

$$b=\frac{n\sum xy-\sum x\sum y}{n\sum x^2-(\sum x)^2} \tag{7-19}$$

式中：y——总成本（或总费用）；

　　　x——相关因素值；

　　　a——固定成本（或费用）；

　　　b——变动成本（或费用）。

回归分析法计算结果比高低点法精确，计算工作量较大。该法适用于成本或费用的预测。

知识链接

注意只有 x 与 y 之间基本上保持线性联系,通过回归方程来描述 x 与 y 变动趋势才有意义。因此在采用这种方法之前,需要先计算 y 与 x 之间的相关系数 r,用以反映它们之间相互依存关系的密切程度。其计算公式如下:

$$r = \frac{n\sum xy - \sum x \sum y}{\sqrt{\left[n\sum x^2 - \left(\sum x\right)^2\right] \cdot \left[n\sum y^2 - \left(\sum y\right)^2\right]}} \quad (7-20)$$

相关系数 r 的取值范围在 0 与 ± 1 之间,当 $r=0$,说明变量之间不存在依存关系;当 $r=+1$,说明变量之间有完全的正相关,也就是一个变量完全依随另一个变量的变动而变动;当 $r=-1$,说明两个变量之间有完全的负相关,也就是一个变量增加或减少时,另一个变量却相应地减少或增加。

r 的计算可通过 Excel 中的 correl( ) 函数计算,a 可通过 intercept( ) 函数计算,b 可通过 slope( ) 函数计算。

【例 7-15】 某商场销售额和费用额及相关数据见表 7-6。

表 7-6 某商场近五年费用资料表

单位:万元

年　　度	销售额 x	费用额 y	xy	x^2
2013	600	69	41 400	360 000
2014	720	83	59 760	518 400
2015	1 400	140	196 000	1 960 000
2016	2 000	182	364 000	4 000 000
2017	2 400	208	499 200	5 760 000
合计	7 120	682	1 160 360	12 598 400

根据以上资料,测算固定费用 a 和变动费用 b。

通过计算 $r=0.9979$,说明费用额和销售额之间基本上保持线性联系,它们之间具有密切的相互依存关系。可用回归分析法预测,计算如下:

$b = (5 \times 1\ 160\ 360 - 7\ 120 \times 682)/(5 \times 12\ 598\ 400 - 7\ 120^2) \approx 0.076\ 9(万元)$

$a = (682 - 0.076\ 9 \times 7\ 120)/5 = 26.894\ 4(万元)$

费用额和销售额的关系为:$y = 26.894\ 4 + 0.076\ 9x$

若企业 2018 年销售额为 2 600 万元,则企业 2018 年费用额计算如下:

$y = 26.894\ 4 + 0.076\ 9 \times 2\ 600 = 226.834\ 4(万元)$

7.2.3　成本费用决策和计划

1. 成本费用决策

成本费用决策是指在成本费用预测的基础上,从可达到统一目标利润的不同预测方案中评价选择一个最优方案的科学方法。

成本费用决策的方法主要包括差量分析法、成本费用无差别点法、成本费用利润分析法。

（1）差量分析法。

差量分析法是指在充分分析不同预测方案的差量成本或费用或差异损益的基础上，从中选择最优方案的决策方法。该法适用于两个互斥方案选优。若有多个方案可供选择时应两两比较、分析，逐步筛选，择出最优方案。

【例 7-16】 某企业通过成本费用预测得到 A、B、C 三个方案，其相关资料见表 7-7。

表 7-7　预测值汇总表

单位：元

项　　目	A 方案	B 方案	C 方案
销售收入	4 062 500	3 950 000	4 025 000
成本费用总额	3 067 500	3 014 000	3 053 000
其中：制造成本	2 377 250	2 323 750	2 363 920
期间费用	690 250	690 250	689 080
销售税金（税率10%）	406 250	395 000	402 500
营业利润	588 750	541 000	569 500

差量分析法见表 7-8。

表 7-8　差量分析表

单位：元

项　　目	A 与 B	A 与 C	C 与 B
销售收入	112 500	37 500	75 000
制造成本	53 500	13 330	40 170
销售税金	11 250	3 750	7 500
销售利润	47 750	20 420	27 330
期间费用	0	1 170	−117 0
营业利润	47 750	19 250	28 500

A 方案可以比 B 方案多得 47 750 元的利润，A 方案比 C 方案多得 19 250 元的利润，C 方案比 B 方案多得 28 500 元的利润。因此三个方案中，虽然 A 方案的成本费用最高，但由于两两比较的结果 A 方案最优，所以 A 方案的成本费用决策最佳。

（2）成本费用无差别点法。

在企业生产经营中面临许多只涉及成本而不涉及收益的方案选择，如零部件自制或外购的决策、不同工艺进行加工的决策等。当备选方案相关收入为零，相关业务量为一不确定因素时，通过判断处于不同水平上的业务量与成本无差别点业务量之间的关系，来作出互斥方案决策的一种方法。所谓成本无差别点指使得两个方案成本相等时的业务量。如图 7.1 所示。

在成本按性态分类基础上，任何方案的总成本都可以用 $y=a+bx$ 表述。

设：x——成本无差别点业务量

a_1，a_2——方案1，方案2的固定成本总额

b_1，b_2——方案1，方案2的单位变动成本

y_1，y_2——方案1，方案2的总成本

令 $y_1=a_1+b_1x$；$y_2=a_2+b_2x$

根据在成本无差别点上两个方案总成本相等的原理，令

$$y_1=y_2$$

则 $a_1+b_1x=a_2+b_2x$

得 $x=\dfrac{a_2-a_1}{b_1-b_2}$

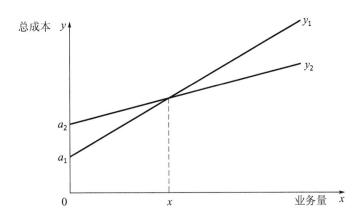

图 7.1　成本费用无差别点法示意图

整个业务量被分为两个区域：小于 x 及大于 x，其中 x 为成本无差别点。

【例 7-17】　某厂生产 A 产品，有两种工艺方案可供选择。有关成本数据见表 7-9。

表 7-9　新旧方案成本表

单位：元

工艺方案	固定成本总额	单位变动成本
旧方案	300 000	400
新方案	450 000	300

根据资料，确定方案总成本公式如下：

旧方案总成本 $y_1=300\,000+400x$

新方案总成本 $y_2=450\,000+300x$

令 $y_1=y_2$

则 $x=(450\,000-300\,000)/(400-300)$

　　$=1\,500$（件）

当产量为 1 500 件时，两方案总成本相同，所以均可取。当产量大于 1 500 件时，旧方案成本大于新方案，所以取成本小者即新方案为最佳方案。当产量小于 1 500 件时，旧

方案成本小于新方案,所以取成本小者即旧方案。

(3) 成本费用利润分析法。

成本费用与利润之间的关系可以用以下指标进行反映:

$$成本费用利润率 = \frac{营业利润额}{成本费用额} \times 100\% \qquad (7-21)$$

$$制造成本利润率 = \frac{营业利润额}{制造成本额} \times 100\% \qquad (7-22)$$

$$期间费用利润率 = \frac{营业利润额}{期间费用额} \times 100\% \qquad (7-23)$$

决策时以上指标越大的方案一般越好。

2. 成本费用计划

成本费用计划是企业生产经营计划的重要组成部分,它以货币形式预先规定企业计划期内产品生产耗费水平和成本(费用)降低任务,并且制订实施成本(费用)计划的措施。

(1) 成本费用计划的内容。

① 主要产品单位制造成本计划。单位制造成本计划是对企业的主要产品编制的成本计划,主要反映计划期内企业生产的各主要产品的成本水平和构成情况,以及与上期相比的降低额和降低率。它是编制全部产品制造成本计划的基础。格式举例见表7-10。

表7-10 主要产品单位制造成本计划

2017年

产品:甲产品 金额单位:元

成本项目	上年平均	本年计划	降低额	降低率/%
原材料	1 000	900	100	10
燃料及动力	200	190	10	5
工资福利费	400	390	10	2.5
制造费用	300	250	50	16.7
废品损失	50	40	10	20
合计	1 950	1 770	180	9.2

② 产品制造成本计划。它是计划期内企业生产的可比产品以及不可比产品的制造成本总额计划。主要反映: a. 各主要可比产品的产量、单位制造成本、制造成本总额及降低额和降低率。b. 全部可比产品的制造成本总额及降低率和降低额。c. 各主要不可比产品的产量、单位制造成本和制造成本总额。d. 全部不可比产品的制造成本总额。e. 全部产品(包括可比产品和不可比产品)的制造成本总额,它为企业计划期内控制制造成本支出,改善经营管理水平指明了方向。格式见表7-11。

表 7-11　全部产品成本计划

××××年　　　　　　　　　　　　　　　　　　　　　　　　　　　　　　　金额单位：元

产品名称	计量单位	计划产量	单位成本		总成本		降低额	降低率/%
			上年平均	本年计划	按上年平均单位成本计算	按本年计划单位成本计算		
一、可比产品								
其中：甲								
乙								
…								
二、不可比产品								
其中：A								
B								
…								
全部产品成本								

③ 期间费用预算。主要反映企业在计划期内发生的各项费用的控制数额。一般包括：a. 管理费用的预算。b. 财务费用的预算。c. 销售费用的预算。格式见表 7-12。

表 7-12　期间费用计划（预算）

××××年　　　　　　　　　　　　　　　　　　　　　　　　　　　　　　　金额单位：元

项	目	上 年 实 际	本 年 计 划
管理费用	公司经费		
	工会经费		
	…		
	小计		
财务费用	利息净支出		
	汇兑损失		
	…		
	小计		
销售费用	销售人员工资		
	运输费		
	…		
	小计		
合计			

(2) 成本费用计划的编制程序。

① 收集整理资料。结合管理当局对成本费用的降低要求，尽量收集整理有关成本费用的历史资料、同行业先进资料、市场调查资料和其他相关资料等信息。

② 确定目标成本和费用控制限额。在初步确定了成本费用降低要求后，在成本预测的基础上，考虑各项消耗定额降低和物价上涨的因素，进行成本试算平衡，来确定可行的目标成本水平和费用的控制限额。

③ 各部门分别编制成本计划及费用预算。企业实行分级归口责任制管理，其厂部应将成本费用目标下达给相关职能部门和生产单位，由各部门和生产单位结合本部门和本单位具体情况加以修正，连同各项成本降低措施上报企业财务部门。一些小企业应用集中编制法，也应组织相关部门和人员对成本费用目标进行调整和修正。

④ 企业综合平衡，正式制订计划。企业财务部门应当在各职能部门、各生产单位反馈的成本费用计划和预算的基础上，从全局着手对计划数和预算数进行综合平衡，并尽量考虑局部的要求。

7.2.4 成本费用分析、控制与考核

1. 成本费用分析

成本费用分析是对企业成本费用水平和成本费用管理工作的总结和鉴定。

(1) 用于成本费用分析的经济指标：①主要产品单位制造成本。②可比产品成本降低率。③全部产品成本降低额。④百元产值成本。⑤行业平均先进成本。

(2) 成本费用分析的方法。

成本费用分析的方法主要有比较分析法、比率分析法、因素分析法等。

① 比较分析法。此法是将成本费用的本期实际数与计划数、上期数（或历史最高水平）与其他企业数进行比较，暴露差异，鉴别优劣。

② 比率分析法。此法是利用两个经济指标的相关性，通过计算比率，据以考察和评价企业成本费用管理绩效。具体又可分为相关比率分析法、结构比率分析法和趋势比率分析法等。

③ 因素分析法。此法是在指标比较、确定差异的基础上，找出致使差异产生的具体因素，并计算各因素变动对差异的影响程度。其具体方法有：连环替代法、差额分析法等。

2. 成本费用控制

成本费用控制是指企业在日常生产经营过程中，按照成本费用计划和管理的要求，对发生的各项生产经营耗费和支出进行调整和监督，从而改善企业经营管理，降低成本费用开支，提高企业经济效益。

(1) 成本费用控制的意义。

成本费用预测和成本费用计划只是揭示了成本降低的可能性，要把这种可能性变为现实性，保证目标成本的实现，必须在预算执行过程中进行严格、有效的成本费用控制。成本费用控制在成本费用管理中的作用主要表现在以下四个方面。

① 它是促进降低成本和减少费用的有力工具。

② 它是实现成本目标和费用预算的主要手段。
③ 它是保证成本核算标准的必要条件。
④ 它是促进成本费用管理的有效措施。
（2）成本费用控制的内容。
① 控制各种费用开支。
② 控制各种资源的消耗。
③ 控制生产、技术、经营过程。
（3）成本费用控制的程序。
① 确定成本费用控制的标准。
在成本费用控制过程中，要计量标准化、价格标准化、质量标准化、数据标准化。
② 监督成本费用的形成过程。

监督成本费用的形成过程要求经常把成本费用发生的实际情况与成本费用控制标准进行分析对比，及时发现产生的偏差，并据以分析判断成本费用控制的成效，肯定工作成绩，提供纠正偏差的信息和方向。

③ 及时纠正偏差。

及时纠正偏差要求对成本费用形成过程中产生的偏差，及时查明原因，并采取有效措施予以纠正，使消耗被控制在原定标准以内，达到企业降低成本和节约费用的预期目标。

以上3项程序是缺一不可的，其中纠正偏差是成本费用控制的关键。

（4）成本费用控制的具体方法。
① 材料费用的控制。

材料费的多少，受材料消耗量和材料采购成本两方面因素影响。严格控制材料消耗数量的方法有：a. 改进产品设计，采用先进工艺。产品设计是否合理，不仅关系到产品质量的好坏，而且关系到生产过程中材料消耗数量的多少。b. 制定材料消耗定额，实行限额领料制度。c. 控制运输和储运过程中的材料消耗。d. 回收废旧材料，搞好综合利用。努力降低材料的采购成本的方法有：a. 严格控制材料采购价格。控制办法有：采购比例控制、平均采购价格控制和预测采购价格控制。b. 加强材料采购费用管理，合理组织运输，提高采购工作效率，严格掌握各项采购开支。c. 合理采用新材料和低廉的代用材料。

② 工资费用控制。

a. 制定先进合理的劳动定额和编制定员。b. 实行工资总额与平均工资水平双重控制，进一步改进和完善工效挂钩办法，保证企业经济效益与工资的协调发展。c. 完善企业内部分配制度，加强日常监督管理。

③ 制造费用和期间费用的控制。

制造费用和期间费用都属于综合性费用，它们的共同特点是：项目比较多，内容比较复杂，涉及面很广，大部分开支不与生产率成比例变动。管理上采用的方法有：a. 实行费用指标分口分级管理，明确责任单位。b. 制定费用定额，按月确定费用指标。c. 严格控制各项费用的日常开支。

3. 成本费用考核

成本费用考核是对成本控制效果的鉴定和评估，其目的在于改进原有的成本控制活动和激励约束员工和团体的成本行为。通过指标的考核，寻求降低成本费用的途径，为后期经营中加强成本费用管理工作提供依据。

企业内部成本费用考核包括以下指标。

(1) 主要产品单位成本降低率，其计算公式如下：

$$主要产品单位成本降低率=1-\frac{实际单位产品制造成本额}{计划单位产品制造成本额}\times 100\% \quad (7-24)$$

(2) 全部产品成本降低额，其计算公式如下：

$$全部产品成本降低额=(本期各种产品的实际产量\times 本期各种产品的计划单位制造成本)-$$
$$本期全部产品的实际制造成本总额$$

$$(7-25)$$

(3) 期间费用降低率，其计算公式如下：

$$期间费用降低率=1-\frac{实际期间费用总额}{计划期间费用总额}\times 100\% \quad (7-26)$$

(4) 综合成本费用率，其计算公式如下：

$$综合成本费用率=\frac{实际成本费用总额}{实际销售收入总额}\times 100\% \quad (7-27)$$

 小思考

1. 成本费用管理中应遵循的原则有哪些？为什么？
2. 成本费用预测、决策的主要方法有哪几种？各自适用的条件是什么？
3. 成本费用计划的内容及方法有哪些？

7.3 利润的预测与计划

7.3.1 利润的含义和内容

利润是企业在一定会计期间的经营成果，包括收入减去成本费用后的净额、直接计入当期利润的利得和损失等。企业的利润总额由营业利润和营业外收支净额组成。其计算公式为：

$$利润总额=营业利润+营业外收支净额 \quad (7-28)$$

$$营业利润=主营业务收入+其他业务收入-(主营业务成本+其他业务成本)-$$
$$税金及附加-销售费用-管理费用-财务费用-资产减值损失+$$
$$公允价值变动净收益(减损失)+投资净收益(减损失) \quad (7-29)$$

$$营业外收支净额=营业外收入-营业外支出 \quad (7-30)$$

以上计算的是企业的利润总额，如果计算企业的净利润，还应减去所得税费用，其计算公式为：

$$净利润=利润总额-所得税 \quad (7-31)$$

7.3.2 销售利润预测

销售利润预测是企业经营预测的一个重要方面，它是在销售预测的基础上，通过对产品的销售数量、价格水平、成本状况进行分析和测算,预测出企业未来一定时期的销售利润水平。利润预测的方法很多,这里主要介绍最常用的本量利分析法、相关比率法和因素测算法。

1. 本量利分析法

本量利分析法又称为成本-业务量-利润分析法(Cost - Volume - Profit Analysis),也称损益平衡分析法。它主要根据成本、业务量和利润三者之间的变化关系,分析某一因素的变化对其他因素的影响。本量利分析法既可用于利润预测,也可用于成本和业务量的预测。本量利分析是以成本性态研究为基础的。所谓成本性态是指成本总额对业务量的依存关系。成本按其成本性态可以划分为变动成本、固定成本和混合成本。变动成本是指随业务量增长而成正比例增长的成本;固定成本是指在一定的业务量范围内,不受业务量影响的成本;混合成本介于变动成本和固定成本之间,是指随业务量的增长而增长,但不成正比例增长的成本,可以将其分解成变动成本和固定成本两部分。在将成本分解成变动成本和固定成本之后,就可以建立本量利的数学模型,进行预测分析。

(1) 损益方程式。

本量利分析所涉及的相关因素主要包括固定成本、单位变动成本、销售量、单价和利润。这些变量之间的关系可用下列方程式表示:

$$
\begin{aligned}
利润 &= 销售收入 - 总成本 \\
&= 销售收入 - 变动成本 - 固定成本 \\
&= 单价 \times 销售量 - 单位变动成本 \times 销售量 - 固定成本 \\
&= (单价 - 单位变动成本) \times 销售量 - 固定成本
\end{aligned}
\tag{7-32}
$$

这个方程式一般称为基本损益方程式,它明确地表达了本量利之间的数量关系。但是,应当注意上述公式中的利润一般是指未扣除利息和所得税以前的利润,即息税前利润(EBIT)。

在相关的 5 个变量中,给定其中的 4 个,便可求出另一个变量的值。

(2) 边际贡献方程式。

在本量利分析中,边际贡献是一个非常重要的概念。所谓边际贡献是指销售收入与相应变动成本之间的差额,也称贡献边际、贡献毛益或创利额。可用下列公式表示:

$$边际贡献 = 销售收入 - 变动成本 \tag{7-33}$$

单位产品的销售价格减去产品的单位变动成本就是单位边际贡献。其计算公式为:

$$单位边际贡献 = 销售单价 - 单位变动成本 \tag{7-34}$$

边际贡献率是边际贡献在销售收入中所占的百分率。它反映每 1 元的销售收入所提供的边际贡献。其计算公式为:

$$
\begin{aligned}
边际贡献率 &= \frac{边际贡献}{销售收入} \times 100\% \\
&= \frac{单位边际贡献}{单价} \times 100\%
\end{aligned}
\tag{7-35}
$$

与边际贡献率相对应的概念是变动成本率。变动成本率是指变动成本在销售收入中所占的百分率。其计算公式为:

$$边际成本率 = \frac{变动成本}{销售收入} \times 100\%$$

$$= \frac{单位变动成本 \times 销售量}{单价 \times 销售量} \times 100\% \quad (7-36)$$

$$= \frac{单位变动成本}{单价} \times 100\%$$

由于销售收入是由边际贡献和变动成本两部分组成的,所以边际贡献率与变动成本率之和应当等于1。

根据边际贡献的概念,本量利的基本损益方程式可以变换成边际贡献方程式。其计算公式为:

$$利润 = 销售收入 - 变动成本 - 固定成本$$
$$= 边际贡献 - 固定成本 \quad (7-37)$$

也可以用下列公式表示:

$$利润 = 销售量 \times 单位边际贡献 - 固定成本 \quad (7-38)$$

上述边际贡献方程式也可以用边际贡献率来表示:

$$边际贡献 = 销售收入 \times 边际贡献率$$

$$利润 = 销售收入 \times 边际贡献率 - 固定成本 \quad (7-39)$$

【例 7-18】 某企业生产 W 产品,根据成本分解,W 产品的单位变动成本为 10 元,需要分配的固定成本总额为 40 000 元,市场上 W 产品每件的销售价格为 15 元。要求预测该产品的保本销售量和保本销售额。

此例题是预测 W 产品的保本点,保本点一般有两种表示方法,即保本销售量和保本销售额。保本点的利润应为 0,则根据本量利的基本公式,计算保本销售量和保本销售额为:

$$保本销售量 = \frac{固定成本总额}{销售单价 - 单位变动成本} = \frac{40\ 000}{15 - 10} = 8\ 000(件)$$

$$保本销售额 = 保本销售量 \times 销售单价 = 8\ 000 \times 15 = 120\ 000(元)$$

也可以用边际贡献公式来预测 W 产品的保本点销售量和保本点销售额。其计算方法如下。

① 计算 W 产品的单位边际贡献和边际贡献率:

$$单位边际贡献 = 销售单价 - 单位变动成本 = 15 - 10 = 5(元)$$

$$边际贡献率 = \frac{单位边际贡献}{销售单价} = \frac{5}{15} \approx 33.3\%$$

② 计算 W 产品的保本点销售量和保本点销售额:

$$保本销售量 = \frac{固定成本总额}{单位边际贡献} = \frac{40\ 000}{15 - 10} = 8\ 000(件)$$

$$保本销售额 = \frac{固定成本总额}{单位边际贡献} = \frac{40\ 000}{33.3\%} = 120\ 000(元)$$

从预测的结果可知:当 W 产品的销售量达到 8 000 件时,应可以保本;销售量大于 8 000 件时,就可以盈利;销售量小于 8 000 件时,则会发生亏损。

本量利分析法不仅可以预测保本点,而且可以进行目标利润的预测。企业可以通过本量利法,预测出在一定销售水平下的目标利润,也可以预测出为了达到一定的目标利润所需要实现的目标销售额或目标销售量。下面举例说明目标利润的预测方法。

【例 7-19】 某企业根据市场调查分析，预测出计划期间甲产品销售量为 20 000 件，该产品销售单价为 8 元，单位变动成本为 5 元，固定成本总额为 10 000 元。要求预测出计划期间甲产品预计可实现的目标利润。

甲产品的预计目标利润为：

预测目标利润＝销售单价×预计销售量－(单位变动成本×预计销售量＋固定成本总额)
$$=8\times20\,000-(5\times20\,000+10\,000)$$
$$=50\,000(元)$$

目标销售量计算公式为：

$$目标销售量=\frac{固定成本总额+目标利润}{销售单价-单位变动成本}=\frac{固定成本总额+目标利润}{单位边际贡献} \quad (7-40)$$

$$目标销售额=\frac{固定成本总额+目标利润}{单位边际贡献率} \quad (7-41)$$

【例 7-20】 某企业经过调查分析确定计划期间的目标利润为 200 000 元。该企业的产品销售单价为 10 元，单位变动成本为 6 元，固定成本总额为 100 000 元。要求预测达到目标利润的目标销售量和目标销售额。

根据目标销售量的公式可以计算出目标销售量为：

$$目标销售量=\frac{固定成本总额+目标利润}{销售单价-单位变动成本}$$
$$=\frac{100\,000+200\,000}{10-6}$$
$$=75\,000(件)$$

$$目标销售额=目标销售量\times单价=750\,000(元)$$

2. 相关比率法

一般来说，企业的利润总额与销售收入、资金占用额是正相关的。相关比率法就是根据利润与这些指标之间的内在关系，对计划期间的利润进行预测的一种方法。常用的相关比率主要有销售收入利润率、资金利润率等。销售收入利润率和资金利润率一般以基期数为依据，并考虑到计划期有关变动因素加以确定，也可以根据同行业的平均先进水平来确定。

相关比率法的计算公式为：

$$利润=预计销售收入\times销售收入利润率 \quad (7-42)$$
$$利润=预计平均资金占用额\times资金利润率 \quad (7-43)$$

【例 7-21】 某企业基期的销售收入利润率为 20%，根据对市场的预测分析，计划期的销售收入利润率与基期的相同。预计企业计划期的销售收入为 8 000 万元。要求预测企业计划期的利润额。

根据相关比率法，计划期企业的利润额为：

利润＝预计销售收入×销售收入利润率
$$=8\,000\times20\%$$
$$=1\,600(万元)$$

【例 7-22】 某企业预测计划期的资金平均占用额为 8 500 万元,资金利润率为 16%。要求预测企业计划期的利润额。

根据相关比率法,企业计划期的利润为:

$$利润 = 预计平均资金占用额 \times 资金利润率$$
$$= 8\,500 \times 16\%$$
$$= 1\,360(万元)$$

3. 因素测算法(主要针对可比产品)

因素测算法是在上年利润水平的基础上,考虑计划年度影响销售利润变动的各项因素,测算企业计划年度产品销售利润数额。影响产品销售利润增减变动的因素主要有:产品销售数量、品种结构、成本水平、期间费用、价格和税率等。采用因素测算法预测产品销售利润,计算公式为:

$$\begin{aligned}计划年度产品销售利润 &= 上年度产品销售利润 \pm \\ &\quad 计划年度由于各项因素变动增加或减少的利润\end{aligned} \quad (7-44)$$

(1) 确定上年度产品销售利润额和成本利润率。

计算公式如下:

$$上年产品销售利润 = 上年1\sim3季度实际销售利润 + 上年第4季度预计销售利润 \tag{7-45}$$

$$上年产品销售成本 = 上年1\sim3季度实际销售成本 + 上年第4季度预计销售成本 \tag{7-46}$$

$$上年产品成本利润率 = \frac{上年销售利润总额}{上年销售成本总额} \times 100\% \tag{7-47}$$

根据上年利润计算计划年度利润时,两个年度生产和销售的产品品种要相同。因此,在以上公式的年销售利润和销售成本总额中,应将计划年度不再继续生产的产品的有关数额扣除。利润预测一般要提前进行,故第 4 季度用预计数进行计算。

(2) 测算由于计划年度产品销售数量变动而增加或减少的利润。

在其他因素不变的条件下,计划年度生产和销售的产品越多,利润也就会越多。按基年成本计算的计划年度产品成本总额,已经包含了生产量变动因素在内。假定计划期销售量同生产量一致,将该指标同上年实际销售成本总额比较,即可计算出由于计划年度产品销售量变动而增加或减少的利润。其计算公式如下:

$$\begin{aligned}销售量变动而增减的利润 &= (按上年单位成本计算的计划年度产品销售成本总额 \\ &\quad - 上年实际销售成本总额) \times 上年成本利润率\end{aligned} \quad (7-48)$$

(3) 测算由于计划年度产品品种结构变化而增加或减少的利润。

上项计算,是以上年各种可比产品的加权平均利润率为计算依据,并假定两个年度的产品品种结构完全相同。如果计划年度内,各种利润水平不同的产品在生产和销售的比重方面发生变动,势必影响到计划利润数额。利润水平高的产品比重增加,就会使利润总额的增长大于销售额增长的速度,使平均利润率提高;反之,就会使平均利润率下降,减少利润数额。所以,应根据新的品种结构确定计划年度平均利润率,并利用两年平均利润率之间的差异,计算出由于品种结构变动对计划年度应增加或减少的利润数额。其计算公式如下:

产品品种结构变动而增减的利润＝按上年单位成本计算的计划年度产品销售成本总额
×（计划年度平均利润率—上年平均利润率）

$$(7-49)$$

计划年度平均利润率＝$\sum$（各产品上年利润率×该产品计划年度销售比重） $(7-50)$

这里需要指出，企业所生产的同一品种产品，如果等级不同，利润水平也不同。当企业提高产品质量，提高一级品率，使各等级产品占生产和销售量的比重发生变动。但是在实行按质论价的情况下，不同等级产品的销售价格不同。当质量提高、等级比重变化时，必然使该种产品的平均销售价格发生变动。因此，产品质量变动因素的影响，可以通过价格变动对利润的影响表现出来，不必单独计算。

（4）测算由于计划年度降低产品制造成本而增加的利润。

在其他因素不变的情况下，降低产品成本，就会使利润增加。根据计划年度企业成本计划中确定的产品成本降低率，就可计算出计划年度由于降低成本而增加的利润额。计算公式如下：

成本降低而增加的利润＝按上年单位成本计算的计划年度产品销售成本总额
×计划年度产品成本降低率

$$(7-51)$$

（5）测算由于计划年度降低期间费用而增加的利润。

在实行制造成本法的情况下，不仅成本变动会影响利润变动，而且期间费用的变动也会影响利润的增加或减少。计算公式为：

期间费用降低而增加的利润＝上年期间费用总额×$\dfrac{按上年单位成本计算的计划年度产品销售成本}{上年产品销售成本总额}$
－计划年度预计期间费用总额

$$(7-52)$$

（6）测算由于计划年度产品销售价格变化而增加或减少的利润。

产品销售价格的变化，直接影响利润数额的增减。在其他因素不变的情况下，销售价格提高，利润就会增加；反之，利润就会减少。因此，在计划年度如果产品销售价格发生变化，应对按照基年平均利润率计算的计划年度利润数额，加以调整。

在确定销售价格变化对利润数额影响时，应当具体考虑销售价格变化的时间，在价格变化前发出的产品，仍按照原价计算，不受价格变化的影响。另外，由于企业是按照产品销售收入及规定的税率计算应缴纳的销售税金，因此在销售价格变化时，即使税率不变，应纳税金数额也会随之增减。此项税金的增减数，可部分抵消价格变化对利润的影响。计算公式如下：

产品销售价格变化而增减的利润＝$\sum\left[价格变化的某种产品销售量\times\left(计划年度单位售价-上年单位售价\right)\times\left(1-上年税率\right)\right]$

$$(7-53)$$

（7）测算由于计划年度产品销售税（价内税）税率变化而增加或减少的利润。

税率变化直接影响利润数额的增减，在其他因素不变的情况下，税率提高，利润减少，税率降低，利润增加。税率变化对利润的影响计算公式如下：

产品税率变化而增减的利润＝$\sum\left[税率变化的产品按计划年度单价计算的销售收入\times\left(该产品上年税率-该产品计划年度税率\right)\right]$

$$(7-54)$$

在上年产品销售利润（扣除计划年度不再继续生产的产品利润）的基础上，综合以上各项测算结果，即为计划年度预测产品销售利润总额。

7.3.3 投资收益预测

投资净收益是企业利润的重要组成内容，它是投资收益和投资损失相抵后的余额。作为预测来说，关键是预测对外投资收益，因为对外投资的目的就是取得收益。如果经预测，一项投资的收入不足抵偿支出而产生损失，企业必然放弃这项投资。但实际投资结果是，有些投资项目由于各种原因可能会产生损失。对于损失的预测，只能以历史数据为依据，结合被投资单位的经营状况加以预计。所以这里主要对投资收益的预测方法加以说明。

1. 对外投资利润的预测

对外投资利润是指企业以现金、实物、无形资产向其他企业单位投资并进行紧密型的联营而从联合企业分得的利润。对于这部分可分得利润的预测，主要应按联营协议规定，由主体企业和各成员企业分别运用前述各种方法测算出各自的实现利润预计数。在此基础上，测算出联合体预计的可分配利润，其计算公式如下：

$$联合体预计可分配利润总额 = 联合体预计实现利润总额 - 各成员企业上缴利润总额 - 弥补以前年度亏损额 - 经批准的单项留利额 - 预计提取的共同发展基金 \tag{7-55}$$

紧密型联合企业的可分配利润应在各成员企业之间按一定的方法进行分配，一般是按投资比例或按协议比例分配。

（1）按投资比例分配。按投资比例分配要先获得期初投资额、期末投资额或平均投资额数据，再进行计算，其计算公式如下：

$$某成员企业分得利润 = 某成员企业期初（期末或平均）的投资额 \times \frac{联合企业可分配利润额}{联合企业期初（期末或平均）的投资额总和} \tag{7-56}$$

如果联合企业先缴税后分利，则某成员企业的投资收益的计算公式如下：

$$某成员企业的投资收益 = 某成员企业应得利润 \times (1 - 所得税税率) \tag{7-57}$$

【例 7-23】 某企业向联合企业投资 2 000 000 元。该联合企业共有四个成员企业，总投资额为 10 000 000 元，预计可分配利润为 2 500 000 元，所得税税率 25%。则某企业预计投资收益额即税后利润为：

$$2\,000\,000 \times \frac{2\,500\,000}{10\,000\,000} \times (1 - 25\%) = 375\,000(元)$$

（2）按协议比率分配。它是以各成员企业所提供的技术、人才、资源、商誉等要素为依据，按联合协议规定分配联合企业可分配利润的一种方法。

在实际工作中，往往考虑各种生产要素在联合企业中的不同比例，采取几种方法结合，用以分配联合企业的可分配利润。

2. 有价证券投资收益的预测

（1）债券投资收益的预测。对于债券投资收益的预测取决于各债券的票面利率、市场利率和到期日等因素。其中票面利率一经确定，就不能改变，成为计算债券利息的依据。但票面利率与市场利率不是经常一致的，票面利率往往大于或小于市场利率，因而使债券市场价格高于或低于债券面值。债券市场价格与市场利率成反比例变动。当市场利率高于票面利率时，投资者愿把资金投放于更为有利的方面，而不愿购买债券，为了吸引投资者，发行者必须打折出售债券，以弥补债券持有人损失的利息收入；反之，当票面利率高于市场利率或与市场利率相同时，才按票面值出售债券。可见，债券收益预测的核心是正确预计市场利率的问题。

市场利率包括无风险的报酬率和风险补偿两部分，即：

$$k = I + \theta \tag{7-58}$$

式中：k——市场利率；

I——无风险报酬率；

θ——风险补偿。

无风险的报酬率一般用国库券的利率来表示。因为国库券没有收不回本金和利息的风险，而企业发行的债券却存在收不回本金和利息的风险，必须有风险补偿，才能吸引投资者。风险补偿的大小，视发行企业的不同而各异。我们可以运用证券市场线求出其近似值。所谓证券市场线就是风险和预期报酬之间存在一定的关系，证券预期风险越高，投资者要求的报酬率也必然越高。

在测得债券市场利率的基础上，就可依下列公式计算债券的市场价格和债券利息收入了。

$$p = \frac{C}{(1+K)} + \frac{C}{(1+K)^2} + \frac{C}{(1+K)^3} + \cdots + \frac{C}{(1+K)^n} + \frac{X_0}{(1+K)^n} \tag{7-59}$$

式中：p——债券市场价格；

C——每期支付的利息；

X_0——票面值；

n——到期年数；

K——必要报酬率。

【例 7-24】 某企业购买票面面值为 1 000 元，票面利率为 8%，到期日为 10 年的一张债券，该债券预期的市场利率为 9%，该债券的市场销售价格为：

$$p = \frac{C}{(1+K)} + \frac{C}{(1+K)^2} + \frac{C}{(1+K)^3} + \cdots + \frac{C}{(1+K)^n} + \frac{X_0}{(1+K)^n} = 935.44 \,(元)$$

该债券每年年底可取得的收入为：

$$1\,000 \times 8\% + \frac{1\,000 - 935.44}{10} \approx 86.46 (元)$$

债券利息收入依法缴纳所得税后的余额，计入企业税后利润。

(2) 股票投资收益预测。股票投资的收益主要来自两个方面：一是参加股份制企业税后利润的分配，取得分红收入。二是股票市价上扬而取得的价差收入。股票投资是一种风险性很大的投资，为取得投资效益，必须深入了解市场供需信息、上市公司的营运绩效信息、整个社会经济发展的信息资料，据此做出买进或卖出的决策，把握契机，确保获利。

反映股票收益率高低的指标，一般有以下两个。

① 本期股利收益率。它是反映以现行价格购买股票的预期收益的指标。其计算公式如下：

$$本期股票收益率 = \frac{年现金股利}{本期股票价格} \times 100\% \qquad (7-60)$$

② 持有期收益率。股票没有到期日，但投资者持有股票的时期有长有短。持有期收益率就是反映投资者在持有期内收益大小的指标。其计算公式如下：

$$持有期收益率 = \frac{出售价格 - 购买价格 + 股利}{购买价格} \times 100\% \qquad (7-61)$$

【例 7-25】 某企业在 6 月 30 日以每股 620 元的价格购买某公司的股票一张，12 月 30 日以 680 元的价格卖出，在半年期内获得发行公司 30 元现金股利，则其持有期收益率为：

$$\frac{680 - 620 + 30}{620} \times 100\% \approx 14.52\%$$

在测定收益率的基础上，可将根据企业的投资额测出企业的股票投资的收益额作为企业利润总额的构成内容。

7.3.4 营业外收支净额预测

企业的营业外收支是与企业生产经营无直接联系的各项收支。营业外收支项目多，又无固定规律，因此，只能以上年实际数为基础结合计划年度的有关因素变动情况加以预计。

知识链接

营业外收入不是由企业经营资产耗费所产生，一般不需要企业付出代价，因而无法与有关的费用支出相配比。营业外收入包括处置非流动资产利得、非货币性资产交换利得、债务重组利得、政府补助、盘盈利得、捐赠利得等。营业外支出不属于企业的生产经营费用，包括非流动资产处置损失、非货币性资产交换损失、债务重组损失、公益性捐赠支出、非常损失、盘亏损失等。

7.3.5 利润计划

利润计划是企业财务计划的重要组成部分，它是在利润预测的基础上编制而成的，是对利润预测和经营决策的具体反映。利润计划也是一定时期企业生产经营活动的目标。

利润是由营业利润和营业外收支净额组成的。因此，在编制利润计划时，应先编制营业利润计划和营业外收支计划，在这些计划的基础之上汇总编制利润计划。下面举例说明企业利润计划的编制。

【例 7-26】 某企业根据销售预测，计划期间可实现产品销售收入 1 000 万元，产品销售成本 700 万元，为销售产品而支付的销售费用为 8 万元，应缴纳的销售税金及附加为 70 万元，其他销售收入预计为 200 万元，其他销售成本为 120 元，应缴纳的其他销售税金及附加为 10 万元，企业对外投资，预计投资收益为 30 万元，投资损失为 6 万元，根据国家有关规定以及企业过去情况预测营业外收入为 2 万元，营业外支出为 3 万元，计划期管理费用预计为 50 万元，财务费用预计为 30 万元。根据以上预测资料可以编制计划期利润计划见表 7-13。

表 7-13　2017 年度利润计划

单位：万元

序　号	项　目	本 年 计 划
1	产品销售净收入	1 000
2	减：产品销售成本	700
3	产品销售费用	8
4	产品销售税金及附加	70
5	产品销售利润	222
6	其他销售收入	200
7	减：其他销售成本	120
8	其他销售税金及附加	10
9	其他销售利润	70
10	减：管理费用	50
11	财务费用	30
12	销售利润	212
13	投资收益	30
14	减：投资损失	6
15	投资净收益	24
16	营业外收入	2
17	减：营业外支出	3
18	利润总额	235

利润计划确定以后，企业就要组织生产经营活动，做好销售工作，管理好对外投资活动，尽量扩大收入，控制各种成本、费用，努力完成企业的计划指标，实现企业的经营目标。在计划执行过程中，如果因为各种因素发生变化，使计划不能完成，就应及时调整计划，对计划指标进行修改。

7.3.6　利润分配

企业年度决算后实现的利润总额，要在国家、企业的所有者和企业之间进行分配。利润分配关系到国家、企业、职工及所有者等利益相关人群体的利益关系。涉及企业长远利益与近期利益、局部利益的协调。利润分配的结果，形成了国家的所得税收入，投资者的投资报酬和企业的留用利润等不同项目，其中企业的留用利润是指盈余公积和未分配利润。由于税法具有强制性和严肃性，缴纳税款是企业必须履行的义务，从这个意义上看，财务管理中的利润分配主要是指企业净利润的分配，利润分配的实质就是确定给投资者分红与企业留用利润的比例。

1. 利润分配的基本原则及程序

（1）利润分配的基本原则。依法分配原则，分配与积累并重原则，权益对等原则，利润激励原则。

(2) 利润分配的程序。

① 弥补企业亏损。按所得税法规定，企业发生的年度亏损，可以用下一年度的税前利润弥补；下一年度利润不足以弥补的，可以在五年内用缴纳所得税之前的利润延续弥补；延续五年未弥补完的亏损，用缴纳所得税之后的利润弥补。

② 缴纳企业所得税。企业所得税是国家凭借政治权力参与企业收益分配的一种税种。它按年计征，分期预交。企业应从全局利益出发，正确计算和缴纳所得税数额。其计算公式如下：

$$企业应纳所得税的数额 = 企业的应税所得额 \times 所得税的税率 \qquad (7-62)$$

式中，所得税的税率是由国家税法规定的。正确计算应缴纳所得税数额的关键是正确计算应税所得额。应税所得额是根据国家规定，在企业实现利润总额的基础上增加或扣减有关收支项目的办法加以计算的，其计算公式如下：

$$企业应税所得额 = 实现利润总额 + 经批准增加的收入项目 - \\ 经批准减少的项目（如弥补往年度亏损等） \qquad (7-63)$$

③ 分配税后利润。企业缴纳所得税后的利润一般应按下列顺序进行分配。

a. 支付被没收财物的损失和违反税法规定而支付的滞纳金和罚款，把这项支出作为税后利润分配的首要项目，是为了维护国家的税法权威，促使企业遵纪守法。

b. 弥补以前年度亏损。如果企业的亏损额较大，用税前利润在五年的限制期内抵补不完，就转由企业的税后利润弥补，以保证企业简单再生产的正常进行，为扩大再生产创造条件。所以把弥补以前年度亏损作为税后利润分配的第二顺序。

c. 提取法定盈余公积金。企业提取法定盈余公积金，根据税后利润扣除前述两项分配数额后的余额的10%提取，主要用于弥补企业亏损，补充投资者分利的不足，以及按规定转增资本金。企业的法定盈余公积金达到注册资本金的50%时可不再提取。

d. 提取公益金。公益金是企业用于职工集体福利设施支出的基金。它是按企业决议确定的比例，从税后利润扣除前三项分配数额的余额中提取的基金。

e. 向投资者分配利润。向投资者分配利润是税后利润分配的最后一项顺序，但这并不意味着向投资者分配利润不重要。企业以前年度未分配的利润，可以并入本年度向投资者分配。企业当年无利润不得向投资者分配利润。

 知识链接

税后利润是企业投资者拥有的权益，对这部分权益的处置与分配，以《中华人民共和国公司法》为核心的有关法律都有明确的规定和要求，充分反映了国家制定的利润分配中的各种限制因素，并制定了缴税、提留、分红的基本程序。企业的税前利润首先应按照国家规定做出相应调整，增减应纳税所得额，然后依法缴纳所得税。税后利润的分配应按顺序弥补以前年度亏损、提取法定公积金、公益金，再向投资者分配利润。公益金用于职工集体福利设施的开支。在现行企业中，使用税后可供分配利润对具有一定工作年限或做出较大贡献的职工发送红股，使员工也参与企业利润分配。这种红股虽然在其转让、继承等方面做了一定的限制，但对提高职工的归属感和参与意识无疑具有积极的意义。也有部分企业试行"内部职工股"与"期权"，这也是一种积极有效的探索。

2. 股份制企业利润分配

（1）股利支付方式。

① 现金股利。是股份公司以现金的形式发放给股东的股利，这是最常见的股利分派形式。采用这种方式公司需要有充足的现金。

② 财产股利。即以现金以外的资产支付股利。主要是以公司拥有的有价证券作为股利支付给股东。

③ 负债股利。即公司以负债支付股利。通常公司支付给股东应付票据。

④ 股票股利。即企业将应分配给股东的股利以股票的形式发放。

上述四种方式中，我国有关法律规定股份公司只能用现金股利和股票股利两种方式，其他方式在我国公司很少使用，但并非法律所禁止。

（2）股利的发放程序。

股份公司分配股利必须遵循法定的程序，一般是先由董事会提出分配。股东大会决议通过分配预案之后，要向股东宣布发放股利的方案，并确定股权登记日、除息日和股利发放日。这几个日期对分配股利是非常重要的。

① 宣布日。宣布日就是股东大会决议通过并由董事会宣布发放股利的日期。在宣布分配方案的同时，要公布股权登记日、除息日和股利发放日。通常股份公司都应当定期宣布发放股利。我国股份公司一般是一年发放一次或两次股利，即在年末和年中分配。在西方国家，股利通常是按季度支付。

② 股权登记日。股权登记日是有权领取本期股利的股东资格登记截止日期。企业规定股权登记日是为了确定股东能否领取股利的日期界限，因为股票是经常流动的，所以确定这个日期是非常必要的。凡是在股权登记日这一天登记在册的股东才有资格领取本期股利，而在这一天之后登记在册的股东，即使是在股利发放日之前买到的股票，也无权领取本次分配的股利。先进的计算机系统为股权登记提供了极大的方便，一般在股权登记日营业结束的当天即可打印出股东名册。

③ 除息日。除息日是指除去股利的日期，即领取股利的权利与股票分开的日期。按照证券业的惯例，一般在股权登记日的前4天为除息日。在除息日之前购买的股票，才能领取本次股利，在除息日当天或以后购买的股票，则不能领取本次股利。规定除息日是因为股票的买卖交易之后，需要几天办理股票过户手续的时间，而在除息日之后，股权登记日之前这几天购买的股票，股份公司不能及时地得到股票所有权已经转让的通知。除息日对股票的价格有明显的影响，在除息日之前的股票价格中包含了本次股利，在除息日之后的股票价格中不再包含本次股利，所以股价会下降。但是，先进的计算机交易系统为股票的交割过户提供了快捷的手段，股票买卖交易的当天即可办理完交割过户手续，在这种交易制度下，股权登记日的次日（指工作日）即可确定为除息日。

④ 股利发放日。股利发放日，也称付息日，是将股利正式发放给股东的日期。在这一天，计算机交易系统可以通过中央结算登记系统将股利直接打入股东资金账户，由股东向其证券代理商领取股利。

北京同仁堂股份有限公司股利分配方案

北京同仁堂股份有限公司主营业务为中药生产、科研、销售。2010年，公司收入 3 824 446 141.96 元，比上年增长 16.30%；主营业务利润 552 765 052.80 元，比上年增长 20.49%；归属于母公司所有者的净利润 343 233 607.45 元，比上年增长 19.19%；现金及现金等价物 167 398 797.92 元，比上年减少 60.86%。主要原因是本期销售商品收到的现金减少使经营活动产生的现金流量净额比去年同期下降 22.34%，本期固定资产投资增加使投资活动产生的现金流量净额比去年同期下降，本期支付股利增加使筹资活动产生的现金流量净额比去年同期下降。表 7-14 列示了同仁堂 2008—2010 年的重要财务指标。

表 7-14 同仁堂 2008—2010 年的重要财务指标

会计期间	2008-12-31	2009-12-31	2010-12-31
营业收入（万元）	2 977 885 017.15	3 288 428 404.29	3 824 446 141.96
净利润（万元）	35 063.73	38 829.24	47 109.31
总资产（万元）	4 571 717 356.81	4 954 404 709.46	548 931.82
股东权益（万元）	367 798.71	391 295.41	422 128.12
每股收益（元）	0.501	0.553	0.659
每股收益（扣除非经常性损益后，元）	0.4862	0.539	0.643
每股净资产（元）	5.499	5.856	6.254
每股经营活动产生的现金流量净额（元）	0.81	1.21	0.94
净资产收益（%）	9.07	9.41	10.54
加权净资产收益率（%）	9.41	9.70	10.87
扣除非经常性损益后的加权净资产收益率（%）	9.20	9.54	10.64

公司 2010 年按照合并报表实现归属于上市公司股东的净利润 343 233 607.45 元，按母公司实现净利润的 10% 提取法定盈余公积 25 165 831.41 元，加年初未分配利润 1 458 268 356.41 元，减去 2009 年度利润分配已向全体股东派发的现金红利 119 790 043.94 元，2010 年度可供股东分配利润为 1 656 546 088.51 元。公司拟以 2010 年年末总股本 520 826 278 股为基数，向全体股东每 10 股送红股 5 股（每股面值 1 元），同时派发现金红利 3.5 元/10 股（含税）。表 7-15 列示了同仁堂 2008—2010 年的股利分配方案。

表 7-15　同仁堂 2008—2010 年的股利分配方案

报告期	每股收益	10 股分红（元，含税）	10 股送股数	10 股转增（股）	红利支付率（%）
2010	0.497	3.5	5	10	70.42
2009	0.553	2.3	0	0	41.59
2008	0.501	2	0	0	39.92

（资料来源：北京同仁堂股份有限公司 2008—2010 年年报。）

讨论题：同仁堂 2010 年的高送转方案对股东和公司有何影响？

3. 股票股利与股票分割

股票股利与股票分割的经济意义几乎完全一样，都是给公司现有股东增发额外的股票，唯一区别是它们在会计上的处理方式不同。为此，纽约股票交易所规定，当派发的股票数量不超过现在外部股份数量的 25% 时，称为股票股利，超过 25% 则称为股票分割。

（1）股票股利。

① 股票股利的概念及特点。股票股利是企业以发放的股票作为股利的支付方式，相对于其他股利具有以下特点。

a. 股票股利的发放只改变所有者权益各项目的结构，而不影响所有者权益总额。

【例 7-27】　M 公司在发放股利前的股东权益情况见表 7-16。

表 7-16　发放股票股利前的股东权益情况表

单位：元

普通股（每股面值 1 元，1 000 000 股）	1 000 000
资本公积	1 000 000
留存收益	3 000 000
股东权益合计	5 000 000

假定该企业宣布发放 10%，即 100 000 股的股票股利，股票当前市价为每股 10 元，则发放股票股利后的股东权益情况见表 7-17。

表 7-17　发放股票股利后的股东权益情况表

单位：元

普通股（每股面值 1 元，1 000 000 股）	1 100 000
资本公积	1 900 000
留存收益	2 000 000
股东权益合计	5 000 000

可见，企业发放股票股利的实质是股东权益各项目数额的重新分配，即将股票股利按股票市值从留存收益账户转移到普通股股本和资本公积账户中，实际上也就是将股票股利按市场价值予以资本化。

b. 从理论上讲，当企业的盈余总额以及股东的持股比例不变时，每位股东所持股票的市场总值保持不变。

【例 7 - 28】 上例中,假定 M 公司当年盈余为 880 000 元,某股东持有 50 000 股普通股,则发放股票股利对该股东股票价值的影响见表 7 - 18。

表 7 - 18　发放股票股利对股东股票价值的影响情况表

单位:元

项　目	发放股票股利前	发放股票股利后
每股收益(EPS)	880 000÷1 000 000=0.88	880 000÷1 100 000=0.8
每股市价	10	10÷(1+10%)=9.09
持股比例	50 000÷1 000 000×100%=5%	55 000÷1 100 000×100%=5%
所持股总市值	50 000×10=5 000 000	55 000×9.09=5 000 000

可见,在企业盈余总额及股东持股比例一定的情况下,发放股票股利导致每股盈余(EPS)和每股市价下跌,但企业的股票总市值以及每位股东所持股票市值保持不变。

② 对股票股利的评价。从企业分配的现实情况看,不仅现金股利与股票股利并存,而且相当多的企业和股东更青睐于股票股利政策或股票股利政策与现金股利政策的联合使用。原因是,股票股利无论是对股东还是对企业,都有很多有利的方面。

知识链接

(1) 股票股利对股东的意义。

① 可以使股东获得股票价格相对上涨的收益,尽管从理论上分析,公司分发股票股利会导致股价等比例下跌,但事实上,由于分发股票股利通常意味着公司有良好的获利潜力和发展前景,因而其股价下跌的幅度相对有限,即股利下跌比例通常低于分发股票股利的比例,特别是在公司分发少量股票股利(如比例为 2%~3%)的情况下股价变动无论从数额上还是从时间上均不会十分明显,这样对股东来说就无疑能够享受价格相对上涨所带来的收益。例如:某投资者持有该公司股票 1 000 股,目前市价每股 10 元,公司按 10%的比例分发股票股利,分发股票股利后股票市价下跌 5%,即每股 9.5 元,则该投资者所持股票每股价格相对上涨了 0.45 元 (1 100×9.5÷1 000-10),因价格相对上涨所带来的收益为 450 元 (0.45×1 000)。

② 可以使股东获得节税收益,在公司分发股票股利的情况下,若股东需要现金,则可将其分得的股票出售。一些国家税法规定,对出售股票所获得的资本利得征收所得税的税率低于现金股利收益的税率。因此,股东通过出售股票取得现金流入相对于获得现金股利收入而言,能够节约所得税支付。

(2) 股票股利对企业的意义。

① 有利于企业保留现金。股票股利作为一种分配方式,一方面具有与现金股利类似的市场效应,如向市场传递着公司发展良好的信息,从而稳定或提升股票价格,另一方面又能使企业保留现金用于再投资所需,从而有利于长期发展。

② 有利于增强企业股票的流动性。发放股票股利能够在一定程度上降低股票价格,从而有利于吸引更多的中小投资者,活跃企业股票的市场交易,增强股票的流动性和可变

现性。

(3) 股票股利的缺陷。分配股票股利有许多相对优势，但也存在一些缺陷。

① 由于发放股票股利的手续和程序相对复杂，因而其费用负担也相对较大。

② 分发股票股利尽管能够减少企业当前的现金支付，但可能加重企业以后的经营压力和财务负担。因为一方面，随着股票股利的发放，企业的股本总额不断扩大，企业的收益水平若没有相对提高，将会导致每股盈余下降，这无疑会损害企业的市场形象，引发股价下跌；另一方面，随着股本规模的扩大，当企业在某一时间需要分配现金股利时，其现金支付压力将会随之加大，甚至可能导致企业陷入财务困境。

(2) 股票分割。

股票分割是指将高面额股票拆换为低面额股票的行为，例如将1股面值为2元的股票换为2股1元的股票。股票分割与股票股利的经济意义基本相同，不同之处主要在于会计处理方法。由于会计处理方法不同，其对资产负债表的影响也就不同，股票股利没有改变所有者权益总额，但权益内部各项目的结构将会发生变化，股票分割则是既不改变权益总额，也不改变权益结构。

企业进行股票分割的意义在于：①通过股票分割，可以降低股票的每股价格，从而吸引更多的中小投资者，活跃企业股票的市场交易，增强企业股票的流动性。②由于股票分割常见于成长中的企业，因此，企业进行股票分割往往被视为一种利好消息而影响其股票价格。这样，企业股东就能从股份数量和股票价格的双重变动中获得相对收益。

需要说明的是，无论是股票股利还是股票分割，其对企业和股东的利益效应是建立在企业持续发展的基础之上的，如果发放股票股利或进行股票分割后并没有伴随着利润和现金股利的相应增长，那么，不仅因此产生的股价上涨是短暂的，甚至可能给企业带来无尽的后患。因此，要稳定发展中国资本市场，关键是不断提高上市公司的质量，保持公司利润的持续增长，给股民以良好的回报。

 小思考

1. 利润预测的内容与方法有哪些？
2. 利润分配的原则与程序是什么？

本章小结

本章主要介绍了营业收入管理、成本费用管理和利润的管理。企业营业收入可分为主营业务收入和其他业务收入。营业收入的管理环节包括营业收入的预测、计划、组织、考核和分析。销售收入预测应在充分调研企业内外影响因素的基础上，综合应用定量分析法和定性分析法进行科学的预测，从而编制出销售收入计划。成本费用管理体系由成本费用预测、成本费用决策和计划、成本费用分析、控制和考核组成。企业的成本费用管理工作是一项系统工程，强调整体与全局，需要对企业成本费用管理的对象、内容、方法进行全方位的分析研究。从财务学意义讲，利润是收入扣除成本费用后的余额，从经济学意义讲，利润是劳动者为社会所创造的剩余产品价值的货币表现。因此，利润是反映企业经营绩效的核心指标，加强利润管理有重要意义。利润预测是加强利润管理的重要环节，要掌握利润预测的基本方法。利润分配要以正确的股利分配理论为指导，制定和执行企业股利分配政策。股利分配理论主要有股利无关论和股利相关论，股利政策主要有剩余股利政策、稳定增长股利政策、固定股利支付率政策、低正常股利加额外股利政策等。进行股利政策的选择时应考虑多方面的因素。

基本概念

判断分析法　调查分析法　趋势分析法　简单平均法　移动平均法　加权移动平均法　指数平滑法　因果分析法　因素分析法　高低点法　回归分析法　本量利分析法　边际贡献　单位边际贡献　边际贡献率　变动成本率　保本销售量　保本销售额　目标销售额　目标销售量　相关比率法　因素测算法　利润分配　股利理论　股利政策

练习题

一、单项选择题

1. 下列各项对营业收入没有影响的是（　　）。
   A. 销售退回　　　　　　　　B. 销售折扣
   C. 销售折让　　　　　　　　D. 结算方式
2. 成本费用是企业生产经营过程中发生的（　　）。
   A. 资产耗费　　　　　　　　B. 货币支出
   C. 材料费用　　　　　　　　D. 折旧费用
3. 下列预测方法属于因果分析法的是（　　）。
   A. 简单回归分析法　　　　　B. 季节预测法
   C. 加权移动平均法　　　　　D. 德尔菲法
4. 下列股利政策可能会给公司造成较大的财务负担的是（　　）。
   A. 剩余股利政策　　　　　　B. 固定股利或稳定增长股利政策
   C. 固定股利支付率政策　　　D. 低正常股利加额外股利政策
5. 成本费用按其可控制性可以分为（　　）。
   A. 直接费用和间接费用　　　B. 可控费用和不可控费用
   C. 变动费用和固定费用　　　D. 产品成本和期间费用

二、多项选择题

1. 成本费用的预测方法有（　　）。
   A. 比例法　　　　　　　　　B. 因素分析法
   C. 高低点法　　　　　　　　D. 回归分析法
2. 成本分析评价目前常用的指标有（　　）。
   A. 主要产品单位成本　　　　B. 可比产品成本降低率
   C. 全部产品成本降低额　　　D. 行业平均先进成本
   E. 百元产值成本

3. 影响股利政策的因素有（　　）。
A. 法律因素　　　　　　　　B. 债务契约因素
C. 公司财务状况因素　　　　D. 资金成本因素
E. 股东因素

4. 股份公司分派股利的形式有（　　）。
A. 现金股利　　　　　　　　B. 股票股利
C. 财产股利　　　　　　　　D. 负债股利
E. 资产股利

三、判断题

1. 德尔菲法是一种专家判断法。（　　）
2. 本量利预测法不能用于销售预测。（　　）
3. 销售收入是由边际贡献和变动成本构成的。（　　）
4. 股份公司在进行股利分配时，应当坚持同股同权、同股同利的原则。（　　）
5. 企业采用股票股利进行股利分配，会减少企业的股东权益。（　　）

四、计算题

1. 某企业计划生产产品1 500件，每件计划单耗20千克，每千克计划单价12元。本期实际生产产品1 600件，每件实际消耗材料18千克，每件实际单价13元。要求：计算产品材料的实际成本、计划成本及差异，并分析计算由于产量变动、材料单耗变动、材料单价变动对材料成本的影响。

2. 生产销售甲产品，经过调查，确定计划期的目标利润为500 000元，甲产品的销售单价为30元，单位变动成本为15元，固定成本总额为250 000元，要求确定实现目标利润所需的销售量（件）和销售额。

3. 某企业基期的销售收入为8 500万元，销售利润为1 700万元。根据对市场的预测，计划期的销售收入利润率与基期相同。预计企业的销售收入为90 000万元，要求预测企业计划期的利润额。

4. 某企业上一年度甲产品销售量为50 000件、销售单价为20元，该产品的单位变动成本为12元，固定成本为80 000元，上年度的利润总额为320 000元。经过对市场供需状况的调查，本年度甲产品的预计销售量为55 000件，销售单价为19元。据预测，该企业因改进产品设计，单位变动成本可降低至10元，但固定成本会增加到90 000元。要求采用因素分析法计算各因素变动对利润的影响及计划年度利润总额。

五、案例分析

新宇化工公司是一个地方中型企业，在实行目标管理之前，公司领导总感到职工的积极性没有最大限度地发挥出来，上下级之间关系也比较紧张，管理很不顺畅。所以公司效益从2013年以来连续下滑。为从根本上扭转这种被动的管理局面，从管理中要效益，公司领导班子达成共识，从2015年开始在公司实行目标管理。

1. 确定目标

新宇化工公司根据企业的总体要求来确定公司的总目标。总目标包含以下四个方面，并尽量用定量指标表达，目标又分期望和必达两种。分别如下（以2015年为准）。

（1）对社会贡献目标。新宇化工公司作为一个地方化工企业，不仅要满足地区经济发展的物质要求，而且要满足人民群众对化工产品的不断增长需求。具体指标为：总产值 7 914 万元必达，期望 8 644 万元；净产值 1 336 万元必达，期望 1 468 万元；上缴税款 517 万元必达，期望 648 万元。

(2) 对市场目标。随着市场经济的发展与深入，化工产品市场竞争越来越激烈。新宇公司在本省是具有竞争力的企业，所以在力图巩固现有市场份额的基础上，强化市场营销策略，不断扩大销售量，并开拓外省（市）市场，从而提高市场占有率。对销售指标：期望年增 8%～10%，必须达到年增 6%～7%；对市场占有率指标：期望达到 38%，必须达到 34%。

(3) 公司发展目标。新宇公司根据"十五"计划发展规划，确定其发展目标为：销售收入 6 287 万元必达，期望达到 7 100 万元，且年增 6%～8%；资产总额 650 万元，且年增 10%～12%；必须开发 5 个新系列化工产品，期望开发 6 个新产品系列；职工人数年增长 3%，且实行全员培训，职工培训合格率必达 85%，期望 98%。

(4) 公司利益和效益目标。确定的具体表达指标如下：利润总额 480 万元，期望实现 540 万元；销售利润率 7.6%，期望达到 8.5%；劳动生产率年增 85%，期望年增 105%；成本降低率递减 5%；合格品率达到 92%，期望达到 95%；物质消耗率年下降 7%；一级品占全部合格品比重达 50%，期望达到 60%。

2. 目标分解

新宇化工公司对于总目标的每一个表达指标，都按纵横两个系统从上至下层层分解。从横向系统看，即公司每一个职能部门都细分到各自的目标，并且一直到科室人员。从纵向系统看，从公司总部到下属车间、段、班组直至每个岗位工人都要落实细分的目标。由此形成层层关联的目标连锁体系。

现以公司实现利润总额 480 万元为例，对其目标进行分解。利润的实现主要取决于成本的降低，而成本降低又分解为原材料成本、工时成本、废品损失和管理费用四个第三层次的目标，然后继续分解下去，共细分成 96 项具体目标，涉及降低物耗、提高劳动生产率，保证和提高产品质量以及管理部门节约高效的具体要求。最后按归口分级原则落实到责任单位和责任人。

3. 执行目标

新宇化工公司按照目标管理的要求，让各目标执行者"自主管理"，使其能在"自我控制"下充分发挥积极性和潜能。为职工实现自己的细分目标创造一个宽松的管理环境，不再强调上级对下属严密监督和下级任何事情都必须请示上级才行动的陈旧管理模式。

在此阶段，新宇化工公司领导注重做到以下几点。

(1) 对于大多数公司所属部门和岗位，都进行充分的委权和放权，提高自主管理和自我控制的水平。对于极少数下属部门和岗位，上级领导对下属部门和成员仍应实施一定的监督权，以确保这些关键部门和岗位的目标得以实现。

(2) 公司建立和健全了自身的管理信息系统，创造了执行目标所需的信息交流条件，使得上下级和平级之间的不同单位、部门、人员都能在执行各自目标时得到信息的支持。

(3) 公司各级领导人员对下属及成员并不是完全放任不管不问。他们的职责主要表现在以下方面：一是为下属创造良好的工作环境；二是对下级部门和下属人员做好必要的指导和协调工作；三是遇到例外事项时，上级要主动到下属中去协商研究解决，而不是简单地下指令。

在上述新宇公司成本降低的96项具体目标落实到公司有关部门和个人后,他们就按各自目标制定具体实施方案。实施方案包括执行目标所需的权限、工作环境、信息交流渠道、工作任务、计划进度、例外事项处理原则等。在每天的工作中,每个执行目标者都要自己问自己,我今天要做些什么才能对自己目标的完成做出贡献? 然后对每天的工作和时间进行最佳组合的安排,尽可能取得最高的工作效率。

4. 评定成果

新宇化工公司在进行目标管理时,很重视成果评定。当预定目标实施期限结束时(一般为一年),就大规模开展评定成果活动。借以总结成绩,鼓励先进,同时发现差距和问题,为更好地开展下一轮的目标管理打好基础。

新宇化工公司强调评定成果要贯彻三项原则:一是以自我评定为主,上级评定与自我评定相结合;二是要考虑目标达到程度、目标的复杂程度和执行目标的努力程度,并对这三个主要因素进行综合评定;三是按综合评定成果进行奖励,体现公平、公正的激励原则。

例如,三车间聚丙乙烯产品成本目标是6 500元/吨,公司考核部门的标价标准是:达到6 500元,得100分;降至6 400元/吨以下,得120分;超过6 600元/吨,得10分;处在6 500元至6 600元/吨之间时,得50分。三车间全体职工经过一年奋斗,最终自评成绩是120分,成功使成本降至6 400元/吨以下,在达到目标程度这一因素上取得了最优级,并经过公司考核部门认可。

成本是一个综合项,涉及企业管理的许多方面。三车间的成本目标定为6 500元/吨,确属于比较复杂、困难、繁重的目标。公司考核部门在制订评价标准时,把6 500元/吨定为难度比较大的目标,记为100分;6 400元/吨以下为难度极大的目标,记为120分;6 600元/吨以上为较为容易目标,记为10分。在评定时,影响成本的环境和条件没有大的改变。所以,三车间和公司考核部门一致确认,6 500元/吨的成本目标应记为100分。

在评定执行目标的努力程度时,公司考核部门也制订了很努力、比较努力、一般努力三个等级,分值分别是120分、100分和80分。三车间自评结论是全车间同心协力,努力奋斗一年,应该记120分。

当然,在确定目标的复杂程度和执行的努力程度时,公司考核部门都有一些更多的细分指标和因素来保证。比如,执行努力程度要看出勤率、工时利用率,合理化建议多少等。

对于不同层级的部门和岗位,三个因素在评定成果中所占的比例有所不同。一般越是上级职位和部门,第一要素所占比重越大。本例三车间属基层部门,可以按照目标达到程度、目标复杂程度、执行中努力程度按5:3:2比例,对其成果分值最终予以确定。

三车间综合评价分$=120\times50\%+100\times30\%+120\times20\%=114$(分)

由于三车间进行的目标管理成绩很大,新宇化工公司对其进行了表彰和奖励。三车间每个职工也通过评定成果,做了一次认真、全面、系统的总结。每个职工也有自己细分目标的评定结果,成绩并非一刀地切完全相同。所有后进职工认真总结教训,学习先进职工的经验,以便把下一轮目标管理搞好。

新宇化工公司执行目标管理的第一年就取得了丰硕成果。公司总目标都超额实现，总产值达到 8 953 万元，净产值达 1 534 万元，上缴税款 680 万元。总目标中对社会贡献的目标全部超过期望目标。在市场目标方面：2015 年比 2014 年销售量增长 9%，市场占有率达到 35%，都超过了必达目标。在公司发展目标方面：销售额达到 7 130 万元，比上年增长 85%；资产总额 730 万元，比上年增长 15%；已开发出 6 个新品种系列；职工培训上岗合格率已达 93%。在公司利益和效益目标上，已实现利润总额 630 万元，其他各项经济效益指标也全部达到、甚至超过预定目标。

同时，在公司内部的上下级关系和人际关系方面开始变得融洽、和睦，职工群众的积极性、主动性、创造性得以真正发挥出来。全公司呈现一种同心协力、努力奋斗，力争实现公司目标的新景象。

思考以下问题：

1. 新宇化工公司为什么要推行目标管理？推行目标管理有哪些作用？
2. 你认为新宇化工公司的目标管理有何特色？
3. 新宇化工公司是如何按照目标管理的程序来操作的？你认为在实际应用目标管理中还要注意什么问题？

案例提示：

目标管理能够发挥企业各部门和全体职工的积极性，是一种全方位的管理，它可以取得全面的管理效果。目标管理实际上也是一种参与管理制度。在目标管理的实施过程中，它让全体职工参与管理，实行企业管理民主化。目标管理是一种"主动"的管理方式，自觉地努力追求目标的实现，以积极的行动代替空洞的言论，以自我要求代替被动从属，以自我控制代替被人把持。目标管理非常强调成果，注重目标的实现，重视目标的评定，因此也叫作"根据成果进行企业管理的方法"。

目标管理也是一种过程管理，其过程是不断循环，并不断提高的，实行目标管理应注意哪些没有成为目标项目的内容有可能被忽视。因此，为了能更好地贯彻目标管理，应同时实行全面质量管理或多目标优化。另外，目标之间有时会存在矛盾，应注意协调这方面的问题。

第8章 税务管理

学习目标

本章主要阐述企业税务管理的基本内容。通过本章的学习,要求在了解企业税务管理、税务筹划含义的基础上掌握企业税务管理的原则与内容,理解企业筹资活动、投资活动、营运活动和收益分配中税务管理内容及税务筹划方法,熟悉税务风险管理的内容。

学习指导

本章的学习重点是企业税务管理的含义与内容,以及企业筹资活动、投资活动、营运活动和收益分配的税务管理的主要内容。

税务管理意识薄弱 如何避免悲剧重演

广州的美京酒家是一个知名的餐饮企业,以招牌菜烧鹅闻名。美京酒家在广州有两家分店,在北京有三家分店。在经营最红火的时候,广州美京酒家突然贴出公告称:多年来,各位供货商提供给美京酒家的销售发票,经税务机关查出,有近5 000万元假发票,税务机关对美京酒家作出500多万元的税务罚款处理,美京酒家无法承受,加上市场竞争激烈,亏损严重,负债累累,万不得已将全部分店同时停止营业。

一次税务检查就让一家知名企业倒下,企业为何如此脆弱?在美京酒家案中,违背税务法规,提供假发票的是供应商,承担开具虚假发票责任的应该是供应商,美京酒家由于自身内部税务管理松懈,缺少对虚假发票的警惕性和识别能力,接受了对方提供的虚假发票。根据税法规定:虚假发票不能作为列支成本费用的依据,美京酒家需要承担相应的责任。

白手起家创业的道路充满艰辛,像美京酒家这样发展到五家分店的规模,投资者和管理者付出了大量的汗水和心血。最后,企业不是因为市场竞争败下阵来,而是因为税务问题让企业一蹶不起,真是令人唏嘘扼腕。如何保护我们辛勤经营的成果?如何避免美京悲剧再次重演?修补企业税务管理的短板,提供企业税务筹划和管理能力是治本之道。

资料来源:http://info.ceo.hc360.com,2018-11-13.

管理中的木桶理论告诉我们:一个木桶能装多少水不是由长板决定的,是由木桶中最短的木板决定的。把短板补齐,木桶才能装更多的水。美京酒家的税务管理短板严重制约了该企业的发展。如何提高企业税务管理能力和税务筹划能力?通过本章学习,你可以了解到税务管理的相关理论和知识,提高税务管理和筹划的能力。

8.1 税务管理概述

8.1.1 税务管理的含义与意义

企业税务管理是现代企业财务管理的重要内容，其主要内含是指企业对其涉税业务和纳税实务所实施的研究和分析、计划和筹划、处理和监控、协调和沟通、预测和报告的全过程管理行为。

税务管理的目标是规范企业纳税行为、科学降低税收支出，有效防范纳税风险。也就是说，企业税务管理不仅仅是财务部门的事情，也是经营部门的事情，应当渗透和贯穿于企业经营管理的各个环节和方面，尤其是企业决策层面。

税务管理的核心是税务筹划。所谓税务筹划是指企业根据所处的税务环境，在遵守税法、尊重税法的前提下，以规避涉税风险，控制或减轻税负，从而有利于实现企业财务目标的谋划、对策与经营活动安排。随着国家税制改革的不断推进和税收征管精细化水平的不断提高，越来越多的企业意识到税务管理具有重要意义。

（1）加强企业税务管理有助于降低企业税收成本，实现企业财务目标。税收支出直接影响企业的现金流量，而现金流量是企业价值的基础。只有通过对经营、投资、理财活动进行事先安排，做出科学的税务筹划，选择最佳的纳税方案来降低税收负担，才符合企业价值最大化的现代企业财务管理目标。

（2）加强企业税务管理有助于提高企业财务管理水平。企业税务管理是企业财务管理的重要组成部分，而加强企业税务管理的前提就是加强对企业税务管理人员的培训，提高人员业务素质。税务管理人员素质的提高，业务处理能力的增强，提高了企业的税务管理水平，同时提高了企业的财务管理水平。

（3）加强企业税务管理有助于企业资源合理配置，提升企业竞争力。通过加强企业税务管理，企业可以迅速掌握、正确理解国家的各项税收政策，进行合理的投资、筹资和技术改造，进而优化资源的合理配置，提升企业竞争力。

（4）加强企业税务管理有助于降低企业涉税风险。企业涉税风险主要有税款负担风险、税收违法风险、信誉与政策损失风险等。这些风险的发生，不仅导致企业税收成本的增加，更重要的是威胁着企业的声誉和生存发展。通过企业税务管理，对涉税业务所涉及的各种税务问题和后果进行谋划、分析、评估、处理等组织及协调，能够有效降低企业涉税风险。

党的二十大报告指出"分配制度是促进共同富裕的基础性制度"。通过税收的再分配作用、对社会福利项目的支持、可持续发展和公共产品的投资以及对经济的调控等，税收为社会创造了公平、稳定和可持续的发展环境，促进了共同富裕的实现。因此，税收作为国家经济管理工具的重要组成部分，对于实现共同富裕目标起到了重要的推动作用。

8.1.2 税务管理的原则

1. 合法性原则

企业开展税务管理必须遵守国家的各项法律、法规及规章制度等。依法纳税是企业和公民的义务，也是税务管理必须坚持的首要原则。

2. 事先筹划原则

所谓事先筹划原则，是指企业所有涉税行为都应当在实现整体谋划和计划安排的前提下进行，避免事后补救。因此，企业进行税务管理时，要对企业的经营、投资、理财活动进行事先筹划和安排，尽可能地减少应税行为的发生，降低企业的税收负担，从而实现税务筹划的目的。

3. 成本效益原则

税务管理的根本目的是取得效益。因此，企业进行税务管理时要着眼于整体税负的减轻，针对各税种和企业的现实情况综合考虑，力争通过税务管理实现的收益增加超过税务管理的成本。

4. 全过程管理原则

所谓全过程管理原则，包括两层含义：一是从企业生命周期来说，从企业成立一直到企业清算结束，整个过程中都需要对涉税事项进行管理；二是指企业具体涉税业务从头到尾都需要进行税务监控。只有这样企业税务管理才能真正落到实处。

5. 服从企业财务管理总体目标原则

税务管理必须充分考虑现实的财务环境和企业的发展目标及发展战略，运用各种财务模型对各种纳税事项进行选择和组合，有效配置企业的资金和资源，获取税负与财务收益的最优化配置，最终实现企业价值最大化目标。

6. 风险防范原则

企业涉税业务和纳税实务中存在税务风险。税务风险是指企业涉税行为因未能正确有效地遵守税法规定而遭受法律制裁、财物损失或声誉损害的可能性。企业在税务管理时只有高度重视税务风险，采取措施防范风险，才能实现税务管理的目标。

8.1.3 税务管理的内容

企业税务管理的内容主要有两个方面：一是企业涉税活动管理，二是企业纳税实务管理。从企业生产经营活动与税务的联系来看，其内容大致可作如下划分。

1. 税务信息管理

税务信息管理主要包括对企业外部和内部的税务信息的收集、整理、传输、保管，以及分析、研究、教育与培训等。企业外部税务信息有国家税收政策、法规等，内部税务信息有企业生产经营活动的变化，企业历年纳税情况等。

2. 税务计划管理

税务计划管理主要包括企业税务筹划、企业重要经营活动、重大项目的税负测算、企业纳税方案的选择和优化、企业年度纳税计划的制定、企业税负成本的分析与控制等。

3. 涉税业务的税务管理

涉税业务的税务管理主要包括企业筹资活动的税务管理、企业投资活动的税务管理、营运活动的税务管理、收益分配的税务管理等。

4. 纳税实务管理

纳税实务管理主要包括企业税务登记、纳税申报、税款缴纳、发票管理、税收减免申报、出口退税、税收抵免、延期纳税申报等。

5. 税务行政管理

税务行政管理主要包括企业税务证照保管、税务稽查应对、税务行政复议申请与跟踪、税务行政诉讼、税务行政赔偿申请和办理等。

总之,企业税务管理不仅内容庞杂,且专业性、技巧性很强,企业没有专门的部门和高素质的人才是难以奏效的。税务管理是企业纳税意识和财务管理水平不断增强的表现,它应受到更多关注,企业应努力把握国家税收制度变化和宏观经济环境的变动,着眼于总体的管理决策,结合自身具体特点,制定出切实可行的税务管理方案,从而真正充分利用好国家税收政策,减轻企业税收负担,实现企业价值最大化目标。

  小思考

1. 什么是税务管理?什么是税务筹划?
2. 税务管理的内容有哪些?
3. 税务管理应遵循的原则有哪些?

8.2 企业筹资活动的税务管理

筹资是企业进行一系列生产经营活动的先决条件。筹资决策不仅要筹集到足够数额的资金,而且要使资金成本达到最低。不同筹资方案的税负不同,企业在筹资时,如果能运用好筹资技巧,采用最佳的筹资方式,会获取筹资的最佳节税利益。

企业筹集资金,按资金来源的性质不同,可分为债务资本与权益资本。债务资本需要还本付息,但资金筹集所发生的费用和利息可以在所得税前扣除;而权益资本只能在税前扣除筹集费用,股息不能作为费用支出在税前扣除,只能在企业税后利润中支付。

企业资本结构不同会导致税负不同,且不同来源的资金其资本成本也不同。进行筹资决策时,企业必须计算资金成本。同时有必要对筹资过程中涉及的税务问题进行研究,以便使筹资决策更加科学合理。

8.2.1 企业筹资活动税务管理的主要内容

1. 债务筹资的税务管理

(1) 银行借款的税务管理。

向金融机构借款是企业最主要的筹资方式,其成本主要是借款利息。相对来说,银行借款的利息一般较低,且借款利息包括逾期罚息在内都可以在税前扣除,所以能起到抵税作用。

(2) 企业间资金拆借的税务管理。

企业间资金借用在利息计算及资金回收等方面与银行贷款相比有较大弹性和回旋余地。此种方式对于设有财务公司或财务中心（结算中心）的集团企业来说，税收利益尤为明显。因为企业集团财务公司或财务中心（结算中心）能起到"内部"银行的作用，利用集团资源和信誉优势实现整体对外筹资，再利用集团内各企业在税种、税率及优惠政策等方面的差异，调节集团资金结构和债务比例，既能解决资金难题，又能实现集团整体税收利益。

（3）商业信用的税务管理。

商业信用具体形式有应付账款、应付票据、预收账款等。利用商业信用筹资，不仅十分方便，而且限制条件少，使用灵活，筹资成本低，筹资费用可在税前扣除。

（4）租赁的税务管理。

租赁可以分为两类：融资租赁和经营租赁。对承租人来说，租金支付过程是比较平稳的，具有很大的均衡性。经营租赁的租金可以在税前扣除，融资租赁资产可以计提折旧计入成本费用，在税前扣除。企业应将几种获得设备的方式所要承担的税负进行比较，考虑资金的时间价值，选择对企业最有利的方式。

（5）发行债券的税务管理。

根据税法规定，债券利息可以在税前列支。纳税人利息费用的多少直接影响纳税人应纳税额的多少。企业债券的付息方式有定期还本付息和分期付息两种方式。当企业选择定期还本付息时，在债券有效期内享受债券利息税前扣除收益，同时不需要实际付息，因此企业可以优先考虑选择该方式。

2. 权益筹资的税务管理

（1）发行股票的税务管理。

向社会发行股票属于直接筹资，筹资的面比较广，可以保证筹资的规模和速度。企业发行股票筹集资金，发行费用可以在企业所得税前扣除，但发行股票所支付的股息不能直接在税前扣除，只能从企业税后利润中支付，因而不具有抵税作用，这相对增加了企业的税负。

（2）留存收益筹资的税务管理。

留存收益是企业缴纳所得税后形成的，其所有权属于股东。股东将这一部分未分派的税后利润存于企业，实质上是对企业追加投资。由于留存收益是企业所得税后形成的，因此企业使用留存收益筹资不能起到抵税作用，但企业通过留存收益筹资可以避免收益向外分配时存在的双重纳税问题。因此，在特定税收条件下它是一种减少投资者税负的手段。

（3）吸收直接投资的税务管理。

企业通过吸收直接投资筹集到的资金构成企业的权益资金，其支付的红利不能在税前扣除，因而不能获得税收收益。

3. 资本结构的税务管理

债务筹资与权益筹资对企业税负的影响是不同的。因此企业债务资本与权益资本的比例不同，即企业资本结构不同，会导致企业税负产生差异。在息税前收益率不低于负债成本率的前提下，负债比率越高，负债额度越大，其节税效果越明显。

8.2.2 企业筹资活动的税务筹划举例

【例 8-1】 某股份制企业共有普通股 500 万股,每股 10 元,没有负债。由于产品市场前景看好,准备扩大经营规模,该公司董事会经过研究,商定两个筹资方案。方案一:发行股票 500 万股(10 元/股),共 5 000 万元;方案二:发行债券 5 000 万元,债券利率为 8%。扩大规模后预期下一年度实现息税前利润 1 000 万元,企业所得税率 25%,请分析哪个方案对企业有利?

筹划分析

方案一:

应纳企业所得税=1 000×25%=250(万元)

税后利润=1 000-250=750(万元)

每股净利=750÷(500+500)=0.75(元/股)

方案二:

利息支出=5 000×8%=400(万元)

应纳企业所得税=(1 000-400)×25%=150(万元)

税后利润=1 000-400-150=450(万元)

每股净利=450÷500=0.9(元/股)

可见,与发行股票筹资相比,发行债券筹资利息支出可以税前扣除,增大了公司的每股净利,因此方案二对企业较有利。

【例 8-2】 某公司计划投资 100 万元生产一项新产品,预计息税前利润 30 万元。企业所得税率 25%。假设投资总额由以下三种方式获得:方案一,投资总额 100 万元全部由投资者投入;方案二,投资总额中投资者投入 80 万元,银行借款 20 万元;方案三,投资总额中投资者投入 40 万元,银行借款 60 万元。借款年利率都为 10%。请问哪种方案对企业有利?

筹划分析,具体见表 8-1。

表 8-1 不同资本结构下的权益资本投资利润率

单位:万元

项目	方案一	方案二	方案三
负债额	—	20	60
资本结构(债务资本:权益资本)	0:100	20:80	60:40
息税前利润	30	30	30
利率	10%	10%	10%
税前利润	30	28	24
应纳企业所得税	7.5	7.0	6.0
税后利润	22.5	21	18
权益资本税前利润率	30%	35%	60%
权益资本税后利润率	22.5%	26.3%	45%

通过以上分析可以看出,企业由于利用了银行借款债务融资,资本利润率反而提高。且随着借贷筹资额的增加,企业的权益资本利润率也随之增加。但是,企业在使用债务融

资时还应该考虑财务风险承受能力。

1. 企业债务筹资税务管理的内容有哪些？
2. 企业权益筹资税务管理的内容有哪些？

8.3 企业投资活动的税务管理

企业性质有别，税负大不相同

张家和李家是邻居，都从事家政服务。张某夫妇成立了"张氏保洁服务有限责任公司"，而李氏父子则成立了合伙制的"李家老号家政服务社"。两家明争暗斗，生意不相上下。税前两家年盈利都在40万元左右，但纳税后李家父子的收益却比张氏夫妇高出近5万元。张氏夫妇怀疑李氏父子偷逃了税款，打算向税务机关举报，于是向朋友咨询，结果朋友的解释令张氏夫妇大为吃惊，原来由于张家和李家投资时设立的企业性质不同使李家在法律规定的税收待遇上比张家优惠一大截！在税收负担上张氏夫妇其实早就输给了李氏父子。

资料来源：王家贵.2007.企业税务管理[M].北京：北京师范大学出版社.

企业在进行初始投资预测和决策时，首先要考虑投资收益率。在企业的诸多竞争中，尤以成本的竞争最为核心，而所纳税额是企业的一大成本，应缴税款的多少直接影响到投资者的最终收益。所以，投资者为降低税收成本，获得预期的投资收益，就有必要对其纳税事宜进行筹划。

8.3.1 企业投资活动税务管理的主要内容

按投资的对象分，投资分为直接投资和间接投资。直接投资一般指对经营资产的投资，通过购买经营资产，兴办企业，掌握被投资企业的实际控制权，从而获得经营利润。企业进行直接投资面临的税制因素很多，可以涉及商品税、所得税、财产税、行为税。间接投资是指对股票或债券等金融资产的投资。

1. 直接投资的税务管理

（1）企业组织形式的税务管理。

公司制与合伙制企业的选择。不同的企业组织形式，其所享受的税收政策往往是不一致的，公司制企业的营业利润除了缴纳企业所得税外，若将税后利润采用"分红"形式再分配时，投资者个人还要按取得"股息红利所得"缴纳个人所得税。而合伙制企业营业利润不交企业所得税，而是按照各合伙人享有收益依照"个体工商户的生产经营所得"项目缴纳个人所得税。从"节税"角度看，合伙制企业比公司制企业更为有利，可以少纳所得税。当然，投资者要组建什么样的企业形式，并不能只考虑税收问题，要综合考虑其他因素。

子公司与分公司的选择。企业在发展到一定规模后需要设立分支机构，分支机构是否具有法人资格决定了企业所得税的缴纳方式。子公司具有法人资格,独立申报企业所得税,分公司不具有法人资格,则需由总机构汇总计算并缴纳企业所得税。根据企业分支机构可能存在的盈亏不均、税率差别等因素来决定分支机构的设立形式,将会合理、合法地降低税收成本。一般来说,初创期企业亏损的可能性较大,从纳税角度看,此时设立分公司比较有利;而当生产走向正轨,对投资地环境已经熟悉,产品也打开销路,可以赚钱盈利时,则应考虑组建子公司,以保证子公司能享受投资地的税收优惠。

(2) 投资地点的税务管理。

企业进行投资决策时,除了考虑投资地点的硬环境等常规的因素外还需要对投资地点的税收待遇进行考虑,充分利用优惠政策。国家为了支持某些地区的发展,在一定时期内实行税收政策倾斜。(如税法规定,对设在西部地区国家鼓励类产业的企业,在2001年至2010年期间,按15%的税率征收企业所得税,2011年后又出台文件,要继续执行这一优惠政策。)因此,投资者应根据税法规定的优惠条例选择注册地点,这对企业节省税金支出和实现国家生产力布局的战略转移都有积极影响,是一个双赢的战术。

(3) 投资行业的税务管理。

国家对不同的行业有不同的税收政策,对某些行业存在相关的税收倾斜,这些税收倾斜政策构成了行业优惠,使得企业对投资行业的税收筹划具有重要的实际意义。如企业所得税法对农、林、牧、渔和公共基础设施项目免征、减征企业所得税,对环境保护、节能节水、资源综合利用和高科技等方面也有优惠政策。

(4) 出资期限的税务管理。

在出资期限的选择上,还可以考虑是分期投资或是一次性投资的税务筹划。采用分期投资方式可以获得资金的时间价值,而且未到位的资金可通过金融机构或其他途径来融通解决,其利息支出可以部分地准许在税前扣除,从而达到节税的目的。

2. 间接投资的税务管理

与直接投资相比,间接投资考虑的税收因素较少,但也有税务筹划的空间。如我国企业所得税法规定,国库券利息收入是免税的。

8.3.2 企业投资活动的税务筹划举例

【例8-3】 A、B、C三个自然人欲于2019年投资开设一商店,预计年实现利润120万元,该商店最终将利润(如为公司制企业,则为税后利润)全部均分给投资者。现有两种方案可以选择:一是设立为有限责任公司,二是设立为合伙企业。企业所得税率25%。请对其进行税务筹划。

筹划分析

方案一:设立为有限责任公司,则既缴企业所得税,又缴个人所得税。商店利润缴企业所得税,投资者收到分得的股息、红利按"股息、红利所得"再缴个人所得税,适用税率20%。

商店应纳企业所得税=1 200 000×25%=300 000(元)

A、B、C三个投资者应纳个人所得税总额=(1 200 000-300 000)÷3×20%×3=180 000(元)

应纳税合计=300 000+180 000=480 000(元)

方案二：设立为合伙企业，投资者按"个体工商户生产经营所得"缴纳个人所得税。适用税率为"五级超额累进税率"。假设三人平均分配利润。

A、B、C 三个投资者应纳个人所得税总额＝(1 200 000÷3×30％－40 500)×3＝238 500(元)。

三者应纳税合计 238 500 元。

通过计算，方案二比方案一少纳税 241 500 (480 000－238 500) 元，原因在于企业组织形式为公司制企业时，对企业利润存在着双重征税。因此，若只考虑税负因素，投资者应选择合伙企业组织形式。

 知识链接

2018 年 8 月 31 日，十三届全国人民代表大会常务委员会第五次会议表决通过《关于修改〈中华人民共和国个人所得税法〉的决定》，第七次修订的个人所得税法颁布，并于 2018 年 10 月 1 日起过渡执行，2019 年 1 月 1 日起正式执行。新个人所得税法将工资薪金所得、劳务报酬所得、稿酬所得、特许权使用费所得四项所得作为综合所得计税，并且修改了免征额和税率表，引入了专项附加扣除机制。"个体工商户生产、经营所得"改为"经营所得"，并修改了基本减除费用和税率表。

【例 8-4】 某企业为扩大经营规模，准备在北京、上海、深圳及大连四地设销售办事处。下年度预计北京办事处、深圳办事处、大连办事处分别盈利 100 万元、60 万元、130 万元。上海办事处由于竞争激烈，预计亏损 60 万元。公司总部预计盈利 100 万元。公司总部、北京办事处和上海办事处适用税率 25％，深圳办事处、大连办事处适用税率 15％。

方案一：四个办事处均设为分公司，不独立纳税。
方案二：四个办事处均设为子公司，独立纳税。
方案三：北京办事处、深圳办事处、大连办事处设为子公司，上海办事处设为分公司。
筹划分析
方案一：四个分支机构都采取分公司形式，不具备独立纳税人条件，年企业所得额需要汇总到企业总部集中纳税。

企业应纳企业所得税＝(100＋100＋60＋130－60)×25％＝82.5(万元)

方案二：四个分支机构都采取子公司形式，均为独立法人，实行单独纳税。
企业合计应纳企业所得税＝(100＋100)×25％＋(60＋130)×15％＝78.5(万元)

方案三：北京办事处、深圳办事处、大连办事处为子公司，实行单独纳税；上海办事处为分公司，与总部汇总纳税。

企业合计应纳企业所得税＝(100－60)×25％＋100×25％＋(60＋130)×15％＝63.5(万元)

通过分析，方案三应纳企业所得税比方案一少 19 万元，比方案二少 15 万元，因此应选择方案三。

【例 8-5】 某企业目前有 5 000 万元的闲置资金，打算近期进行投资。其面临两种选择：一种选择是国债投资，已知国债年利率 3.5％，另一种选择是投资企业债券，已知企业债券年利率为 4.2％，企业所得税税率 25％。请问从税务角度看哪种方式更合适？

筹划分析
方案 1：企业投资国债

$$投资收益 = 5\,000 \times 3.5\% = 175(万元)$$

根据税法规定国债的利息收入免交企业所得税，所以税后收益 175 万元。

方案 2：企业投资企业债券

$$投资收益 = 5\,000 \times 4.2\% = 210\,(万元)$$

$$税后收益 = 210 \times (1-25\%) = 157.5\,(万元)$$

所以站在税务角度，选择国债投资对于企业更有利。

 小思考

1. 企业直接投资税务管理的内容有哪些？
2. 企业间接投资税务管理的内容有哪些？

8.4 企业营运活动的税务管理

企业以不同方式筹集到资金后就进入资金营运周转阶段。这个阶段包括采购活动、生产活动、销售过程等，都有一个如何进行税务管理的问题。

 知识链接

2011 年，经国务院批准，财政部、国家税务总局联合下发营业税改增值税试点方案。从 2012 年 1 月 1 日起，在上海交通运输业和部分现代服务业开展营业税改征增值税试点。至此，货物劳务税收制度的改革拉开序幕。随后，营改增逐步扩大试点范围。至 2016 年 5 月 1 日，我国在全国范围内全面实施营改增，营业税最终退出历史舞台。这是自 1994 年分税制改革以来，财税体制的又一次深刻变革。"营改增"后从制度上缓解了原来货物和服务税制不统一和重复征税的问题，贯通了服务业内部和第二、第三产业之间的抵扣链条，增值税制度将更加规范。

从 2018 年 5 月 1 日起，按应税项目不同，增值税一般纳税人适用税率有 16%、10%、6%、0 等几档，增值税小规模纳税人征收率为 3%。不同身份的增值税纳税人应纳增值税计算不同。

2019 年 3 月 5 日，李克强总理在十三届全国人大二次会议作政府工作报告。李克强指出，2019 年将实施更大规模的减税。普惠性减税与结构性减税并举，重点降低制造业和小微企业税收负担。深化增值税改革，将制造业等行业现行 16% 的税率降至 13%，将交通运输业、建筑业等行业现行 10% 的税率降至 9%，确保主要行业税负明显降低；保持 6% 一档的税率不变，但通过采取对生产、生活性服务业增加税收抵扣等配套措施，确保所有行业税负只减不增，继续向推进税率三档并两档、税制简化方向迈进。抓好年初出台的小微企业普惠性减税政策落实。

2019 年 4 月 1 日起新增值税税率实施。

8.4.1 企业营运活动税务管理的主要内容

1. 采购过程的税务管理

采购是企业日常经营中供、产、销的"供应"部分。采购主要影响流转税中增值税进项税额。企业采购过程中应注意以下税收问题。

(1) 购货对象的税务管理。

增值税纳税人分为一般纳税人和小规模纳税人，不同身份纳税人增值税计算方法不同。小规模纳税人采取简易征收办法，购货不能抵扣进项税额，因此选择质量可靠、价格较低的供应商最佳。而一般纳税人购货可以根据合法抵扣凭证抵扣进项税额，因此购货对象身份不同，取得的发票不同，可抵扣进项税额不同，购货成本也不同。假设在价格和质量相同的情况下，从一般纳税人购进可以索取13％、9％或6％增值税税率的专用发票，抵扣的进项税额最大，则应纳税额最小；从小规模纳税人购进，通过其从主管税务局代开的增值税专用发票，可索取3％增值税征收率的专用发票进行税款抵扣；从小规模纳税人购进，取得普通发票，则不能抵扣税款。但实际工作中，小规模纳税人往往通过降低销售价格与一般纳税人进行市场竞争。这样，无论从一般纳税人购进，还是从小规模纳税人购进，均要计算比较各自的税负和收益，从而确定购货对象。

(2) 购货运费的税务管理。

企业在采购过程中离不开货物运输费用，而企业的运费收支又与税收有着密切的关系。一般纳税人作为购货企业，外购运输劳务可以按取得的运输业增值税专用发票中的税额抵扣增值税，税率9％；采用自备车辆进行运输时，运输工具耗用的油料、配件及正常修理费支出等项目，若索取了增值税专用发票可以抵扣13％的增值税。因此，纳税人需要进行税务筹划，选择有利的运输方式。

(3) 购货结算方式的税务管理。

结算方式有赊购、现金、预付等方式。当赊购方式采购时可以获得推迟付款好处，但当赊购价格高于现金采购价格时，在获得推迟付款好处的同时，也会导致纳税增加，此时企业需要进行税收筹划以权衡利弊。

(4) 采购时间的税务管理。

由于增值税采用购进扣税法，当预计销项税额大于进项税额时，适当提前购货可以推迟纳税。因此应综合权衡由于推迟纳税所获得的时间价值与提前购货所失去的时间价值。

(5) 增值税专用发票管理。

对于一般纳税人而言，在购进货物或接受应税劳务支付或者负担的进项税额，凭借增值税扣税凭证进行抵扣。因此一般纳税人在采购过程中应当向销售方索取符合规定的增值税专用发票，不符合规定的发票，不得作为扣税凭证。同时需要注意增值税一般纳税人申报抵扣时间，必须自专用发票开具之日起360日内税务机关认证，否则不予抵扣进项税额。

2. 生产过程的税务管理

企业生产过程实际上是各种原材料、人工工资和相关费用转移到产品的过程。生产过程中企业需要注意以下税收问题。

(1) 存货的税务管理。

企业所得税法规定，企业使用或者销售的存货的成本计算方法，可以在先进先出法、加权平均法、个别计价法三者中选用一种。计价方法一经选用，不得随意变更。不同的存货计价方法，在一定纳税年度中反映的存货成本是不同的，计价方法的选择应尽量发挥成本费用的抵税效应。处在享受所得税优惠期的企业，可以选择少计成本的存货计价方法，扩大当期利润，以便最大限度享受减免税优惠。盈利企业，应选择多记成本的存货计价方法，减少当期利润，充分发挥存货成本的抵税效应。如在物价持续上涨期间，可选择加权平均法，在物价持续下降期间，可选择先进先出法等。亏损企业，选择计价方法应同企业的亏损弥补情况相结合，选择的计价方法必须使不能得到或不能完全得到税前弥补的亏损年度的成本费用降低。

（2）人工工资的税务管理。

企业所得税法规定，企业实际发生的合理工资薪金支出，在企业所得税税前扣除时可以全额据实扣除。而且在某些情况下，企业发生的人工工资在计算应纳税所得额时可加计扣除，如企业安置残疾人员工资等。另外，职工取得的工资薪金所得需要缴纳个人所得税。因此，企业在安排工资、薪金支出时，应当充分考虑工资薪金支出对企业所得税和个人所得税的影响。

（3）固定资产的税务管理。

企业所得税法规定，企业的固定资产由于技术进步等原因，确需加速折旧的，可以缩短折旧年限或者采用加速折旧的方法。不同的折旧方法和不同的折旧年限所计算出来的折旧额不同，分摊到各期的成本费用也不同，从而影响到企业的应纳税所得额。折旧方法和折旧年限选择的税务筹划应立足于使折旧费用的抵税效应得到最充分或最快的发挥。盈利企业在选择折旧方法和折旧年限时，应着眼于使折旧费用的抵税效应尽可能早地发挥作用。亏损企业的折旧方法和折旧年限的选择应同企业的亏损弥补情况相结合，必须使不能得到或不能完全得到税前弥补的亏损年度的折旧额降低，保证折旧费用的抵税效应得到最大限度的发挥。处于减免所得税优惠期内的企业，应选择减免税期内折旧少、非减免税期折旧多的折旧方法。

知识链接

2014年以来，我国经济增长面临下行压力，投资增速放缓，企业投资动力不足，制约了企业发展和产业转型升级。面对经济发展新常态，2014年9月24日和2015年9月16日，国务院常务会议两次决议完善固定资产加速折旧政策，扩大固定资产加速折旧范围。两次决议涉及固定资产加速折旧优惠行业具体包括：生物药品制造业，专用设备制造业，铁路、船舶、航空航天和其他运输设备制造业，计算机、通信和其他电子设备制造业，仪器仪表制造业，信息传输、软件和信息技术服务业六大行业以及轻工、纺织、机械、汽车四个领域重点行业。

（4）费用的税务管理。

不同的费用分摊方法和分摊期限会扩大或缩小企业成本，从而影响企业利润水平，因此企业可以选择有利的方法来进行费用分摊。对于分摊期限或分摊方法可适当选择的成本费用，在盈利年度应选择能使成本费用尽快得到分摊的分摊方法，推迟所得税的纳税义务时间；亏损年度，在亏损额预计不能或不能全部在未来年度得到税前弥补的年度，应选择成本费用尽可能摊入亏损能得到税前弥补或盈利的年度；享受优惠税收政策的年度，应选择能使减免税年度摊销额最小和正常纳税年度摊销最大的分摊方法。

3. 销售过程的税务管理

销售在企业经营管理中占有非常重要的地位，销售收入的大小不仅关系到当期流转税额，还关系到企业所得税额，它是影响企业税收负担的主要因素。企业销售过程中需要注意以下税收问题。

(1) 营销组织的税务管理。

工业企业为进一步扩大销售，提高产品的市场覆盖面，常常需要在外地设立销售机构。外设销售机构一般有三种形式，即外设临时办事处、设立非独立核算的分公司、设立独立核算的子公司。三种形式的税务管理及其税收待遇均不同。纳税人应结合本企业经营的特点酌情选择。

(2) 销售结算方式的税务管理。

销售结算方式多种多样，主要有两种类型：现销结算方式和赊销结算方式。不同销售结算方式纳税义务的发生时间是不同的。这就为企业进行税务筹划提供了可能。纳税人可以合理选择结算方式，采取没有收到货款不开发票的方式就能达到延期纳税的目的。比如，对发货后一时难以回笼的货款，作为委托代销商品处理，待收到货款时出具发票纳税；避免采用托收承付和委托收款结算方式销售货物，防止垫付税款，在不能及时收到货款的情况下，采用赊销或分期收款结算方式，避免垫付税款。

(3) 促销方式的税务管理。

让利促销是商业企业在零售环节常用的销售策略。常见的促销方式包括打折销售、购买商品赠送实物、购买商品赠送现金等。不同的方式不仅促销效果不同，而且对企业税负的影响也是不同的。

(4) 营销费用的税务管理。

企业销售费用或经营费用在企业营业成本里占有很大比重，且像广告费、业务宣传费、业务招待费等在所得税税前扣除办法的相关规定中都有严格的规定。企业应尽量在规定的范围内安排支出，尽量减少因超出标准的纳税调整。

(5) 兼营业务与混合销售业务的税务管理。

"营改增"后，税法规定：纳税人兼营销售货物、劳务、服务、无形资产或者不动产，适用不同税率或者征收率的，应当分别核算适用不同税率或者征收率的销售额；未分别核算的，从高适用税率。一项销售行为如果既涉及服务又涉及货物，为混合销售。从事货物的生产、批发或者零售的单位和个体工商户的混合销售行为，按照销售货物缴纳增值税；其他单位和个体工商户的混合销售行为，按照销售服务缴纳增值税。因此，增值税一般纳税人发生的特殊业务首先要分清是混合销售业务还是兼营业务，对兼营业务中适用不同税率的项目尽量分别核算，否则从高适用税率，增加纳税成本。

8.4.2 企业营运过程的税务筹划举例

【例 8-6】 甲企业为增值税一般纳税人（适用增值税率 13%），预计每年可实现含税销售额 116 万元，需要外购原材料 50 吨。现有 A、B、C 三个供货单位，其中 A 为一般纳税人，能够出具增值税专用发票，增值税率 13%，B 为小规模纳税人，能够委托主管税务机关代开增值税征收率为 3% 的专用发票，C 为个体工商户，仅能提供普通发票。A、B、C 提供的原材料质量相同，但含税价格却不同，分别为 1.13 万元、1.03 万元、0.9 万元。作为财务人员，怎样选择供货单位？

筹划分析：假设在考虑企业增值税、城建税、教育费附加、企业所得税，不考虑其他相关费用情况下,通过比较选择不同购货对象下企业净利润的大小,选择净利润最大的方案。

方案一:从 A 企业购进

应纳增值税=113÷(1+13%)×13%−(50×1.13)÷(1+13%)×13%=6.5(万元)

应纳城建税和教育费附加=6.5×(7%+3%)=0.65(万元)

应纳企业所得税=[113÷(1+13%)−(50×1.13)÷(1+13%)−0.65]×25%
=12.337 5(万元)

净利润=113÷(1+13%)−(50×1.13)÷(1+13%)−0.65−12.337 5=37.012 5(万元)

方案二:从 B 企业购进

应纳增值税=113÷(1+13%)×13%−(50×1.03)÷(1+3%)×3%=11.5(万元)

应纳城建税和教育费附加=11.5×(7%+3%)=1.15(万元)

应纳企业所得税=[113÷(1+13%)−50×1.03÷(1+3%)−1.15]×25%=12.212 5(万元)

净利润=113÷(1+13%)−(50×1.03)÷(1+3%)−1.15−12.212 5=36.637 5(万元)

方案三:从 C 企业购进

应纳增值税=113÷(1+13%)×13%=13(万元)

应纳城建税和教育费附加=13×(7%+3%)=1.3(万元)

应纳企业所得税=[113÷(1+13%)−50×0.9−1.3]×25%=13.425(万元)

净利润=113÷(1+13%)−50×0.9−1.3−13.425=40.275(万元)

因此,从 C 企业购进货物企业净利润最大。

当然企业选择购货对象时除了需要考虑净利润大小以外,还要考虑供货商信用度、售后服务、购货运费等因素,以便做出全面、合理的决策。

【例 8-7】 甲企业预计 2019 年销售(营业)收入 15 000 万元,预计广告费 1 000 万元,业务宣传费 500 万元,业务招待费 200 万元,其他可税前扣除的支出 8 000 万元。假设无其他纳税调整项目。请对该企业发生的有关营销费用进行筹划,使企业税后利润最大化。

筹划分析

税法规定:企业发生的符合条件的广告费和业务宣传费支出,除国务院财政、税务主管部门另有规定外,不超过当年销售(营业)收入 15% 的部分,准予扣除;超过部分,准予结转以后纳税年度扣除。企业发生的与生产经营活动有关的业务招待费,按照发生额的 60% 扣除,但最高不得超过当年销售(营业)收入的 5‰。

方案一:

保持原状。广告费和业务宣传费支出扣除限额=15 000×15%=2 250(万元),广告费和业务宣传费支出的实际发生额=1 000+500=1 500(万元),可据实扣除。业务招待费扣除限额=15 000×5‰=75(万元)。业务招待费的 60%=200×60%=120(万元)。根据孰低原则,只能按照 75 万元税前扣除,需调增应纳税所得额 200−75=125(万元)。

企业所得税=(15 000−1 000−500−200+125−8 000)×25%=1 356.25(万元)

净利润=15 000−1 000−500−200−8 000−1356.25=3 943.75(万元)

方案二:

在不影响经营的前提下,调减业务招待费至 125 万元,同时调增广告费至 1 075 万元。广告费和业务宣传费支出扣除限额=15 000×15%=2 250(万元),广告费和业务宣传费支出的实际发生额=1 075+500=1 575(万元),可据实扣除。业务招待费扣除限额=15 000×5‰=75(万元)。业务招待费的60%=125×60%=75(万元)。根据孰低原则,按照75万元税前扣除,需调增应纳税所得额125-75=50(万元)。

企业所得税=(15 000-1 075-500-125+50-8 000)×25%=1 337.5(万元)

净利润=15 000-1 075-500-125-8 000-1 337.5=3 962.5(万元)

可见,方案二比方案一少交所得税18.75(1 356.25-1 337.5)万元,多获净利润18.75万元(3 962.5-3 943.75),因此本案例应采取方案二。

【例8-8】 甲公司为增值税一般纳税人,4月共取得营业额(销售额)600万元,其中提供设备租赁取得收入400万元(含税)、提供信息技术咨询服务取得收入200万元(含税),当月可抵扣的进项税额为30万元. 请对其进行税务筹划。

筹划分析:提供设备租赁适用增值税税率13%,提供信息技术咨询服务适用税率6%。纳税人应当尽量将不同税率的货物或应税劳务分别核算,以适用不同的税率,从而规避从高适用税率,进而减轻企业负担。

方案一:未分别核算销售额。

应纳增值税=600÷(1+13%)×13%-30≈39.03(万元)

方案二:分别核算销售额。

应纳增值税=400÷(1+13%)×13%+200÷(1+6%)×6%-30≈27.34(万元)

由此可见,方案二比方案一少缴纳增值税11.69(39.03-27.34)万元,因此,应当选择方案二。

 知识链接

增值税纳税人应关注的5个税务管理点

1. 纳税人身份的选择

根据目前的税收政策,年应税销售额超过500万元的纳税人为一般纳税人,未超过500万元的纳税人为小规模纳税人。一般纳税人适用一般的税率,实行抵扣纳税;小规模纳税人适用3%的简易征收办法。适用何种纳税人身份更有利,不能一概而论,需要结合企业的资产、营收等财务状况具体判定,如果适用小规模纳税人更有利,可以通过分立、分拆等方式降低年销售额,适用3%的简易征收。

2. 集团业务流程再造

增值税较营业税的一大优势就是可以避免重复征税,有利于行业的细分化和专业化发展,提高生产效率。在此背景下,企业集团可以通过将部分服务进行外包,做自己最为擅长的领域。一般纳税人支付的外包服务费用若取得增值税专用发票,可以作为进项税额抵扣。

3. 供应商的调整

在增值税抵扣制度下,供给方的纳税人身份直接影响购货方的增值税税负。对于一般纳税人购货方,选择一般纳税人作为供给方,可以取得增值税专用发票,实现税额抵扣。如果选择小规模纳税人为供给方,取得的是小规模纳税人出具的增值税普通发票,购货方不能进项抵扣。因此,"营改增"后,企业可以通过选择恰当的供给方,实现税负的降低。

需要提醒的是,选择小规模纳税人作为供给方,如果能够取得由税务机关代小规模纳税人开具的 3% 的增值税专用发票,购货方可按照 3% 的税率作进项税额抵扣。

4. 业务性质筹划

纳税人应积极通过筹划向一些具有税收优惠政策的业务领域靠拢,以争取适用税收减免政策。

5. 兼营项目独立核算

增值税税率现有 13%、9%、6% 等几种,还有实行简易计算方法适用的 5%、3% 等征收率。企业经营业务可能涉及不同税率,根据相关税法政策,兼营不同税率的项目,不同税率项目需要分开核算,否则会统一适用高税率,因此,企业应对涉及的兼营项目分开核算,以适用较低税率,降低税负成本。

 小思考

1. 增值税一般纳税人如何选择购货方?
2. 如何利用存货计价方法进行税务筹划?
3. 如何利用固定资产折旧方法进行税务筹划?

8.5 企业收益分配的税务管理

企业的收益额是指企业在一定期间内进行生产经营活动所取得的利润或发生的亏损。企业实现的利润按照税法规定弥补以前年度亏损并进行相应的纳税调整后依法缴纳企业所得税。企业对一定时期的税后利润在企业与投资者之间进行分配,即企业收益分配。企业收益分配不仅关系到企业能否长期稳定地发展,关系到投资者的权益能否得到保障,还对企业和投资者的税负产生直接的影响。

8.5.1 企业收益分配税务管理的主要内容

1. 企业所得税税务管理的主要内容

企业所得税的计税依据是应纳税所得额,应纳税所得额是指企业每一纳税年度的收入总额,减除不征税收入、免税收入、各项扣除以及允许弥补的以前年度亏损后的余额。其计算公式为:应纳税所得额=收入总额-不征税收入-免税收入-各项准予扣除项目-允许弥补的以前年度亏损,应交企业所得税=应纳税所得额×企业所得税税率。

应纳税所得额的合理确定是应交所得税筹划的关键。所得税税务筹划需要注意以下问题。

(1) 应税收入的税务管理。

应税收入的大小直接决定了应纳税所得额的大小。企业已经发生的销售业务,其销售收入应适时入账。对于不应该归入收入类账目的,不能入账;尚未发生的销售业务,不应预先入账。在收入确认的时间上进行合理的安排,尽量推迟应税收入确认的时间,使企业获得更多的货币时间价值。

(2) 不征税收入和免税收入的税务管理。

企业应积极利用不征税收入和免税收入的规定，降低税负。

(3) 税前扣除项目的税务管理。

一般来说，税前扣除项目的税务管理应考虑如下因素。其一，准予扣除项目有关支出必须名实相符且符合税法的相关条件和规定。其二，对准予据实扣除项目可以通过对其数量规模的安排达到对应纳税所得额和应纳税额的控制。其三，对税法规定了扣除规模或比例的项目，应尽量在规定范围内安排支出。如企业在税法允许的范围内，严格区分并充分列支业务招待费、广告费和业务宣传费等，做好各项费用的测算和检查，用足抵扣限额。

(4) 企业所得税优惠政策的税务管理。

《中华人民共和国企业所得税法》建立了"产业优惠为主，区域优惠为辅"的税收优惠体系。税收优惠政策是企业税务管理应关注的重点。其核心内容就是最大限度地享受优惠政策。企业应充分利用投资地点、投资方向、投资项目等优惠领域进行税收策划，以获取税收优惠，降低税负水平。当企业可以依法享受减免税等税收优惠待遇时，应履行报批手续。

2. 股利分配税务管理的主要内容

股利分配是公司向股东分派股利，是公司利润分配的一部分。股份制企业为保持和维护本企业股票的信誉应发放股东红利。股利分配常见的方式有现金股利和股票股利。若企业发放现金股利，则股东应按所获股利额的适用税率缴纳个人所得税；若企业发放股票股利，则股东所持有的股利实质上是股东获取的现金股利然后再以现金购买本公司股票的简化形式，但股东却可暂时免纳个人所得税，当股东需要现金时可再将其实现。股利分配涉及的税收事项主要包括是否分配股利以及采取何种股利支付方式。

8.5.2 企业收益分配的税务筹划

【例 8-9】 某公司转让技术，并在技术转让过程中提供有关技术咨询、服务、培训。公司与对方纳税人 A 签订了 3 年的协议，共收取 1 500 万元。公司拟定了三种收取转让费的方案。

方案一：三年平均收取技术转让费，每年收取 500 万元，三年共计 1 500 万元。

方案二：两年收完。第一年收取 1 000 万元，第二年收 500 万元，两年共计 1 500 万元。

方案三：三年收完。第一年收 300 万元，第二年收 500 万元，第三年收 700 万元，三年共计 1 500 万元。请分析哪种方案对企业较有利？

筹划分析：税法规定，一个纳税年度内，居民企业技术转让所得不超过 500 万元的部分，免税；超过 500 万元部分，减半征收。以上三种方案所得税比较见表 8-2。

表 8-2 各种收取技术转让费方案应纳企业所得税比较

单位：万元

方案	年度	收取的技术转让费金额			应纳税额			三年纳税额合计
		1	2	3	1	2	3	
一		500	500	500	0	0	0	0

续表

方案 \ 年度	收取的技术转让费金额			应纳税额			三年纳税额合计
	1	2	3	1	2	3	
二	1 000	500	0	62.5	0	0	62.5
三	300	500	700	0	0	25	25

在三个方案中，该公司三年内收取的技术收入都是 1 500 万元，但由于方案一将每年实现的收入均衡地控制在免征额以下，所以每年的应纳税额均为 0，取得了最大的减税效应。

【例 8－10】 某企业为提高其产品知名度决定向灾区捐赠 150 万元。捐赠前 2019 年预计可实现利润总额为 1 000 万元。2020 年预计实现利润总额 1 000 万元。无其他纳税调整项目，企业所得税税率 25%，企业提出以下两种方案。

方案一：2019 年直接向灾区群众一次性捐赠 150 万元。

方案二：2019 年通过民政部门一次性捐赠给灾区 150 万元。

请问哪种方案对企业有利？

筹划分析：税法规定，企业发生的公益性捐赠支出，在年度利润总额 12% 以内的部分，准予在计算应纳税所得额时扣除。超过年度利润总额 12% 的部分，准予结转以后三年内在计算应纳税所得额时扣除。直接向受赠人捐赠不允许扣除。

方案一：直接捐赠不符合税法规定的公益性捐赠条件，所以捐赠支出不能税前扣除。

2019 年应纳企业所得税＝1 000×25%＝250（万元）

2020 年应纳企业所得税＝1 000×25%＝250（万元）

两年合计应纳企业所得税＝250＋250＝500（万元）

方案二：按照规定，企业发生的公益性捐赠支出在年度利润总额 12% 以内的部分，准予在计算应纳税所得额时扣除，超过部分结转下年扣除。

允许扣除捐赠限额＝(1 000－150)×12%＝102 万元，企业实际捐赠额 150 万元，超过限额部分的 48 万元不得税前扣除。

2019 年应纳企业所得税＝(1 000－102)×25%＝224.5（万元）

2020 年应纳企业所得税＝(1 000－48)×25%＝238（万元）

两年合计应纳企业所得税＝224.5＋238＝462.5（万元）

通过分析，方案二两年应纳企业所得税额比方案一少 37.5（500－462.5）万元。因此选择方案二。

【例 8－11】 某公司目前发行在外的普通股为 5 000 万股，每股市价 15 元。假设现有 7 500 万元的留存收益可供分配，公司拟采用下列方案中的一种。

方案一：发放现金股利 7 500 万元，每股股利 1.5（7 500/5 000）元。

方案二：发放股票股利，每 10 股发放 1 股，股票面值 1 元，共 500 万股，除权价约等于每股 13.64［15/（1＋0.1）］元。请问哪一种方案对股东有利？

筹划分析：《中华人民共和国个人所得税法》及实施条例规定，利息、股息、红利所得适用税率 20%，并由支付所得单位按照规定履行扣缴义务。另外，根据《财政部、国家税务总局关于股息红利个人所得税有关政策的通知》（财税〔2005〕102 号）及《财政部、国家税务总局关于股息红利有关个人所得税有关政策的补充通知》（财税〔2005〕107 号）

规定,上市公司自 2005 年 6 月 13 日起,对个人投资者从上市公司取得的股息红利所得,暂减按 50%计入个人应纳税所得额,依照现行税法规定计征个人所得税。但股利的形式有现金股利和股票股利,在计税时有所不同。现金股利按 20%缴纳个人所得税,股票股利以派发红利的股票票面金额为收入额,按利息、股息、红利项目计征个人所得税。

方案一:应纳个人所得税=7 500×50%×20%=750(万元)

方案二:应纳个人所得税=500×50%×20%=50(万元)

显然,对于股东来讲,更希望公司发放股票股利。因为其承担的税负相比发放现金股利的税负轻。当然股票股利除了能够节税之外,对于派发股利的企业而言,它能够起到保留现金、增加投资机会的作用。

小思考

1. 企业所得税税务管理的主要内容有哪些?
2. 企业股利分配税务管理的主要内容有哪些?

8.6 企业税务风险管理

8.6.1 税务风险管理概述

1. 税务风险管理的概念

企业税务风险管理是企业为避免其因未遵循税法可能遭受的法律制裁、财务损失、声誉损害和承担不必要的税收负担等风险而采取的风险识别、评估、防范、控制等行为的管理过程。

2. 税务风险管理的主要目标

(1) 税务规划具有合理的商业目的,并符合税法规定。

(2) 经营决策和日常经营活动考虑税收因素的影响,符合税法规定。

(3) 对税务事项的会计处理符合相关会计制度或准则以及相关法律法规。

(4) 纳税申报和税款缴纳符合税法规定。

(5) 税务登记、账簿凭证管理、税务档案管理以及税务资料的准备和报备等涉税事项符合税法规定。

3. 税务风险管理制度

企业应结合自身经营情况、税务风险特征和已有的内部风险控制体系,建立相应的税务风险管理制度。税务风险管理制度主要包括以下内容。

(1) 税务风险管理组织机构、岗位和职责。

(2) 税务风险识别和评估的机制和方法。

(3) 税务风险控制和应对的机制和措施。

(4) 税务信息管理体系和沟通机制。

(5) 税务风险管理的监督和改进机制。

8.6.2 税务风险管理的主要内容

1. 税务风险管理组织

企业可结合生产经营特点和内部税务风险管理的要求设立税务管理机构和岗位,明确岗位的职责和权限。组织结构复杂的企业,可根据需要设立税务管理部门或岗位;如果企业为总分机构,总机构和分支机构应分别设立税务部门或者税务管理岗位;如果企业为集团型企业,集团总部、地区性总部、产品事业部或下属企业内部应分别设立税务部门或者税务管理岗位。企业税务管理机构主要履行以下职责。

(1) 制订和完善企业税务风险管理制度和其他涉税规章制度。
(2) 参与企业战略规划和重大经营决策的税务影响分析,提供税务风险管理建议。
(3) 组织实施企业税务风险的识别、评估,监测日常税务风险并采取应对措施。
(4) 指导和监督有关职能部门、各业务单位以及全资、控股企业开展税务风险管理工作。
(5) 建立税务风险管理的信息和沟通机制。
(6) 组织税务培训,并向本企业其他部门提供税务咨询。
(7) 承担或协助相关职能部门开展纳税申报、税款缴纳、账簿凭证和其他涉税资料的准备和保管工作。
(8) 其他税务风险管理职责。

企业应建立科学有效的职责分工和制衡机制,确保税务管理的不相容岗位相互分离、制约和监督。税务管理的不相容职责包括:税务规划的起草与审批;税务资料的准备与审查;纳税申报表的填报与审批;税款缴纳划拨凭证的填报与审批;发票购买、保管与财务印章保管;税务风险事项的处置与事后检查;其他应分离的税务管理职责。

企业涉税业务人员应具备必要的专业资质、良好的业务素质和职业操守,遵纪守法。企业应定期对涉税业务人员进行培训,不断提高其业务素质和职业道德水平。

2. 税务风险识别和评估

企业应全面、系统、持续地收集内部和外部相关信息,结合实际情况,通过风险识别、风险分析、风险评价等步骤,查找企业经营活动及其业务流程中的税务风险,分析和描述风险发生的可能性和条件,评价风险对企业实现税务管理目标的影响程度,从而确定风险管理的优先顺序和策略。企业应结合自身税务风险管理机制和实际经营情况,重点识别下列税务风险因素。

(1) 董事会、监事会等企业治理层以及管理层的税收遵从意识和对待税务风险的态度。
(2) 涉税员工的职业操守和专业胜任能力。
(3) 组织机构、经营方式和业务流程。
(4) 技术投入和信息技术的运用。
(5) 财务状况、经营成果及现金流情况。
(6) 相关内部控制制度的设计和执行。
(7) 经济形势、产业政策、市场竞争及行业惯例。
(8) 法律法规和监管要求。

(9) 其他有关风险因素。

企业应定期进行税务风险评估。税务风险评估由企业税务部门协同相关职能部门实施，也可聘请具有相关资质和专业能力的中介机构协助实施。企业应对税务风险实行动态管理，及时识别和评估原有风险的变化情况以及新产生的税务风险。

3. 税务风险应对策略和内部控制

企业应根据税务风险评估的结果，考虑风险管理的成本和效益，在整体管理控制体系内，制定税务风险应对策略，建立有效的内部控制机制，合理设计税务管理的流程及控制方法，全面控制税务风险。

企业应根据风险产生的原因和条件从组织机构、职权分配、业务流程、信息沟通和检查监督等多方面建立税务风险控制点，根据风险的不同特征采取相应的人工控制机制或自动化控制机制，根据风险发生的规律和重大程度建立预防性控制和发现性控制机制。

企业应针对重大税务风险所涉及的管理职责和业务流程，制定覆盖各个环节的全流程控制措施；对其他风险所涉及的业务流程，合理设置关键控制环节，采取相应的控制措施。

企业因内部组织架构、经营模式或外部环境发生重大变化，以及受行业惯例和监管的约束而产生的重大税务风险，可以及时向税务机关报告，以寻求税务机关的辅导和帮助。

企业税务部门应参与企业战略规划和重大经营决策的制定，并跟踪和监控相关税务风险；参与企业重要经营活动，并跟踪和监控相关税务风险；协同相关职能部门，管理日常经营活动中的税务风险。

企业应对发生频率较高的税务风险建立监控机制，评估其累计影响，并采取相应的应对措施。

4. 信息与沟通

企业应建立税务风险管理的信息与沟通制度，明确税务相关信息的收集、处理和传递程序，确保企业税务部门内部、企业税务部门与其他部门、企业税务部门与董事会、监事会等企业治理层以及管理层的沟通和反馈，发现问题应及时报告并采取应对措施。

企业应与税务机关和其他相关单位保持有效的沟通，及时收集和反馈相关信息。

企业应根据业务特点和成本效益原则，将信息技术应用于税务风险管理的各项工作，建立涵盖风险管理基本流程和内部控制系统各环节的风险管理信息系统。

企业税务风险管理信息系统数据的记录、收集、处理、传递和保存应符合税法和税务风险控制的要求。

5. 监督和改进

企业税务部门应定期对企业税务风险管理机制的有效性进行评估审核，不断改进和优化税务风险管理制度和流程。

企业内部控制评价机构应根据企业的整体控制目标，对税务风险管理机制的有效性进行评价。企业可以委托符合资质要求的中介机构，根据《大企业税务风险管理指引（试行）》和相关执业准则的要求，对企业税务风险管理相关的内部控制有效性进行评估，并向税务机关出具评估报告。

知识链接

为了加强大企业税收管理及纳税服务工作,指导大企业开展税务风险管理,防范税务违法,依法履行纳税义务,国家税务总局 2009 年 5 月 5 日发布国税发〔2009〕90 号文件即《大企业税务风险管理指引(试行)》(以下简称《指引》)。《指引》是一部全新的系统管理规范,其目的在于引导大企业建立一套符合自身特点、能有效运行的内部税务风险管理体系。《指引》重点从风险管理机构和岗位、风险识别和评估、风险应对策略和内部控制、信息与沟通 4 个方面,规范大企业事前税务管理,提高纳税服务水平,帮助大企业防控税务风险。

8.6.3 税务风险管理案例分析

【例 8-12】 某酒厂于 2018 年 8 月与某商贸公司签订了一份受托加工白酒的合同。由商贸公司提供 1 000 吨价值 130 万元的粮食,委托酒厂为其加工生产 250 吨粮食白酒。酒厂无此类白酒产品。商贸公司按每吨白酒支付加工费 3 120 元,共计 78 万元。公司于当年 11 月底加工完毕,并就 78 万元加工费收入申报缴纳了增值税。因酒厂以前未进行过受托加工业务,有关人员不清楚有代扣代缴的义务,故未代扣代缴。

2019 年 3 月,税务局稽查局对该公司增值税、消费税等进行检查时发现酒厂未对此笔白酒受托加工业务代扣代缴消费税,按规定酒厂该业务应代扣代缴消费税 58.25 万元。税务稽查局据此对该酒厂处以应扣未扣税款的 1 倍罚款,即 58.25 万元。结果酒厂只收了 78 万元的加工费,现在却要缴纳 58.25 万元的罚款。

根据上述资料,分析如下。

税法规定:委托加工的应税消费品,除受托方为个人外,由受托方在向委托方交货时代收代缴税款。委托加工的应税消费品,按照受托方的同类消费品的销售价格计算纳税;没有同类消费品销售价格的,按照组成计税价格计算纳税。实行复合计税办法计算纳税的组成计税价格计算公式为:

组成计税价格=(材料成本+加工费+委托加工数量×定额税率)÷(1-比例税率)

粮食白酒消费税采取复合计税方法,比例税率 20%,定额税率 0.5 元/斤,该酒厂应代扣代缴消费税=(130+78+250×1 000÷10 000×2×0.5)÷(1-20%)×20%=58.25(万元)。

税法还规定:扣缴义务人应扣未扣、应收而不收税款的,由税务机关向纳税人追缴税款,对扣缴义务人处应扣未扣、应收未收税款百分之五十以上三倍以下的罚款。

【例 8-13】 税务机关在对一工业企业进行检查时,发现该企业"应付福利费"科目中每月都有一笔"误餐补助"支出。进一步了解后发现,该企业职工午餐系企业免费提供,这些"误餐补助"是企业按人头补助给企业食堂用于支付职工就餐的费用。此"误餐补助"实质是按月发给职工的补贴,应按"工资薪金所得"项目代扣代缴个人所得税。随后,税务机关依据相关法律法规,追缴该企业少代扣代缴的个人所得税 32 万元,并对该企业处应扣未扣税款 50%的罚款。

根据上述资料,分析如下。

税法规定:不征税的误餐补助,是指按财政部门规定,个人因公在城区、郊区工作,不能在工作单位或返回就餐,确实需要在外就餐的,根据实际误餐顿数,按规定的标准领取的误餐费。一些单位以误餐补助名义发给职工的补贴、津贴,应当并入当月工资、薪金所得计征个人所得税。

由此看来，企业应加强对涉税业务人员培训，不断提高其业务素质和职业道德水平，避免由于对税法缺乏了解而违规受罚。

 小思考

1. 什么是税务风险管理？
2. 税务风险管理的主要目标是什么？
3. 税务风险管理的主要内容有哪些？

 本章小结

本章主要介绍了企业税务管理的含义、内容、目标、原则和方法以及税务风险管理的含义及内容。企业税务管理是现代企业财务管理的重要内容，其主要内涵是指企业对其涉税业务和纳税实务所实施的研究和分析、计划和筹划、处理和监控、协调和沟通、预测和报告的全过程管理行为。税务管理的核心是税务筹划。企业税务管理的内容主要有两个方面：一是企业涉税活动管理；二是企业纳税实务管理。从企业生产经营活动与税务的联系来看，其内容大致可做如下划分：税务信息管理、税务计划管理、涉税业务的税务管理、纳税实务管理、税务行政管理等。其中企业涉税业务的税务管理包括筹资活动税务管理、投资活动税务管理、营运活动税务管理和收益分配税务管理等方面。企业税务风险管理是企业为避免其因未遵循税法可能遭受的法律制裁、财物损失、声誉损害和承担不必要的税收负担等风险而采取的风险识别、评估、防范、控制等行为的管理过程。企业税务风险管理主要内容包括税务风险管理组织、税务风险识别和评估、税务风险应对策略和内部控制、信息与沟通、监督和改进。

 基本概念

税务管理　税务筹划　税务风险　税务风险管理

练习题

一、单项选择题

1. 下列关于企业税务管理目标，不包括的是（　　）。
   A. 规范企业纳税行为　　　　　　　B. 降低税收支出
   C. 防范纳税风险　　　　　　　　　D. 规避涉税风险
2. "公司实施税务管理要求所能增加的收益超过税务管理成本"体现的原则是（　　）。
   A. 税务风险最小化原则　　　　　　B. 依法纳税原则
   C. 税务支出最小化原则　　　　　　D. 成本效益原则
3. 发行股票所支付的股息只能从企业（　　）中支付。
   A. 息税前利润　　　　　　　　　　B. 税前利润

C. 税后利润　　　　　　　　　　D. 所得税

4. 某企业目前有100万元的闲置资金，打算近期购买国库券，已知国库券年利率4%，企业所得税率25%，则购买国库券的年税后投资收益为（　　）万元。

A. 1　　　　　　　　　　　　　　B. 2.5
C. 3　　　　　　　　　　　　　　D. 4

5. 下列关于采购的税务管理的表述中，不正确的有（　　）。

A. 购进免税产品的运费不能抵扣增值税额
B. 从小规模纳税人处购货，进项税额不能抵扣（包括由税务机关代开的）
C. 增值税一般纳税人申报抵扣的时间，必须自专用发票开具之日起180日内到税务机关认证，否则不予抵扣进项税额
D. 购进原材料的运费可以抵扣增值税额

6. 生产的税务管理不包括（　　）。

A. 购货运费的税务管理　　　　　B. 存货的税务管理
C. 人工工资的税务管理　　　　　D. 固定资产的税务管理

7. 某企业2018年取得销售（营业）收入40 000万元，管理费用中列支业务招待费用400万元，则2018年企业税前扣除业务招待费为（　　）万元。

A. 200　　　　　　　　　　　　B. 240
C. 360　　　　　　　　　　　　D. 400

二、多项选择题

1. 企业税务管理内容主要有两个方面，即（　　）。

A. 企业涉税活动管理　　　　　　B. 企业纳税实务管理
C. 税务行政管理　　　　　　　　D. 税务信息管理

2. 企业筹集所需资金时，可以采用的筹资方式包括（　　）。

A. 利润留存　　　　　　　　　　B. 向金融机构借款
C. 向非金融机构或企业借款　　　D. 租赁

3. 某公司拟投资一个新项目，需要投资总额3 000万元，以下筹资方式中，企业能获得税收减免优势的包括（　　）。

A. 全部发行股票
B. 从银行借款1 000万元，另外发行股票2 000万元
C. 发行债券3 000万元
D. 吸收直接投资3 000万元

4. 在"不同期间内，应选择不同的存货计价方法"说法正确的是（　　）。

A. 在减免税期间选择使得成本多的存货计价方法
B. 在物价持续上涨期间可选择加权平均法
C. 在物价持续下跌期间可选择先进先出法
D. 在非减免税期间选择使得成本多的存货计价方法

5. 企业在产品销售过程中，在应收款暂时无法收回或部分无法收回的情况下，可选择（　　）结算方式避免垫付税款。

A. 赊销　　　　　　　　　　　　B. 托收承付

C. 分期收款 D. 委托收款

三、判断题

1. 税务筹划是指企业根据所处的税务环境，以规避涉税风险，控制或减轻税负，从而有利于实现企业财务目标的谋划、对策与经营活动安排。（   ）
2. 在公司制企业下，留存收益筹资可以避免收益分配时存在双重纳税问题。（   ）
3. 不论哪种租赁方式，对于承租人来说，租金可以在税前扣除，减少税基从而减少应纳税额。（   ）
4. 如果企业为总分结构，应在总部设立税务部门或者税务管理岗位。（   ）
5. 国债利息收益可以少交企业所得税。（   ）
6. 税务风险管理是防止企业税收负担过多所采取的管理对策和措施。（   ）

四、计算题

1. B公司企业所得税率25%。2020年1月拟投资设立回收期较长的公司，预测该投资公司当年亏损600万元。假定B公司当年实现利润1 000万元，现有两个方案可供选择：一是设立全资子公司；二是设立分公司。若仅考虑企业所得税负担，不考虑其他因素，分析该企业应选择哪个方案。

2. 某公司有200万元闲置资金，现有两种投资机会可供选择，其一是购买国债，已知国债年利率4%，另一种选择是投资企业债券，企业债券年利率5%，企业所得税率25%。计算两种方案的税后收益并选择哪种投资对企业有利？

3. 某企业为提高其产品知名度决定向灾区捐赠20万元。捐赠前2019年预计可实现利润总额为100万元。2020年预计实现利润总额120万元。无其他纳税调整项目，企业所得税率25%，企业提出以下三种方案。方案一：2019年直接向灾区群众一次性捐赠20万元。方案二：2019年通过民政部门一次性捐赠给灾区20万元。方案三：通过民政部门捐赠给灾区，2019年年底一次捐赠10万元，2020年再捐赠10万元。请计算各方案下应纳企业所得税并判断哪种方案对企业有利？

五、案例分析

甲公司为增值税一般纳税人适用增值税税率为13%，预计每年可实现含税销售收入4 520万元，需要外购原材料1 000吨。现有A、B、C三个企业提供货源，其中A为一般纳税人，能够开具增值税专用发票，适用税率13%；B为生产该原材料的小规模纳税人，能够委托主管税务机关代开增值税征收率为3%的专用发票；C为专营销售该原材料的小规模纳税人，仅能提供普通发票。A、B、C三个企业所提供的原材料质量相同，含税价格不同，分别为每吨22 600元、20 826元和20 358元。该企业城建税税率为7%，教育费附加率为3%。作为甲公司财务人员，你应该如何选择购货对象？

附 录

附录 1 复利终值系数表（FVIF 表）

期数	1%	2%	3%	4%	5%	6%	7%	8%	9%	10%	11%	12%	13%	14%	15%	16%	17%	18%	19%	20%	25%	30%
1	1.010	1.020	1.030	1.040	1.050	1.060	1.070	1.080	1.090	1.100	1.110	1.120	1.130	1.140	1.150	1.160	1.170	1.180	1.190	1.200	1.250	1.300
2	1.020	1.040	1.061	1.082	1.103	1.124	1.145	1.166	1.188	1.210	1.232	1.254	1.277	1.300	1.323	1.346	1.369	1.392	1.416	1.440	1.563	1.690
3	1.030	1.061	1.093	1.125	1.158	1.191	1.225	1.260	1.295	1.331	1.368	1.405	1.443	1.482	1.521	1.561	1.602	1.643	1.685	1.728	1.953	2.197
4	1.041	1.082	1.126	1.170	1.216	1.262	1.311	1.360	1.412	1.464	1.518	1.574	1.630	1.689	1.749	1.811	1.874	1.939	2.005	2.074	2.441	2.856
5	1.051	1.104	1.159	1.217	1.276	1.338	1.403	1.469	1.539	1.611	1.685	1.762	1.842	1.925	2.011	2.100	2.192	2.288	2.386	2.488	3.052	3.713
6	1.062	1.126	1.194	1.265	1.340	1.419	1.501	1.587	1.677	1.772	1.870	1.974	2.082	2.195	2.313	2.436	2.565	2.700	2.840	2.986	3.815	4.827
7	1.072	1.149	1.230	1.316	1.407	1.504	1.606	1.714	1.828	1.949	2.076	2.211	2.353	2.502	2.660	2.826	3.001	3.185	3.379	3.583	4.768	6.275
8	1.083	1.172	1.267	1.369	1.477	1.594	1.718	1.851	1.993	2.144	2.305	2.476	2.658	2.853	3.059	3.278	3.511	3.759	4.021	4.300	5.960	8.157
9	1.094	1.195	1.305	1.423	1.551	1.689	1.838	1.999	2.172	2.358	2.558	2.773	3.004	3.252	3.518	3.803	4.108	4.435	4.785	5.160	7.451	10.604
10	1.105	1.219	1.344	1.480	1.629	1.791	1.967	2.159	2.367	2.594	2.839	3.106	3.395	3.707	4.046	4.411	4.807	5.234	5.695	6.192	9.313	13.786
11	1.116	1.243	1.384	1.539	1.710	1.898	2.105	2.332	2.580	2.853	3.152	3.479	3.836	4.226	4.652	5.117	5.624	6.176	6.777	7.430	11.642	17.922
12	1.127	1.268	1.426	1.601	1.796	2.012	2.252	2.518	2.813	3.138	3.498	3.896	4.335	4.818	5.350	5.936	6.580	7.288	8.064	8.916	14.552	23.298
13	1.138	1.294	1.469	1.665	1.886	2.133	2.410	2.720	3.066	3.452	3.883	4.363	4.898	5.492	6.153	6.886	7.699	8.599	9.596	10.699	18.190	30.288
14	1.149	1.319	1.513	1.732	1.980	2.261	2.579	2.937	3.342	3.797	4.310	4.887	5.535	6.261	7.076	7.988	9.007	10.147	11.420	12.839	22.737	39.374
15	1.161	1.346	1.558	1.801	2.079	2.397	2.759	3.172	3.642	4.177	4.785	5.474	6.254	7.138	8.137	9.266	10.539	11.974	13.590	15.407	28.422	51.186
16	1.173	1.373	1.605	1.873	2.183	2.540	2.952	3.426	3.970	4.595	5.311	6.130	7.067	8.137	9.358	10.748	12.330	14.129	16.172	18.488	35.527	66.542
17	1.184	1.400	1.653	1.948	2.292	2.693	3.159	3.700	4.328	5.054	5.895	6.866	7.986	9.276	10.761	12.468	14.426	16.672	19.244	22.186	44.409	86.504
18	1.196	1.428	1.702	2.026	2.407	2.854	3.380	3.996	4.717	5.560	6.544	7.690	9.024	10.575	12.375	14.463	16.879	19.673	22.901	26.623	55.511	112.46
19	1.208	1.457	1.754	2.107	2.527	3.026	3.617	4.316	5.142	6.116	7.263	8.613	10.197	12.056	14.232	16.777	19.748	23.214	27.252	31.948	69.389	146.19
20	1.220	1.486	1.806	2.191	2.653	3.207	3.870	4.661	5.604	6.727	8.062	9.646	11.523	13.743	16.367	19.461	23.106	27.393	32.429	38.338	86.736	190.05
25	1.282	1.641	2.094	2.666	3.386	4.292	5.427	6.848	8.623	10.835	13.585	17.000	21.231	26.462	32.919	40.874	50.658	62.669	77.388	95.396	264.70	705.64
30	1.348	1.811	2.427	3.243	4.322	5.743	7.612	10.063	13.268	17.449	22.892	29.960	39.116	50.950	66.212	85.850	111.06	143.37	184.68	237.38	807.79	2620.0
40	1.489	2.208	3.262	4.801	7.040	10.286	14.974	21.725	31.409	45.259	65.001	93.051	132.78	188.88	267.86	378.72	533.87	750.38	1051.7	1469.8	7523.2	36118.9
50	1.645	2.692	4.384	7.107	11.467	18.420	29.457	46.902	74.358	117.39	184.56	289.00	450.74	700.23	1083.7	1670.7	2566.2	3927.4	5988.9	9100.4	70065	497929

附录 2 复利现值系数表（PVIF 表）

期数	1%	2%	3%	4%	5%	6%	7%	8%	9%	10%	11%	12%	13%	14%	15%	16%	17%	18%	19%	20%	25%	30%	35%	40%	50%
1	0.990	0.980	0.971	0.962	0.952	0.943	0.935	0.926	0.917	0.909	0.901	0.893	0.885	0.877	0.870	0.862	0.855	0.847	0.840	0.833	0.800	0.769	0.741	0.714	0.667
2	0.980	0.961	0.943	0.925	0.907	0.890	0.873	0.857	0.842	0.826	0.812	0.797	0.783	0.769	0.756	0.743	0.731	0.718	0.706	0.694	0.640	0.592	0.549	0.510	0.444
3	0.971	0.942	0.915	0.889	0.864	0.840	0.816	0.794	0.772	0.751	0.731	0.712	0.693	0.675	0.658	0.641	0.624	0.609	0.593	0.579	0.512	0.455	0.406	0.364	0.296
4	0.961	0.924	0.888	0.855	0.823	0.792	0.763	0.735	0.708	0.683	0.659	0.636	0.613	0.592	0.572	0.552	0.534	0.516	0.499	0.482	0.410	0.350	0.301	0.260	0.198
5	0.951	0.906	0.863	0.822	0.784	0.747	0.713	0.681	0.650	0.621	0.593	0.567	0.543	0.519	0.497	0.476	0.456	0.437	0.419	0.402	0.328	0.269	0.223	0.186	0.132
6	0.942	0.888	0.837	0.790	0.746	0.705	0.666	0.630	0.596	0.564	0.535	0.507	0.480	0.456	0.432	0.410	0.390	0.370	0.352	0.335	0.262	0.207	0.165	0.133	0.088
7	0.933	0.871	0.813	0.760	0.711	0.665	0.623	0.583	0.547	0.513	0.482	0.452	0.425	0.400	0.376	0.354	0.333	0.314	0.296	0.279	0.210	0.159	0.122	0.095	0.059
8	0.923	0.853	0.789	0.731	0.677	0.627	0.582	0.540	0.502	0.467	0.434	0.404	0.376	0.351	0.327	0.305	0.285	0.266	0.249	0.233	0.168	0.123	0.091	0.068	0.039
9	0.914	0.837	0.766	0.703	0.645	0.592	0.544	0.500	0.460	0.424	0.391	0.361	0.333	0.308	0.284	0.263	0.243	0.225	0.209	0.194	0.134	0.094	0.067	0.048	0.026
10	0.905	0.820	0.744	0.676	0.614	0.558	0.508	0.463	0.422	0.386	0.352	0.322	0.295	0.270	0.247	0.227	0.208	0.191	0.176	0.162	0.107	0.073	0.050	0.035	0.017
11	0.896	0.804	0.722	0.650	0.585	0.527	0.475	0.429	0.388	0.350	0.317	0.287	0.261	0.237	0.215	0.195	0.178	0.162	0.148	0.135	0.086	0.056	0.037	0.025	0.012
12	0.887	0.788	0.701	0.625	0.557	0.497	0.444	0.397	0.356	0.319	0.286	0.257	0.231	0.208	0.187	0.168	0.152	0.137	0.124	0.112	0.069	0.043	0.027	0.018	0.008
13	0.879	0.773	0.681	0.601	0.530	0.469	0.415	0.368	0.326	0.290	0.258	0.229	0.204	0.182	0.163	0.145	0.130	0.116	0.104	0.093	0.055	0.033	0.020	0.013	0.005
14	0.870	0.758	0.661	0.577	0.505	0.442	0.388	0.340	0.299	0.263	0.232	0.205	0.181	0.160	0.141	0.125	0.111	0.099	0.088	0.078	0.044	0.025	0.015	0.009	0.003
15	0.861	0.743	0.642	0.555	0.481	0.417	0.362	0.315	0.275	0.239	0.209	0.183	0.160	0.140	0.123	0.108	0.095	0.084	0.074	0.065	0.035	0.020	0.011	0.006	0.002
16	0.853	0.728	0.623	0.534	0.458	0.394	0.339	0.292	0.252	0.218	0.188	0.163	0.141	0.123	0.107	0.093	0.081	0.071	0.062	0.054	0.028	0.015	0.008	0.005	0.002
17	0.844	0.714	0.605	0.513	0.436	0.371	0.317	0.270	0.231	0.198	0.170	0.146	0.125	0.108	0.093	0.080	0.069	0.060	0.052	0.045	0.023	0.012	0.006	0.003	0.001
18	0.836	0.700	0.587	0.494	0.416	0.350	0.296	0.250	0.212	0.180	0.153	0.130	0.111	0.095	0.081	0.069	0.059	0.051	0.044	0.038	0.018	0.009	0.005	0.002	0.001
19	0.828	0.686	0.570	0.475	0.396	0.331	0.277	0.232	0.194	0.164	0.138	0.116	0.098	0.083	0.070	0.060	0.051	0.043	0.037	0.031	0.014	0.007	0.003	0.002	0
20	0.820	0.673	0.554	0.456	0.377	0.312	0.258	0.215	0.178	0.149	0.124	0.104	0.087	0.073	0.061	0.051	0.043	0.037	0.031	0.026	0.012	0.005	0.002	0.001	0
25	0.780	0.610	0.478	0.375	0.295	0.233	0.184	0.146	0.116	0.092	0.074	0.059	0.047	0.038	0.030	0.024	0.020	0.016	0.013	0.010	0.004	0.001	0.001	0	0
30	0.742	0.552	0.412	0.308	0.231	0.174	0.131	0.099	0.075	0.057	0.044	0.033	0.026	0.020	0.015	0.012	0.009	0.007	0.005	0.004	0.001	0	0	0	0
40	0.672	0.453	0.307	0.208	0.142	0.097	0.067	0.046	0.032	0.022	0.015	0.011	0.008	0.005	0.004	0.003	0.002	0.001	0.001	0.001	0	0	0	0	0
50	0.608	0.372	0.228	0.141	0.087	0.054	0.034	0.021	0.013	0.009	0.005	0.003	0.002	0.001	0.001	0.001	0	0	0	0	0	0	0	0	0

附录 3　年金终值系数表（FVIFA 表）

期数	1%	2%	3%	4%	5%	6%	7%	8%	9%	10%	11%	12%	13%	14%	15%	16%	17%	18%	19%	20%	25%	30%
1	1.000	1.000	1.000	1.000	1.000	1.000	1.000	1.000	1.000	1.000	1.000	1.000	1.000	1.000	1.000	1.000	1.000	1.000	1.000	1.000	1.000	1.000
2	2.010	2.020	2.030	2.040	2.050	2.060	2.070	2.080	2.090	2.100	2.110	2.120	2.130	2.140	2.150	2.160	2.170	2.180	2.190	2.200	2.250	2.300
3	3.030	3.060	3.091	3.122	3.153	3.184	3.215	3.246	3.278	3.310	3.342	3.374	3.407	3.440	3.473	3.506	3.539	3.572	3.606	3.640	3.813	3.990
4	4.060	4.122	4.184	4.246	4.310	4.375	4.440	4.506	4.573	4.641	4.710	4.779	4.850	4.921	4.993	5.066	5.141	5.215	5.291	5.368	5.766	6.187
5	5.101	5.204	5.309	5.416	5.526	5.637	5.751	5.867	5.985	6.105	6.228	6.353	6.480	6.610	6.742	6.877	7.014	7.154	7.297	7.442	8.207	9.043
6	6.152	6.308	6.468	6.633	6.802	6.975	7.153	7.336	7.523	7.716	7.913	8.115	8.323	8.536	8.754	8.977	9.207	9.442	9.683	9.930	11.259	12.756
7	7.214	7.434	7.662	7.898	8.142	8.394	8.654	8.923	9.200	9.487	9.783	10.089	10.405	10.730	11.067	11.414	11.772	12.142	12.523	12.916	15.073	17.583
8	8.286	8.583	8.892	9.214	9.549	9.897	10.260	10.637	11.028	11.436	11.859	12.300	12.757	13.233	13.727	14.240	14.773	15.327	15.902	16.499	19.842	23.858
9	9.369	9.755	10.159	10.583	11.027	11.491	11.978	12.488	13.021	13.579	14.164	14.776	15.416	16.085	16.786	17.519	18.285	19.086	19.923	20.799	25.802	32.015
10	10.462	10.950	11.464	12.006	12.578	13.181	13.816	14.487	15.193	15.937	16.722	17.549	18.420	19.337	20.304	21.321	22.393	23.521	24.709	25.959	33.253	42.619
11	11.567	12.169	12.808	13.486	14.207	14.972	15.784	16.645	17.560	18.531	19.561	20.655	21.814	23.045	24.349	25.733	27.200	28.755	30.404	32.150	42.566	56.405
12	12.683	13.412	14.192	15.026	15.917	16.870	17.888	18.977	20.141	21.384	22.713	24.133	25.650	27.271	29.002	30.850	32.824	34.931	37.180	39.581	54.208	74.327
13	13.809	14.680	15.618	16.627	17.713	18.882	20.141	21.495	22.953	24.523	26.212	28.029	29.985	32.089	34.352	36.786	39.404	42.219	45.244	48.497	68.760	97.625
14	14.947	15.974	17.086	18.292	19.599	21.015	22.550	24.215	26.019	27.975	30.095	32.393	34.883	37.581	40.505	43.672	47.103	50.818	54.841	59.196	86.949	127.91
15	16.097	17.293	18.599	20.024	21.579	23.276	25.129	27.152	29.361	31.772	34.405	37.280	40.417	43.842	47.580	51.660	56.110	60.965	66.261	72.035	109.69	167.29
16	17.258	18.639	20.157	21.825	23.657	25.673	27.888	30.324	33.003	35.950	39.190	42.753	46.672	50.980	55.717	60.925	66.649	72.939	79.850	87.442	138.11	218.47
17	18.430	20.012	21.762	23.698	25.840	28.213	30.840	33.750	36.974	40.545	44.501	48.884	53.739	59.118	65.075	71.673	78.979	87.068	96.022	105.93	173.64	285.01
18	19.615	21.412	23.414	25.645	28.132	30.906	33.999	37.450	41.301	45.599	50.396	55.750	61.725	68.394	75.836	84.141	93.406	103.74	115.27	128.12	218.04	371.52
19	20.811	22.841	25.117	27.671	30.539	33.760	37.379	41.446	46.018	51.159	56.939	63.440	70.749	78.969	88.212	98.603	110.28	123.41	138.17	154.74	273.56	483.97
20	22.019	24.297	26.870	29.778	33.066	36.786	40.995	45.762	51.160	57.275	64.203	72.052	80.947	91.025	102.44	115.38	130.03	146.63	165.42	186.69	342.94	630.17
25	28.243	32.030	36.459	41.646	47.727	54.865	63.249	73.106	84.701	98.347	114.41	133.33	155.62	181.87	212.79	249.21	292.10	342.60	402.04	471.98	1054.79	2348.80
30	34.785	40.568	47.575	56.085	66.439	79.058	94.461	113.28	136.31	164.49	199.02	241.33	293.20	356.79	434.75	530.31	647.44	790.95	966.71	1181.88	3227.17	8729.99
40	48.886	60.402	75.401	95.026	120.80	154.76	199.64	259.06	337.88	442.59	581.83	767.09	1013.7	1342.0	1779.1	2360.8	3134.5	4163.2	5529.8	7343.9	30089	120393
50	64.463	84.579	112.80	152.67	209.35	290.34	406.53	573.77	815.08	1163.9	1668.8	2400.0	3459.5	4994.5	7217.7	10436	15090	21813	31515	45497	280256	1659761

附录 4 年金现值系数表（PVIFA 表）

期数	1%	2%	3%	4%	5%	6%	7%	8%	9%	10%	11%	12%	13%	14%	15%	16%	17%	18%	19%	20%	25%	30%	35%	40%	50%
1	0.990	0.980	0.971	0.962	0.952	0.943	0.935	0.926	0.917	0.909	0.901	0.893	0.885	0.877	0.870	0.862	0.855	0.847	0.840	0.833	0.800	0.769	0.741	0.714	0.667
2	1.970	1.942	1.913	1.886	1.859	1.833	1.808	1.783	1.759	1.736	1.713	1.690	1.668	1.647	1.626	1.605	1.585	1.566	1.547	1.528	1.440	1.361	1.289	1.224	1.111
3	2.941	2.884	2.829	2.775	2.723	2.673	2.624	2.577	2.531	2.487	2.444	2.402	2.361	2.322	2.283	2.246	2.210	2.174	2.140	2.106	1.952	1.816	1.696	1.589	1.407
4	3.902	3.808	3.717	3.630	3.546	3.465	3.387	3.312	3.240	3.170	3.102	3.037	2.974	2.914	2.855	2.798	2.743	2.690	2.639	2.589	2.362	2.166	1.997	1.849	1.605
5	4.853	4.713	4.580	4.452	4.329	4.212	4.100	3.993	3.890	3.791	3.696	3.605	3.517	3.433	3.352	3.274	3.199	3.127	3.058	2.991	2.689	2.436	2.220	2.035	1.737
6	5.795	5.601	5.417	5.242	5.076	4.917	4.767	4.623	4.486	4.355	4.231	4.111	3.998	3.889	3.784	3.685	3.589	3.498	3.410	3.326	2.951	2.643	2.385	2.168	1.824
7	6.728	6.472	6.230	6.002	5.786	5.582	5.389	5.206	5.033	4.868	4.712	4.564	4.423	4.288	4.160	4.039	3.922	3.812	3.706	3.605	3.161	2.802	2.508	2.263	1.883
8	7.652	7.325	7.020	6.733	6.463	6.210	5.971	5.747	5.535	5.335	5.146	4.968	4.799	4.639	4.487	4.344	4.207	4.078	3.954	3.837	3.329	2.925	2.598	2.331	1.922
9	8.566	8.162	7.786	7.435	7.108	6.802	6.515	6.247	5.995	5.759	5.537	5.328	5.132	4.946	4.772	4.607	4.451	4.303	4.163	4.031	3.463	3.019	2.665	2.379	1.948
10	9.471	8.983	8.530	8.111	7.722	7.360	7.024	6.710	6.418	6.145	5.889	5.650	5.426	5.216	5.019	4.833	4.659	4.494	4.339	4.192	3.571	3.092	2.715	2.414	1.965
11	10.368	9.787	9.253	8.760	8.306	7.887	7.499	7.139	6.805	6.495	6.207	5.938	5.687	5.453	5.234	5.029	4.836	4.656	4.486	4.327	3.656	3.147	2.752	2.438	1.977
12	11.255	10.575	9.954	9.385	8.863	8.384	7.943	7.536	7.161	6.814	6.492	6.194	5.918	5.660	5.421	5.197	4.988	4.793	4.611	4.439	3.725	3.190	2.779	2.456	1.985
13	12.134	11.348	10.635	9.986	9.394	8.853	8.358	7.904	7.487	7.103	6.750	6.424	6.122	5.842	5.583	5.342	5.118	4.910	4.715	4.533	3.780	3.223	2.799	2.469	1.990
14	13.004	12.106	11.296	10.563	9.899	9.295	8.745	8.244	7.786	7.367	6.982	6.628	6.302	6.002	5.724	5.468	5.229	5.008	4.802	4.611	3.824	3.249	2.814	2.478	1.993
15	13.865	12.849	11.938	11.118	10.380	9.712	9.108	8.559	8.061	7.606	7.191	6.811	6.462	6.142	5.847	5.575	5.324	5.092	4.876	4.675	3.859	3.268	2.825	2.484	1.995
16	14.718	13.578	12.561	11.652	10.838	10.106	9.447	8.851	8.313	7.824	7.379	6.974	6.604	6.265	5.954	5.668	5.405	5.162	4.938	4.730	3.887	3.283	2.834	2.489	1.997
17	15.562	14.292	13.166	12.166	11.274	10.477	9.763	9.122	8.544	8.022	7.549	7.120	6.729	6.373	6.047	5.749	5.475	5.222	4.990	4.775	3.910	3.295	2.840	2.492	1.998
18	16.398	14.992	13.754	12.659	11.690	10.828	10.059	9.372	8.756	8.201	7.702	7.250	6.840	6.467	6.128	5.818	5.534	5.273	5.033	4.812	3.928	3.304	2.844	2.494	1.999
19	17.226	15.678	14.324	13.134	12.085	11.158	10.336	9.604	8.950	8.365	7.839	7.366	6.938	6.550	6.198	5.877	5.584	5.316	5.070	4.843	3.942	3.311	2.848	2.496	1.999
20	18.046	16.351	14.877	13.590	12.462	11.470	10.594	9.818	9.129	8.514	7.963	7.469	7.025	6.623	6.259	5.929	5.628	5.353	5.101	4.870	3.954	3.316	2.850	2.497	1.999
25	22.023	19.523	17.413	15.622	14.094	12.783	11.654	10.675	9.823	9.077	8.422	7.843	7.330	6.873	6.464	6.097	5.766	5.467	5.195	4.948	3.985	3.329	2.856	2.499	2.000
30	25.808	22.396	19.600	17.292	15.372	13.765	12.409	11.258	10.274	9.427	8.694	8.055	7.496	7.003	6.566	6.177	5.829	5.517	5.235	4.979	3.995	3.332	2.857	2.500	2.000
40	32.835	27.355	23.115	19.793	17.159	15.046	13.332	11.925	10.757	9.779	8.951	8.244	7.634	7.105	6.642	6.233	5.871	5.548	5.258	4.997	3.999	3.333	2.857	2.500	2.000
50	39.196	31.424	25.730	21.482	18.256	15.762	13.801	12.233	10.962	9.915	9.042	8.304	7.675	7.133	6.661	6.246	5.880	5.554	5.262	4.999	4.000	3.333	2.857	2.500	2.000

附录5　AI伴学内容及提示词

AI伴学工具：生成式人工智能工具，如 Deepseek、Kimi、豆包、腾讯元宝、文心一言等

序号	AI伴学内容	AI提示词
1	第1章　总论	如何理解财务活动与资金运动的关系
2		企业财务管理需要处理好哪些财务关系？财务关系对企业有什么影响？
3		比较财务管理与财务会计对象的区别和联系
4		影响股票价格的因素有哪些？
5		你知道我国现行金融体系是如何构成的？
6		不同利益相关者之间存在哪些矛盾和冲突
7		你了解我国金融市场的发展历程吗？
8		你了解我国公司法的发展历程吗？
9		影响利率变化的因素有哪些？
10		经济周期对企业财务管理产生哪些影响？
11		你知道我国推动ESG披露的政策法规进展及披露要求吗？
12		出一套关于财务管理基本知识的自测题
13	第2章　财务管理的价值观念	货币时间价值在企业财务管理中有哪些作用？
14		你知道年金在现实生活中有哪些应用？
15		为什么时间价值的计算多采用复利法？
16		房贷计算方法有几种？有何区别？
17		怎样理解风险和报酬的关系？
18		证券投资组合策略有哪些？
19		证券投资风险控制有哪些对策？
20		什么是风险偏好？风险偏好如何影响投资决策？
21		出一套关于货币时间价值和风险报酬的自测题
22	第3章　财务分析	比较不同财务分析主体的分析目的
23		你知道年报包括哪些内容吗？

续表

序号	AI伴学内容	AI提示词
24	第3章 财务分析	财务分析指标有哪些局限性
25		如何从不同视角分析资产负债率
26		你知道上市公司财务造假监管机构有哪些吗？
27		根据有关政策上市公司财务造假有哪些重点领域？
28		上市公司财务造假主要手段有哪些？
29		你知道国有企业综合绩效评价体系吗？
30		出一套关于财务分析的自测题
31	第4章 筹资管理	你知道我国股票发行制度改革历程吗？
32		你知道我国证券法的发展历程吗？
33		你知道我国证券交易所的发展历程吗？
34		你知道我国资本市场的发展历程吗？我国资本市场体系是如何构成的？
35		普通股股东享有哪些基本权利？
36		你知道我国发行公司债券的流程和条件吗？
37		你知道我国IPO的流程吗？
38		我国上市公司股权再融资的条件有哪些？
39		影响资本成本的因素有哪些？
40		如何理解负债在资本结构中的作用？
41		你知道导致企业发生财务风险的诱因有哪些？
42		如何理解股票筹资成本就是投资者的机会成本
43		出一套关于筹资管理的自测题
44	第5章 投资管理	所得税对投资项目的现金流量有哪些影响？
45		比较现金流量与会计利润的差异
46		为什么在投资决策中使用现金流量？
47		你知道证券投资对象有哪些？
48		比较股票估值与债券估值的异同点
49		我国债券信用等级的划分标准是什么？
50		比较股票投资与债券投资的风险
51		出一套关于投资管理的自测题

续表

序号	AI伴学内容	AI提示词
52	第6章 营运资金管理	不同的营运资金投资政策对企业有何不同的影响？企业如何进行投资策略的选择？
53		不同的营运资金筹资政策对企业有何不同的影响？企业如何进行筹资策略的选择
54		企业现金不足时如何调整财务决策？
55		你知道存货管理方法有哪些吗
56		什么是应收账款保理？有何作用？
57		比较短期借款与长期借款的风险
58		出一套关于营运资金管理的自测题
59	第7章 收益管理	简述经营亏损的弥补程序
60		企业如何确定股利分配方案？
61		企业发放股票股利的动机有哪些？
62		你知道我国上市公司股利分配的特点吗？
63		你了解我国上市公司股利分配监管政策及执行细则吗？
64		比较不同行业股利支付率的差异及成因
65		高分红公司股价更好吗？
66		哪些行业高分红的公司更多？共性特征有哪些？
67		股票回购与分割对企业有何影响？
68		出一套关于股利分配、股票回购和股票分割的自测题
69	第8章 税务管理	你知道我国企业所得税的发展变化吗？
70		企业税务管理的目标有哪些？
71		税务风险评估方法有哪些？
72		查询税务管理的最新政策变化
73		出一套税务管理的自测题

参 考 文 献

财政部会计资格评价中心，2017. 财务管理 [M]. 北京：经济科学出版社.
盖地，2017. 企业税务筹划理论与实务 [M]. 5版. 大连：东北财经大学出版社.
葛红玲，2013. 证券投资学 [M]. 2版. 北京：机械工业出版社.
郭涛，2016. 财务管理 [M]. 北京：机械工业出版社.
霍文文，2013. 证券投资学 [M]. 4版. 北京：高等教育出版社.
荆新，王化成，刘俊彦，2015. 财务管理学 [M]. 7版. 北京：中国人民大学出版社.
李洪春，2016. Excel在财务中的应用 [M]. 北京：中国人民大学出版社.
李英主，2016. 证券投资学 [M]. 2版. 北京：中国人民大学出版社.
理查德·布雷利，斯图尔特·迈尔斯，艾伦·马库斯著，胡玉明译，2017. 财务管理基础 [M]. 8版. 北京：中国人民大学出版社.
梁文涛，2016. 纳税筹划 [M]. 北京：中国人民大学出版社，北京交通大学出版社.
刘娥平，2014. 企业财务管理 [M]. 北京：北京大学出版社.
罗杰·洛温斯坦，2008. 巴菲特传 [M]. 北京：中信出版社.
骆永菊、郑蔚文，2012. 财务管理学实用教程 [M]. 2版. 北京：北京大学出版社.
全国注册会计师考试命题研究中心，2016. 财务成本管理（图解版）[M]. 北京：人民邮电出版社.
任淮秀，2017. 投资经济学 [M]. 5版. 北京：中国人民大学出版社.
汤谷良等，2014. 财务管理案例 [M]. 2版. 北京：北京大学出版社.
佟爱琴，孙建良，杨柳，等，2016. 中级财务管理 [M]. 北京：清华大学出版社.
王家贵，2011. 企业税务管理 [M]. 北京：北京师范大学出版社.
王立国，2016. 评估理论与实务 [M]. 4版. 北京：首都经济贸易大学出版社.
王玉春，2016. 财务管理 [M]. 5版. 南京：南京大学出版社.
肖蕊、南芳，2016. 财务管理 [M]. 北京：清华大学出版社.
尹福生，2016. 风险投资与创业企业融资研究 [M]. 广州：暨南大学出版社.
中国注册会计师协会，2017. 财务成本管理 [M]. 北京：中国财政经济出版社.
周志红，梁文涛，2016. 财务管理 [M]. 2版. 北京：清华大学出版社.
庄粉荣，2016. 纳税筹划实战精选百例 [M]. 6版. 北京：机械工业出版社.